Selbstkonzept und Berufswahl

AF209198

Waxmann Verlag GmbH
Steinfurter Straße 555, 48159 Münster
info@waxmann.com

# Pädagogische Psychologie und Entwicklungspsychologie

herausgegeben von Detlef H. Rost

## Editorial

Pädagogische Psychologie und Entwicklungspsychologie sind seit jeher zwei miteinander eng verzahnte Teildisziplinen der Psychologie. Beide haben einen festen Platz im Rahmen der Psychologenausbildung: Pädagogische Psychologie als wichtiges Anwendungsfach im zweiten Studienabschnitt, Entwicklungspsychologie als bedeutsames Grundlagenfach in der ersten und als Forschungsvertiefung in der zweiten Studienphase. Neue Zielsetzungen, neue thematische Schwerpunkte und Fragestellungen sowie umfassendere Forschungsansätze und ein erweitertes Methodenspektrum haben zu einer weiteren Annäherung beider Fächer geführt und sie nicht nur für Studierende, sondern auch für die wissenschaftliche Forschung zunehmend attraktiver werden lassen. „Pädagogische Psychologie und Entwicklungspsychologie" nimmt dies auf, fördert die Rezeption einschlägiger guter und interessanter Forschungsarbeiten, stimuliert die theoretische, empirische und methodische Entfaltung beider Fächer und gibt fruchtbare Impulse zu ihrer Weiterentwicklung einerseits und zu ihrer gegenseitigen Annäherung andererseits.

Der Beirat der Reihe „Pädagogische Psychologie und Entwicklungspsychologie" repräsentiert ein breites Spektrum entwicklungspsychologischen und pädagogisch-psychologischen Denkens und setzt Akzente, indem er auf Forschungsarbeiten aufmerksam macht, die den wissenschaftlichen Diskussionsprozess beleben können. Es ist selbstverständlich, dass zur Sicherung des Qualitätsstandards dieser Reihe jedes Manuskript – wie bei Begutachtungsverfahren in anerkannten wissenschaftlichen Zeitschriften – einem Auswahlverfahren unterzogen wird („peer review"). Nur qualitätsvolle Arbeiten werden der zunehmenden Bedeutung der Pädagogischen Psychologie und Entwicklungspsychologie für die Sozialisation und Lebensbewältigung von Individuen und Gruppen in einer immer komplexer werdenden Umwelt gerecht.

Günter Ratschinski

# Selbstkonzept und Berufswahl

Eine Überprüfung der Berufswahltheorie
von Gottfredson an Sekundarschülern

Waxmann 2009
Münster / New York / München / Berlin

**Bibliografische Informationen der Deutschen Nationalbibliothek**
Die Deutsche Nationalbibliothek verzeichnet diese Publikation in
der Deutschen Nationalbibliografie; detaillierte bibliografische
Daten sind im Internet über http://dnb.d-nb.de abrufbar.

**Pädagogische Psychologie und Entwicklungspsychologie; Bd. 71**
herausgegeben von Prof. Dr. Detlef H. Rost
Philipps-Universität Marburg
Fon: 0 64 21 / 2 82 17 27
Fax: 0 64 21 / 2 82 39 10
E-Mail: rost@mailer.uni-marburg.de

ISSN 1430-2977
ISBN 978-3-8309-2101-1

© Waxmann Verlag GmbH, 2009
Postfach 8603, 48046 Münster

www.waxmann.com
info@waxmann.com

Umschlaggestaltung: Pleßmann Kommunikationsdesign, Ascheberg
Satz: Stoddart Satz- und Layoutservice, Münster
Druck: Hubert & Co., Göttingen

Gedruckt auf alterungsbeständigem Papier,
säurefrei gemäß ISO 9706

# Danksagung

Eine Habilitationsschrift zum Thema Berufswahltheorien im Fach Berufspädagogik vorzulegen, stellt die Fachvertreter vor einige Probleme. Fragen der Theorienbildung zur Berufswahl sind nicht anschlussfähig an den aktuellen berufspädagogischen Diskurs und auch die ältere berufspädagogische Literatur gibt nur vereinzelt Antworten. Orientierung und Bezugsquellen bieten ältere Arbeiten aus den Bereichen der Psychologie, Soziologie und Pädagogik und vor allem neuere Arbeiten und Theorieentwicklungen aus der internationalen empirischen Forschung mit ihrem in der Berufspädagogik weniger gebräuchlichen Methodenrepertoire.

Dass dieses Vorhaben dennoch zustande kam, liegt an der Unterstützung des Instituts und insbesondere der Fachvertreter für Sozial- und Sonderpädagogik im Institut für Berufspädagogik und Erwachsenenbildung der Leibniz Universität Hannover. Von den drei bisherigen Leitern des Fachgebiets und jetzigen Abteilung hat jeder seinen Beitrag dazu geleistet. Für Helmut Kentler (†) war es selbstverständlich, dass auch Akademische Räte jenseits der vierzig habilitieren, Ruth Enggruber hat in ihrer Vertretungszeit den organisatorischen Rahmen für die empirische Untersuchung geschaffen und Arnulf Bojanowski hat das Habilitationsverfahren eingeleitet. Ihnen allen danke ich herzlich. Ebenso herzlich danke ich den Leitern der drei hannoverschen Schulen, den Herren Schröter, Kalinke und Brockmann und dem Fachbereichsleiter AWT Klaus Arning für die unkomplizierte Zusammenarbeit, den 556 Schülern für ihre engagierte Mitarbeit und meinen studentischen Mitarbeitern und jetzigen Diplom-Berufspädagogen Monika Spieles, Ingo Pommerenke und Tobias Lau für die gewissenhafte Datenerhebung. Dank schulde ich nicht zuletzt Martin Koch für wertvolle Kommentare zu einer früheren Fassung dieser Arbeit, den Gutachtern Reinhold Nickolaus und Klaus Rütters für ihr Engagement und dem ehemaligen Fachbereich Erziehungswissenschaften der Universität Hannover für die finanzielle Unterstützung.

# Inhalt

# Tabellenverzeichnis

# Abbildungsverzeichnis

# Abkürzungsverzeichnis

| | |
|---|---|
| Abb. | Abbildung |
| AGFI | Adjusted Goodness of Fit Index |
| AMOS | Analysis of Moment Structures |
| ANOVA | Analysis of Variance |
| BFO | Berufsfrühorientierung |
| BiBB | Bundesinstitut für Berufsbildung |
| BGJ | Berufsgrundbildungsjahr |
| BL162 | Berufeliste mit 162 Berufen |
| BVJ | Berufsvorbereitungsjahr |
| bw1g_z | Schüler-Einschätzungen der Geschlechtstypausprägung ihres ersten Berufswunsches |
| bw1ge_z | Experten-Einschätzungen der Geschlechtstypausprägung des ersten Berufswunsches |
| bw1_p | Schüler-Einschätzungen des Prestiges ihres ersten Berufswunsches |
| bw1_pe | Experten-Einschätzungen des Prestiges des ersten Berufswunsches |
| C.C.D.O | Canadian Classification and Dictionary of Occupations |
| DHOC | Dictionary of Holland Occupational Codes |
| DIK-2 | Diagnostische Kriterien |
| DJI | Deutsches Jugendinstitut |
| DOT | Dictionary of Occupational Titles |
| GFI | Goodness of Fit Index |
| GLM | General Linar Model |
| IAB | Institut für Arbeitsmarkt- und Berufsforschung |
| IAT | Implicit Association Test |
| IFJ | Institut für Jugendforschung |
| ILO | International Labor Office |
| ISCO | International Standard Classification of Occupations |
| KldB | Klassifikation der Berufe |
| LISREL | Linear Structural Relationship |
| MANOVA | Multivariate Analysis of Variance |
| MDS | Multidimensionale Skalierung |
| OCDI | Occupational Choice Dilemma Inventory |
| OECD | Organisation for Economic Co-operation and Development |
| p | Wahrscheinlichkeit |
| r | Korrelation |
| RMR | Root Mean Square Residual |
| RMSEA | Root Mean Square Error of Approximation |
| SCCT | Social Cognitive Career Theory |
| SEI | Socioeconomic Index |
| SEM | Structural Equation Modelling |
| SES | Social Economic Status |
| SGB | Sozialgesetzbuch |
| SIOPS | Standard International Occupational Prestige Scale |
| SPSS | Statistical Package for the Social Sciences |
| Vpn | Versuchspersonen |

# Zusammenfassung

Im Rahmen von Untersuchungen zur differentiellen Validität von Berufswahl-theorien wurden 556 Schülerinnen und Schüler der Klassen sieben bis zehn aus je einer Haupt-, Real- und Oberschule zu ihren Berufsvorstellungen und -wünschen befragt. Die Ergebnisse stützen einige Annahmen der Berufswahltheorie von Gottfredson (1981, 1996) und unterstreichen die Praktikabilität der Kategorien beruflicher Orientierungen von Holland (1997). Die kognitive Repräsentation der Berufe nach Geschlechtstyp und Berufsprestige erreicht schon bei Siebtklässlern eine relativ hohe Übereinstimmung mit der von Erwachsenen. Systematische Verzerrungen der Einschätzungen bei hohem Ego-Investment sind durch Selbstkonzepttheorien erklärbar. Eine entwicklungsabhängige Eingrenzung akzeptabler Berufsalternativen ist noch im Sekundarschulalter nachweisbar. In Kompromiss-situationen wird der Geschlechtstyp eines Berufes unter verschiedenen Bedingungen entscheidungsrelevanter als das Berufsprestige. Die Konzepte der Theorie Gottfredsons erlauben die Beschreibung differentieller Entwicklungsverläufe für männliche und weibliche Jugendliche und für Jugendliche mit unterschiedlichem kognitiven Entwicklungsniveau.

# Abstract

In line with studies of differential validity of theories of career choice and development, 556 students in grade 7 to 10 of different high school tracks were asked about their career aspirations and plans. The results support some assumptions of the career development theory of Gottfredson (1981, 1996) and illustrate the utility of Holland's categories of vocational orientations. The cognitive representation of occupations with reference to occupational sextype and occupational prestige is already similar between seventh-graders and adults. Systematic biases of the ratings can be explained by theories of self-concept and ego-investment. Gottfredson's concept of circumscription of acceptable job alternatives is still observable in secondary schools. Under certain conditions in compromise situations, the sextype of occupations has more influence on the decision than prestige. The concepts of Gottfredson's theory allow the description of different developmental pathways for male and female adolescents and for students of different cognitive levels.

# 1. Einleitung

Je weniger schulleistungsfähig Jugendliche sind, desto eher müssen sie folgenreiche berufliche Entscheidungen treffen. Innerhalb eines Zeitfensters von nur wenigen Monaten müssen sie sich für eine berufliche Laufbahn entscheiden, für eine schulische oder berufliche Ausbildung und für einen Arbeitgeber. Ihre Wahlfreiheit ist zwar eingeschränkt durch frühere schulische Weichenstellungen, aber das macht die Entscheidung nicht leichter, sie wird sogar oft krisenhaft erlebt. Besonders Hauptschulabbrecher[1] und Sonderschulabsolventen finden selten einen direkten Einstieg in Ausbildung und Beruf. Sie werden oft in schulischen und außerschulischen Maßnahmen auf eine Berufsausbildung vorbereitet. Die Hilfestellungen und Unterstützungen, die sie darin erhalten, sollen ihnen eine Berufsentscheidung erleichtern oder ermöglichen und Einstellungen vermitteln, die für eine Berufsausbildung und -ausübung vorausgesetzt werden. Ihre Ausbilder und Lehrer erhalten ihr pädagogisches Handwerkszeug zum Teil in besonderen Ausbildungsrichtungen und wissenschaftlichen Spezialdisziplinen.

Welche Inhalte zu dem Themenbereich Berufswahl vermittelt und gelehrt werden können, ist weniger eindeutig als vermutet. Zur Berufswahl von Problemgruppen liegen zwar einige Untersuchungen vor, aber es fehlt an explikativen Erklärungszusammenhängen und Theorien. Auch allgemeine Theorien zur Berufswahl werden wenig intensiv weiterentwickelt oder überprüft. Es fehlt nicht nur an Grundlagenforschung für die berufliche Benachteiligtenförderung (Bojanowski, Eckardt, & Ratschinski, 2005), sondern auch an empirischen Überprüfungen und Absicherungen vorliegender Berufswahltheorien.

Berufspädagogik betreibt bevorzugt angewandte Forschung in Modellprojekten (Nickolaus, 2003) und bezieht große Teile ihres Grundlagenwissen aus anderen Disziplinen. Auf Ergebnisse der Psychologie konnte sie sich in Bezug auf Berufseinstiegsprozesse in den letzten 30 Jahren kaum stützen. Psychologen haben ihr Interesse an Berufswahlfragen erst vor kurzem wieder im Kontext der Entwicklungspsychologie der Lebensspanne entdeckt. Und die Soziologie betont besonders bei schulschwachen Jugendlichen statt Wahl *Allokation* und marktorientierte Zuweisungen, deren theoretische Explikationen wenige Ansatzpunkte für die pädagogische Vermittlung von Berufswahlkompetenzen bieten (Ratschinski, 2005).

Für eine Pädagogik der Berufswahlvorbereitung werden theoretische Grundlagen gesucht, die langfristige Entwicklungsprozesse beschreiben. Berufliche Orientierungen sind lebenslange Prozesse, die nicht erst in der Adoleszenz beginnen und auch nicht in ihr enden. Diese Perspektive bietet Erklärungen für Entscheidungs- und Orientierungsprobleme und Anknüpfungen für Revisionen.

In diesen Bereich der *Berufsfrühorientierung* (Wensierski, Schützler, & Schütt, 2005) gehört die vorliegende Untersuchung. Sie bearbeitet die Frage, inwieweit

---

1 Der besseren Lesbarkeit wegen wird die männliche Form dann gewählt, wenn Frauen und Männer gleichermaßen gemeint sind und das Geschlecht keine Rolle spielt.

Effekte und Ergebnisse von berufsbezogenen Entwicklungsprozessen der frühen und mittleren Kindheit noch in der schulischen Sekundarstufe nachweisbar sind und inwieweit sich berufsbezogene Entwicklungsveränderungen der mittleren Adoleszenz direkt abbilden lassen. Zielgruppe ist mit der schulischen Sekundarstufe ein Altersbereich, in dem eine größere Gruppe von Jugendlichen Berufsentscheidungen mit steigender Dringlichkeit vorbereiten müssen, weil Entwicklungsfristen vorgegeben sind. Eine kleinere Gruppe Jugendlicher, die auch in der Stichprobe vertreten ist, befindet sich bezogen auf berufliche Entscheidungen noch in der Phase vor einer Zielsetzung oder in einer nicht-dringlichen Handlungsphase (Heckhausen, 2000). Das Berufswahlverhalten beider Gruppen wird anhand der geäußerten Berufswünsche und Berufspräferenzen untersucht, nicht anhand ihres Bewerbungsverhaltens. Wenn berufliche Entwicklung eng mit der Persönlichkeitsentwicklung verknüpft ist, wie klassische Theorien annehmen, dann sind Probleme bei der beruflichen Entscheidungsfindung auf Entwicklungsprozesse rückführbar und über Entwicklungsförderung lösbar, was zu belegen ist.

Die Hypothesen der Untersuchung stammen vor allem aus der Berufswahltheorie von Linda Gottfredson. Ihre Theorie hat einige für unsere Zwecke vorteilhafte Merkmale: Sie gehört zu den neueren Theorieentwicklungen, erklärt Entwicklungsprozesse bis zur beruflichen Erstwahl und integriert bewährte Elemente älterer Theorien. Sie koppelt die Entwicklung beruflicher Präferenzen an kognitive Entwicklungsfortschritte und ermöglicht damit Aussagen über unterschiedliche Entwicklungsniveaus und Entwicklungsstände. Zudem kombiniert sie die psychologischen Konstrukte der *Fähigkeiten* und *Interessen* mit den soziologischen der *Sozialschicht*, des *Berufsprestiges* und der *Geschlechtstradition* oder des *Geschlechtstyps* von Berufen. Mit diesem Ansatz erscheint Gottfredsons Theorie besser als andere Theorien geeignet, Berufswahlverhalten von jugendlichen Problemgruppen zu erklären und Ansätze für Theorienbildungen in der beruflichen Benachteiligtenforschung zu bieten. Ob diese Erwartungen eingelöst werden können, ist eine der Fragen dieser Arbeit.

# 2. Berufswahlforschung und Berufswahltheorien

Zahl und Art der Theorien, die um die richtige Erklärung beruflicher Entscheidungsprozesse streiten, haben sich in den letzten Jahrzehnten stetig verändert. Ablesbar ist diese Entwicklung – abgesehen von den Darstellungen in einschlägigen Fachzeitschriften und Sammelbänden – an regelmäßigen Bestandsaufnahmen, in denen Brown und Brooks alle sechs Jahre den wichtigsten Theorieautoren die Gelegenheit zur Darstellung oder Revision ihrer Theorien gegeben haben (Brown & Associates, 2002). Die Auswahl der aufgenommenen Theorien spiegelt jeweils ihre Rezeption in Forschung und Praxis wider. Nur Theorien, die empirische Untersuchungen angeregt haben oder auf die zumindest Bezug genommen wurde oder die in Praxisprojekten umgesetzt wurden, sind aufgenommen oder beibehalten worden. Auf diese Weise wurden Theorien aussortiert, die noch vor wenigen Jahren als besonders einflussreich galten, während andere nach konzeptionellen „Liftings" auch dem schnellen Wandel in der Arbeits- und Berufswelt gerecht werden.

Diese rasante Entwicklung fand in der deutschsprachigen Literatur kaum ihren Niederschlag – nicht nur deshalb, weil nur die zweite von vier Auflagen von Brown und Brooks in deutscher Übersetzung vorliegt (Brown & Brooks, 1994).

Noch bis Ende der 1970er Jahre gab es eine Reihe von Untersuchungen zum Berufswahlverhalten, die z.T. auch wichtige theoretische Beiträge geleistet haben; doch die wenigen danach im deutschen Sprachraum vorgelegten Arbeiten sind kaum geeignet, die Theorienbildung zum Berufswahlverhalten voranzutreiben. Vor dem Krieg war das anders. 1931 nahm Lazarsfeld eine kritische Sichtung von empirischen Untersuchung zu Berufswahlfragen vor, die am Wiener Institut für Psychologie von Charlotte und Karl Bühler durchgeführt wurden (Lazarsfeld, 1931). Sein Resümee bereitete die Konzeptualisierung von Entwicklungstheorien der Berufswahl vor, die zwanzig Jahre später von Ginzberg et al. vorgelegt wurden und allgemein als Paradigmenwechsel in der Berufswahlforschung gewertet werden. Die erste Veröffentlichung zur Berufswahl nach dem Kriege von Jaide (1961) wurde ohne Rekurs auf Theorienbildung erstellt. Auch der Tenor der Untersuchung, dass viele Schulabgänger von Volks- und Realschulen noch nicht berufsreif seien, meint nicht etwa das oder ein theoretisches Konzept der Berufsreife, sondern ein gängiges Alltagsverständnis. Die erste theoretisch wichtige Arbeit der Nachkriegszeit zum Berufswahlverhalten legte Ries (1970) vor. Er war bemüht, eine Brücke zwischen soziologischen und psychologischen Theorien zu schlagen und damit zu einer umfassenden Konzeptualisierung und Theorienbildung zu gelangen. Ebenfalls im Spannungsfeld von soziologischen (Allokations-)Ansätzen und psychologischen (Entscheidungs-)Theorien und mit Anspruch auf Integrationsleistung platzierte Kohli (1973) seine Laufbahntheorie beruflicher Sozialisation. Spätere Arbeiten von Bender-Szymanski (1976) und Lange (1978) versuchen eher, umfassend und geordnet Einflussfaktoren auf verschiedenen Hierarchieebenen zu berücksichtigen, als die Theorienbildung voranzutreiben. Bender-Szymanski betont die Bedeutung der mit einer Berufsentscheidung verbundenen Handlungskonsequenzen und ihrer Bewertung. Schüler bewerten die antizipierten Entscheidungsfolgen nach drei Kriterien: ihren Interessen, ihrem Zutrauen und ihrem Können bezogen auf die beruflichen Anforderungen bzw. die Ausbildungsanforderungen. Lange definiert die Berufswahl als Entscheidungs-, Handlungs- und Interaktionsprozess und leitet daraus ein Faktorenmuster ab, das empirischen Überprüfungen zugänglich ist. Mitte der 1970er Jahre wurden zwar umfassende und sorgfältige Überblicke und Zusammenfassungen über die internationale Theorienbildung zur Berufswahl vorgelegt (Scheller, 1976; Seifert, 1977), aber sie haben kaum zu theoretischen Weiterentwicklungen angeregt. Ende des Jahrzehnts sahen Vertreter der Berufswahlforschung ihre Theorieansätze gar in einer Sackgasse (Scheller, 1980). Neuere empirische Arbeiten sind bewusst deskriptiv konzipiert (Ernst, 1997), stellen eher lockere Beziehungen zu theoretischen Konzepten her (Fobe & Minx, 1996) oder liefern Konstruktvalidierungen zu etablierten Fragebogeninstrumenten (Allehoff, 1985).

Allgemein wird die internationale Theorienbildung in deutschen Untersuchungen wenig berücksichtigt (Schober & Gaworek, 1996) und es fehlt auch an neueren umfassenden Theoriedarstellungen. Das Interesse an psychologischen Berufswahltheorien zeigt sich nur vereinzelt (Bergmann, 2004; Bußhoff, 1989) und in einer Kürze, die dem Stand der Theorienbildung nicht gerecht werden kann.

## 2.1   Berufswahlforschung

Berufswahluntersuchungen in Deutschland werden traditionell stärker von der Lage auf dem Arbeitsmarkt als von theoretischen Fragestellungen bestimmt. Immer wenn gesellschaftlicher Erklärungs-, Planungs- und Handlungsbedarf entstand, wurden Untersuchungen angeregt und durchgeführt. Ein solcher Handlungsbedarf entsteht, wenn sich – bei steigendem Bedarf an ausgebildeten Fachkräften – Personen der Berufswahl entziehen und ohne Ausbildung auf den Arbeitsmarkt drängen. Hilfsarbeiter, Jungarbeiter und Ungelernte sind traditionell bevorzugte Zielgruppen der deutschen Berufswahlforschung.

In Zeiten der Vollbeschäftigung von Mitte der 1950er bis Anfang der 1970er Jahre ging es vornehmlich darum, Ausbildungsreserven zu mobilisieren, um für den Arbeitskräftebedarf der Zukunft gerüstet zu sein. Ziel der Untersuchungen war dementsprechend die Erfassung der Bildungsmotivation, -fähigkeit, der Bildungs- und Weiterbildungsbereitschaft und der allgemeinen Lebenslage der Ungelernten unter den Arbeitnehmern. Während in den frühen 1960er Jahren Frauen als bedeutende Ausbildungs- und Arbeitsmarktreserve ermittelt wurden (Kuhlmeyer & Blume, 1966), unterschieden Studien in den frühen 1970er Jahren differenzierte Erfahrungshintergründe des Ungelerntenstatus (Höhn, 1974). Etwa ein Viertel der

„Ungelernten" verdient diese Bezeichnung nicht. Sie sind nach Abschluss einer Berufsausbildung – oft wegen besserer Verdienstmöglichkeiten – in Ungelernten-tätigkeiten übergewechselt („Umsteiger"). Ein Drittel ist in der Berufsausbildung gescheitert („Versager") und etwa 40% haben von vornherein auf eine Ausbildung verzichtet („Verzichter").[2]

Die Ungelerntenquote konnte von ca. 35% eines Jahrgangs im Jahre 1950 bis 1969 stetig auf 15% gesenkt werden (Schweikert, 1979, 6). Vermutlich veranlasste diese positive Entwicklung die Bund-Länder-Kommission für Bildungsplanung (1973, 32) eine weitere Senkung des Ungelerntenanteils auf 2-3 Prozent eines Jahr-gangs bis zum Jahre 1985 zu fordern. Das Bundesinstitut für Berufsbildung (BiBB), das 1969 u.a. für die Wahrnehmung von Aufgaben dieser Art gegründet wurde, sollte in Jungarbeiterprojekten die Faktoren ermitteln, die Berufsaus-bildungen ver- oder behindern und damit der Realisierung der BLK-Forderung im Wege stehen könnten. Schon in ersten Voruntersuchungen von Schweikert et al. (1975) wurde klar, dass Ausbildungslosigkeit nicht allein durch mangelnde Lernfähigkeit zu erklären war. Dagegen sprach der hohe Anteil ungelernter Frauen, die schon damals (teilweise) höhere und bessere Schulabschlüsse vorweisen konnten. „Es lag nahe, Ursachen der unterbliebenen Berufsausbildung in gesellschaftlich bedingten Benachteiligungen zu suchen" (Schweikert, 1979, 20) und in einem breiten Untersuchungsansatz mögliche sozioökonomische und psychologische Bindungsfaktoren zu erfassen.

Als theoretischer Hintergrund wurde zwar eine Sozialisationstheorie benannt, aber sie diente in der praktischen Umsetzung lediglich zur Begründung für die Variablenauswahl und nicht zur Theorieüberprüfung.

Bestätigt wurden schon damals bekannte Zusammenhänge aus der Benach-teiligtenforschung: Die meisten der knapp 3 000 untersuchten Jugendlichen ohne Ausbildungsvertrag stammten aus der Unterschicht, nur die Hälfte hatte die Schule erfolgreich abgeschlossen und ihr durchschnittlicher IQ lag deutlich unter dem von 640 Auszubildenden, die als Kontrollgruppe herangezogen wurden. Noch 1975, als die Studie durchgeführt wurde, waren drei Viertel der befragten Ungelernten Frauen. 90% lebten noch bei ihren Eltern und mussten mehr von ihrem Monatslohn zu Hause abgeben (40%) als die Auszubildenden (Schweikert, 1979, 39). Ein wichtiger Grund für den Ausbildungsverzicht war offensichtlich, dass den Eltern am Mitverdienen der Kinder gelegen war. Ohne sich auf die Ergebnisse von Höhn zu beziehen, ermittelte auch Schweikert eine heterogene Gruppe von freiwillig nicht ausgebildeten Jungarbeitern, von unversorgten Bewerbern um Ausbildungs-stellen und von arbeitslosen Jugendlichen.

Das Ende der Vollbeschäftigung in Deutschland Anfang der 1970er Jahre regte – neben breit angelegten Übergangsstudien (Saterdag & Stegmann, 1980) – eine

---

2 Ähnliche Gruppenbildungen nahm das EMNID-Institut bei der Ergebnisanalyse einer telefonischen Befragung von Jugendlichen ohne Berufsausbildung im Jahre 1998 vor (BMBF, 1999).

Reihe von Untersuchungen an, in denen auch theoretische Positionen formuliert und überprüft wurden. Angesichts fehlender Lehrstellen kam die Mehrzahl der Untersuchungen zu dem Ergebnis, dass die Berufseinmündung Jugendlichen weniger durch freie Wahl als vielmehr durch Zuweisung offener Lehrstellen und Ausbildungsplätze erfolgte. Insbesondere Jugendliche bildungsferner Herkunftsmilieus sahen sich zu erheblichen Kompromissen zwischen Wunsch- und tatsächlichem Ausbildungsberuf gezwungen. Beck et al. (1979) konnten in einer methodisch geschickt angelegten Studie nachweisen, dass nicht nur der Arbeitsmarkt Korrektureinflüsse auf die Berufsentscheidungen Jugendlicher hat, sondern auch das Herkunftsmilieu. Eltern und Freunde wirken danach dann korrigierend auf berufliche Aspirationen ein, wenn sie, gemessen an Bildung und Einkommen der Eltern, zu hoch oder zu niedrig sind. Da sich die Jugendlichen zum Zeitpunkt der ersten Berufswahl entwicklungspsychologisch noch im Stadium der Rollenidentität befinden, sind sie für Milieueinflüsse besonders empfänglich. Ich-Identität, die Beck und seine Koautoren als Basis autonomer Entscheidungen betrachten, wird nach Döbert und Nunner-Winkler (1975) erst später erreicht. Der jugendliche Berufswähler macht also sowohl Zugeständnisse an seine familiäre Herkunft als auch an den Arbeitsmarkt. Beide werden unterschiedlich verarbeitet. Während Konzessionen an den Stellenmarkt eher zu Unzufriedenheit mit der beruflichen Situation führen, werden Milieueinflüsse akzeptiert und identifikatorisch verarbeitet.

Dass mit dem Näherrücken der Berufsentscheidung vornehmlich Arbeitsmarktbedingungen die Berufswünsche beeinflussen, haben Heinz et al. (1985) in einer qualitativen Studie an Bremer Hauptschülern demonstriert. Nach ihren Ergebnissen folgt das Entscheidungsverhalten der Schüler einer Optionslogik, mit der etappenweise subjektive Arrangements, zunächst mit den schulischen Alternativen und später mit den Restriktionen des Ausbildungsstellenmarktes, vorgenommen werden. Die Autoren kommen zu dem Schluss, dass in erster Linie das Lehrstellenangebot und nicht Interessen, Begabungen oder Fähigkeiten die Berufswünsche bestimmen. Erfolg bei der Lehrstellensuche führt dazu, dass bisherige Berufswünsche biographisch umgedeutet werden. Die erlangte Ausbildung war – retrospektiv korrigiert – schon immer die Wunschausbildung.[3]

Ein problemloser Einstieg in die Arbeitswelt gelang nach einer ebenfalls qualitativen Interviewstudie von Baethge et al. (1988) nur einem Drittel der 168 befragten Jugendlichen, 20% blieben ohne Ausbildung und die Hälfte musste Warte-

---

3   Die Umdeutung der eigenen Biographie muss allerdings nicht – wie die Autoren annehmen – Beleg für die Beliebigkeit der Berufsinteressen sein, sondern kann auch als Unterstützung der Theorie kognitiver Dissonanzen gewertet werden: Jugendliche reduzieren ihre kognitiven Dissonanzen, indem sie sogar bereit sind, neue Konsonanzen zu erfinden. Der kognitive Aufwand für die Rekonstruktion der eigenen Biografie bestätigt ein Theoriepostulat: Je dauerhafter und unwiderruflicher eine Entscheidung ist, desto größer ist das Bedürfnis nach Reduktion von Dissonanz (vgl. z.B. Aronson, Wilson, & Akert, 2004). So gesehen ist es ein Indiz für die hohe Selbstwertrelevanz der Entscheidung.

schleifen, „Second-best"-Lösungen oder zusätzliche Schuljahre in Kauf nehmen. Auch nach Abschluss einer Ausbildung gelang nur der Hälfte ein Übergang ins Beschäftigungssystem. Dennoch hatte sich die positive Einstellung zu Arbeit und Beruf – ebenso wie in der Studie von Heinz et al. dargelegt – kaum geändert. Hohe Wertschätzung der Freizeit im Vergleich zum Beruf äußerten vornehmlich Jugendliche, die an der Krise gescheitert waren. Ein freizeitorientiertes Lebenskonzept drückte also weniger einen neuen Zeitgeist aus als vielmehr Flucht oder Resignation.

Ab 1990 dominierten in Folge der deutschen Wiedervereinigung Ost-West-Vergleiche. Eine Forschungsrichtung nutzte die historische Chance, die Effekte von vierzig Jahren Sozialisation im Sozialismus mit der im Kapitalismus zu vergleichen. Neben anderen Entwicklungsthemen und -dimensionen wurden auch Aspekte beruflicher Entscheidungen und beruflicher Werdegänge, wie geschlechtstypische Berufswahlen (Schmitt-Rodermund & Christmas-Best, 1999), der Zeitpunkt der ersten beruflichen Entscheidung (Silbereisen, Vondracek, & Berg, 1997) und Übergänge von der Schule in Ausbildung und Erwerbsarbeit (Vondracek & Reitzle, 1998; Zinnecker & Stecher, 1996) verglichen. Als theoretischer Hintergrund und Interpretationsfolie dienten eher allgemein formulierte dynamische Person-Umwelt-Interaktionsmodelle, oder es wurden bewusst atheoretisch deskriptive Bestandaufnahmen von Einflussfaktoren auf die Berufseinmündung erhoben (Ernst, 1997). Eine vergleichende Analyse von Schulaufsätzen über die Lebensvorstellungen von Schulabsolventen (Fobe & Minx, 1996) hat ebenfalls eher Hypothesen erzeugt als sie theoriegeleitet überprüft.

Schließlich hat das Deutsche Jugendinstitut (DJI) nach der Wiedervereinigung verstärkt Übergangshilfen auch in den neuen Bundesländern eingerichtet und einige Begleituntersuchungen über den geförderten Personenkreis vorgelegt (Lex, 1997). Auch diese Untersuchungen stützen sich kaum oder gar nicht auf die Tradition pädagogisch-psychologischer Berufswahltheorien.

Vereinzelt wurde das Thema Berufswahl in der Entwicklungspsychologie im Zusammenhang mit Übergangsprozessen (Heckhausen & Tomasik, 2002) oder mit Akzentsetzungen der Lebensspannenpsychologie im Erwachsenenalter oder im Seniorenalter behandelt (Wiese, 2000), ohne allerdings einen eigenständigen Bereich zu etablieren oder sich auf Theorietraditionen der Berufspsychologie zu beziehen.

Zuständigkeiten für die Berufswahlforschung haben Institutionen und Personen mit eindeutig soziologischer Orientierung übernommen. Das Fach Berufspsychologie, über das 1977 die letzte Bestandaufnahme vorgelegt wurde (Seifert, Eckhardt, & Jaide, 1977), gibt es nicht mehr (Zimmer, 1993) und die Berufspädagogik hat sich anderen Themen zugewandt. In neueren Lexika wird der Begriff heute als veraltet und ungebräuchlich bezeichnet.[4] Ein Reihe wichtiger Workshops der für

---

4   So z.B. im Lexikon der Psychologie in fünf Bänden, das 2000 im Spektrum-Verlag, Heidelberg, erschienen ist.

die Berufsbildung zuständigen Zentralinstitutionen in Deutschland[5] zum Thema Berufswahl (Schober & Gaworek, 1996) berücksichtigte fast ausschließlich soziologisch fundierte Arbeiten.

Diese Schwerpunktsetzung spiegelt Prioritäten des Berufsberatungssystems in Deutschland wider, das als Hauptabnehmer der Erkenntnisse aus Berufswahltheorien gelten müsste. Obwohl Berufsberatung und Stellenvermittlung gleichermaßen Kernaufgaben der Arbeitsämter sein sollten (nach SGB III), hat in der Praxis die Stellenvermittlung eindeutigen Vorrang vor allen anderen Diensten. Nach einem Gutachten der OECD ist das professionelle Niveau der Berufsberatung in Deutschland niedrig (formal überwiegend auf Fachhochschulniveau, zudem hauptsächlich auf der Fachrichtung Verwaltung basierend), und Forschung und Theorie im Berufsberatungsbereich hinken international hinterher. Auch die Vermittlung der Berufswahlkompetenz in der Schule beschränkt sich weitgehend auf „ein Verständnis der Arbeitswelt und widmet der Entwicklung von Fähigkeiten zur Selbsteinschätzung, Entscheidungsfindung und Berufsplanung nur geringe Aufmerksamkeit" (Organisation for Economic Co-operation and Development (OECD), 2002, 2689).

Die Gründe für die Unpopularität psychologischer Berufswahltheorien in Deutschland liegen nicht nur in der fehlenden institutionellen Verankerung. Auch die Theorien selbst tragen zur mangelnden Rezeption durch zahlreiche Schulbildungen und konzeptionelle Ungenauigkeiten bei. Versuche, Theoriekonvergenzen festzustellen und damit zu einer umfassenden Metatheorie der Berufswahl zu gelangen (Savickas & Lent, 1994), sind offensichtlich gescheitert. Die Situation wurde für viele überzeugend von Krumboltz in einem metaphorischen Vergleich der Berufswahltheorien mit unterschiedlichen Landkarten zum Ausdruck gebracht. Theorien und Landkarten sind symbolische Abbildungen der Realität mit unterschiedlichem Auflösungsgrad. Je nach Zweck oder Handlungsabsicht brauchen wir Autokarten, Wanderkarten, Wetterkarten, topographische, geologische oder sonstige Karten. Jede erfüllt einen anderen Zweck, zeigt unterschiedliche Skalierung und Genauigkeit und betont bestimmte Aspekte und vernachlässigt andere (Krumboltz, 1994).

Abgesehen von ihrem eingeschränkten Aussagebereich imponieren viele Berufswahltheorien durch ausgeprägte Datenferne. Ihre Aussagen sind oft nur ungenau in operationalisierbare Variablen übersetzbar. Andere Fehlerquellen sind mangelnde logische Stringenz und Konzeptionen, die sich einer empirischen Überprüfung entziehen.

Eine Überprüfung oder gar Falsifizierung von konstruktivistischen Theorien, der neuere Theorieentwicklungen oder Theorierevisionen zugerechnet werden müssen, ist zumindest mit herkömmlichen Versuchsdesigns und nach Kriterien der Neyman-Pearson-Statistik kaum möglich. Erklärungsgegenstand dieser Theorien

---

5   Bundesinstitut für Berufsbildung (BIBB), Deutsches Jugendinstitut (DJI) und das Institut für Arbeitsmarkt und Berufsforschung (IAB) der Bundesagentur für Arbeit.

sind dynamisch konzipierte Person-Umwelt-Interaktionen, die unendlich viele Zustände annehmen können und damit keine nomologischen Aussagen in Form allgemeiner Wenn-Dann-Beziehungen ermöglichen. Vor diesem Hintergrund ist die Anzahl kühner Entwürfe oder plausibler Zusammenhangssysteme stärker gestiegen als die Zahl gesicherter empirischer Befunde für die Stützung von Theorien oder allgemeiner Aussagen.

Ungeachtet dessen ist der aktuelle und zukünftige Bedarf an empirisch gesicherten Befunden zu Berufswahlfaktoren und -einflüssen immer größer geworden. Vor dem Hintergrund allgemeiner Entstandardisierung von Lebensläufen (Beck & Beck-Gernsheim, 1994) steigt die Zahl der Laufbahnentscheidungen, die v.a. auf unterem und mittlerem Ausbildungsniveau lebenslang zu treffen sind. Gegenwärtig sind z.B. nur 50% der im dualen System ausgebildeten Arbeitnehmer nach 10 Jahren in ihrem erlernten Beruf tätig (Heidegger, 2002). Berufliche Neuorientierungen werden durch Veränderungen in der Arbeitswelt und durch veränderte Ansprüche notwendig. Technische Veränderungen erhöhen die Anforderungen an analytisches und abstraktes Denken und an autonomes und selbstverantwortliches Entscheidungsverhalten.

Verlierer dieser Entwicklung mit einem erhöhten Beratungs- und Unterstützungsbedarf sind Jugendliche, die ohne formale Ausbildung bleiben. Bemühungen, die Zahl der ungelernten Arbeitnehmer zu senken, stagnieren schon seit langem. Die erwähnte Auffassung, man könnte den Anteil auf unter 3% senken, hat sich als Illusion erwiesen. Der Prozentsatz blieb seit Jahrzehnten relativ stabil bei 10 bis 15 Prozent (Rützel, 1995). 1999 betrug der Anteil in einer Repräsentativbefragung 11,6% (Troltsch, László, Bardeleben, & Ulrich, 1999), eine Auswertung des Mikrozensus 2000 weist eine Ungelerntenquote von 14,4% aus (Bundesministerium für Bildung und Forschung (BMBF), 2002). Betroffen sind zumeist Jugendliche, die weder im Kontext schulischer noch außerschulischer Anforderungen Fähigkeiten und Interessen ausbilden konnten, die ihnen die Berufswahl erleichtern. Angesicht der expliziten Zielsetzung v.a. der Hauptschulen, die Schüler auf die Berufs- und Arbeitswelt frühzeitig vorzubereiten, zeigen diese Ergebnisse, dass der optimale Weg der Berufsorientierung noch nicht gefunden ist.

Berufswahlforschung muss deshalb ihre ökologische Validität besonders für bekannte Problemgruppen der Berufswahl nachweisen. Theorien, deren Aussagen nur unter Bedingungen uneingeschränkter Wahloptionen gelten, erklären Gegenstandsbereiche mit vergleichsweise geringem Beratungs- und Unterstützungsbedarf. Für praktische Zwecke hilfreicher sind Theorien, deren Beschreibungs- und Erklärungskonzepte generelle Gültigkeit haben und die Subgruppen lediglich nach der Ausprägung auf den Konzeptdimensionen unterscheiden. Vor allem zwei Einflussfaktoren bestimmen Unterschiedlichkeiten und soziale Ungleichheiten bei Berufsentscheidungen: es sind dies die soziale Herkunft und das Geschlecht. Als Konzepte soziologischer Theorienbildung haben sie selten Eingang in psychologische Berufswahltheorien gefunden. Eine Ausnahme stellt die Theorie von Linda Gottfredson dar, die als Soziologin im psychologischen Handlungsfeld der

Berufswahldiagnostik tätig war und deshalb Elemente beider Theorietraditionen zusammenführen konnte.

Geschlechtstyp und Prestige haben in ihrer Theorie einen fundamentaleren Einfluss auf die Berufswahl als Interessen, Fähigkeiten, Werte etc. Im Lichte dieser Theorie erscheinen z.b. die vielbeachteten Untersuchungsergebnisse von Heinz et al. (1985) in einem neuen Licht.[6] Die scheinbare Beliebigkeit der Berufswahl folgt einem System: Neigungen und Fähigkeiten sind weiche Prädiktoren, die – wie Gottfredsons Theorie postuliert und Heinz et al. gezeigt haben – in den letzten Hauptschuljahren eine geringere Rolle bei Berufsplanungen spielen. Viel stärker – aber kaum beachtet – ist der Einfluss der Berufsmerkmale *Prestige* und *Geschlechtstradition*, der bei genauerer Analyse der Antwortmuster deutlich wird. Im Vergleich zu Neigungen und Fähigkeiten sind Prestige und Geschlechtstyp „starke Prädiktoren".

Gottfredson hat ihre Berufswahltheorien erstmals 1981 vorgestellt und in den letzten beiden Auflagen des erwähnten Buches von Brown, Brooks u.a. revidiert und erweitert. Im Kontrast zu anderen Berufswahltheorien sind ihre Aussagen relativ einfach und eindeutig und damit sowohl empirischen Entscheidungsexperimenten als auch Modellbildungen in Strukturgleichungsmodellen zugänglich.

Ziel der vorgelegten Untersuchung ist die Überprüfung zentraler Annahmen verschiedener Berufswahltheorien und insbesondere der Theorien von Gottfredson und Holland an Sekundarschülern verschiedener Schulformen, von denen einige erste Berufsentscheidungen treffen müssen. Erfasst wird die differentielle Validität der Theorie für unterschiedliche kognitive Leistungsniveaus und für beide Geschlechter. Erwartet werden graduelle, nicht strukturelle, Unterschiede. Damit soll eine Annäherung an das Berufswahlverhalten von Problemgruppen der beruflichen Bildung erreicht werden, die als Basis für weitere und speziellere Untersuchungen dienen kann. Die Studie ist gedacht als ein Beitrag zur andernorts geforderten Grundlagenforschung in der beruflichen Bildung benachteiligter Jugendlicher (Bojanowski, Eckardt, & Ratschinski, 2004). Sie zielt – wie jede Grundlagenforschung – nicht primär auf Anwendbarkeit in der (Berufsbildungs-) Praxis ab, sondern soll Erklärungen für beobachtete Phänomene liefern und damit tradiertes Überzeugungswissen von Praktikern in Frage stellen und Veränderungen in der Praxis begründen können.

Wie alle Berufswahltheorien enthält auch die Theorie Gottfredsons bewährte Elemente anderer Theorien, die sie in einen neuen Erklärungszusammenhang gestellt hat. Als relativ neue Theorie enthält sie zudem aktuellere Konzepte, Ideen und Erklärungsmuster als andere Theorien mit ähnlichem Anspruch. Die Theorieüberprüfung dient somit nicht nur der Bestätigung oder Widerlegung eines

---

6   Jaide (1961) stellte ähnlich zu interpretierende „unsinnige Wunschkombinationen" von Wunschberuf und Eventualberuf fest. Die Wunschkombinationen erwiesen sich (vermutlich nach Augenschein) als nicht homogen, wie Dekorateur und Autoschlosser oder Bäcker und Feinmechaniker (Jaide, 1961, 33).

speziellen Berufswahlmodells, sondern schließt gleichzeitig die Überprüfungen wichtiger Annahmen älterer Theorien ein.

Ein allgemeines Grundproblem theoretischer Traditionen betrifft die Frage, ob mit der Übernahme theoretischer Modelle, Konzepte und Konzeptionen auch deren Annahmen vollständig oder teilweise übernommen wurden oder andere implizite oder explizite Definitionen gegeben wurden. Theorien allgemein und Berufswahltheorien insbesondere sind deutlich besser zu verstehen, wenn sie im Kontext historischer Entwicklungen interpretiert werden.

Im folgenden Abschnitt wird deshalb ein kaleidoskopartiger Überblick über die wichtigsten Theorien und ihre Akzentsetzungen gegeben. Es kann in diesem Kontext nur darum gehen, grundlegende Ideen und theoretische Ansätze darzustellen. Ausführliche Darstellungen bieten neben dem anfangs erwähnten Sammelband von Brown und Mitarbeitern (2002) eine Reihe aktueller Reader zu Berufswahltheorien (Brown & Lent, 2005; Leong & Barak, 2001) und zu theoretischen Hintergründen und der Fundierung von Berufsberatung und -orientierung (Drummond & Ryan, 1995; Sharf, 2002; Zunker, 1998).

## 2.2   Berufswahltheorien

Die zentrale Stellung des Berufs im Lebenskontext und seine Verflechtung mit nahezu allen Lebens- und Funktionsbereichen verlangen theoretische Erklärungsmuster mit weitem Geltungsbereich und allgemeinen Konzepten. Insofern kommen für den Erklärungsgegenstand Berufswahl vornehmlich ganzheitliche Theorien in Frage, deren Auflösungs- und Vorhersagekraft gewöhnlich gering ist und die das Bandbreite-Fidelitäts-Dilemma (Cronbach, 1990) eher zugunsten der Bandbreite lösen. Theoretische Anleihen bei der Psychoanalyse, den behavioristischen Lerntheorien, beim Informationsverarbeitungsansatz oder bei Selbstkonzept- und Identitätstheorien bieten sich vor dem Hintergrund an und sind auch ohne Ausnahme als Erklärungskonzepte angeboten worden. Nahezu alle psychologischen Theorien größerer Reichweite haben ihren Niederschlag in der Berufswahlforschung gefunden und zur Theorienbildung beigetragen. Auch Theorien anderer Disziplinen, die an psychologische Fragestellungen angepasst wurden, sind für die Erklärung des Berufswahlverhaltens herangezogen worden. Das Spektrum reicht von der Stressforschung (Tschöpe & Witzki, 2004) und Entscheidungsmodellen (Brown, 1994a) über Systemtheorien (Balz, 2005; Patton & McMahon, 1999) bis hin zur Chaostheorie (Pryor & Bright, 2003) und Existenzphilosophie (Cohen, 2003). Die Vielfalt berufswahltheoretischer Ansätze und Orientierungen ist ein Spiegel der psychologischen Theorienbildungen der letzten hundert Jahre. Metatheoretische Trends und Paradigmenwechsel wurden unmittelbar nachvollzogen. Die kognitive Wende bewirkte ebenso einen Richtungswechsel wie die aktuelle Popularität konstruktivistischer Erklärungsmuster.

Die Vielzahl der bisher vorgelegten Theorien machen systematische Zuordnungen oder Klassifikationen wünschenswert. Über Gruppierungskriterien besteht jedoch wenig Einigkeit, weil das Abstraktionsniveau der theoretischen Ansätze gewöhnlich erhebliche Freiheitsgrade zulässt und Überschneidungen nicht zu vermeiden sind, die sich z.t. auch aus der Integration verschiedener Erklärungsansätze unterschiedlicher theoretischer Orientierungen in eine Theorie ergeben. Osipow (1994) unterscheidet zwischen Person-Umwelt-Theorien, Entwicklungstheorien und sozialen Lerntheorien. Peterson (1994) differenziert noch stärker in Passungstheorien, Entscheidungstheorien, Selbstkonzepttheorien, sozialpsychologischen Perspektiven und seinem eigenen Ansatz kognitiver Informationsverarbeitung. Brown (2002) schließlich systematisiert seine letzte Bestandsaufnahme aktueller Berufswahltheorien in die vier Abschnitte: soziologische Perspektive, Entwicklungs- und postmoderne Theorien, in Lerntheorien verankerte Laufbahntheorien und schließlich Trait- und Factor-Theorien.

Weit verbreitet ist die Unterteilung in Inhalts- bzw. Struktur- und Prozesstheorien (z.B. Crites, 1989; Patton & McMahon, 1999 u.a.). Wir übernehmen diese Einteilung und ergänzen sie – ebenso wie z.B. Minor (1992) – um die Kategorie der Entwicklungstheorien, von denen einige Aspekte in dieser Arbeit überprüft werden sollen. Theorien, die sowohl Inhalts- als auch Prozessaspekte integrieren, versuchen wir aus Gründen der Vereinfachung und Übersichtlichkeit jeweils den drei anderen Gruppen zuzuordnen.

Strukturtheorien beschreiben und erklären Determinanten und Einflussfaktoren auf die Berufswahl, wie Fähigkeiten (Dawis, 1994), Motive (Bordin, 1994a), Interessen (Holland, 1997) oder Wertüberzeugungen (Brown, 1996a) und setzen sie zur Berufswelt in Beziehung. Sie sind der differentiellen und Persönlichkeitspsychologie zuzuordnen und können gewöhnlich angemessen durch Querschnittanalysen überprüft werden. Prozesstheorien beschreiben und erklären Veränderungen, die z.B. den Entscheidungsprozess oder die Festlegung auf einen bestimmten Beruf betreffen. Sie gehören zum theoretischen Bestand der kognitiven Psychologie und werden vornehmlich durch experimentelles Vorgehen überprüft. Entwicklungstheorien schließlich betrachten Berufswahl als Endpunkt oder Zwischenstation einer biographischen Entwicklung, bei der allgemeinen Entwicklungsabfolgen Bedeutung zukommt. Als Gegenstand der Entwicklungspsychologie besteht der angemessene Weg der Theorieüberprüfung in Längsschnittuntersuchungen. Nach Alter gruppierte Querschnitterfassungen können lediglich Alterstrends auf Gruppenniveau beschreiben und damit als Annäherungen an individuelle Entwicklungen dienen.

Auf die Darstellung allokationstheoretischer Ansätze, die aus einer soziologischen Perspektive Zuweisungen von Berufspositionen durch die Gesellschaft erklären, wird in diesem Kontext verzichtet. Zusammenfassende Darstellungen findet man z.B. bei Hotchkiss und Borow (1996) und Johnson und Mortimer (2002).

## 2.2.1 Strukturtheorien

Die Anfänge der Berufswahlforschung allgemein und der Strukturtheorien insbesondere sind eng verknüpft mit dem Namen Frank Parsons. Er formulierte zu Beginn des zwanzigsten Jahrhunderts in den USA die drei vielzitierten Elemente der Berufswahl als Kenntnis der eigenen Person, Kenntnis der Arbeitswelt und einer optimalen Passung zwischen beiden.

In der Beratungssituation ließ er seine Klienten einen informellen Fragebogen mit 100 Items zu ihren Interessen, Fähigkeiten und ihrem familiären Umfeld ausfüllen und vertiefte ihre Aussagen in einem anschließenden Interview. Als Informationen über die Arbeitswelt standen ihm damals Industrie- und Branchenlisten, Beschreibungen von Ausbildungsgängen und -erfordernissen und Gehaltslisten zur Verfügung. Die Passung oder den optimalen Person-Umwelt-Fit bezeichnete er als „true reasoning on the relation of these two groups of facts" (Parsons, 1909, 5). Was unter "true reasoning", den wirklich vernünftigen Überlegungen, exakt zu verstehen ist, hat er mit dem Wissen seiner Zeit nicht beschreiben können. Vermutlich betrachtete er schon kognitive Prozesse als grundlegend für die Berufswahl. Patton und McMahon (1999) sehen darin die visionäre Kraft seiner Arbeit. In Deutschland wurde Pearsons Arbeit erstmal durch Hugo Münsterberg (1912) bekannt gemacht und für die Pädagogik von Alois Fischer (1918) erschlossen.

Parsons Ansatz gilt als Vorläufer der Trait- und Faktortheorie, der ältesten und am weitesten verbreiteten Berufswahltheorie. Sie geht davon aus, dass sich Menschen in ihren Persönlichkeitsmerkmalen (traits) unterscheiden, dass diese Merkmale relativ stabil sind, objektiv erfasst werden können und ihr Verhalten in einer Vielzahl von Situationen beeinflussen. Die Aussagen von Personen über ihr Verhalten oder Empfinden in verschiedenen Situationen oder ihre Leistungen in Fähigkeitstests können über Faktorenanalysen in Dimensionen (Faktoren) gruppiert werden. Diese Faktoren oder Dimensionen sind Operationalisierungen der Persönlichkeitsmerkmale. Die Merkmalsausprägung kann über die Relation zu Vergleichsgruppen bestimmt werden. Das Muster der individuellen Merkmalsausprägungen definiert das Persönlichkeitsprofil einer Person. Nach der Trait- und Faktortheorie verlangt jeder Beruf ein eindeutiges Muster von Persönlichkeitsmerkmalen, um die kritischen und typischen Aufgaben des Berufes bewältigen zu können. Je enger die Passung zwischen Anforderungsprofil des Berufes und den Merkmalen der Person, desto besser ist die Arbeitsleistung, die Berufszufriedenheit und die Bindung an den Beruf.

Fortschritte des Trait- und Faktoransatzes sind eng verbunden mit der Entwicklung der differentiellen Psychologie und Persönlichkeitsforschung. Den vorläufigen Endpunkt der Persönlichkeitsbeschreibung markiert das Big-Five-Modell der Persönlichkeit, das bisher zwar selten in Monographien zur Berufswahl erschien (z.B. bei Patton & McMahon, 1999), aber im Rahmen eines Trends zur verstärkten Berücksichtigung allgemeinpsychologischer Theorien und Konzepte in der Berufswahlforschung (Savickas, 2000) zunehmend Beachtung findet. Unter

Vertretern der differentiellen Psychologie herrscht mittlerweile Konsens, dass die Persönlichkeit eines Individuums durch fünf Grunddimensionen beschreibbar ist, die Big Five genannt werden. Es sind dies Extraversion, Neurotizismus, Offenheit für Erfahrungen, Verträglichkeit und Gewissenhaftigkeit (Borkenau & Ostendorf, 1993).

Als extravertiert gilt, wer gesellig und selbstbewusst mit seiner Umwelt interagiert. Neurotizismus umfasst einen weiten Bereich negativer Emotionen, wie Prädispositionen zu Ängstlichkeit, Unruhe und Besorgtheit. Offenheit ist mit ausgeprägtem Interesse an neuen Erfahrungen, mit Vielseitigkeit und Neugier verbunden. Mit Verträglichkeit wird ein Verhaltensmuster beschrieben, das sich durch Warmherzigkeit und Vertrauenswürdigkeit auszeichnet. Gewissenhaftigkeit schließlich umfasst Zuverlässigkeit, Organisiertheit und Effizienz des Verhaltens.

Die Big Five differenzieren nicht nur zwischen einer allgemeinen Berufs- oder Freizeitorientierung (Bickle, 1995), sondern sie lassen auch differenzierte Prognosen über berufliches Verhalten und Berufsleistungen zu. Extraversion z.B. korreliert positiv mit dem beruflichen Fortkommen, dem Gehaltsniveau und der Arbeitszufriedenheit. Neurotizismus korreliert negativ mit Berufszufriedenheit, Offenheit korreliert negativ mit dem Gehaltsniveau und hohe Verträglichkeit geht mit geringer Berufszufriedenheit und niedrigerem Gehalt einher, letzteres allerdings nur in sozialen Kontaktberufen (Seibert & Kraimer, 2001). Als besonders brauchbarer Prädiktor für Studien- und Berufserfolg hat sich in Metaanalysen der Faktor Gewissenhaftigkeit erwiesen. Er korreliert mit $r=.26$ mit Berufserfolg, mit $r=.39$ mit dem Ausbildungserfolg und mit dem Studien- und Lernerfolg sogar mit $r=.50$ bis $r=.60$ (vgl. Holling, Lüken, Preckel, & Stotz, 2000, 162). Gegenüber Intelligenz, dem mit $r=.51$ stärksten Prädiktor für den Berufserfolg, weist Gewissenhaftigkeit eine inkrementelle Validität von 18% auf (Schmidt & Hunter, 1998, 265).

Die relativ stabilen Unterschiede in den Berufswahlpräferenzen zwischen den Geschlechtern sind möglicherweise auch auf Persönlichkeitsunterschiede zurückzuführen. Big-Five-Unterschiede zwischen den Geschlechtern sind zwar allgemein eher gering, aber innerhalb verschiedener Kulturen vergleichbar und reproduzierbar. Sie entsprechen weitgehend traditionellen Geschlechtsstereotypen. Entgegen der Erwartung sind Persönlichkeitsunterschiede in westlichen individualistischen Gesellschaften am stärksten ausgeprägt. Costa et al., die diese Ergebnisse im Vergleich von 26 Kulturen und über 23 031 Personen ermittelten, erklären dieses überraschende Ergebnis mit dem Wirken von Attributionen: Die Verhaltensunterschiede sind überall gleich, aber sie werden unterschiedlich attribuiert. In modernen Gesellschaften wird Freundlichkeit als Ausdruck der Persönlichkeit angesehen, in traditionellen Gesellschaften entspricht sie einer Norm (Costa, Terracciano, & McCrae, 2001).

Die Möglichkeit, Persönlichkeitsunterschiede in stabilen und robusten Dimensionen zu erfassen, erweitert zwar das Methodenrepertoire zur Erfassung beruflich relevanter Persönlichkeitsaspekte, aber sie konstituiert noch keine Theorie. Die

Big-Five-Dimensionen haben den Status gut operationalisierter Konzepte, die in theoretische Erklärungszusammenhänge gebracht werden können. In Bezug auf das Berufswahlverhalten ist eine solche theoretische Integration von Gottfredson (2002) vorgenommen worden, deren Theorie Überprüfungsgegenstand der vorliegenden Arbeit ist und später ausführlich vorgestellt wird.

Gegenüber den weitgehend statischen Ansätzen der Differentiellen Psychologie (wie die Trait- und Faktortheorien und das Big-Five-Modell) gehen Theorien der Person-Umwelt-Passung von veränderlichen und anpassungsfähigen Personen und Umwelten aus. Kern der Theorien ist das Konzept der dynamischen Reziprozität. In einen fortwährenden Anpassungsprozess werden Umwelten durch Individuen und Individuen durch Umwelten beeinflusst. Personen suchen aktiv kongruente Umwelten auf. Die Theorie der Arbeitsangepasstheit (Theory of Work Adjustment, TWA) von Dawis und Lofquist erklärt im Sinne der Passungstheorien die Interaktion zwischen Person und Arbeitsumgebung durch die vier Grundkonzepte *Fähigkeit, Verstärkungswert, Zufriedenheit* und *Korrespondenz*. Im Gegensatz zum klassischen Trait- und Faktor-ansatz beschreibt sie berufliche Anpassungsprozesse, nachdem die Entscheidung für einen Beruf gefallen und der Eintritt in das Erwerbs- und Berufsleben erfolgt ist.

Personen haben Bedürfnisse und Arbeit stellt Anforderungen. Passen Bedürfnisse (Gehalt, Arbeitsbedingungen) und Arbeitsanforderungen (Fähigkeiten, Fertigkeiten) zusammen, spricht Dawis (1994) von Korrespondenz. Die Erfahrung einer befriedigenden Arbeitsumgebung bezeichnet das Konzept Zufriedenheit und alles, was Bedürfnisse befriedigt, hat Verstärkungswert und erhöht entsprechend der klassischen Lerntheorie die Verhaltenswahrscheinlichkeit.

Dawis (1994) nennt Fertigkeiten und Bedürfnisse Oberflächentraits, Fähigkeiten und Werte Quellentraits. Quellentraits definieren die Struktur der Persönlichkeit und sind weitgehend zeitstabil, während Oberflächentraits situations- und zeitabhängig sind.

Die Person steht in einer permanenten dynamischen Wechselbeziehung zu ihrer Arbeitsumgebung und versucht, eine befriedigende Beziehung herzustellen, indem sie stetig Anpassungsleistungen vollbringt. Prozessvariablen der Anpassungsleistungen sind *Schnelligkeit*, mit der Umweltinteraktionen initiiert werden, *Takt* oder Intensität der Interaktion, *Rhythmus* oder das Taktmuster der Interaktion (stetig, zyklisch, sprunghaft) und *Ausdauer* oder die Aufrechterhaltung der Interaktion. Die Anwendung der Theorie im Beratungsprozess sieht eine intensive Persönlichkeitsdiagnostik vor. Fähigkeiten, Werte, Bedürfnisse und Einstellungen werden durch standardisierte Verfahren erhoben, die eigens von den Theorieentwicklern konstruiert wurden.

Die Verallgemeinerung der Theorie der Arbeitsanpassung zur Theorie der *Person-Umwelt-Korrespondenz (PEC)* (Dawis, 2002) markiert den vorläufigen Endpunkt der Theorieentwicklung in der Minnesota-Tradition. Erklärungsgegenstände der PEC sind nicht nur Arbeit und Beruf, sondern alle Formen der Interaktion mit sozialen Umwelten, wie Schule, Familie, Paarbeziehungen usw. Einen inhaltlich ähnlichen Ansatz vertritt Braun (2000) mit seinem „Modell aktiver Anpassung": Arbeitszufriedenheit, Wechseltendenz und Leistung sind danach Funktionen der beruflichen Zielklarheit, der Organisationsorientierung, der Mittelklarheit und von Vorsatzbildungen und Planung.

Statt Fähigkeiten akzentuiert Bordin (1994b) in seiner Theorie intrinsische Motive und Bedürfnisse, die durch die Berufstätigkeit befriedigt werden. In der Tradition psychodynamischer Theorien sieht er den Ursprung dieser Motive in frühkindlichen Erfahrungen. Im kindlichen Spiel werden Bedürfnisse nach Spontaneität und Selbstexpression befriedigt. Im Laufe der Entwicklung und Sozialisation werden Spiel und Arbeit voneinander abgegrenzt, indem die Kinder äußeren Druck von den Eltern bei bestimmten Aktivitäten erleben. Spontaneität wird in Zwang und Anstrengung konvertiert, aber das Spielbedürfnis und das Bedürfnis nach Spontaneität bleiben als Teil der Persönlichkeit grundsätzlich erhalten. Der Mensch sucht Freude in der Arbeit und im Spiel, wie in anderen Lebensbereichen, so dass es bei der Suche nach einem befriedigenden Beruf gilt, das Spielbedürfnis mit den Anforderungen der Berufswelt zu verknüpfen.

Ebenfalls unter dem Einfluss der Eltern entwickelt sich die Identität. Allerdings ist der Prozess der Übernahme und der Introjektion von Teilen der Eltern weitgehend unbewusst. Je nach stärkerer Identifikation mit dem Vater oder mit der Mutter lassen sich Präferenzen für bestimmten Berufe unterscheiden (Bordin, 1994b).

Brown (1996a) hält Werte – trotz der langen Tradition der Erwartungs- mal Wertmodelle – für bisher zu wenig beachtete Dimensionen in Berufswahltheorien. Wertüberzeugungen sind Grundlage für die Beurteilung von Situationen und Objekten. Sie dienen als Standards für die Bewertung des eigenen Verhaltens und des Verhaltens anderer und bestimmen die Setzungen von Lebenszielen. Bei Lebensentscheidungen allgemein haben sie eine wichtige Funktion, weil über sie den unmittelbaren Konsequenzen und langfristigen Folgen von Entscheidungsalternativen Valenzen zugeordnet werden. Nach Browns Auffassung entwickelt jeder Mensch durch Interaktion mit der Umwelt eine relativ kleine Anzahl von Werten (ca. acht bis zwanzig), die sein Denken, Fühlen und Handeln bestimmen. Diese Werte werden entsprechend ihrer kognitiven Klarheit kristallisiert (sie können benannt werden) und priorisiert, d.h. nach Wichtigkeit in eine Hierarchie gebracht. In Entscheidungssituationen brauchen Menschen Informationen darüber, durch welche Entscheidungen welche Werte realisiert werden. Das setzt z.B. bei der Berufswahl Berufskenntnis und Selbstkenntnis voraus. Selbstkenntnis erwächst aus Lebensrollen. In verschiedenen Rollen werden verschiedene Werte verwirklicht. Da Menschen ganzheitlich funktionieren, sollten Berufsentscheidungen nicht isoliert, sondern in Beziehung zu andern Lebensrollen gesehen werden. Lebensrollen wirken entweder synergetisch, sie konfligieren oder kompensieren. Brown unterscheidet zwischen Intrarollenkonflikten, bei denen persönliche Werte nicht durch die Arbeit verstärkt werden, und Interrollenkonflikten zwischen Berufs- und anderen Lebensrollen. Im Beratungsprozess werden Aussagen der Klienten (z.B.

über Interessen) in Werte übersetzt, es wird die Kristallisation und Prioritäten-setzung der Werte festgestellt. Auf der Basis einer tragfähigen Berater-Klienten-Beziehung werden Ängste und Depressionen ermittelt, die dann entstehen können, wenn alle Optionen, in Lebensrollen Erfolge zu erzielen, blockiert sind. Wenn der Klient seine handlungsleitenden Werte versteht und wertbezogene Informationen über Berufsoptionen erhält, kann er tragfähige Entscheidungen treffen.

Ebenfalls zu den Strukturtheorien, die Berufsentscheidungen in Beziehung zu Persönlichkeitsmerkmalen setzen, gehört das RIASEC-Modell von Holland (1997). Es wird im folgenden Abschnitt ausführlicher vorgestellt, weil es unter Praktikern von allen Berufswahltheorien die höchste Akzeptanz genießt, vielfältige praktische Anwendungsmöglichkeiten bietet und in der vorliegenden Arbeit unter verschie-denen Gesichtspunkten überprüft wird.

Hollands Theorie wurde erstmals 1959 als Trait- und Faktortheorie konzep-tualisiert und ständig weiterentwickelt. Die letzte zusammenfassende Darstellung stammt von 1997. Holland wollte eine leicht zu verstehende und anzuwendende Theorie für Praktiker und ihre Klienten erstellen (Holland, 1994, 46). Der Erfolg zeigt, dass er dieses Ziel erreicht hat. Auf sein Modell wird in der Literatur und in der Beratungspraxis weltweit am häufigsten Bezug genommen, es ist theoretische Basis mehrerer computergestützter Beratungsprogramme (Holling et al., 2000) und hat über 500 empirische Untersuchungen angeregt (Laube & Deller, 2006).

Die Theorie besteht aus einfachen Ideen, die in komplexere Konzepte differen-ziert wurden. Sie haben zur Entwicklung einer ganzen Reihe von Instrumenten, Fragebogen und Listen beigetragen, die in der Beratungspraxis Anwendung finden. Die meisten der heute gebräuchlichen Beurteilungsverfahren beruhen darauf.

Hollands Theorie steht in der Tradition von Persönlichkeitstheorien des dyna-mischen Interaktionismus. Er geht davon aus, dass Berufwahl Ausdruck der Per-sönlichkeit ist und folglich Fragen nach Berufsinteressen Aspekte der Persönlich-keit erfassen. Interessenfragebögen sind so gesehen Persönlichkeitsinventare (Holland, 1999). Der Beruf bestimmt Einkommen, Lebensstil, Fähigkeiten und andere Aspekte der Persönlichkeit. Berufsstereotypen haben nach Holland eine zu-verlässige und wichtige psychologische und soziologische Bedeutung. Ebenso wie wir Leute nach Kleidung, Freunden oder Handlungen beurteilen, beurteilen wir sie nach Berufen. Ausübende desselben Berufes haben eine ähnliche Persönlichkeit und eine ähnliche Persönlichkeitsentwicklung. Weil Angehörige einer Berufs-gruppe eine ähnliche Persönlichkeitsstruktur haben, reagieren sie auf verschiedene Situationen und Probleme in ähnlicher Weise und schaffen damit charakteristische interpersonelle Umwelten. Das sind die wichtigen Hintergrundprinzipien der Theorie.

Kern der Theorie sind vier fundamentale Arbeitshypothesen (Holland, 1997, 2): Erstens können in unserer Kultur die meisten Menschen sechs Persönlichkeitstypen zugeordnet werden. Es gibt zweitens sechs Arten von Umwelten, die durch die Struktur der beruflichen Anforderungen oder durch die Persönlichkeits-orientierungen der handelnden Personen beschreibbar sind. Persönlichkeits- und

Umwelttypen entsprechen dem jeweils gleichen Modell. Drittens sucht jeder Mensch eine Umwelt, in der er Fähigkeiten und Begabungen anwenden, seine Einstellungen und Werte ausdrücken und Rollen übernehmen kann und viertens ist Verhalten das Ergebnis der Interaktion zwischen Person und Umwelt.

Die sechs Idealtypen werden durch charakteristische Einstellungs- und Verhaltensmuster beschrieben. Der Modelltyp, zu dem die größte Merkmalsähnlichkeit besteht, definiert den Persönlichkeitstyp. Wird zudem berücksichtigt, zu welchem Idealtyp die zweit- und drittgrößte Ähnlichkeit besteht, lassen sich Persönlichkeitstypen differenzierter durch einen Drei-Buchstaben-Code unterscheiden. Ebenso können anhand typischer Berufsanforderungen Umwelttypen in Ein-, Zwei- oder Drei-Buchstaben-Codes kategorisiert werden.

Je größer die Person-Umwelt-Kongruenz (PUK) ist, desto besser ist nach Annahme der Theorie die Prognose für den Prozess der beruflichen Eingliederung und für den gesamten beruflichen Werdegang.

Die genannten sechs Persönlichkeitstypen sind Ergebnis umfangreicher Datensammlungen und intensiver faktorenanalytischer Untersuchungen: Der *realistische* Typ (R – realistic) bevorzugt Tätigkeiten und Arbeiten, bei denen Werkzeuge oder Maschinen eingesetzt werden oder die den Umgang mit Tieren beinhalten. Er liebt körperliche Arbeit, manuelle Tätigkeiten und Arbeit im Freien. Seine bevorzugten Arbeiten erfordern Kraft, Koordination und Handgeschicklichkeit und führen zu konkreten, sichtbaren Ergebnissen. Personen dieses Typs sind naturverbunden, bodenständig, praktisch und eher konservativ. Der *forschende* Typ (I – investigative) bevorzugt Aktivitäten, bei denen die Bearbeitung von Aufgabenstellungen oder Problemen durch systematische Beobachtungen, logische Schlussfolgerungen, Denken oder Forschung erforderlich ist. Er ist meist rational, analytisch, neugierig, erfinderisch, leistungsorientiert und lernmotiviert. Der *künstlerische* Typ (A – artistic) bevorzugt „offene, unstrukturierte Aktivitäten, die eine sprachliche oder künstlerische Selbstdarstellung oder die Schaffung kreativer Produkte ermöglichen" (Eder, 1988, 260). Er will gestalten, verschönern und kulturell bereichern und ist zumeist phantasievoll, sensibel, eigensinnig, unkonventionell und idealistisch. Der *soziale* Typ (S – social) sucht berufliche Tätigkeiten, mit denen er anderen helfen kann. Er bevorzugt Aktivitäten wie pflegen, beraten, heilen, ausbilden und unterrichten und kümmert sich gerne um das körperliche, geistige und seelische Wohl anderer. Gewöhnlich ist er hilfsbereit, warmherzig, freundlich, verständnisvoll und kontaktfreudig. Der *unternehmerische* Typ (E – enterprising) bevorzugt Aktivitäten, mit denen er andere beeinflussen kann. Er will leiten, führen, überzeugen, motivieren und organisieren und kümmert sich gerne um wirtschaftliche Planungen und Zielsetzungen. Er ist selbstbewusst, dominant, ehrgeizig, zielstrebig und verantwortungsbereit. Und schließlich bevorzugt der *konventionelle* Typ (C – conventional) „Aktivitäten, die mit der systematischen Organisation, Verwaltung oder Reproduktion von Material und Daten zu tun haben" (Weinrach & Srebalus, 1994, 49). Er arbeitet gerne nach klaren Regeln, gut organisierten Handlungsabläufen und bevorzugt Bürotätigkeiten. Der konventionelle Typ zeichnet sich durch Sorgfalt, Genauigkeit und Detailtreue aus und ist ordentlich, praktisch, ausdauernd und gewissenhaft.

Diese sechs Orientierungen können in Form eines Hexagons dargestellt werden, in dem die Distanz der Punkte der Ähnlichkeit der Interessenorientierungen entspricht.

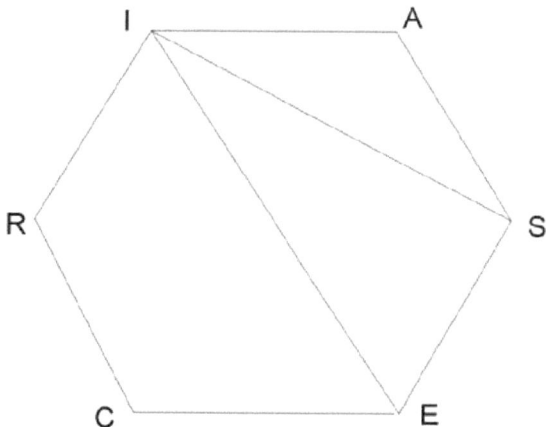

Abbildung 1:  Hexagonales Modell zur Bestimmung der Typenähnlichkeiten, IA ist eine benachbarte, IS eine nicht benachbarte und IE eine entgegengesetzte Relation. (R=realistic, I=investigative, A=artistic, S=social, C=conventional, E= enterprising) (nach Spokane & Cruza-Guet, 2005, 27)

Benachbarte Kategorien, wie R (realistisch) und I (forschend) sind am ähnlichsten, gegenüberliegende wie A (künstlerisch) und C (konventionelle) am unähnlichsten. Nach Holland (1997, 34) erfüllt das Hexagon drei Funktionen: Es definiert 1. die Konsistenz eines Persönlichkeitsmusters; 2. die Konsistenz der Umwelt (Prozentsatz der Typen eines Arbeitsfeldes in jeder Kategorie) und 3. die Kongruenz zwischen Person und Umwelt. Aus dem Hexagon lassen sich anschaulich Vorhersagen ableiten: z.B. sollten Personen mit Interessen, die räumlich näher im Hexagon liegen, größere Stabilität in ihren Interessen zeigen.

Kongruenz und Konsistenz sind gleichzeitig theoretische und diagnostische Modellindikatoren oder -kennwerte. Der Kennwert der *Kongruenz* beschreibt den Grad der Übereinstimmung von Person und Umwelt. Kongruenz wird durch Ähnlichkeit der der Drei-Buchstaben-Codes von Person und Umwelt ausgedrückt. Ein künstlerischer Typ (definiert durch das Triple A plus 2 Buchstaben), der in einer für Künstler typischen Umwelt (Code A+2) arbeitet, erhält einen hohen Kongruenzwert. *Konsistenz* ist ein Maß der Typenähnlichkeit. Es wird über die Distanz jeweils zweier Typen im Hexagon bestimmt. Je näher die Codes nebeneinanderliegen, desto größer die Konsistenz. In der diagnostischen Anwendung kann der Index drei Ausprägungen annehmen: Hohe Konsistenz ist gegeben, wenn die

Typen nebeneinanderliegen, bei mittlere Konsistenz sind die Punkte durch einen Buchstaben getrennt und bei geringer Konsistenz liegen die Punkte gegenüber. Geringe Konsistenz eines Codes (z.B. CA) impliziert, dass er interessentypische Gegensätze enthält, wie Konformität und Originalität, Kontrolle und Expressivität etc. (Holland, 1997, 31). Ein weiterer Modellindikator *Differenziertheit* beschreibt die Gestalt eines Persönlichkeits- oder Umweltprofils. Es ist ein Maß für Ausprägungsunterschiedlichkeiten der Interessen. Hochdifferenzierte Profile weisen hohe Wertdifferenzen zwischen den Interessenorientierungen auf: Eine Person, die einem klar definierten Typ zugeordnet werden kann, zeigt ein differenziertes Interessenmuster, während eine Person, die zu mehreren Typen passt, ein undifferenziertes Interessenmuster zeigt. Die Ausprägung eines reinen Typs ist an der großen Ähnlichkeit mit diesem Typ und der gleichzeitig geringen Ähnlichkeit mit anderen Typen erkennbar. Kennziffer der Differenziertheit ist die Differenz zwischen der höchsten und der niedrigsten Punktzahl. Einstellungen und Verhalten von Personen mit hohem Differenzierungsindex sind gut vorhersagbar. *Identität* schließlich drückt die Klarheit und Stabilität der Ziele, Werte, Fähigkeiten und angestrebten Aufgaben einer Person aus. Ausdruck der Identität sind wenige vs. viele Ziele oder Berufswünsche. Je mehr Ziele eine Person verfolgt, desto geringer ist ihre Identität ausgeprägt. Ein geringer Identitätswert bedeutet Unvorhersagbarkeit, schlecht definierte Ziele und ein ineffektives Verhaltensrepertoire zur Bewältigung von Problemen.

„Unter sonst gleichen Bedingungen sollte eine Person mit hoher Identität, die kongruent, konsistent und differenziert ist, in ihrem Verhalten voraussagbarer und psychisch besser angepasst sein, als eine inkongruente, inkonsistente und undifferenzierte Person" (Spokane, 1996, 46).

Die Ergebnisse empirischer Überprüfungen sind allerdings widersprüchlich. Nach den einflussreichen Metaanalysen von Assouline und Mair (1987) und Tranberg, Slane und Ekberg (1993) erklären Kongruenzmaße nur wenige Varianzprozente verschiedener Kriterien. Assouline und Mair ermittelten auf der Basis von n=9041 Personen in 19 Studien eine mittlere Korrelation von r=.21 zwischen Kongruenz und Berufszufriedenheit, von r=.06 zwischen Kongruenz und Berufserfolg und von r=.15 zwischen Kongruenz und beruflicher Stabilität. Tranberg et al. errechneten aus 22 Primärstudien mit n=11 168 Personen eine mittlere Korrelation zwischen Kongruenz und Berufszufriedenheit von nur r=.17. In den Metaanalysen von Schmidt und Hunter (1998) schließlich weisen Berufsinteressen gegenüber allgemeinen mentalen Fähigkeiten eine inkrementelle Validität von nur 2% auf.

Möglicherweise können jedoch durch Veränderungen der Kongruenzindizes höhere Anteile erklärter Varianz üblicher Kriteriumswerte erzielt werden. Rolfs und Schuler (2002a) haben statt der typologischen und intraindividuellen Kodierung eine dimensionale, interindividuelle Bestimmung der Person-Umwelt-Kongruenz vorgenommen. Die für einen Beruf nach Expertenrating bedeutsamste Dimension geht dazu als dreifach gewichteter Standardwert, die zweitwichtigste als doppelt gewichteter Standardwert und die drittwichtigste in einfacher Gewichtung in den Index ein. Nicht relevante Dimensionen werden ebenso wie bei der Typisierung nicht berücksichtigt. Für diesen Index „dimensionaler Kongruenz" konnten sie z.b. relativ hohe Korrelationen (um r=.50) mit fachspezifischem Studieninteresse und mit der Verwendung von Tiefenstrategien beim studentischen Lernen (Rolfs & Schuler, 2002b), dem subjektiven Wohlbefinden im Studium und der Bewertung des Studiums Wirtschaftswissenschaften (Rolfs & Schuler, 2002a) feststellen. Sie konnten außerdem eine inkrementelle Validität der Interessenkongruenz für die Vorhersagen der Studienzufriedenheit über die „big five" Persönlichkeitsdimensionen hinaus nachweisen. Der Anteil erklärter Varianz an Maßen der Studienzufriedenheit erreichte bis zu 30% gegenüber maximal 11,5% mit typologischen Kongruenzmaßen (Rolfs & Schuler, 2002a, 147).

## 2.2.2   Prozesstheorien

Prozesstheorien beschreiben in ihrer idealtypischen Form aktualgenetische Abläufe und Sequenzen v.a. im kognitiven System zwischen Input und Output, denen unterschiedliche Prozesskonzeptionen zugrunde liegen. Es sind überwiegend Ad-hoc-Adaptationen von Theorien, die für andere Gegenstandsbereiche entwickelt wurden und deren Funktionsnachweise auch dort erbracht wurden. Sie unterscheiden sich sowohl im Ansatzpunkt als auch in Auflösungsgrad und Differenzierung. Berufswahlprozesse werden aufgefasst als allgemeine Lernprozesse (Mitchell & Krumboltz, 1996), sozialkognitive Lernprozesse (Lent, Brown, & Hackett, 1996), Problemlöseprozesse (Peterson, Sampson, Reardon, & Lenz, 1996), Entscheidungsprozesse (Gati & Asher, 2001) und Handlungsabläufe (Young, Valach, & Collin, 1996).

Dass die Komponenten des Berufswahlprozesses durch Interaktion mit der Umwelt erlernt werden, ist unbestritten. Insofern war es naheliegend, den Berufswahlprozess über die bekannten Lernprinzipien der klassischen und operanten Konditionierung und über das Modelllernen zu erklären. Beim operanten Konditionieren oder instrumentellen Lernen wird die Wahrscheinlichkeit einer Reaktion durch die Häufigkeit, Unmittelbarkeit und Intensität der darauffolgenden Ereignisse verstärkt. Das klassische Konditionieren oder assoziative Lernen erfolgt bei gleichzeitiger Darbietung einer angeborenen Reiz-Reaktions-Kette und einem neutralen Ereignis. Nach einigen gemeinsamen Darbietungen kann auch der neutrale Reiz die (gewöhnlich autonome) Reaktion auslösen. Beim Modelllernen wird Verhalten schließlich – oft in einem Versuchsdurchgang – durch Beobachtung, Imitation und anschließende Verstärkung für das imitierte Verhalten erlernt. Krumboltz wandte diese Prinzipien des sozialen Lernens auf den Gegenstandsbereich der Berufswahl an (Mitchell & Krumboltz, 1994). Jeder Mensch besitzt danach ein einzigartiges Repertoire erlernter Verhaltensweisen, das er durch Interaktion mit der Umwelt über die drei klassischen Lernarten erworben hat. Reaktionen, die durch Umweltkontingenzen verstärkt wurden (operante Konditionierung), sind z.B. Schulnoten oder andere Rückmeldungen über erbrachte Leistungen. Die emotionale Einstellung zu Berufen kann durch assoziative Verknüpfung eines Berufes mit bewunderten oder abgelehnten Personen entstehen (klassische Konditionierung) und der Einfluss von Modelllernen und Vorbildern auf die Berufswahl ist evident. Entsprechend der sozialkognitiven Lerntheorie Banduras (1979) werden erlebte Kontingenzen kognitiv repräsentiert. Sie führen zur Interpretation von Ereignissen, zur Herausbildung von Erwartungen und zu Generalisierungen über die eigene Person und über die Welt. Selbstbeobachtungen in einer Vielzahl von Situationen werden generalisiert zu Kompetenzerwartungen und stabilen Interessen- und Wertsystemen. Kompetenzerwartungen entstehen aus Beobachtungen eigener Leistungen im Vergleich zu anderen, Interessen sind Schlussfolgerungen darüber, ob wir bestimmte Arten von Erfahrungen mögen oder nicht, und Werte schließlich sind Generalisierungen über die Erwünschtheit von Verhaltensweisen. Ebenso wie Selbstbeobachtungen zu einem Selbstkonzept generalisiert werden, entstehen generalisierte Weltbilder. Schlussfolgerungen über die soziale und dingliche Welt, die wir aus assoziativen und instrumentellen Lernerfolgen ziehen, sind Einstellungen und Überzeugungen über die Arbeitswelt und die Berufe und Stereotype aller Art (z.B. Berufsstereotype, Geschlechtsstereotype).

Die Zahl der beruflichen Optionen wird begrenzt durch Person- und Umweltmerkmale, die nicht beeinflussbar oder individuell kontrollierbar sind. Dazu gehören Geschlecht, körperliche Merkmale und spezielle Begabungen auf Seiten der Person und Variablen des lokalen und globalen Arbeitsmarktes und des sozioökonomischen Familienhintergrundes auf der Umweltseite.

Krumboltz' Lerntheorie ist nicht nur ein Erklärungssystem für die idiographische Lerngeschichte eines Berufswählers, sondern auch eine präskriptive Theorie der Berufsberatung, die effektive Techniken für die Arbeit mit Klienten bereitstellt (Krumboltz, 1996). Parallel zur theoretischen Weiterentwicklung der klinischen Verhaltenstherapie hat Krumboltz in seinen letzten Arbeiten irrationale Überzeugungen zum Hauptgegenstand seiner Theorienbildung gemacht. Nach seiner Zufallstheorie („Happenstance Theory")[7] der beruflichen Entwicklung ist das vornehmliche Handlungsziel, Zufälle zu ermöglichen und zu nutzen, die berufliche Möglichkeiten eröffnen (Mitchell, Levin, & Krumboltz, 1999). Aus dieser Perspektive bekommt die traditionelle Vorstellung, völlige Klarheit über Berufspräferenzen sei die Voraussetzung für eine erfolgreiche Karriere, die Qualität einer

---

7   Auch Bandura (1982) und Scheller (1986) fordern, den Zufall als Einflussfaktor bei Berufsentscheidungen zu berücksichtigen. Bandura sieht in der Konzeptionen einer Psychologie der Lebensspanne (z.B. Baltes, 1990) einen theoretischen Bezugsrahmen, der in variantenreichen Abfolgen von Lebensereignissen und multidirektionalen Entwicklungspfaden auch Zufallsereignissen einen theoretischen Ort bietet. Scheller schlägt die „weniger molare" (S. 294) Passungstheorie von Holland als mögliches Erklärungsmuster vor. Nach Holland suchen Personen eines Persönlichkeitstyps den korrespondierenden Umwelttyp aktiv auf und erhöhen damit die Wahrscheinlichkeit von Zufallsbegegnungen mit Personen, die aufgrund ihrer besonderen Ausstrahlung Berufsentscheidungen nachhaltig beeinflussen können.

irrationalen Überzeugung. Offenheit ist wichtiger und adaptiver für berufliche Entwicklungen als Entschiedenheit (Krumboltz, 2003). Die Weiterentwicklung der klassischen Lerntheorien zur sozialkognitiven Lerntheorie (Bandura, 1997) hat stark die Entwicklung der sozialkognitiven Berufstheorie (*SCCT Social Cognitive Career Theory*) von Lent, Brown und Hackett (1994) beeinflusst, die als bedeutendste Neuentwicklung unter den Berufswahltheorien gelten kann. Sie wird am Kapitelende vorgestellt.

Von Krumboltz wie auch von Lent et al. werden bekannte Lernprozesse und Lernkonzepte zur Erklärung der Entstehung oder Entwicklung von wichtigen Elementen des Berufswahlprozesses herangezogen und in einer übergeordneten Perspektive zu einem umfassenden Gesamtmodell kombiniert. Die Prozesse selbst werden als gegeben vorausgesetzt und nicht aufgabenspeziell in Experimenten analysiert, wie in den Ursprungstheorien. Eine ähnlich deduktive Vorgehensweise bei der Theoriekonstruktion wenden Peterson und seine Mitarbeiter an, ohne allerdings in gleichem Maße Entwicklungsaspekte und biographische Abläufe zu betonen.

Peterson et al. (1996) definieren Berufsentscheidungen als Problemlöseaktivitäten und übertragen Konzepte und Methoden der Denk- und Gedächtnisforschung auf den Berufswahlprozess. Das gegebene Problem ist eine Diskrepanz zwischen dem Anfangszustand der beruflichen Entscheidungsunsicherheit und dem angestrebten Endzustand der subjektiven Sicherheit über den einzuschlagenden Berufsweg. Der Problemlösungsprozess umfasst das Erkennen der Ist-Soll-Diskrepanz (Problemdefinition), die Analyse der Problemursachen, die Formulierung und Klärung möglicher Handlungsalternativen und schließlich die Auswahl der optimalen Lösung. Die Qualität der Problemlösung hängt von der Verfügbarkeit kognitiver Operatoren ab und von dem im Langzeitgedächtnis gespeicherten Wissen über Berufe einerseits und andererseits über eigene Fähigkeiten, Interessen, Werte usw. In Analogie zum Computer entsprechen Selbstkenntnis und Berufswissen Datafiles, während die kognitiven Operationen (ebenfalls gespeicherte) Programme in Form von Algorithmen sind, die über Transformationen von Informationen die Zustandsdiskrepanzen verringern sollen (Peterson, 1994). Das Wissen über die Berufswelt und über die eigene Person ist in Schemata organisiert, gleich der Außenwelt in einem Prozess ständiger Veränderung und zeigt interindividuell unterschiedliche Komplexitäts- und Organisationsgrade.

Als Heuristik des Berufswahlprozesses dienen fünf kognitive Operationen („*generic information processing skills*"), die unter dem Akronym CASVE bekannt wurden und als Kreis dargestellt werden. C (*communication*) steht für Formen der Informationsaufnahme und -verarbeitung, die zur Identifizierung der Lücke zwischen Ist- und Sollzustand notwendig sind, A (*analysis*) ist die Analyse der Problemkomponenten, S (*synthesis*) beschreibt die Formulierung von Alternativen, V (*valuing*) ist die Bewertung und Hierarchisierung der Alternativen und E (*execution*) schließlich ist die Festlegung eines Handlungsplans und einer Handlungsstrategie nach Ziel-Mittel-Analysen. Nach Ausführung des Plans wird wiederum in der Phase C überprüft, ob das Ziel erreicht wurde.

Begleitet werden alle Prozesse von Metakognitionen, die die Überwachung, Steuerung und Koordinierung der Funktionen niederer Ordnung (z.B. Erwerb, Speicherung und Abruf von Informationen) sicherstellen.

Zur Theorieüberprüfung und als Diagnostikum für die Berufsberatung haben die Autoren einen 48-Item-Fragebogen zusammengestellt, der Formen dysfunktionalen Denkens bei der beruflichen Entscheidungsfindung und Problemlösung erfasst (Career Thought Inventory, CTI). Die Ergebnisse zu Reliabilität und verschiedenen Validitätsindizes entsprechen den Erwartungen (Peterson et al., 1996).

Berufsentscheidungen zeichnen sich durch eine große Zahl möglicher Alternativen aus, über die sehr viele Informationen verfügbar sind und bei denen grundsätzlich eine große Anzahl von Entscheidungskriterien anwendbar ist. Nach Auffassung von Gati und Asher (2001) muss deshalb Informationsreduktion ein wichtiges Merkmal eines jeden Entscheidungsmodells sein, ohne den erwarteten Nutzen der gewählten Alternative unnötig zu reduzieren. Eine Möglichkeit, dieses Ziel zu erreichen, besteht darin, den Entscheidungsprozess in verschiedene Stadien zu unterteilen. Gati und Asher definieren in ihrem präskriptiven PIC-Modell drei Stufen des beruflichen Entscheidungsprozesses: Prescreening (P), In-Depth-Exploration (I) und Choice (C). Im Stadium des *Prescreening* wird eine Vorauswahl Erfolg versprechender Berufsalternativen getroffen, indem, gemessen an subjektiv wichtigen beruflichen Tätigkeitsaspekten, unpassende Berufsalternativen sequentiell eliminiert werden. Wichtiger als die Berücksichtigung aller Aspekte hat sich eine geringe Anzahl von Kernaspekte der Berufe erwiesen. Die verbleibenden vorausgewählten Alternativen werden in der *In-Depth-Exploration* genauer analysiert und auf Realisierungsmöglichkeiten überprüft, bevor schließlich im *Choice-Stadium* nach Vergleich und Bewertung die optimale Alternative ausgewählt wird. Ältere Entscheidungsmodelle sind zusammen mit einem *Entscheidungstraining zur Berufs- und Studienwahl* bei Potocnik (1990) dargestellt.

Realisierungen von Entscheidungen sind Handlungen. Young, Valach und Collin (1996) benutzten vor dem Hintergrund eines konstruktivistischen Theorienansatzes Konzepte der Handlungstheorie, um Aspekte des Kontextes bei beruflichen Prozessen und Entscheidungen integrieren zu können. Ziel ihrer kontextualistischen Handlungstheorie ist es, an Berufsentscheidungen beteiligte Prozesse vollständiger zu erfassen. Sie vermeidet Dekontextualisierungen und benutzt Alltagskonzepte wie gemeinsame Handlungen, Projekte und Berufslaufbahnen, die als Verbindungen von Handlungen definiert werden. Den Vorteil dieses Vorgehens sehen sie darin, dass die übliche Distanz zwischen Theorie, Forschung und Praxis überbrückt wird und der Praktiker (der Berater) zu Forschung und Theorienbildung beitragen kann. Handlungen sind zielgerichtet, intentional und in einen Kontext eingebunden. Sie werden kognitiv und sozial gelenkt und kontrolliert und sind in ihrer Struktur hierarchisch, sequentiell und parallel organisiert. Handlungshierarchien beziehen sich auf die Über- und Unterordnung von Handlungen zur

Zielerreichung, Sequenzen beschreiben die zeitliche Abfolge der Handlungen und Parallelität bedeutet, dass verschiedene Handlungen für die Erreichung verschiedener Ziele koexistieren können.

Die Forschungsmethode besteht aus systematischen Beobachtungen im Feld, der Forschungsgegenstand beinhaltet Gespräche und Alltagsdiskussionen über berufliche Themen (z.B. zwischen Eltern und ihren adoleszenten Kindern) und vor allem Erzählungen (Narrationen), sprich individuelle Konstruktionen der beruflichen und allgemeinen Lebensgeschichte. Alltagsdiskussionen werden z.B. per Video aufgezeichnet und den Teilnehmern unmittelbar danach individuell vorgespielt. Sie sollen etwa jede Minute angeben, was sie in dem Gesprächssegment gedacht und gefühlt haben. Durch diese selbst-konfrontierenden Interviews können interne Prozesse der Teilnehmer erfasst und die soziale Bedeutung der Situation gemeinsam rekonstruiert werden. Zur Beschreibung der Kontextmerkmale von Handlungen entwarfen Young et al. einen Würfel, dessen drei Dimensionen die Perspektive der Handlung (manifestes Verhalten, bewusste Kognitionen und soziale Bedeutung), das Handlungssystem (individuelle Handlung, gemeinsame Aktion, Projekt und Karriere) und drittens das Niveau der Handlungsorganisation (Elemente, Funktionsschritte, Ziele) markieren. Elemente einer Handlung sind verbales oder physisches Verhalten, wie Worte, Sätze, Bewegungen, die durch den Kontext ihre Bedeutung erhalten. Kontinuierliches Verhalten zur Zielerreichung umfasst eine Serie funktionaler Schritte usw. Jede der Würfelzellen kann durch Prozesse der Interpretation oder der Narration erschlossen und beschrieben werden.

Die sozialkognitive Berufstheorie (Social Cognitive Career Theory, SCCT) kann gemessen am Anregungsgehalt für empirische und praktische Arbeiten als die erfolgreichste Neuentwicklung unter den Berufswahltheorien gelten. Ihr zentrales Erklärungskonzept der Selbstwirksamkeit ist zwar schon in früheren Untersuchungen als einflussstarker Prädiktor der Berufswahl (vor allem von Frauen) ermittelt worden (Hackett & Betz, 1981), aber erst seit 1994 liegt ein darauf beruhendes elaboriertes Erklärungssystem für Berufswahlverhalten vor. Die SCCT ist gleichzeitig Spezifizierung und gegenstandsbezogene Erweiterung der allgemeinen Theorie Banduras. Lent, Brown und Hackett (1994) wollten eine integrative Theorie vorlegen, die besonderes Augenmerk auf die Mediatoren lenkt, die Lernerfahrungen im Entwicklungsprozess beruflicher Orientierungen beeinflussen (Lent, 2005b; Lent et al., 1996; Lent, Brown, & Hackett, 2002).

Die SCCT geht wie andere kognitive Theorien davon aus, dass die Person aktiver Gestalter ihrer eigenen Entwicklung ist. Dennoch gibt es innere und äußere Faktoren, die positive Entwicklungen und inneres Wachstum behindern. Eine zentrale Rolle unter den soziokognitiven Mechanismen spielt – wie erwähnt – das Konzept der wahrgenommenen Selbstwirksamkeit. Bandura (1997, 3) definiert Selbstwirksamkeitsüberzeugungen als „beliefs in one's capabilities to organize and execute the courses of action required to produce given attainments". Nach seiner Auffassung ist Selbstwirksamkeit immer bereichsspezifisch. Die Entwicklung von Selbstwirksamkeitsüberzeugungen in Bezug auf berufliche Anforderungen vollzieht sich – ebenso wie in anderen Handlungsbereichen – durch Verarbeitung von Informationen aus eigenen Handlungsvollzügen, durch stellvertretendes Lernen, durch soziale Beeinflussung und durch Interpretation wahrgenommener Körperreaktionen auf Handlungsanforderungen.

Zur Erklärung beruflicher Entwicklungen unterscheidet die SCCT drei miteinander verbundene Prozesssegmente: die Entwicklung schulischer und beruflicher Interessen, die Entscheidung für einen Schul- und Berufsweg und schließlich das berufliche Verhalten. Ein viertes Segment zur Erklärung der Berufszufriedenheit wird derzeit von Lent und seinen Kollegen erarbeitet (Lent, 2005a).

Die Entwicklung von Berufsinteressen, Berufsentscheidungen und das Erreichen von Leistungszielen wird durch das Zusammenspiel dreier sozialkognitiver Variablen erklärt: Neben den erwähnten Selbstwirksamkeitsüberzeugungen wirken Ergebniserwartungen und persönliche Ziele. Ergebniserwartungen bestehen hinsichtlich der Konsequenzen einer Handlung und persönliche Ziele bestimmen die Festlegung der Handlungen, um ein erwünschtes Ergebnis zu erreichen.

Die wichtige Rolle der Selbstwirksamkeitserwartungen ist im Berufswahlprozess ebenso wie bei der Entwicklung von Interessen, Werten und Zielen oft nachgewiesen worden. Personen mit hoher wahrgenommener Selbstwirksamkeit ziehen mehr Berufsoptionen in Betracht, sind entscheidungsfreudiger und verfolgen hartnäckiger berufliche Ziele (Betz, 2001). Als Bestätigungen für die Theorie wurden Korrelationen zwischen den Theoriekonzepten und differentielle Ergebnisse bei verschiedenen Personengruppen angeführt. Selbstwirksamkeit korreliert demzufolge in vorhergesagter Weise hoch (nach Metaanalysen um r=.60) mit Berufsinteressen und letztere korrelieren ebenso hoch mit der Berufsentscheidung (Lent, 2005b). Nach mehreren erfolgreichen Überprüfungen der Theorie mit Strukturgleichungsmodellen (SEM) werden zurzeit Metaanalysen von SEM-Ergebnissen vorbereitet (Sheu, 2005).

### 2.2.3    Entwicklungstheorien

Entwicklungstheorien markieren in unserer Gliederung und nach der Einteilung von Osipow (1994) die dritte Theoriengruppe. Sie begreifen Berufswahl nicht als punktuelle Entscheidung, sondern als Momentaufnahme eines Entwicklungsprozesses, der in neuen Konzeptualisierungen die gesamte Lebensspanne umfasst und eine Sequenz von Entscheidungen enthält. Der Berufswahl voraus gehen spielerische Interessenbekundungen, aus denen sich gewöhnlich im Laufe der Adoleszenz ernsthafte Berufsvorhaben kristallisieren.

Der Entwicklungsprozess wird durch allgemeine Phasen relativer Stabilität und Veränderung strukturiert, deren Sequenz invariant vorgegeben und chronologisch in engen Grenzen fixiert ist (wie z.B. bei Levinson, 1986) oder als allgemeine Stufenabfolge verstanden wird, die mit Variationen und Wiederholungen durchlaufen werden können (wie bei Super, Erikson oder Havighurst). Nach einem Ordnungsversuch von Bußhoff (1998) besteht die dritte Konzeptualisierungsvariante berufsrelevanter Veränderungsprozesse in der Annahme von Entwicklungsschritten in einzelnen Persönlichkeits- und Verhaltensdimensionen, wie etwa in der Selbst- und Berufskonzeptentwicklung bei Gottfredson.

In diesem Abschnitt werden die historisch richtungweisende Arbeit von Ginzberg und die noch relativ häufig zitierten Ansätze von Roe und Tiedeman vorgestellt. Anschließend wird kurz auf das Modell von Vondracek, der aktuelle Entwicklungskonzepte am besten repräsentiert, und ausführlicher auf die Theorie von Super eingegangen, die neben Hollands Ansatz am weitesten verbreitet ist und die umfassendste Konzeption darstellt.

Der erste Versuch, die Berufswahl als entwicklungspsychologisch definierten Prozess aufzufassen, stammt von Ginzberg und einem interdisziplinären Kollegenteam Anfang der 1950er Jahre. In Anlehnung an Piaget entwarfen sie auf der Grundlage eines qualitativen Forschungsansatzes ein Stufenmodell des Berufswahlprozesses. Dem Modell zugrunde lagen Interviews mit 91 männlichen Jugendlichen im Alter von 11 bis 24 Jahren, die der städtischen akademischen Mittelschicht angehörten und insofern maximale Freiheiten bei der Berufswahl hatten. Zusätzlich wurden zur theoretischen Absicherung einige jüngere Kinder und Erwachsene interviewt (Ginzberg, 1952).

Die Ergebnisse lassen nach Ginzberg et al. die Schlussfolgerungen zu, dass die Berufsentscheidung ein Entwicklungsprozess ist, der in der Kindheit beginnt, etwa 10 Jahre in Anspruch nimmt und in dieser Zeit zunehmend irreversibler wird. Jede Entscheidung während dieses Prozesses ist abhängig vom chronologischen Alter, vom Entwicklungsstand und von den situativen Bedingungen, so dass jede Erfahrung nur einmal gemacht werden kann. Der Prozess endet in einem Kompromiss zwischen den Interessen und Fähigkeiten und deren Realisierungsmöglichkeiten.

In ihrem Stufenmodell unterscheiden sie drei Entwicklungsphasen: eine Phantasiephase, eine Probephase und eine realistische Phase. In der *Phantasiephase* von 7 bis 11 Jahren gehören Berufsvorstellungen zur Spiel- und Tagtraumwelt der Kinder, in der die Berufsrealität nur rudimentär abgebildet ist. Dominanter Wunsch ist es, erwachsen zu werden; deshalb spiegeln die Wunschberufe die Identifikation mit Erwachsenenrollen von Personen aus dem Umfeld des Kindes wider. Berufswünsche wechseln schnell und zeigen kein System.

Das *Probestadium* (von 11 bis 17 Jahren) wird als ein Reifungsprozess beschrieben, in dem die Heranwachsenden ihre Berufswünsche zunächst auf Interessen, dann auf Fähigkeiten gründen und erst später gegen ihre Möglichkeiten abwägen.

Im *realistischen Stadium* gelingt die Integration von Neigung und Fähigkeit mit gesellschaftlichen und persönlichen Werten. Rückmeldung aus der Umwelt auf die Berufswünsche ermöglichen schließlich deren Kristallisation: Das Individuum trifft eine definitive Berufsentscheidung, die nur noch nach Beschäftigungsform usw. spezifiziert zu werden braucht (Spezifizierung). Schlüsselkonzepte der Theorie sind Prozess, Irreversibilität und Kompromiss (Ginzberg, 1984).

In zwei Rekonzeptualisierungen der Theorie relativieren die Autoren das Konzept der Irreversibilität, erweitern den Geltungsbereich auf die gesamte Lebensspanne und ersetzen Kompromiss durch Optimierung. Individuen versuchen aktiv Befriedigung aus ihrer Arbeit zu erlangen und optimieren daran ihre Karriereplanung.

Heute hat Ginzbergs Modell nur noch wenig Bedeutung für die Praxis und Theorie der Berufsentwicklung und einige Annahmen sind widerlegt worden. Dass z.b. Berufswünsche von Kindern unter 11 Jahren keiner Struktur folgen, haben Trice et al. leicht widerlegen können. Schon bei Fünfjährigen gehören Berufswünsche zu einem hohen Prozentsatz den gleichen Holland-Kategorien an und werden bis zum Alter von 11 Jahren zunehmend konsistenter (Trice, Hughes, Odom, Woods, & McClellan, 1995). Der historische Wert des Ginzberg-Modells ist jedoch unumstritten.

Eine Theorie, die weniger Entwicklungsprozesse als altersabhängige Veränderungen beschreibt, sondern mehr den Einfluss von Entwicklungs- und Sozialisationskontexten thematisiert, ist die Berufswahltheorie von Roe (1956), die in der ersten Fassung kurz nach Ginzberg erschien.

Roe (1957) nimmt an, dass durch die Berufswahl bewusst oder unbewusst Bedürfnisse befriedigt werden, die ihren Ursprung in den sozialen Erfahrungen der Kindheit haben. Nach ihrer Auffassung suchen Personen berufliche Umwelten, die dem sozialen Kontext ihrer Kindheit – definiert über Aspekte der Eltern-Kind-Beziehung – ähnlich sind. Wächst eine Person in einer *behütenden* kindzentrierten Umwelt auf, in der die Eltern zugewandt und nachgiebig sind und ihr Privilegien einräumen, dann wird sie sich später eher in Berufen im Dienstleitungsbereich, in der Kunst und in der Unterhaltung wohlfühlen. In einer *fordernden* Umwelt haben Eltern hohe Leistungserwartungen, setzen strenge Regeln und erwarten Gehorsam. Kinder, die in einer solchen Umwelt aufwachsen, orientieren sich später an allgemeiner Kultur und werden Anwälte, Lehrer, Bibliothekare usw, oder sie orientieren sich an Kunst oder am Unterhaltungsbereich. Erfahrungen von *Zurückweisungen* in der Kindheit, in denen Eltern als kalt oder gar feindlich erlebt werden und die Kinder sich nicht akzeptiert und minderwertig fühlen, sollten nach Roe Berufswahlen im Bereich der Naturwissenschaften begünstigen.[8] Ebenso entwickeln Personen, die als Kinder *vernachlässigt* wurden, d.h. wenig emotionale Unterstützung und Aufmerksamkeit erfahren haben, Interessen für Naturwissenschaften und an Freiluftberufen. Wenn Eltern ihren Kindern nur dann emotional und körperlich Aufmerksamkeit schenken, wenn dadurch ihre eigenen Bedürfnisse befriedigt werden, also nur *gelegentlich* Anteil nehmen, dann fühlen sich Kinder

---

8   Zu einer völlig entgegensetzten Deutung gelangt Schmidbauer (1977) aufgrund von Erfahrungen aus psychoanalytischen Gruppen- und Einzeltherapien mit Angehörigen sozialer Berufe. Das „Helfersyndrom" versteht er als „Sublimierung einer narzisstischen Störung", die auf (teils unbewusste und indirekte) Ablehnung durch die Eltern zurückgeht.

später von technischen Berufen oder Organisationsberufen angezogen (wie z.B. Bankangestellte, Kassierer etc.).

Die sechs Umwelttypen lassen sich grafisch in einem Kreis anordnen, in dem – ähnlich wie in Hollands Hexagon-Modell – benachbarte Umwelten am ähnlichsten sind. Kinder, die in liebevollen, behütenden und fordernden Umwelten aufwachsen, interessieren sich für Berufe, die den Umgang mit Menschen fordern, während sich Kinder aus zurückweisenden, vernachlässigenden und gelegentlich Anteil nehmenden Umwelten von Berufen angezogen fühlen, die mit der Bearbeitung von Objekten oder Dingen zu tun haben.

Die theoretische Zuordnung von Erziehungsstilen zu Berufsklassen machte für die empirische Überprüfbarkeit die Entwicklung eines Fragebogens zum Erziehungsstil und die Entwicklung eines passenden Klassifikationssystems der Berufe notwendig. Roe unterscheidet acht Berufsgruppen (I Dienstleistung bis VIII Kunst und Unterhaltung) und sechs Qualifikationsebenen von *professional and managerial* bis *unskilled*. Die angestrebte Berufsrichtung ist Funktion der über den erfahrenen Erziehungsstil erzeugten Bedürfnisstruktur und das angestrebte Qualifikationsniveau ist Funktion der Fähigkeiten und des sozialen Hintergrundes.

Die entwickelten Instrumente haben sich als brauchbar erwiesen und sind in verschiedenen Kontexten angewendet worden, aber der postulierte direkte Zusammenhang zwischen Erziehungsstil und Berufswahl konnte nicht bestätigt werden (Roe & Lunneberg, 1994). Außerdem werden Entwicklungsinhalte oder (frühkindliche) Entwicklungsdeterminanten und nicht Entwicklungsprozesse beschrieben oder erklärt, so dass Roes Ansatz nur im weitesten Sinne zu den Entwicklungstheorien zu rechnen ist.

Brown et al. (1997) fordern zu einer Neubewertung von Roes Theorie auf, weil sie nach ihrer Meinung falsch konzeptualisiert wurde und deshalb so selten empirisch bestätigt werden konnte. Theoretisch falsch ist es demnach, eine direkte Beziehung zwischen den frühen Kindheitserfahrungen und der Berufswahl herzustellen. Richtig dagegen ist eine indirekte Beziehung. Frühe Kindheitserfahrungen beeinflussen direkt die psychologische Bedürfnisstruktur (Richtung: Person oder Sachen), die wiederum auf das Berufswahlverhalten (Richtung: Person oder Nicht-Person) einwirken. Die Beziehung zwischen Bedürfnisstruktur und Berufswahl sollte deshalb stärker sein als die Koppelung von Eltern-Kind-Beziehung und Berufswahl (Brown et al., 1997, 290). Für den Zusammenhang von Eltern-Kind-Beziehung und Bedürfnisstruktur gibt es ebenso wie für die Beziehung zwischen Bedürfnisstruktur und Berufswahl empirische Belege.

Tiedeman und O'Hara (1963) betrachten in Anlehnung an Erikson Berufsentwicklung als fortlaufende Differenzierung der Ich-Identität, die durch bewusste und rational gesteuerte Entscheidungsprozesse in biografischen Übergangsphasen gelenkt wird. Ihr Modell des Entscheidungsprozesses sieht eine Phase der Antizipation und eine der Implementierung vor. In der Phase der Antizipation sammelt das Individuum Informationen über die Interaktion der eigenen Person mit der Umwelt und verarbeitet sie über Prozesse der Differenzierung und Re-Integration in ein für sie bedeutungsvolles Ganzes, das die Autoren *Ich-Identität* nennen. Durch intensive Exploration der möglichen Alternativen und verfügbaren Optionen bei der konkreten Berufswahl wird die Person fähig, Strukturen in der Menge der Alternativen und Konsequenzen zu erkennen. Es kommt zur Kristallisation der beruflichen Aspirationen, die jedoch grundsätzlich revidierbar ist. Nach Tiedeman lernen Personen in Laufe der beruflichen Sozialisation zwischen allgemeiner und persönlicher Realität zu unterscheiden. Die Bewusstwerdung dieses Unterschieds ermöglicht ihnen die Entscheidung darüber, was das Richtige für sie ist (Miller-Tiedeman & Tiedeman, 1994).

Vondracek, Lerner und Schulenberg (1986) betonen die Variabilität sowohl des Individuums als auch des Kontextes. Nach ihrer Auffassung sind Stufentheorien, die von eindeutigen, linearen, invarianten und universellen Stadien ausgehen, nicht haltbar. In Anlehnung an Bronfenbrenner (1979) definieren sie Kontexte als geschachtelte Ökosysteme, die keine isolierten Veränderungen zulassen, sondern ganzheitlich reagieren. Im Sinne einer dynamischen Interaktion beeinflussen sich Umwelt und Individuum gegenseitig. Das Individuum wird als aktiver Organismus gesehen, der auf eine sich ständig verändernde Umwelt einwirkt. Der Jugendliche ist Produzent seiner eigenen Entwicklung (Lerner, 1984). Abgeleitet aus der Entwicklungspsychologie der Lebensspanne (Baltes, 1990) betont das Konzept Eingebundenheit (embeddedness), d.h. das Leben existiert auf verschiedenen biologischen, psychologischen, sozialen, kommunalen und weiteren Niveauebenen, so dass Interventionen auf einer Ebene auch Auswirkungen auf anderen Ebenen haben.

Vondraceks Modell bietet einen umfassenden und komplexen Rahmen für Theorieintegrationen und für die Auswahl von individuellen und ökologischen Variablen in empirischen Untersuchungen, die Kultur- und Systemvergleiche anstreben.

Silbereisen et al. (1997) haben z.B. demonstrieren können, wie der Zeitpunkt der ersten Berufsentscheidung von staatlichen Einflussnahmen und Erziehungsmerkmalen der Familie in Ost und West kurz nach der Wiedervereinigung beeinflusst wurde. Ostdeutsche Jugendliche waren sich über Fragen der Berufsplanung unter dem Einfluss staatlicher Reglementierung im Durchschnitt ein Jahr früher im Klaren als westdeutsche. Unterstützung durch die Eltern bei der Berufsentscheidung war im DDR-Staatssystem weniger wichtig als im Westen.

Neuere Entwicklungstheorien, die auf der Basis des Lifespan-Development-Ansatzes entwickelt wurden, finden sich zwar kaum in Monographien zur Berufswahl, aber sie bieten fruchtbare Erklärungsansätze. Mit dem Modell der Selektion, Kompensation und Optimierung (SOC-Modell) von Baltes (Baltes, 1997; Baltes & Baltes, 1989) gelangen z.B. gute Prognosen wichtiger Lebensentscheidungen, wie der Prioritätensetzung von Beruf und Familie (Wiese, 2000; Wiese, Freund, & Baltes, 2000; Wiese, Freund, & Baltes, 2001). Das Entwicklungsregulationsmodell von Heckhausen (Heckhausen & Mayr, 1998) erlaubt die Erklärung von Entscheidungs- und Handlungsprozessen in entwicklungssensitiven Zeitfenstern

(Heckhausen & Tomasik, 2002). Heckhausens Modell kann zudem Adaptationen in der Bewerbungsintensität von Realschülern in dringlichen Handlungsphasen erklären, die durch Bewerbungsfristen vorgegeben sind (Nagy, Köller, & Heckhausen, 2005).

Die Konzeption einer lebenslangen Entwicklung hat Super schon in den 1950er Jahren seiner beruflichen Laufbahntheorie zugrunde gelegt, auch wenn sie noch nicht als metatheoretischer Forschungszugang elaboriert war. Super erweiterte die entwicklungspsychologische Perspektive von einer Entwicklung bis zur ersten Berufsentscheidung (wie Ginzberg et al.) hin zu einer Abfolge beruflicher Entscheidungen über die gesamte Lebensspanne und machte damit die Berufslaufbahn zum Gegenstand seiner Theoriebildung. Dieser Perspektivwechsel erforderte ein integratives und Kontinuität erzeugendes Konzept, das als Bezugssystem für Sequenzen von Entscheidungen dienen kann und konsistente Erklärungen ermöglicht. Super fand das gesuchte Erklärungsmuster im Selbstkonzept. Berufliche Entwicklung ist danach im Wesentlichen der Prozess der Entwicklung und Verwirklichung des Selbstkonzeptes im Beruf (Super, 1953). Die Zufriedenheit in und mit dem Beruf hängt davon ab, inwieweit das Selbstkonzept in die Berufstätigkeit eingebracht werden kann und bei Berufspräferenz, Berufswahl, Berufseintritt, -anpassung und Karriere zum Tragen kommt. Das Selbstkonzept ist Produkt des Zusammenspiels von angeborenen Begabungen, körperlichen Merkmalen, Gelegenheiten, verschiedene Rollen zu spielen und der eigenen Bewertung, wie dieses Rollenspiel von anderen aufgenommen wird. Es entwickelt und reorganisiert sich zwar über die gesamte Lebensspanne durch Erfahrungen und notwendige Entscheidungen, aber schon in der Adoleszenz erreicht es eine gewisse Stabilität, wenn erste Berufsentscheidungen anstehen. Das Selbstkonzept wird in die Berufswahl eingebracht, indem persönliche Merkmale mit beruflichen Anforderungen verglichen und Maßnahmen zur Anpassung ergriffen werden. Betrachtet man – wie Holland – nur eine Berufswahl, dann ist diese Anpassung weitgehend statisch, aber sie wird ein Entwicklungsprozess, wenn eine Serie von Berufsentscheidungen zu einem gemeinsamen Integrationsthema in Beziehung gesetzt werden (Super, 1994). Das fortwährende Einbringen des Selbstkonzeptes bei beruflichen Entscheidungen fördert die Identitätsentwicklung mit klaren, stabileren und komplexeren Strukturen und schafft ein positives Selbstwertgefühl.

Personen mit negativem Selbstkonzept ziehen weniger Berufsalternativen in Betracht, halten häufiger berufliche Ziele für nicht erreichbar oder realisierbar und zeigen allgemeine Unentschlossenheit. Selbst wenn im Beratungsprozess über Interesseninventare oder Computerprogramme mehrere Berufsalternativen vorgeschlagen werden können, erscheinen entweder alle gleich oder gar keine akzeptabel. Undifferenzierte Selbstkonzepte führen nach Super zu wenig systematischer Suche nach dem passenden Beruf und zu inkonsistenten Ausbildungs- und Berufslaufbahnen.

Das Selbstkonzept ist allerdings nur eine – wenn auch sehr wichtige – Theoriekomponente in Supers Arbeit. Er entwickelte seine Theorie über einen Zeitraum von 60 Jahren und versuchte jeweils das existierende Wissen der Epochen, das für berufliche Entscheidungen relevant sein konnte, empirisch zu integrieren und Desiderata und Widersprüche deutlich zu machen. Super starb 1994 im Alter von 84 Jahren.

Sein Lebensspanne-Lebensraum-Ansatz kombiniert eine Entwicklungspsychologie der Lebensstadien mit einer sozialen Rollentheorie, um die verschiedenen sozialen Rollen einschließlich der Berufsrolle einer Person und deren Interaktion über die Lebensspanne abbilden zu können (Super, Savickas, & Super, 1996). Personen durchlaufen eine Reihe von Stadien („maxi cycles"), von denen jedes die Bewältigung einiger berufsbezogener Entwicklungsaufgaben verlangt. Die Art der Bewältigung dieser Aufgaben reflektiert den Grad der Berufsreife und bietet Ansatzpunkte für Diagnostik und Interventionen.

Supers *Lifespan-Lifespace*-Modell enthält nach Savickas (2001) vier verschiedene Theorie-Segmente, die unabhängig voneinander in verschiedenen historischen Epochen entwickelt wurden: (1) Individuelle Differenzen (einschließlich Berufsinteressen und -fähigkeiten), (2) Entwicklung (einschließlich Lebensstadien und Berufsreife), (3) Selbstkonzept (einschließlich der Dimensionen und ihrer Implementierung) und (4) Kontext (einschließlich Lebensrollen und ihre Salienz).

Die konzeptuelle und empirische Integration in eine umfassende Theorie beruflicher Entwicklung gelang Super nicht. Vielmehr ist sein Ansatz nach eigener Einschätzung „ein Konglomerat von Theorien und der Versuch einer Synthese" (Super, 1994, 215), aber sie stellt den bei weitem umfassendsten Ansatz zur Erklärung beruflicher Entwicklungen dar.

Nach Supers Tod hat Savickas die Weiterentwicklung der Theorie übernommen. Die letzten Darstellungen der Theorie Supers (Savickas, 2002; Savickas, 2005) sind gleichzeitig doppelte Rekonzeptualisierungen. Savickas nimmt Supers Vorschlag von 1984 auf, die Selbstkonzepttheorie besser eine Theorie persönlicher Konstrukte zu nennen und redefiniert sie zu einer konstruktivistischen Theorie. Supers Laufbahnentwicklungstheorie wird bei Savickas zur Laufbahnkonstruktionstheorie („Berufswege entfalten sich nicht, sie werden konstruiert"). Gleichzeitig verändert er nach einer Kritik von Vondracek et al. (1986) das organismische Entwicklungsmodell Supers zu einem kontextualistischen Modell und nimmt entsprechende Anpassungen vor.

Die empirische Bewährung der Theorie Supers wurde hauptsächlich über den Passungsnachweis von Selbstkonzept und Berufsmerkmalen und über die Validität des Berufsreifekonzeptes (Patton & Lokan, 2001) versucht. Bedeutsame Korrelationen zwischen Selbstkonzept und Berufsprofil sind zwar mehrfach erhoben worden, aber Korman (1966) konnte nachweisen, dass der Einfluss persönlicher Bedürfnisse auf die Berufswahl durch das (habituelle) Selbstwertgefühl moderiert wird: Personen mit hohem Selbstwertgefühl implementieren ihr Selbstkonzept in die Berufswahl, wie es Super postuliert, Personen mit niedrigem Selbstwertgefühl versuchen es nicht. Zudem dient die Berufswahl nicht nur – wie Super annahm – der Implementierung des Selbstkonzeptes in die Arbeitswelt, sondern auch der

Selbstaktualisierung. In einigen Untersuchungen wurden größere Ähnlichkeiten des gewählten Berufes mit dem Idealselbst als mit dem Realselbst festgestellt (Bußhoff, 1992).

## 2.2.4 Status der Berufswahltheorien

Nach einer vielzitierten Bestandsaufnahme von Osipow (1990) haben nur vier Theorien eine zentrale Stellung in der Berufspsychologie erlangen können, nämlich die Trait- und Faktor-Theorien von Holland, die soziale Lerntheorie von Krumboltz, die Entwicklungstheorie von Super und die Theorie der Arbeitsanpassung von Dawis. Osipow untersuchte Ähnlichkeiten und Gemeinsamkeiten der Theorien und versuchte eine Theorievereinheitlichung. Dieser Versuch führte zu einer Fachdiskussion über Möglichkeiten der Theorieintegration, die in einem Kongressband ihren Niederschlag fand (Savickas & Lent, 1994). Einige Theorieautoren versuchten darin Brücken zwischen dem eigenen Ansatz und denen anderer herzustellen (z.B. Bordin, 1994a), andere schlugen stattdessen vor, die Unterschiede herauszustellen (z.B. Holland, 1994). Eine Einheitstheorie („the Holy Grail of science") für die Berufswahlforschung entstand dabei ebenso wenig wie in anderen Wissenschaftsbereichen, obwohl seit Galilco und Newton viele Versuche unternommen wurden (Dawis, 1994).

Im Jahr 2002 hat Brown eine andere Bilanz gezogen. In seiner Zusammenstellung der wichtigsten Berufswahltheorien wurde die Theorie von Krumboltz ersetzt durch die neue sozialkognitive Berufstheorie von Lent, Brown und Hacket (1996) und die entwicklungspsychologischen Ansätze wurden ergänzt um die Eingrenzungs- und Kompromisstheorie von Gottfredson. Auch in der neuesten Zusammenstellung von Berufswahltheorien von Steven Brown und Lent sind die Theorien von Gottfredson, Lent, Holland, Dawis und Super in der Version von Savickas (Brown & Lent, 2005) vertreten. Die beiden neuen Theorien von Lent und Gottfredson sind mehr als ältere Theorien geeignet, bewährte Konzepte und Annahmen anderer Theorien zu integrieren und damit dem Ideal der integrativen Berufswahltheorie näher zu kommen. Dennoch ist es unwahrscheinlich, dass es eine eindeutige Lösung des Problems gibt. Die Teile des zu lösenden Puzzles ergeben kein eindeutiges Bild, weil die Konzepte nicht statisch sind, sondern dynamische Prozesse darstellen (Lent, 2005b).

Die Akzeptanz von Theorien in Forschung und Praxis hängt von ihrer Qualität und Nützlichkeit ab. Gute Theorien erlauben genaue Beschreibungen, Erklärungen und Vorhersagen der Realität und dienen damit der Strukturierung von Erfahrungen. Sie sollten sich in strengen Tests bewähren können, d. h. möglichst viele Überprüfungsmöglichkeiten enthalten (Westermann, 2000). Ihre Konstrukte sollten sorgfältig definiert sein und untereinander in logischer Weise über Annahmen oder Hypothesen in Beziehungen stehen. Ihre Aussagen und Sätze sollten intern konsistent sein, keine Widersprüche enthalten und dem Postulat theoretischer Sparsamkeit genügen (sprich *Ockhams Rasiermesser* entgehen). Theorien sollten allgemeingültig sein und einen möglichst großen Geltungsbereich haben. Sie sollten sich auch für die Praxis als brauchbar erweisen, z.B. Anleitungen für konkretes Handeln in der Berufsberatung oder Berufsorientierung geben und allgemein ihre Funktion erfüllen.

Gemessen an dieser Art von Kriterien schneiden nach einer Analyse von Brown (1996b) Traittheorien am besten ab. Die Theorien von Holland und vor allem die Theorie von Dawis erscheinen so nahezu fehlerfrei. Aber letztere beruht auf Konzepten, die in der modernen Psychologie inzwischen wegen zu großer Simplizität als überholt gelten (Brown, 1996b) und ihr Anwendungsbereich bezieht sich auf Anpassungsprobleme von Personen, denen der Einstieg ins Berufsleben schon gelungen ist (Osipow, 1990).

Für die Fundierung förderpädagogischer Programme greifen Struktur- oder Passungstheorien zu kurz. Die Übereinstimmung von Interessen und Fähigkeiten mit den beruflichen Anforderungen ist zwar eine wichtige Zielgröße berufsorientierender und -vorbereitender Maßnahmen. Sie muss aber um längerfristige Entwicklungen der für Entscheidungen wichtigen Dimensionen ergänzt werden. Alle bisher vorgestellten Berufswahltheorien betonen die enge Verknüpfung von Berufswahlverhalten und Persönlichkeit. Aber während die Entwicklungspsychologie besonders wichtige Weichenstellungen für die Persönlichkeitsentwicklung in der frühen Kindheit annimmt, sehen die meisten Berufswahltheorien entscheidende Veränderungen und Prozesse in der Adoleszenz und im frühen Erwachsenenalter (vgl. Hartung, Porfeli, & Vondracek, 2005). Vorläuferprozesse berufsrelevanter Persönlichkeitsentwicklungen bleiben jedoch auch in den meisten Entwicklungstheorien der Berufswahl undefiniert oder unterspezifiziert. Eine Ausnahme ist die Theorie von Gottfredson. Sie konstruiert empirisch gut abgesicherte Rahmenbedingungen für die Passungsprozesse, die in Berufswahlsituationen gelenkt oder spontan ablaufen. Insofern bietet sie Ergänzungen zu der empirisch bewährten Theorie von Holland.

Gottfredsons Berufswahltheorie bietet sich auch aus anderen Gründen als Ankertheorie für die folgende Untersuchung an. Sie orientiert sich nicht nur konsequent an gesicherten empirischen Befunden mit hohem Aufklärungspotenzial, sondern integriert auch wichtige theoretische Annahmen von Super und Holland und konkretisiert sie in wichtigen Zusatzannahmen. Damit werden zwei der vier wichtigsten Theorien nach der Bewertung von Osipow zusammengeführt. Zudem entspricht Gottfredsons Theorie dem *Elimination by Aspects (EBA-)Model* von Tversky und seiner Weiterentwicklung von Gati zum *sequentiellen Ausschlussverfahren* (Brown, 1994a), so dass mit dieser Prozesstheorie Elemente aller drei der hier vorgestellten Arten von Berufswahltheorien enthalten sind. Osipow (1990) hatte auf eine Bewertung der Arbeit von Gottfredson verzichtet, weil damals zu wenig empirische Belege vorlangen. Das hat sich inzwischen geändert, wie in Kapitel 3.1 nachzulesen ist.

Auch vom Konstruktionsprinzip her hebt sich die Theorie Gottfredsons positiv von anderen Erklärungsansätzen des Berufswahlprozesses ab. Ihre Theoriekonzepte sind nach empirischer Relevanz ausgewählt und zusammengestellt. Sie beinhalten die erklärungsstärksten Prädiktoren der Berufswahl, wie Intelligenz, Sozialschicht, Berufsprestige, Geschlechtstyp der Berufe, Interessen, Fähigkeiten und Selbstkonzept. Die Beziehungen zwischen den Konzepten werden ebenfalls nach dem Grad der empirischen Bestätigung formuliert. Übernahmen von Erklärungsmustern aus bestehenden Theorien sind nach diesem Konstruktionsprinzip unvermeidlich und bewusst gewollt. Sie tragen zur Kontinuität der Theorienbildung bei. Eine Theorie ist aus der Sicht Gottfredsons der Versuch, die beobachtete Vielfalt mit möglichst wenigen Zusatzannahmen zu erklären. Die Vorteile einer konsequenten Orientierung an empirischen Ergebnissen und Befunden liegen auf der Hand. Die Gefahr, Randphänomenen oder seltenen Ereignissen einen zentralen Stellenwert in der Erklärung von Berufswahlprozessen einzuräumen, wird umgangen oder reduziert. Die empirische Relevanz ist gesichert. Für Explanans und Explanandum wird das gleiche Begriffssystem verwendet. Zusatzannahmen, Hypothesen und Spekulationen haben einen festen, konkreten Ort im System, sie sind mit empirischen Zusammenhängen verknüpft und der empirischen Überprüfung zugänglich.

Die Zielsetzung dieser Arbeit ist eine theoretische Annäherung an das Berufswahlverhalten Jugendlicher, die durch ihre schulischen und sozialen Voraussetzungen reduzierte Chancen auf dem Ausbildungs- und Arbeitsstellemarkt haben. Theorien, die sich für dieses Vorhaben eignen, sollten differenzierte Aussagen zu schulischen und mentalen Einflüssen auf die Berufswahl machen. Sie sollten geschlechtstypische Berufswahlen und das Berufswahlverhalten von ethischen Minderheiten erklären und eine weniger ausgeprägte Orientierung an Interessen gegenüber Verfügbarkeit von Lehrstellen voraussagen. Grundsätzlich erfüllt Gottfredsons Theorie diese Erwartungen.

# 3. Die Berufswahltheorie von Gottfredson

Gottfredsons Ansatz bietet einen Rahmen für die Erklärung bisheriger Untersuchungsergebnisse und solide Strukturen für zukünftige Untersuchungen. Ihre vergleichsweise geringe Zahl an Konzepten ist klar definiert, logisch in Beziehung gesetzt und lässt grundsätzlich empirische Überprüfungen zu. Gegenüber älteren Theorien, die vor 1960 erstellt wurden, thematisiert sie ausdrücklich die berufliche Entwicklung von Frauen.

Wie (mehr oder weniger) alle Berufswahltheorien versteht auch Gottfredson Berufswahl als Passungsprozess. Personen suchen Berufe, in denen sie ihre Interessen verwirklichen und für sie wichtige Ziele erreichen können und für die sie notwendige Voraussetzungen (Temperament, Fähigkeiten, Fertigkeiten etc.) mitbringen. Der Passungsprozess setzt zweierlei voraus: Berufsmerkmale müssen bekannt sein und die Person muss Klarheit über ihre Passungsmerkmale erlangt haben. Beide Aspekte sind Ergebnis einer Entwicklung. Gottfredson wählt – wie viele neuere Berufswahltheorien – eine kognitive Perspektive für die Konzeptualisierung des beruflichen Entwicklungs- und Wahlprozesses. Teilweise in der Tradition der Entwicklungstheorien verankert geht sie wie Ginzberg und Super davon aus, dass Berufswahl ein Entwicklungsprozess ist, der in der frühen Kindheit beginnt. Ebenso wie Super sieht sie eine enge Verbindung von Selbstkonzept und Berufswahl: Menschen bringen ihr Selbstkonzept in die Berufswahlsituation ein. Ob und inwieweit sie mit der Wahl zufrieden sind, hängt im Sinne der Trait- und Faktortheorien von guten Passungen zwischen Wahl und Selbstkonzept ab. Der soziale Hintergrund, Intelligenz und Geschlecht sind wichtige Determinanten sowohl des Selbstkonzepts als auch der Art der Kompromisse, die Personen eingehen. Die Theorie integriert deshalb eine soziologische mit einer psychologischen Perspektive. Die empirischen Ergebnisse, die Gottfredson als Beleg für viele der Annahmen anführt, haben teilweise illustrativen Charakter, und gelegentlich unterscheiden sich die Interpretationen der Autoren von denen Gottfredsons.

Darüber hinaus überwindet sie einige Schwachstellen bisheriger Erklärungsversuche:

(1) Der seit Ginzberg weitgehend vernachlässigte Kompromissprozess, der zu allen Berufsentscheidungen mehr oder weniger gehört, wird theoretisch expliziert.

(2) Die trotz gegenteiliger Bemühungen erstaunlich stabilen Geschlechtspräferenzen in der Berufswahl werden erklärt und die Orientierung an Berufsentscheidungen von Männern wird überwunden.

(3) Die Theorie enthält sowohl Annahmen über Strukturen als auch über Prozesse der Entwicklung berufliche Aspirationen.

(4) Sie berücksichtigt psychologische ebenso wie soziologische Analyseebenen des Entscheidungsprozesses und

(5) Sie definiert bewusste und vor- oder unbewusste Einflussfaktoren auf die Wahlentscheidungen.

Kernpunkte der Theorie sind konkrete Annahmen über die Entwicklung des Selbstkonzeptes oder der Identität, die in vielen Deutungsmustern des Berufswahlverhaltens Jugendlicher erscheinen, ohne bisher theoretisch hinreichend expliziert worden zu sein (Gottfredson, 1981).

## 3.1 Kerntheorie: Eingrenzung und Kompromiss

Für Gottfredson sind berufliche Aspirationen und Orientierungen Präsentationen des Selbst. Sie spiegeln Interessen, Fähigkeiten, das Anspruchsniveau und die gewünschte und angestrebte Stellung in der Gesellschaft wider. Von Kindern und Jugendlichen genannte Berufswünsche sind aus dieser Perspektive Indizes für die Entwicklung des Selbstkonzeptes und für altersabhängige Vorstellungen von beruflichen Tätigkeiten, den Fähigkeiten und Merkmalen der Berufsausübenden und den Bedingungen und dem Ertrag beruflicher Arbeit. Beide Konzeptbildungen sind abhängig von der kognitiven Entwicklung und von der zunehmenden Fähigkeit, differenziertere, komplexere und abstraktere Inhalte wahrzunehmen und zu verstehen.

Kognitive Urteile beruhen zunächst auf der äußeren Erscheinung der Dinge und später auf erschlossenen Realitäten; sie berücksichtigen stetig mehr Informationen und sind gekennzeichnet durch fortschreitende Dezentrierung und Differenzierung.

### 3.1.1 Das Selbstkonzept

Das Selbstkonzept umfasst allgemein beschreibende Kognitionen einer Person über sich selbst, die ihr bewusst und damit abfragbar sind oder aus Reaktionen auf Situationen erschlossen werden können. Inhalte des Selbstkonzeptes sind Selbstwahrnehmungen der eignen Begabungen, Fähigkeiten, Interessen, Vorlieben, der eigenen sozialen Stellung, der soziale Bezüge, des eigenen Körpers usw. sowohl in der aktuellen Situation als auch projiziert in die Zukunft. Es gehören auch Wünsche, Erwartungen und Ideale bezogen auf die eigene Person dazu. Selbstkonzepte unterscheiden sich in ihrer Komplexität, Differenziertheit und im Umfang und dienen zur Strukturierung von Erfahrungen, zur Lenkung von Handlungen und als Entscheidungsbasis.

Gewöhnlich werden sie als organisiert, facettenreich, hierarchisch, stabil, entwicklungsabhängig, bewertend und als eindeutig unterscheidbar von anderen Konzepten aufgefasst und beschrieben (Shavelson, Hubner, & Stanton, 1976).

Gottfredson trifft darüber hinaus eine in der soziologischen Literatur geläufige (Nunner-Winkler, 2000) und für ihre Theorie wichtige Unterscheidung zwischen sozialem und psychologischem Selbst. Berufliche Entwicklung ist in erster Linie der Versuch, ein soziales Selbst und erst in zweiter Linie ein psychologisches Selbst zu etablieren. Berufswahl ist also der Versuch, sich selbst in einer größeren sozialen Ordnung zu platzieren. Die Theorie betont deshalb mehr die öffentlichen sozialen Aspekte des Selbst (Geschlecht, Klasse, Intelligenz), als die privaten persönlichen Elemente (Werte, Persönlichkeit, Lebensentwürfe), die Hauptfokus anderer Theorien sind. Die privaten und persönlicheren Eigenschaften sind zwar wichtig, aber ihr Einfluss ist eingegrenzt durch Bemühungen, erwünschte soziale Identitäten zu etablieren oder zu schützen. Entsprechend widmet Gottfredsons Theorie mehr als andere Theorien Faktoren Aufmerksamkeit, die den Wunsch oder die Fähigkeit der Person beeinflussten, durch Arbeit verschiedene soziale Identitäten zu etablieren.

Von den berufsrelevanten Elementen des Selbstkonzepts bekommen deshalb die sozialen Kategorien Geschlecht, soziale Stellung und Intelligenz als Elemente des sozialen Selbst einen höheren Stellenwert als Interessen, Wertvorstellungen und subjektive Fähigkeiten, die zum psychologischen Selbst gehören.

Die einzelnen Elemente des sozialen und des psychologischen Selbst werden in systematischer Weise auf vier Stufen der kognitiven Entwicklung in das Selbstkonzept integriert. Nach Gottfredson sind es – entsprechend der kognitiven Erkenntnisfähigkeiten – zunächst einfache Äußerlichkeiten, die Bestandteile des Selbstkonzepts werden. Menschen werden aufgrund auffälliger Eigenschaften in soziale Kategorien eingeteilt, denen im Sinne sozialer Stereotype eine Merkmalsstruktur zugeschrieben wird (Alfermann, 1996, 10). Dieser Prozess ist schon bei Kindern im Vorschulalter beobachtbar.

Nach Piaget (z.B. 1972) befinden sich Vorschulkinder im Übergang vom magischen zum intuitiven Denken. Der wichtigste Markstein dieser ersten Phase der beruflichen Entwicklung ist das Erreichen der Objektkonstanz: Kinder erkennen z.B., dass Menschen ihr Geschlecht nicht durch Wechsel der äußeren Erscheinung (Kleidung) herbeiführen können, sondern dass Geschlecht ein konstantes Merkmal ist (Kohlberg, 1974). Klassifikationen von Objekten und Personen können anhand einfacher äußerer Merkmale vorgenommen werden. Kinder erkennen Unterschiede zwischen sich und den Anderen. Relevante Andere sind zuerst Erwachsene, die sich aus der Perspektive der Kinder von ihnen in Größe und Macht unterscheiden. Vorschulkinder entwickeln – ihrem intuitiven Denken entsprechende – Vorstellungen davon, was es heißt, erwachsen zu sein und Berufsrollen zu übernehmen. Arbeit ist etwas, was die Großen tun und gehört zur Welt der Erwachsenen. Kinder erkennen Berufe als Erwachsenenrollen und Erwachsenenmerkmale. Vorstellungen, sie könnten später einmal Tiere (Häschen), Phantasiegestalten (Prinzessinnen) oder unbelebte Objekte (Felsen) werden, wenn sie erwachsen sind, werden in dieser Phase (zwischen 3 und 5 Jahren) ersetzt durch Präferenzen für Erwachsenenrollen, die sich im Spiel zeigen oder in den schon in diesem Alter geäußerten Berufswünschen. Berufsrelevante Erkenntnisse dieser Stufe sind die Wahrnehmung von Berufen als Teil der Erwachsenenwelt und die Erkenntnis, dass sie irgendwann später zu dieser Welt gehören werden (Gottfredson, 2005).

Der nächste Unterschied ist der zu anderen Kindern, deren auffälligstes äußeres Merkmal das Geschlecht ist. Kinder entwickeln Geschlechtsrollenstereotype und ein geschlechtsspezifisches Selbstkonzept. Sie beginnen, bestimmte Spiele und Spielzeuge zu bevorzugen und können z.B. angeben, was typischerweise Männer bzw. Frauen tun oder wie sie sich kleiden. Gottfredson argumentiert mit Kohlberg (1974), dass Kinder bis zu ihrem vierten Lebensjahr noch keine Geschlechtskonstanz entwickelt haben und deshalb Geschlechtstypisierungen des Selbst und der präferierten Berufe nicht auftreten können (Henderson, Hesketh, & Tuffin, 1988, 38). Die konstante Geschlechtsidentität fungiert dann als Organisationsprinzip: Die Welt wird in männlich und weiblich eingeteilt (Alfermann, 1996, 77). Berufe werden nach äußeren Merkmalen (Uniformen), nach Bedienung großer Geräte (Lokführer, Pilot, Baggerfahrer) oder nach Präsenz bzw. Kontakthäufigkeit (Ärztin, Lehrerin) unterschieden und nach Geschlechtstyp als persönlich angemessen oder unangemessen klassifiziert. Diese zweite Phase der beruflichen Entwicklung entspricht Piagets Stufe des konkret anschaulichen Denkens, auf der Kinder einfache Unterscheidungen treffen und einfache Gruppierungen vornehmen können.

In der dritten Phase (9. bis 13. Lebensjahr) wird die Anerkennung durch Andere besonders wichtig. Berufe eines Geschlechtstyps, die vorher als gleichwertig betrachtet wurden, bekommen nun je nach Prestige unterschiedliche Wertigkeiten.

Das Kind entwickelt die Fähigkeit, auch abstrakte Phänomene – wie die eigene Begabung und die eigene soziale Schicht – zu erkennen und zu verstehen. In dieser Phase wird den Kindern bewusst, dass es eine Beziehung zwischen Bildung, Beruf und Einkommen gibt. Sie erkennen, dass die Position eines Berufes in der gesellschaftlichen Hierarchie bestimmt, wie Angehörige verschiedener Berufe ihr Leben gestalten und welches Ansehen sie bei anderen genießen. Ihnen wird auch bewusst, dass ihre gesellschaftlichen Aufstiegschancen von Schulleistungen abhängen und welche schulischen und beruflichen Erwartungen ihre Eltern an sie stellen. Kinder lernen die Bedeutung schichtspezifischer Symbole kennen und beginnen, Berufswünsche zu nennen, die dem eigenen sozialen Hintergrund angemessen sind. Sie definieren Mindestanforderungen an das Prestigeniveau eines Berufes, das den Erwartungen der Eltern und ihrer Umwelt entspricht und sie vor Kritik und Zurückweisung schützt (*Untere Toleranzgrenze,* s. Abb. 2). Die Standards für tolerierbare Mindestniveaus werden von den gesellschaftlichen Schichten unterschiedlich gesetzt. Das Höchstniveau des Berufsprestiges wird anderseits selten angestrebt, weil der Aufwand an Zeit, Geld und Anstrengung zu hoch erscheint oder ein Versagensrisiko nicht eingegangen werden soll. Auf diese Weise wird eine obere Grenze gesetzt, die stark von Anstrengungen und Schulleistungen abhängt (*Obere Aufwandsgrenze*, s. Abb. 2). Am Ende der dritten Entwicklungsphase ist der

Suchraum für berufliche Optionen schon erheblich eingeschränkt. Die verbleibenden Optionen können nun einer näheren und sorgfältigeren Exploration unterzogen werden.

In der vierten Phase (ab dem 14. Lebensjahr) dominieren durch die emotionale Verunsicherung der Adoleszenz und die Fähigkeit zum Denken in abstrakten Kategorien innere Gefühle, Eigenschaften, Wertvorstellungen, Einstellungen und Interessen. In dieser Phase findet die genauere Bestimmung der Interessengebiete innerhalb des sozialen Raumes statt, der durch die Eingrenzungen der Angemessenheit von Berufspräferenzen entsprechend dem eigenen Geschlecht, der eigenen sozialen Schicht und der eigenen Fähigkeiten in der bisherigen Entwicklung definiert wurde. Erst jetzt werden Fragen der Berufswahl Gegenstand bewusster Wahrnehmung. Es beginnt die mehr oder weniger gezielte und systematische Suche nach einem Beruf in dem vorher abgesteckten Suchraum. An dieser Stelle integriert Gottfredson vollständig Hollands Interessenmodell. Die Holland-Kategorien sind zwar nicht explizit zugänglich und bewusst, sie leiten aber implizit die für die vierte Phase typischen Entscheidungen und Wahlprozesse.

## 3.1.2   Berufskonzepte

Entsprechend dieser Entwicklungsabfolge entwickeln sich nach Gottfredson Konzepte von Berufen, die über Altersgruppen und soziale Schichtung hinweg erstaunlich stabil sind, d.h. einen hohen Konsens erreichen. Im Gegensatz zum Selbstkonzept, das als Ergebnis eines aktiven individuellen Konstruktionsprozesses höchst individuell ausfällt, sind die Berufskonzepte der meisten Personen sehr ähnlich. Wir kennen zwar oft nicht die Tätigkeitsbeschreibungen einzelner Berufe, aber wir haben Vorstellungen davon, wie viel Aufwand notwendig ist, das Berufsziel zu erreichen; wir haben stabile Stereotype über die Eigenschaften der Angehörigen bestimmter Berufe parat und wir kennen die soziale Stellung der Berufsausübenden.

Berufe lassen sich nach Gottfredson auf kognitiven Landkarten abbilden, die uns als Orientierungs- und Bewertungsrahmen dienen. Die Koordinaten dieser Landkarte sind der Geschlechtstyp eines Berufes auf der Abszisse und die soziale Stellung (Prestige, Status) auf der Ordinate. Eintragungen in das Koordinatensystem sind Tätigkeitsbereiche, spezielle Berufe oder berufliche Orientierungen im Sinne Hollands.

Berufliche Aspirationen lassen sich in diesem Koordinatensystem jeweils als Fläche abbilden, die durch die untere und obere Akzeptanzgrenze von Berufsstatus und Geschlechtstyp gebildet wird (siehe Abbildung 2). Diese Fläche bezeichnet Gottfredson (1981) als *Zone akzeptabler Berufsalternativen*. Die obere Akzeptanzgrenze des Berufsstatus bezeichnet die Akzeptanz des wahrgenommenen notwendigen Aufwandes zum Erreichen eines bestimmten Berufszieles.

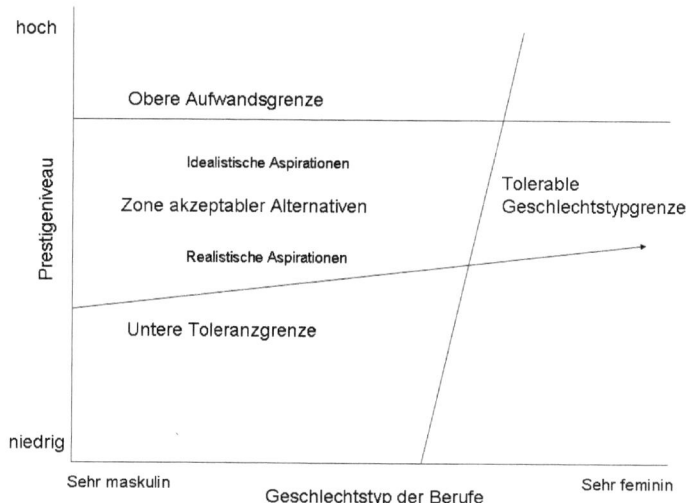

Abbildung 2:  Die Eingrenzung beruflicher Aspirationen entsprechend nach wahrgenommener Kompatibilität von Selbst- und Berufskonzept. Hypothetisches Beispiel
eines durchschnittlich intelligenten Mittelschichtjungen (nach Gottfredson,
1981, 557)

Die Zone akzeptabler Berufsalternativen bilden Heranwachsende im Lauf der Entwicklung durch stetige Eingrenzung der akzeptablen Berufe heraus.

In den vier beschriebenen Entwicklungsphasen des Selbstkonzeptes sortiert der
Mensch systematisch solche Berufe als nicht erstrebenswert aus, die nicht zum
Selbstkonzept passen. Nachdem er auf Entwicklungsstufe eins eine Vorstellung davon entwickelt hat, was Berufe sind, lehnt er in der zweiten Entwicklungsphase ab
dem sechsten Lebensjahr und danach Berufe ab, die er als geschlechtsuntypisch
empfindet (rechte Grenze). Etwa ab neun Jahren – in der dritten Entwicklungsphase
– lehnt er solche Berufe ab, die nicht zu seiner sozialen Schicht (untere Grenze)
und zu seinem wahrgenommenen Begabungsniveau passen (obere Grenze). Auf der
vierten Entwicklungsphase schließlich (ab 14 Jahren) werden die Berufe aussortiert, die nicht seinen persönlichen Interessen und Wertvorstellungen entsprechen. Das Ergebnis dieses Eingrenzungsprozesses ist eine bestimmte Zahl oder
Bandbreite von Berufen, die eine Person als annehmbare Alternativen betrachtet
(Gottfredson, 1981). Jugendliche suchen innerhalb der Zone akzeptierbarer Alternativen nach kongruenten Berufsfeldern und Berufen.

Am Ende der dritten Entwicklungsphase ist der Suchraum für berufliche
Optionen also schon erheblich eingeschränkt. Die verbleibenden Optionen können
dann einer näheren und sorgfältigeren Exploration unterzogen werden. Genannte

Idealberufe liegen im oberen Bereich der Akzeptanzzone, realistische Aspirationen eher im unteren Bereich.

Tabelle 1: Zusammenfassung der vier Stadien der Entwicklung des Selbstkonzeptes und der Berufspräferenzen (übers. G.R. aus Gottfredson, 1981, 555).

| Merkmal | 1. Orientierung an Größe und Macht | 2. Orientierung an Geschlechts-rollen | 3. Orientierung an sozialer Be-wertung | 4. Orientierung am inneren, einzig-artigen Selbst |
|---|---|---|---|---|
| Alter | 3-5 | 6-8 | 9-13 | 14 und älter |
| Klasse | Kindergarten | 1-3 | 4-8 | 9 und höher |
| Denkprozess | intuitiv | konkret | weniger konkret | abstrakt |
| Fähigkeit zur Klassifikation von Objekten, Personen und Berufen | keine Objekt-konstanz | einfache Gruppierungen | Zwei-Faktor-Gruppierungen | komplexe Gruppierungen |
| neue Elemente in der Wahr-nehmung des Selbst und anderer | klein vs. groß | Geschlecht | soziale Klasse und Intelligenz | persönliche Interessen. Werte und Kompetenzen |
| neue Elemente in der Berufswahr-nehmung und -bevorzugung | Beruf als Erwachsenen-rolle | Geschlechtstyp | Prestige-Niveau | Arbeitsbereich |

Selbst- und Berufskonzept sind mit den gleichen Begriffen beschreibbar. Wie auch andere Autoren nimmt Gottfredson an, dass die Zufriedenheit mit einem Beruf davon abhängt, wie gut die Wahl zum Selbstkonzept passt (Gottfredson, 1996, 181) und wie hoch die Kompatibilität von Berufskonzept und Selbstkonzept ist. Kompatibilität ist gleichbedeutend mit Hollands Konzept der Kongruenz oder der Person-Umwelt-Passung (Holland, 1997). Je größer die Kompatibilität, desto größer ist die Präferenz für den entsprechenden Beruf.

Das Besondere an Gottfredsons Theorie ist jedoch, dass Berufe, die zu den Kernelementen des Selbstkonzeptes in Widerspruch stehen, am heftigsten zurückgewiesen werden. Konkret heißt das: Die öffentliche Präsentation von Maskulinität oder Feminität, die sich in der Berufswahl manifestiert, wird am sorgfältigsten überwacht.

Merkmale der vier Entwicklungsstadien der Theorie Gottfredsons sind zusammenfassend in Tabelle 1 dargestellt. Sie sind Konsequenzen der kognitiven Entwicklung und der Entwicklung des Selbstkonzepts.

Objektkonstanz in Tabelle 1 ist nicht zu verwechseln mit Objektpermanenz.[9] Objektkonstanz beschreibt z.B. das Wissen der Kinder, dass eine Person durch Verkleiden nicht ihr Geschlecht ändern kann. Objektpermanenz bezeichnet das Wissen, dass versteckte Objekte weiter existieren. Objektpermanenz erlangen Kinder schon mit sechs Monaten. Geschlecht als Element der Wahrnehmung meint Verständnis von Geschlechtsrollen, also die mit dem Geschlecht verbundenen Verhaltensmuster, nicht die Fähigkeit zur bloßen Benennung des Geschlechts, die Kindern schon vor dem vierten Geburtstag möglich ist.

### 3.1.3   Kompromisse

Die in den beschriebenen Entwicklungsphasen herausgebildeten Bewertungsmaßstäbe beruflicher Prioritäten werden in die Realität der Berufs- und Arbeitswelt eingebracht, wenn die tatsächliche Berufswahl ansteht. Da die gewünschten und der eigenen Begabung angemessenen Berufe nicht immer und überall verfügbar sind, müssen oft Kompromisse zwischen Berufswünschen und den Gegebenheiten des aktuellen und lokalen Arbeitsmarktes geschlossen werden.

Gottfredson (1981) konzeptualisiert den Kompromissprozess in der ursprünglichen Fassung als Umkehrung der Eingrenzung. Um bei Bedarf den Möglichkeitsbereich zu erweitern, sind Personen typischerweise zuerst bereit, ihre Bedürfnisse nach interessenkongruenten Berufstätigkeiten, dann ihre Bedürfnisse nach Berufsprestige und erst zuletzt nach geschlechtsangemessenen Berufen zurückzustellen.

Gottfredson nimmt an, dass dieser Kompromiss eine Funktion der Organisationsmerkmale des Selbstkonzeptes ist. Bestimmte Aspekte sind zentraler und entsprechend schützenswerter und änderungsresistenter als andere. Sie geht davon aus, dass früher entwickelte Elemente des Selbstkonzeptes basaler und damit fester verankert sind. Insofern ist nach ihrem Selbstkonzeptmodell Geschlecht zentraler als Status und Interessen und wird folglich als Letztes bei der Kompromissbildung preisgegeben. Der Eingrenzungsprozess wird umgekehrt. In Gottfredsons Perspektive vollzieht sich die Berufswahl also durch Elimination negativer Alternativen statt durch Auswahl der optimalen Alternative.

Gottfredson unterscheidet antizipatorische von erfahrungsabhängigen Kompromissen. Antizipatorische Kompromisse gehen Personen ein, wenn sie wahrnehmen, dass der für sie attraktivste Beruf nicht erreichbar sein wird oder keine realistische Wahl darstellt. Erfahrungsabhängige Kompromisse liegen dagegen vor, wenn Personen ihre beruflichen Aspirationen aufgrund von Erfahrungen bei der Stellensuche verändern (Gottfredson, 1996, 196). Da antizipatorische Kompromisse Reaktionen auf subjektive Wahrnehmungen von Nichterreichbarkeit sind und nicht aktuellen Erfahrungen bei der Stellensuche entsprechen, können sie im

---

9   Gottfredson (1983) sah sich zu diesen Richtigstellungen nach einer Kritik von Vondracek, Lerner & Schulenburg (1983) genötigt.

Entwicklungsprozess früher auftreten. Sie können zu potentiellen Problemen werden, wenn der in Betracht kommende Optionsbereich zukünftiger Berufe schon früh oder unnötig eingeengt wird.

In der Aktualisierung ihrer Theorie hat Gottfredson (1996) diesen Kompromissprozess überarbeitet, den sie der ersten Formulierung mangels empirischer Fundierung noch weitgehend spekulativ genannt hatte (Gottfredson, 1981, 569).

In der überarbeiteten Fassung werden die Prioritäten der Wahlsituationen zu bedingten Prioritäten. Es hängt von der Stärke des Kompromisses ab, ob Geschlecht, Prestige oder Interessen an Wichtigkeit gewinnen. Wenn die gegebenen Alternativen sich sehr stark unterscheiden, also erhebliche Kompromisse geschlossen werden müssen, dann gilt die in der ursprünglichen Theorie angenommene Prioritätenbeziehung. Sind nur geringe oder mittlere Kompromisse notwendig, dann kommt der Effekt des Geschlechtstyps nicht zum Tragen. Bei niedrigen Kompromissstärken bekommen die Interessen Priorität, bei mittleren das Berufsprestige.

Nimmt der Berufswähler nur für ihn inakzeptable berufliche Optionen wahr, dann wird er die Alternative bevorzugen, die nicht außerhalb des Akzeptanzbereiches für den Geschlechtstyp des Berufes liegt. Sind alle gegebenen Alternativen in Bezug auf den Geschlechtstyp wenigstens minimal akzeptabel, dann zieht er das Niveau des Berufs dem Berufsbereich vor. Nur wenn Geschlechtstyp und Berufsniveau gerade noch akzeptabel sind, streben Personen maximale Übereinstimmung mit ihren Interessen an, statt Prestige und Geschlechtstyp ihrer Berufspräferenzen weiter zu erhöhen (Gottfredson, 2005). Personen wählen den Beruf innerhalb eines sozialen Raums (der Zone akzeptabler Berufsalternativen), der ihren Interessen entspricht und erreichbar ist. Wenn der interessierende Beruf – aus welchen Gründen auch immer – nicht zugänglich ist, ändern Personen ihre Wahlstrategie. Anstatt sich eine inhaltlich ähnliche Arbeit außerhalb des sozialen Raumes zu suchen, lockern sie die Toleranzgrenzen zunächst für das Berufsprestige und erst zuletzt für den Geschlechtstyp. Eine Schulabgängerin z.B. wird eher in ihren Ansprüchen an das Berufsprestige heruntergehen (Hotelkauffrau), als einen traditionellen Männerberuf (Ingenieur) zu wählen.

Der Kompromissprozess ist durch drei weitere Merkmale gekennzeichnet (Gottfredson, 2005). Erstens neigen Personen dazu, ihre Suchkosten zu minimieren, indem sie Informationen erst dann über Berufe einholen, wenn die Entscheidung ansteht und indem sie Informationen von Quellen wie Eltern und Freunde einholen, die sie kennen und denen sie vertrauen. Zweitens erhöhen die Berufswähler ihre Möglichkeiten, als aktive Sucher Erfahrungen zu sammeln, ihre Perspektive zu erweitern und Berufsrelevantes zu lernen. Passive Konsumenten ziehen auch aus anderen Ressourcen (Beziehungen, familiärer Hintergrund, Gesundheitszustand etc.) weniger Nutzen. Und drittens gibt sich die Mehrheit mit akzeptablen Lösungen zufrieden statt optimale Ergebnisse anzustreben. Handlungsleitend ist das Simonsche *Satifizierungsprinzip*. Man gibt sich mit dem „gut genug" zufrieden.

### 3.1.4 Theorieerweiterung: individuelle Unterschiede

Gottfredsons Kerntheorie des Berufswahlprozesses erklärt Gruppenunterschiede und das Verhalten durchschnittlicher Personen. Individuelle Variationen wurden vorausgesetzt, aber nicht erklärt. Fähigkeiten, Werte, Interessen und andere Aspekte des internen Selbst treten auf Entwicklungsstufe vier in der Kerntheorie lediglich in Erscheinung und entwickeln sich nicht. In der Theorieerweiterung von 2002 ergänzt Gottfredson die allgemeinen Prinzipien der Eingrenzung und des Kompromisses um Annahmen über Art und Entstehung individueller Variationen, deren Größe die Variation zwischen den Gruppen gewöhnlich überschreitet. Die Berücksichtigung und Erfassung der individuellen Einzigartigkeit ist wichtiger Bestandteil jeder Berufsberatung und hat von daher hohe praktische Valenz.

Für die theoretische Erklärung individueller Unterschiede orientiert sich Gottfredson an verhaltensgenetischen Konzepten der Anlage-Umwelt-Partnerschaft. Traditionelle Sozialisationstheorien, die einen genetischen Einfluss bestenfalls in sehr frühen Entwicklungsphasen annehmen und die Entwicklung von Persönlichkeitsmerkmalen ausschließlich auf Erfahrung zurückführen, weist sie als empirisch unhaltbar zurück. Vor allem der Nachweis eines steigenden genetischen Einflusses auf die Intelligenzentwicklung mit zunehmendem Alter spricht für einen anhaltenden genetischen Einfluss über die gesamte Lebensspanne. Anlage- und Umweltfaktoren bedingen sich also gegenseitig und lassen deshalb einseitige Ursache-Wirkungsbeziehungen nicht zu. Die Erfahrungen, denen sich das Individuum im Laufe seiner Entwicklung aussetzt, sind ebenso von Anlage- wie von Umweltfaktoren beeinflusst. Anlagebedingte Temperamentsunterschiede und elementare Fähigkeiten führen in Wechselwirkung mit Erfahrungen zu allgemeinen Persönlichkeitsmerkmalen, wie den Big Five, der allgemeinen Intelligenz und physischen Fähigkeiten, z.B. der Kraft und der Ausdauer. Diese allgemeinen Merkmale sind die Basis für Entstehung und Ausbildung von ziel- und wertorientierten Merkmalskombinationen, wie Abneigungen, Vorlieben, Interessen, Werte, Einstellungen, Überzeugungen usw., die Einfluss auf die berufliche Entwicklung haben. Die zielorientierten Merkmalsmuster schließlich bestimmen die am wenigsten genetisch beeinflussten Lebensereignisse, -leistungen und Verhaltensweisen.

Menschen suchen aktiv und zielgerichtet die Umwelten oder ökologischen Nischen, die am besten zur ihren genetisch beeinflussten und durch Erfahrungen kanalisierten Bedürfnissen und Vorlieben passen. Menschliche Entwicklung beginnt in der von Herkunft und Familie bestimmten Geburtsnische und führt über die in der Kerntheorie beschriebenen Prozesse der Eingrenzung und Kompromissbildung zur aktiven Auswahl einer subjektiv passenden Erwachsenennische. Eingrenzungen und Kompromisse führen zu wiederholten Positionierungen des Selbst in die soziale Welt, je nachdem, auf welchem Niveau sich das wahrgenommene Selbst (Selbstkonzept) und die kognitive Abbildung der sozialen Welt (Berufswelt) befinden.

Komplexe Theorien wie die von Gottfredson sind kaum durch eine einzige empirische Überprüfung zu falsifizieren. Es können lediglich Theorieaspekte und Modellkomponenten, die eindeutige Vorhersagen zulassen, zur empirischen Erhärtung bzw. Erschütterung der Theorien herangezogen werden. Im folgenden Kapitel werden Ergebnisse empirischer Überprüfungen der Theorie vorgestellt und empirische Befunde diskutiert, die in den Aussagenbereich der Theorie gehören.

## 3.2  Theorieüberprüfung

Gottfredson bietet bei der Darstellung ihrer Theorie und der Herleitung ihrer Annahmen eine Vielzahl von empirischen Belegen, die durch neuere Ergebnisse gestützt, relativiert oder widerlegt werden können.

Dass Kinder sich schon früh mit dem Thema Beruf auseinandersetzen, ist unstrittig. Beispielsweise konnten in einer Befragung des Instituts für Jugendforschung (IJF) von repräsentativ ausgewählten 1 000 Kindern im Alter von sechs bis 14 Jahren 84% der Sechs- bis Achtjährigen einen Traumberuf nennen (Meixner, 1996, 40). Das war früher nicht anders: Lehr (1970) wiederholte 1966 eine Befragung von Frank und Hetzer aus den späten 1920er Jahren. Frank und Hetzer (1931) ermittelten u.a. die Berufswünsche und Berufsmotive von 240 Kindern im Alter von drei bis sechs Jahren. Drei Viertel der Kindergartenkinder hatten schon konkrete Berufswünsche; Jungen zeigten dabei mehr Sachinteresse, Mädchen ein stärkeres Personeninteresse. 1966 konnten die Ergebnisse in der Befragung von 300 Heimkindern im Wesentlichen bestätigt werden. Allerdings nannten nur 52% Berufswünsche, das Sachinteresse bei Mädchen nahm deutlich zu und die Klarheit und Prägnanz des bevorzugten Berufsbildes ab. Eine allgemeine Entwicklungstendenz in den Berufsmotiven von Funktionslust zu Erfolgsstreben konnte sowohl 1926 als auch 40 Jahre danach festgestellt werden.

Die Dominanz der Geschlechtsangemessenheit von Berufswahl und Lebensplanung im Grundschulalter wird auch in Befragungen von Glumpler und Schimmel (1991) und von Hempel (2000) deutlich. Die von Mädchen und Jungen genannten Berufswünsche entsprechen ziemlich genau und relativ konstant der Segregation des Arbeitsmarktes. Nicht nur Zukunftsprojektionen gehorchen geschlechtstypischen Polarisierungen, sondern auch die Wahrnehmung berufsbezogener Umwelten: In Fabrikbildern, die Mädchen im Grundschulalter gemalt haben, dominieren die Menschen, in den Bildern der Jungen dominieren die Maschinen (Kaiser, 2002).

Relativ einheitlich und im Sinne der Theorie Gottfredsons konnte die Annahme bestätigt werden, dass männliche und weibliche Jugendliche sehr genau und übereinstimmend das Berufsprestige und den Geschlechtstyp einer Vielzahl von Berufen nennen können. Lapan und Jingeleski (1992) ließen 112 Schülerinnen und Schüler der achten Klasse einer Vorstadtschule 200 Berufe auf einer Neun-Punkte-

Skala nach Berufsprestige und Geschlechtstyp einschätzen und befragten sie gleichzeitig nach ihrer subjektiven Erwartung über die Erreichbarkeit der Berufe und über ihre Selbstwirksamkeit im Sinne Banduras. Die Einschätzungen des Geschlechtstyps von Jungen und Mädchen korrelierten mit r=.96, die des Prestiges mit r=.91. Geschlechtstyp und Prestige korrelierten in Übereinstimmung mit Gottfredsons Annahme nicht miteinander.

In einer Untersuchung von Sastre und Mullet (1992) erwies sich in Übereinstimmung mit Gottfredsons Theorie bei spanischen Schülerinnen der 8. Klassen (Alter: 14-15 Jahren) der Geschlechtstyp als bester Prädiktor der Berufspräferenzen. Für spanische Schüler der achten Klassen sind allerdings Prestige und Freizeit wichtiger (Gesamtstichprobe: n=735). Moderiert werden alle Effekte durch die Schicht. Für Schüler aus höheren Sozialschichten (mit hohem *Social Economic Status*, SES) bekommt Berufsprestige eine noch höhere Wertigkeit. Die Autoren schließen aus ihren Ergebnissen, dass Gottfredsons Kompromisstheorie die größte Validität für die Gruppe der Mädchen besitzt.

Schon bei Kindern im Grundschulalter entsprechen die Einschätzungen des Geschlechtstyps eines Berufes dem Frauenanteil in dem Beruf. Die Korrelation der Kinderantworten mit Zensusdaten zum Frauenanteil von 36 Berufen betrug in einer Untersuchung von Garrett, Ein und Termaine (1977, 509) z.B. r=.95.

Da sich der Frauenanteil infolge des gesellschaftlichen Wandels in vielen Berufsbereichen verändert hat, läge eine Untersuchung der Frage nahe, ob auch die Geschlechtstypeinschätzungen von Kindern damit kovariieren. Wiederholungsuntersuchungen mit identischen Berufelisten, die diese Frage beantworten könnten, sind uns nicht bekannt, aber ein Zeitvergleich aus den 1970er, den 1980er und den 1990er Jahren ist einer Untersuchung von Reid zu entnehmen, die mit einem ähnlichen Versuchsdesign wie Garret et al. ebenfalls Grundschüler untersucht hat. Von 39 vorgegebenen Berufen wurden die Berufe mit dem höchsten Frauenanteil vor 20 Jahren (Krankenschwester, Sekretärin, Kosmetikerin) auch von Schülern damals für die typischsten Frauenberufe gehalten. 1990 rangierten diese drei Berufe auf Platz eins, zwei und vier der Einschätzliste. Ähnliches gilt für traditionelle Männerberufe. Auch der Feuerwehrmann, der Trucker und der Farmer hatten Anfang der 1970er Jahre die höchsten Männeranteile und wurden von den Grundschülern für die typischsten Männerberufe gehalten. In Reids Befragung rangieren sie auf Platz vier, fünf und sechs. Reid schließt daraus, es scheine „that the process of occupational sex stereotyping being associated with the actual sextyping in the labor force is still functioning today" (Reid, 1995, 1164). Aufschlussreicher wären Epochalvergleiche der Geschlechtstypeinschätzungen von Berufen, deren Frauenquote sich stark erhöht hat.

Relativ hohe Frauenanteile in typischen Männerberufen wurden in den ehemals sozialistischen Staaten erreicht. Trice (2000) konnte zeigen, dass auch in kultur- und systemvergleichenden Untersuchungen die Geschlechtstypeinschätzungen mit dem Frauenanteil der Berufe in der jeweiligen Gesellschaft variieren. Er befragte im Frühjahr 1998 10-12-jährige Schüler im ehemals sozialistischen Bulgarien (n=142), in Italien (n=167) und den USA (n=186) nach der Geschlechtsangemessenheit von 20 Berufen. Erwartungsgemäß war die Wahrnehmung der Berufe bei italienischen Kindern am stärksten am Geschlechtsstereotyp orientiert, bei bulgarischen am wenigsten. Außerdem hatten Mädchen in allen drei Ländern eine weniger geschlechtsstereotype Berufswahrnehmung. Der Prozentsatz der Berufe, die nach Auffassung der Kinder von beiden Geschlechtern ausgeübt werden können, betrug in Italien 27% für die Jungen, 33% für die Mädchen, in Bulgarien 63% (Jungen) bzw. 72% (Mädchen) und in den USA 35% bzw. 59%. Dem sozialistischen Ziel der Geschlechtergleichheit in der Berufswelt war man offensichtlich in Bulgarien nach 50 Jahren Herrschaft der Kommunisten deutlich näher gekommen – und zwar nicht nur auf dem Arbeitsmarkt, sondern auch in der Repräsentation der Arbeitswelt in den Köpfen der Kinder.

Inwieweit das Wissen über Berufe auch die tatsächlichen Präferenzen bestimmt, haben Stockard und McGee (1990) an 496 Schülern der vierten Klasse untersucht. Die Kinder sollten Schwierigkeit, Gehalt, Wichtigkeit und (Supervisions-)Verantwortung von 21 Berufen auf einer Fünf-Punkte-Likertskala einschätzen und ihren Berufswunsch angeben. Die Einschätzungen von Jungen und Mädchen unterschieden sich kaum, wohl aber ihre Berufswünsche. Alle bevorzugten wichtige und eher leichte Berufe mit hohem Gehalt. Verantwortung war weder Jungen noch Mädchen wichtig. Hauptdimension für Berufspräferenzen war die Geschlechtsangemessenheit der Berufe. Nach Auffassung der Autoren ist der Geschlechtstyp eines Berufes ebenso gelernt wie andere Merkmale der Berufe, aber er hat einen erheblich wichtigeren Einfluss auf die Berufswahl.

## 3.2.1   Überprüfung des Stufenmodells

Gottfredsons Annahme, dass die Orientierung an Geschlechtsrollen erst in der Grundschulzeit entsteht, lässt ich nach neueren Untersuchungen nicht halten.

Henderson, Hesketh und Tuffin (1988) ließen 396 Kinder aus Neuseeland im Alter von fünf bis 14 Jahren im Kartensortierverfahren Berufspräferenzen bestimmen und erhoben gleichzeitig den Sozialstatus (SES) der Eltern (nach Berufseinstufung) und des kognitive Entwicklungsniveau der Kinder (nach Lehrerurteil). Schon die Fünfjährigen – nicht erst die Sechsjährigen – zeigten sehr starke Geschlechtstypisierungen, vor allem die Jungen dieses Alters.

Noch früher – schon mit vier Jahren – äußern Kinder Berufswünsche, die Geschlechtsstereotypen entsprechen. Trice und Rush (1995) befragten 68 Vorschulkinder danach, welchen Beruf sie später einmal haben, ob sie gerne Lehrer, Krankenpfleger oder Sekretär (traditionell weibliche Berufe) oder lieber Polizist, Trucker oder Bauarbeiter (traditionell männliche Berufe) werden wollen. Von den 33 Jungen entschieden sich 12 für Feuerwehrmann und 10 für Polizist. Von den 35 Mädchen wollten 7 Ärztinnen werden, 6 Lehrerinnen, 5 Krankenschwester und 3

Tierärztin. Mädchen hatten einen größeren Bereich an Berufen und strebten Berufe mit höherem Niveau an. Jungen akzeptierten eher die Männer-, Mädchen die typischen Frauenberufe.

Levy et al. (2000) konnten sogar schon bei Dreijährigen Geschlechtstypisierungen von Berufen feststellen. Sie konnten zeigen, dass Vorschulkinder unterschiedliche Kompetenzen von Männern und Frauen in geschlechtstypischen Berufen und auch schon Unterschiede in der Bezahlung wahrnehmen. Sie befragten mündlich und individuell 55 weiße Vorschulkinder aus der Mittelschicht im Alter von drei bis sieben Jahren (41 bis 83 Monaten) zu den Kompetenzen und dem Verdienst von Frauen und Männern in geschlechtstypischen Berufen (Levy et al., 2000). Männer wurden als kompetenter („wer ist besser?") in Männerberufen (Automechaniker, Pilot), Frauen in Frauenberufen (Schneiderin, Sekretärin) wahrgenommen. Die Kinder glaubten, dass zwar Männer allgemein mehr („eine Menge Geld"?) verdienen, aber dass Frauen mehr verdienen, wenn sie Frauenberufe ausüben. Die affektiven Reaktionen der Kinder waren bei der Vorstellung, in geschlechtsrollentypischen Berufen aufzuwachsen, positiver als in untypischen. „Wenn Du zum Automechaniker würdest, wie würdest Du dich fühlen" – fünf Emotionen auf Fotos zur Auswahl (Ärger, Ekel, Glück, Trauer, Überraschung).

Im Gegensatz zur unteren Altersgrenze der Geschlechtstypisierungen liegen zur Schätzung der unteren Altersgrenze des Berufsprestiges nur wenige Untersuchungen vor. In der schon dargestellten Untersuchung von Henderson et al. (1988) beeinflusste entsprechend der Theorie der soziale Hintergrund erst die Berufspräferenzen von Kindern im Alter von über neun Jahren. Aber der Einfluss der kognitiven Niveaus der Kinder auf das Prestigeniveau des bevorzugten Berufes war deutlich stärker als der des sozialen Hintergrundes (SES).

Walls (2000) ließ Schüler der Klassen 3 bis 12 verschiedene Dimensionen von 20 bekannten Berufen einschätzen. Offensichtlich waren auch Drittklässler bei der Beurteilung von Status und Gehalt nicht überfordert. Schüler der sechsten Klasse konnten Gehaltsaussichten der Berufe besser einschätzen als z.B. Ausbildungszeit, Voraussetzungen und Bedarf. Die Attraktivität der vorgegebenen Berufe korrelierte am höchsten mit deren Status (r=.42).

In einem neueren Zehnjahreslängsschnitt beobachtete Helwig (2002) einen Prestigeanstieg der Berufswünsche (gemessen an der Komplexität der beruflichen Aufgaben) von der zweiten bis zur achten Klasse und danach einen Prestigeabfall bis zur zwölften Klasse. Er interpretiert dieses Ergebnis als Bestätigung der Theorie Gottfredsons. Wenn Prestige Haupteinflussfaktor auf die Berufswünsche ist, bekommt es eine besondere Wichtigkeit und wird überschätzt. Ab 14 Jahren verschiebt sich theoriegemäß die Bewertungsbasis von äußeren allgemeinen und kollektiven Elementen des Selbstkonzepts zu Merkmalen des individuellen persönlichen Selbst, wie beruflichen Bedürfnissen, Werten und Interessen. Während jedoch Helwig von einer gleichzeitigen Erweiterung des Spektrums der Wunschberufe berichtet, postuliert Gottfredson einen vorher durch Geschlechtstyp und Prestige eingegrenzten Bereich. Eine Erweiterung der beruflichen Optionen in der

Interessenphase ihres Entwicklungsmodells widerspricht dem Eingrenzungstheorem. Nach Gottfredson wird die obere Grenze des erstrebten Berufsprestiges durch Wahrnehmung der eigenen Fähigkeit und des zu erwartenden Bildungs- und Ausbildungsaufwandes bestimmt. Die Einschätzung der eigenen Talente und Fähigkeiten gehört jedoch schon zu den Selbstkonzeptelementen des individuellen und nicht des sozialen Selbst.

Ebenfalls als Bestätigung einer Theorievorhersage Gottfredsons können Ergebnisse von McMahon und Watson (2005) gewertet werden. Sie befragten Kinder im Alter von durchschnittlich zwölf Jahren aus Südafrika (n=511) und Australien (n=371), welche Informationen sie über Berufe brauchen. Die meisten nannten „Lebensimplikationen" des Berufes (wie Berufsstress, Gehalt, Lebensstil) und Arbeits- und Anstellungsbedingungen. Danach folgten Fragen des „Berufsmanagements", wie nach der Dauer der Ausbildung, nach den Zugängen zur Ausbildung und nach Ansprechpartnern. Fragen nach Interessen oder persönlichen Merkmalen („bin ich dazu klug genug?" oder „bin ich die richtige Person für den Beruf?"), die nach Supers Theorie zu erwarten wären, wurden seltener genannt. Die Autoren interpretieren die Ergebnisse als Bestätigung der Theorie Gottfredsons. Sie entsprechen den Vorhersagen, die aus der dritten Entwicklungsstufe abgeleitet werden, in der sich Kinder an sozialen Bewertungen orientieren und Bezüge zwischen Bildung, Beruf und Einkommen herstellen.

Auf die Problematik, den sozialen Raum angemessen zu erfassen, weisen Hesketh, Prior und Gleitzman (1989) hin. In der Psychometrie sind Messmethoden oder Skalierungsverfahren oft genauer als der Untersuchungsgegenstand. So ist z.B. anzunehmen, dass die Grenzen des sozialen Raumes unscharf sind und somit einige Toleranzen aufweisen. Diesem Umstand tragen die Autoren Rechnung, indem sie Items als Fuzzy-Variablen definieren und ihren 30 Versuchspersonen auf Ratingskalen das gewünschte Berufsprestige und den Geschlechtstyp nicht nur als Punkt einschätzen, sondern auch tolerierbare Grenzen angeben ließen. Beim Geschlechtstyp erwiesen sich die bevorzugten (mittleren) Punkte als reliabel (r>.70), beim Prestige dagegen eher die linken und die rechten Grenzen (r~.70), während die bevorzugten mittleren Einschätzung weniger zuverlässig waren (r=.50 bis r=.60). Offensichtlich können Personen beim Prestige zuverlässiger bestimmen, was sie vermeiden wollen, als was sie positiv wünschen (Hesketh et al., 1989, 107). Die Korrelation von mittlerem eingeschätzten Sextype und Prestige mit den objektiven Daten ergaben als Validität interpretiert mittlere Werte (.60 für den Sextype und -.42 für Prestige).

Einen vielversprechenden neuen Ansatz zur Untersuchung der Stufenannahmen in Gottfredsons Modell haben kürzlich Pace und Lo Presti (2005) vorgestellt. Die Autoren nehmen an, dass die Genauigkeit und Schnelligkeit, mit der Kinder PC-Bilder von arbeitenden Menschen wiedererkennen, von ihrer kognitiven Geschlechtslandkarte im Sinne Gottfredsons abhängen. Sie präsentierten 100 Kindern (48 Jungen) im Alter von acht, zehn und zwölf Jahren 40 Bilder in Zufallsreihenfolge, von denen 20 Frauen und 20 Männer in Arbeitskleidung oder Uniform bei der Ausübung ihrer 20 Berufe zeigten. Die Wiedererkennungsgeschwindigkeit von Berufsbildern, die Geschlechtsstereotyp entsprechen, sollten niedriger sein als die von anderen. Die Kinder sollten den Beruf nennen; das Prestigeniveau (von eins bis sieben) angeben, den Geschlechtstyp (-3 bis +3) bestimmen und die State-Angst-Skala von Spielberger ausfüllen. Antwortmöglichkeiten für die Berufs-nennung waren: Beruf wiedererkannt, nicht oder falsch wiedererkannt. Untersucht wurde die Beziehung von Reaktionszeit, Alter und Geschlecht und mit Gottfred-sons Theorie verglichen. Geschlechts- und theoriekonforme Darstellungen der Berufe sollten zu kürzeren Antwortzeiten führen. Leider haben die Autoren ledig-lich Illustrationen von Antwortmustern präsentiert und angedeutet, dass die Ergeb-nisse nicht den Erwartungen entsprachen, aber grundsätzlich eröffnet der Zugang über *Recognition*-Experimente neue Überprüfungsmöglichkeiten des Modells.

### 3.2.2 Überprüfung der Eingrenzung

Der Eingrenzungsprozess ist zwar für die Begründung der theoretischen Annahmen von Gottfredson überzeugend belegt worden, aber die Ergebnisse verschiedener Untersuchungen, die später explizit oder implizit zur Überprüfung der Theorie durchgeführt wurden, sind eher widersprüchlich.

In einem einfachen methodischen Zugang können Kinder verschiedenen Alters gefragt werden, welche Berufe für sie in Frage kämen. Trifft die Theorie Gottfred-sons zu, müsste die Zahl der zurückgewiesenen Berufe steigen und als Grund für Zurückweisungen sollten Geschlechtsunangemessenheit und zu geringes Prestige genannt werden. Auf ähnliche Weise ließen Trice et al. (1995) 949 Kinder der zweiten, vierten und sechsten Klasse 13 Berufe nach Attraktivität einschätzen („was willst du mal werden"). Mit zunehmendem Alter lehnten sie – in Über-einstimmung mit Gottfredsons Theorie – stetig mehr Berufe ab. Als Begründung der Ablehnung wurde von den jüngeren Schülern häufiger Geschlechtsunange-messenheit angegeben als von den älteren. Schüler der höheren Klassen lehnten – ebenso in Übereinstimmung mit Gottfredsons Stufenmodell – häufiger Berufe ab, wenn sie meinten, dass sie ihrem angestrebten Statusniveau nicht gerecht wurden oder Fähigkeiten verlangten, über die sie nach eigener Einschätzung nicht ver-fügten. Allerdings wurden von etlichen Schülern entgegen der Theorievoraussagen auch mangelndes Interesse für die Ablehnung von Berufe angeben.

Leung und Harmon (1990) forderten Studenten auf, in einer Berufsliste retro-spektiv alle bisherigen Berufswünsche seit der frühen Kindheit anzukreuzen und das jeweilige Alter hinzuzufügen. Für diese Berufe wurde dann der Geschlechtstyp über den prozentualen Frauenanteil und das Prestige über einen Index aus Bildungsvoraussetzung und Einkommen bestimmt, so dass die Antworten der Studenten als Punkte in einem Koordinatensystem markiert werden konnten. Die jeweils über die Extreme definierte Fläche sollte sich nach Gottfredsons Theorie mit dem Alter verengen. Das war nicht der Fall. Die Fläche wurde im Gegenteil bis zum Alter von 18 Jahren stetig größer. Die Zone akzeptabler Berufsalternativen erweiterte sich, statt sich zu verringern. Dieses Ergebnis konnte Leung (1993) in einer weiteren Untersuchung an 52 Studenten und 97 Studentinnen asiatischer Herkunft bestätigen.

Leung, Conoly und Scheel (1994) schließlich ließen 194 hochbegabte amerikanische College-Studenten (69 männliche und 125 weibliche Jugendliche) retrospektiv ihre bisherigen Berufswünsche in einer Berufsliste, zusammen mit dem jeweiligen Alter eintragen. Das Prestigeniveau der Berufswünsche, nicht aber der Geschlechtstyp, stieg dabei mit dem Alter, und der Akzeptanzbereich wurde nicht kleiner. Besonders Mädchen zogen sowohl Frauen- als auch Männerberufe in Betracht. Das Anspruchsniveau der Jungen war höher: Sie strebten z.B. häufiger Doktorgrade an. Hochbegabte Mädchen erleben einen Ziel-Konflikt zwischen Beruf und Familie.

Gottfredson (1996, 205) selbst betrachtet Leungs methodisches Vorgehen nur als Annäherung an einen Theorietest. Seine Methode biete lediglich ein Maß für den Kernbereich des sozialen Raumes, nicht für die gesamte Zone akzeptabler Alternativen, weil es auf den Alternativen beruhe, die Personen am meisten bevorzugten, nicht auf der Gesamtheit der Optionen, die sie akzeptabel finden.

### 3.2.3    Überprüfung des Kompromisses

Der Kompromissprozess wurde ebenfalls nicht einheitlich bestätigt. Meist wurden simulierte Kompromisse provoziert, indem Berufe aus vorgegebenen Listen ausgewählt oder in eine Präferenzreihe gebracht werden müssen. Überprüft wurde, welcher Aspekt der beruflichen Aspirationen aufgegeben wurde, um ein erwünschtes Niveau aufrechtzuerhalten (Armstrong & Crombie, 2000, 83).

Bestätigt wurde in allen Studien der Einfluss der Faktoren Geschlechtstyp, Berufsprestige und Interessenausrichtung auf die Berufsentscheidung, aber über die Reihenfolge der Variablen liegen unterschiedliche Ergebnisse vor.

Gottfredson (1996) unterscheidet bei den Überprüfungsansätzen der Kompromisstheorie zwischen antizipatorischen, experimentellen und simulierten Kompromissen.

Eine der ersten direkten Überprüfungen des ursprünglichen Kompromissteils der Theorie Gottfredsons (1981) stammt von Taylor und Pryor (1985) und gehört zur Kategorie antizipatorischer Kompromisse. Die Autoren ließen 287 Schüler der Abgangsklassen einer australischen Fachoberschule, die sich an Universitäten beworben hatten, den Holland-Fragebogen ausfüllen und befragten sie nach ihrem jeweils bevorzugten Studienfach und einer noch akzeptablen Alternative. Die Studienwünsche wurden nach Inhalt und Holland-Code kategorisiert und jeweils auf einer Siebenerskala nach Prestige und Geschlechtstyp eingeschätzt. Nur insgesamt 35% der genannten Studienwünsche entsprachen den (über Fragebogen ermittelten) Interessen. Die Kongruenzrate zeigte jedoch eine deutliche Abhängigkeit von der Interessenrichtung. Bei Interessen für handwerklich-praktische, wissenschaftliche und soziale Berufstätigkeiten lag sie bei über 50%, während sie bei Interessen für künstlerische und Verwaltungstätigkeiten nur 10% betrug.

Wenn Studenten inkongruente Studienfächer wählten, dann neigten sie zu Fächern hohen Prestiges (pro Gottfredson), nicht zu inhaltlich ähnlichen Fächern (contra Holland). Das galt allerdings mehr für Männer als für Frauen. Männer treffen ihre Berufswahl stärker von Interessen gesteuert als Frauen. Der Akzeptanzbereich des Geschlechtstyps bei Frauen ist zudem größer. Bei Kompromisswahlen sinkt das Prestige etwas. Die Grundannahmen von Gottfredson über den Einfluss von Interesse, Prestige und Geschlechtstyp haben Unterstützung erfahren, aber es gibt Moderatoreinflüsse. Männer sind eher bereit, Interessen für Prestige aufzugeben.

Nur 54% der Studienaspiranten waren allerdings bereit (Taylor & Pryor, 1985, 181), überhaupt Kompromisse einzugehen und eine Alternative zum Studienwunsch zu nennen. Deshalb sollten Theorien über Kompromissprozesse nach Auffassung der Autoren auch diese Möglichkeit einschließen und individuelle Unterschiede in der Wichtigkeit der Kompromissdimensionen Geschlechtstyp, Prestige und Interessen berücksichtigen. Schließlich weisen sie darauf hin, dass die Unabhängigkeit der Dimensionen nicht gegeben ist. Es gibt weniger Frauenberufe in Hollands R-Kategorie und nur wenige Berufe mit niedrigem Prestige in der I-Kategorie.

Auf die Interessenabhängigkeit der Kompromissfaktoren weisen auch Ergebnisse einer Studie von Holt (1989) hin, die nach Gottfredsons Einteilung zu den Überprüfungsansätzen mit simuliertem Kompromiss gehören. Er ließ 36 Studenten im forced-choice-Verfahren zwischen Berufen wählen, die systematisch nach jeweils zwei Ausprägungen von Prestige (hoch – niedrig) und Berufsinteressen (realistisch – sozial) kombiniert waren. Die Hälfte der Studenten war in Ingenieurwissenschaften eingeschrieben (realistic), die andere Hälfte in Sozialarbeit (social). Studenten beider Richtungen wählten in Übereinstimmung mit Gottfredsons (1981) Theorie häufiger das höhere Prestige als die Interessenkongruenz (nach Studienfach).

In einem zweiten Durchgang sollten die Teilnehmer 20 vorgegebene Berufe im Kartensortierverfahren in eine Präferenz-Rangreihe bringen. Die Karten waren ebenfalls nach zwei Interessenrichtungen (realistisch – sozial) und nach zwei Prestigeniveaus (hoch – niedrig) zusammengestellt. Die Ingenieurstudenten hielten soziale und realistische Berufe mit hohem Status für gleich attraktiv, aber Sozialberufe mit niedrigem Prestige waren für sie deutlich weniger attraktiv als statusniedrige realistische Berufe. Die Interessenausrichtung spielt demnach bei der Wahlentscheidung nur dann eine Rolle, wenn das Prestige der Alternative niedrig ist.

In Gegensatz dazu bewerteten Studenten der Sozialarbeit Sozialberufe unabhängig von ihrem Status am höchsten, gefolgt von realistischen Berufen mit hohem Status und realistischen Berufe mit niedrigem Status. Holt (1989) schließt daraus, dass der Status für realistische Personen wichtiger (Ingenieurstudenten) als für soziale (Sozialarbeitsstudenten) ist. Ob Berufsstatus oder Interessen bevorzugt wird, hängt vom Hollandtyp ab oder von den Werten, die im Hollandtyp repräsentiert sind.

Gottfredson (1996) überzeugt diese Interpretation nicht, weil sie den Ergebnissen der *Forced-choice*-Aufgabe widersprechen und weil mehr Frauen unter den Sozialarbeiterstudenten waren (zwei Drittel) als unter den Ingenieurstudenten (die Hälfte). Die Unterschiede, die Holt auf die Interessentypen zurückführt, könnten demnach auch das Ergebnis von geschlechtstypischen Prioritätsunterschieden sein.

Ebenfalls nur zwei der drei Kompromissfaktoren berücksichtigte Leung (Leung, 1993; Leung & Plake, 1990) in einem Dilemmafragebogen zur Berufswahl (*Occupational Choice Dilemma Inventory, OCDI*). Die Versuchspersonen sollten sich im Rahmen eines simulierten Kompromisses zwischen zwei Berufsalternativen (aus der gleichen Holland-Kategorie) entscheiden, bei denen jeweils Geschlechtstyp und Prestige systemisch variiert wurden. Für den Geschlechtstyp wurden drei Ausprägungen (typischer Männerberuf, geschlechtsneutraler Beruf und typischer Frauenberuf) festgelegt, ebenso für das Berufsprestige (hoch, mittel, niedrig). Aus der Kombination beider Variablen ergaben sich neun Dilemmata mit insgesamt 30 Itempaaren. Für Frauen und Männer wurden unterschiedliche Berufsbezeichnungen zusammengestellt, so dass der Fragebogen insgesamt 60 Vergleiche umfasst. Ein Kompromiss war jeweils als Preisgabe der Geschlechtstypkonformität für Prestigegewinn und umgekehrt definiert. Je niedriger der Kontrast zwischen den Variablenausprägungen (z.B. geschlechtskonsistent und hohes Prestige), desto stärker sollte der erzwungene Kompromiss sein.

In einer ersten Studie (Leung & Plake, 1990) mit 246 Studenten verschiedener Fachrichtungen erwies sich nach dieser Methode Prestige insgesamt als der wichtigere Einflussfaktor. 56% der Männer und 62% der Frauen votierten über alle Kontrastbedingungen hinweg für das höhere Prestige. Auch mit genaueren Analysen wurde bestätigt, dass Frauen eher bereit waren als Männer, den Geschlechtstyp des Berufes für ein höheres Prestige zu opfern. In einer zweiten Studie mit 147 amerikanischen Studenten asiatischer Herkunft (Leung, 1993) konnten dieser Ergebnisse repliziert werden. Auch hier wurde der Geschlechtstyp entgegen der Theorie eher preisgegeben als das Prestige.

Die Nichtunabhängigkeit der Modellfaktoren veranlassten Hesketh, Emslie und Kaldor (1990) ein Alternativmodell vorzuschlagen, das den Interessen den höchsten Stellenwert zuweist. Nach ihren Vorstellungen sind Interessen komplexe Konstrukte, in denen Prestige und Geschlechtstyp integriert sind. Wenn neue Strukturen in das Selbstkonzept integriert werden, müssen frühere Erfahrungen inkorporiert werden. Deshalb sollten Faktoren, die erst später die Berufswahl beeinflussen, eine höhere Wichtigkeit erlangen. Hesketh et al. konnten ihr Alternativmodell in zwei Studien mit 73 berufsunzufriedenen Erwachsenen und 90 australischen Schülern der 11. Klasse empirisch bestätigen. Zur Überprüfung des Kompromissprozesses verwendeten sie in beiden Versuchen *Fuzzy-Graphic*-Einschätzskalen, die sowohl eine Punktschätzung für die mittlere Ausprägung als auch eine Intervallschätzung für den Akzeptanzbereich der drei Modellfaktoren Geschlechtstyp, Prestige und Interessen vorsieht. Das mittlere und das tolerierte Prestigeniveau wurde mit zwei Skalen (Bildung, Status), der Geschlechtstyp ebenfalls mit zwei Skalen („wählen Männer/Frauen gewöhnlich", „wird als Männer-/Frauenarbeit angesehen") und Berufsinteressen durch die beiden dominierenden Holland-Kategorien erfasst. Einschätzungen wurden sowohl direkt als auch im Paarvergleich vorgenommen. Sowohl die Ergebnisse der 15 Paarvergleiche als auch die der Einzelschätzungen widersprachen eindeutig Gottfredsons Theorie und stützten das Alternativmodell: In beiden Stichproben wurde Interesse als signifikant wichtiger eingeschätzt als Prestige und letzteres wiederum wichtiger als Geschlechtstyp. Die Ergebnisse wurden weder durch das Geschlecht noch durch die Sozialschicht moderiert, allerdings war der Einflussunterschied zwischen Prestige und Geschlechtstyp bei den Unterschichtschülern etwas geringer.

Ebenfalls gegen die von Gottfredson angenommen Faktorenpriorität spricht eine weiter Untersuchung von Hesketh und Mitarbeitern. Hesketh, Durant und Pryor (1990) gaben 37 Versuchspersonen (Alter 15-42) am Computer insgesamt 27 hypothetische Berufsbeschreibungen vor, die aus je drei Ausprägungen der drei Merkmale Geschlechtstyp, Prestige und Interessen kombiniert waren. Die Versuchspersonen sollten jeweils auf einem Kontinuum von 0 bis 100 den Grad der Attraktivität markieren. Variiert wurde zudem die Instruktion: In einer Versuchsbedingung sollten sich die Versuchspersonen auf einen Kompromiss einrichten, in dem anderen nicht. Die Ergebnisse widersprachen in allen Bedingungen den Vorhersagen. Sowohl unter Kompromiss- als unter Nicht-Kompromiss-Bedingung ergab sich, bezogen auf die erklärte Faktorvarianz im 3*2-Design, die Reihenfolge Interessen, Prestige und Geschlechtstyp bei der Erklärung der Attraktivität einer Berufsbeschreibung

Dagegen konnten Armstrong und Crombie (2000) Gottfredsons Kompromisstheorie bestätigen. Sie erfragten in einem Drei-Jahres-Längsschnitt wiederholt Berufswünsche und -erwartungen von 502 kanadischen Schülern der Klassen acht bis zehn, klassifizierten sie nach Geschlechtstradition und Berufsprestige und bildeten danach jeweils drei Diskrepanzgruppen für Geschlechtstyp und Berufsprestige. Hatte z.B. der erwartete Beruf einen höheren Frauen- bzw. Männeranteil als der erwünschte, wurde die Antwort der Diskrepanzkategorie „eher feminin" bzw. „eher maskulin" zugeordnet, bestand kein Unterschied erfolgte die Zuordnung zu der Gruppe „nicht-diskrepant". Antizipierte Kompromisse im Sinne Gottfredsons sollten sich in einer Reduzierung der Diskrepanzen zeigen. Tatsächlich nahm die Zahl der Diskrepanzen sowohl zwischen dem achten und neunten als auch zwischen dem neunten und zehnten Schuljahr deutlich ab, und zwar in einer Richtung, die der Kompromisstheorie von Gottfredson entsprach. Waren die erwarteten Berufe maskuliner bzw. femininer, passten sich auch die Wünsche im Folgejahr dem an. Das Gleiche gilt für das Berufsprestige: Wurde ein Berufsprestige erwartet, wurde es im Folgejahr auch gewünscht. Geschlechtsunterschiede erwiesen sich dabei als unbedeutend. Der relative Einfluss von Geschlechtstradition und Berufsprestige auf die Berufswünsche wurde indirekt durch Vergleich der Effektstärken in der Interaktion von Diskrepanzgruppe und Klassenstufe in Varianzanalysen ermittelt. Die Diskrepanzgruppenklassifikation in der achten Klasse erklärt 10% des Geschlechtstyps und 12% des Prestiges der Berufswunsch-varianz zwischen den Klassen acht und neun. Die Diskrepanzgruppen der neunten Klasse erklären dagegen nur 5% Geschlechtstyp- und 11% Prestigevarianz (Armstrong & Crombie, 2000, 97). Die Autoren schließen daraus, dass beim Prestige stärkere Kompromisse eingegangen werden als beim Geschlechtstyp und werten das Ergebnis als unabhängige Unterstützung für Gottfredsons Kompromisstheorie.

Die alltägliche Beobachtung, dass die Berufswünsche Jugendlicher mit dem Alter realistischer werden, wird mit Gottfredsons Konzepten gut operationalisiert und empirisch belegt. Die Reduzierung von Diskrepanzen zwischen Wunsch und (wahrgenommener) Wirklichkeit erfolgt dann über antizipierte Kompromisse, wenn Zugeständnisse bei der Geschlechtstradition des Wunschberufes oder beim Berufsprestige gemacht werden. Bestehen anfänglich keine Diskrepanzen, werden auch keine Kompromisse notwendig, auch wenn – wie von Armstrong und Crombie beobachtet – das Anspruchsniveau hinsichtlich des Berufsprestiges von Klasse 9 nach 10 sinkt. In diesem Fall werden Berufswunsch- auf Interessen-änderungen oder Wertverschiebungen zurückgeführt.

Antizipierte Kompromisse sind offensichtlich Elemente eines entwicklungs-abhängigen Prozesses zu realistischen Berufswünschen, der gegen Ende der Sekundarstufe deutlich nachweisbar ist. Diese Veränderung kann aufgrund von Erfahrungen bei der Stellensuche (erfahrungsabhängige Kompromisse im Sinne Gottfredsons) und dem Ende der Bewerbungsfrist erheblich beschleunigt werden.

Heckhausen und Tomasik (2002) haben in einem Zehnmonatslängsschnitt mit fünf Messzeitpunkten an einer Stichprobe Berliner Hauptschüler der zehnten Klasse (n=470) nachgewiesen, dass der Kompromissprozess auch innerhalb weni-ger Monate vonstatten gehen kann, wenn Schüler Erfahrungen mit Bewerbungen um Lehrstellen machen, und dass Wunsch-Erwartungs-Konvergenzen auch zwi-schen nur graduell unterschiedlichen Alternativen in der vom Gottfredson vorher-gesagte Richtung auftreten. Prestigediskrepanzen zwischen „Traumjob" und „interessantem Beruf" näherten sich im Untersuchungszeitraum an das Prestige-niveau des nur „interessanten Berufs" an, wenn die Bewerbungsfrist näherrückte.

Das Prestigeniveau der Wunschberufe wurde weitgehend durch die Schul-leistungen bestimmt (50% Varianzaufklärung). Je nach Schulleistungsverlauf konnten Kompromisse in einer Erhöhung, Passung oder Senkung des Prestiges bestehen. Bewerbungen um eine Lehrstelle mit hohem Sozialprestige z.B. führten zu einer Verbesserung der Schulnoten. Die Autoren werten ihre Ergebnisse als Bestätigung eines Fristenmodells der Entwicklungsregulation, das optimale Zeit-fenster für die Erledigung von Entwicklungsaufgaben vorsieht, und als Bestätigung des Kompromissmodells von Gottfredson. Aber auch ihr Entwicklungsmodell findet Unterstützung: Gottfredson postuliert eine Abhängigkeit der Prestigegrenze von den Erwartungen der Eltern, vom Selbstkonzept der eigenen Begabung und von den Schulleistungen. Eine Variation der beruflichen Aspiration mit den Schulleistungen ist durchaus theoriekonform.

Die revidierte Kompromisstheorie Gottfredsons wurde von Blanchard und Lichtenberg (2003) in einem aufwendigen Verfahren überprüft. In einem ersten Versuchsdurchgang sollten n=.33 studentische Versuchspersonen (Vpn) 101 Berufe nach Geschlechtstyp, Prestige und eigenem Interesse wiederholt (im Zwei-Wochen-Abstand) einschätzen und Rankings von acht Berufen vornehmen, um die Stabilität ihrer Berufspräferenzen und -urteile zu ermitteln. 89 Berufe erwiesen sich als hinreichend stabil und konsistent (Kriterium r>.40), um in den Hauptversuch übernommen zu werden. Der Hauptversuch bestand ebenfalls aus zwei Sitzungen, an denen 119 Studenten teilnahmen. In der ersten Sitzung sollten sie die 89 Berufe im paper-pencil-Verfahren wiederum nach Interesse, Prestige und Geschlechtstyp einschätzen. In der zweiten Sitzung (nach 14 Tagen) sollten die Vpn die 89 vorgegebenen Berufe am PC als akzeptabel, unsicher oder nicht akzeptabel einstufen. Damit wurden die Kompromisskategorien niedrig (Akzeptanzbereich), mittel (unsicher) und hoch (inakzeptabel) definiert, aus denen jeweils acht vom PC zufällig ausgewählte Berufe nach Attraktivität in eine Rangreihe gebracht werden sollten. Nach Gottfredsons (1996) revidierter Kompromisstheorie sollten Personen unter der Bedingung niedriger Kompromisse Berufe wählen, die sie vorher in Bezug auf Interesse am höchsten und Geschlechtstyp am niedrigsten eingeschätzt hatten. Unter der Versuchsbedingung „mittlerer Kompromiss" sollte die Reihenfolge: Prestige, Interessen, Geschlechtstyp sein und unter der Bedingung „hoher Kompromiss" sollten die eingeschätzten Geschlechtstypen höher sein als die Prestigewerte und letztere wiederum höher als die Interessenausprägungen.

Entsprechend der Theorie bevorzugten die Personen, die nur einen niedrigen Kompromiss eingehen mussten, Interessen vor Prestige und Geschlechtstyp. Die Einschätzungen der acht vorgegebenen Berufe erbrachten signifikante Mittelwertunterschiede. Wenn jedoch mittlere oder hohe Kompromisse eingegangen werden mussten, entsprachen die Präferenzreihenfolgen nicht mehr der Theorie. Es bestand kein Unterschied zwischen den Präferenzen für Prestige und für Geschlechtstyp, obwohl beiden eine höhere Wichtigkeit als den Interessen beigemessen wurde.

### 3.2.4    Abschließende Bewertung

Insgesamt sind die Ergebnisse der empirischen Theorieüberprüfungen uneinheitlich. Die Stufenabfolge des Entwicklungsmodells wurde im unteren Altersbereich durchweg bestätigt. Auch wenn der Geschlechtstyp von (prototypischen) Berufen schon im Vorschulalter und nicht erst im Grundschulalter etabliert ist, erschüttert das die Theorie nur unwesentlich. Gottfredson misst dem kognitiven Entwicklungsstand größere Bedeutung zu als dem chronologischen Alter. Ihre Altersangaben will sie deshalb als grobe Orientierung, nicht als exakte Grenzen verstanden wissen. Dennoch legen die referierten Ergebnisse eine Verschiebung der Altersgrenze von Entwicklungsstufe zwei nach unten nahe.

Zentrale Aspekte der Theorie werden dagegen durch die Ergebnisse von Leung und Mitarbeitern und Hesketh und Mitarbeitern erschüttert. Danach ist das Berufsprestige in Kompromisssituationen wichtiger als der Geschlechtstyp und wird seltener bzw. später preisgegeben. Leung konnte zudem zeigen, dass die Kompromissstärke einen wichtigen Einflussfaktor auf das Wahlverhalten darstellt. Dieser Nachweis und die widersprechenden Ergebnisse veranlassten Gottfredson 1996 zur Rekonzeptualisierung des Kompromissprozesses. Zu dieser neuen Fassung liegen bisher nur Untersuchungsergebnisse von Blanchard und Lichtenberg (2003) vor, die der Theorie teilweise entsprechen.

Der kurze Überblick über Ergebnisse der Theorieüberprüfungen zeigt aber auch, wie schwierig es ist, überprüfbare Hypothesen aus der Theorie abzuleiten, die geeignet sein könnten, sie zu Fall zu bringen.

## 3.3   Kritische Würdigung der Theorie

Bewertungen von Theorien fußen nicht nur auf Ergebnissen empirischer Überprüfungen, sondern auch auf Angemessenheit der theoretischen Explikationen. Gottfredson hat ihre Theorie Anfang der 1980er Jahre vor dem Hintergrund des damaligen Kenntnisstandes über die Theoriekomponenten und -konzepte vorgelegt.

Ihre Grundkonzeption, berufliche Entwicklung als stetige Eingrenzung und Kompromissbildung zu definieren, ist nicht neu. Sie entspricht gängigen Vorstellungen. Chaberny u.a. z.B. fassten 1979 den Stand der Berufsforschung damit zusammen, „dass die Berufswahl als ein jahrelanger, ja jahrzehntelanger Durchlauf durch vielfach gestufte Etappen gesehen werden muss. Trichterförmig führen die Entscheidungen über nach Inhalt und Dauer gestaffelte Differenzierungen in der allgemeinen und beruflichen Bildung zu voneinander abgegrenzten und gegeneinander abgesetzten Berufsfeldern und Tätigkeiten" (Chaberny, Parmentier, & Stooß, 1979, 118). Statt Eingrenzungen durch Bildungs- und Schullaufbahnentscheidungen benennt Gottfredson Dimensionen, in denen der Trichterprozess darstellbar ist. Ihre Annahmen sind konkrete Spezifizierungen und gehen damit über ein Alltagsverständnis der Eingrenzung beruflicher Optionen hinaus. Daneben bietet sie ein neues Rahmenkonzept für die Integration und Modifikation gut gesicherter Annahmen etablierter Theorien. Aus der Theorie Hollands wurde die grundsätzliche Annahme übernommen, dass sich Personen und Berufe mit den gleichen Kategorien beschreiben lassen; modifiziert wurden die Kategorie-Inhalte, indem neben Interesenorientierungen andere Berufsmerkmale berücksichtigt wurden. Von Super wurde die Annahme übernommen, dass Inhalte des Selbstkonzepts in Passung zu Anforderungen der Berufe gebracht werden. Verändert im Sinne von erweitert wurden die relevanten Inhalte um Aspekte des sozialen Selbst.

Die von Ginzberg und Super eingebrachten Bestimmungskonzepte tentativer Berufswahlen *Interessen, Fähigkeiten* und *Werte* erscheinen in Gottfredsons Theorie in anderem Erklärungszusammenhang. *Interesse* als Teil des psychologischen Selbst erlangt erst spät Priorität. *Werte* werden ebenfalls als Elemente des psychologischen Selbst aufgefasst, aber nicht weiter theoretisch verortet. *Fähigkeiten* bestimmen zusammen mit der Anstrengungsbereitschaft die obere Aufwandsgrenze im sozialen Raum der Zone akzeptabler Berufsalternativen. Die fehlende Trennung kognitiver, motivationaler und volitionaler Einflussfaktoren auf die Grenzsetzung erlaubt grundsätzlich auch die Einbeziehung von Kompetenzerwartung und Selbstwirksamkeit.

Damit bietet Gottfredson eine Erklärung dafür, dass von den Betroffenen Interessen und Fähigkeiten seltener als erwartet als Kriterium für die Berufsentscheidung genannt werden. In einer Befragung von Ernst (1997) begründeten nur 15% der Jugendlichen ihre Berufswahl mit persönlicher Eignung, während für 23% das Berufsprestige für die Berufswahl den Ausschlag gab. Auch in einer Studie von Hoose und Vorholt (1997) über den Einfluss von Eltern auf das Berufswahlverhalten ihrer Töchter waren Fähigkeiten nicht entscheidend. „Beispielsweise nannten auch die Eltern, die ihren Töchtern technisches Verständnis attestierten, in der Mehrzahl nicht-technische frauentypische Berufe als Wunschberufe für ihre Töchter. Interessanterweise zeigten die Töchter ein ähnliches Verhalten. Rationale Kriterien wie Eignung und Interesse, aber auch die Chancen und Strukturen traten in dieser Untersuchung neben dem Faktor Geschlecht deutlich in den Hintergrund" (Tschöpe & Witzki, 2004)

In der kritischen Würdigung sollen einige Fortschritte und Veränderungen verschiedener Theorienbildungen daraufhin befragt werden, ob sie Gottfredsons Berufswahltheorie in Frage stellen, relativieren oder erschüttern können.

Unabhängig davon stellt ihre Theorie gegenüber älteren einen Fortschritt dar. Bei einer Bestandsaufnahme der Elemente einer Selbstkonzepttheorie der beruflichen Entwicklung stellt z.B. Super 1963 fest, dass diese „still not formulated as testable hypotheses" seien (Reprint Super, 1968, 205). Das ist seit Gottfredsons Theorie anders.

### 3.3.1 Annahmen über den Entwicklungsprozess

Zwei Jahre nach Erscheinen der Theorie Gottfredsons haben Vondracek und seine Kollegen Entwicklungstheorien der Berufswahl allgemein und Gottfredsons Ansatz insbesondere grundsätzlich in Frage gestellt. Sie kritisierten, dass inhaltliche, konzeptionelle und methodische Fortschritte der Entwicklungspsychologie nicht berücksichtigt würden und die Grundannahmen der *Entwicklungspsychologie der Lebensspanne* wie Multidimensionalität, Plastizität und Kontextgebundenheit keinen Niederschlag fänden (Vondracek et al., 1983). Die soziale Schicht z.B. als Moderatorvariable ersetze nicht eine Erklärung und Beschreibung der *Prozesse*, in der Person und Umwelt dynamisch interagierten. Gottfredson widerspricht dieser Kritik vehement. Ihre Theorie biete im Gegenteil die „most systematic explanation to date of how social class affects aspiration" (Gottfredson, 1983, 207). Zwar könne man die Fähigkeiten, sich selbst und die Gesellschaft zu verstehen, als kognitive Entfaltungsprozesse begreifen, aber die Selbstbeschreibung der Kinder und ihre beruflichen Präferenzen seien stark beeinflusst durch die Zwänge, Beschränkungen und Möglichkeiten ihrer speziellen Umwelt. Die Theorie beschreibt u.a., wie die Mindesterwartung, die Eltern an berufliche Position ihrer Kinder haben, mit der Schicht variiert und wie Umwelterwartungen durch das Fähigkeitsniveau moderiert werden. Sobald Kinder solche Erwartungen erkennen und verstehen, passen sie ihre beruflichen Ansprüche über den beschriebenen Eingrenzungsprozess diesen Erwartungen an.

Auch die Kritik an ihrem Stufenmodell weist Gottfredson zurück. Ihre Entwicklungsstufen sollten keine hypothetischen Konstrukte wie bei Piaget repräsentieren, sondern seien vielmehr „means of organizing the discussion of developmental events addressed by the theory" (Gottfredson, 1983, 208). Ob der kognitive Entwicklungsprozess einem Stufenmodell folgt oder stetig verläuft, sei für die Theorie nicht wesentlich. Sie postuliere lediglich, dass das mentale Alter der Kinder steige, und zwar nicht notwendigerweise in gleichem Maße und auf gleichem Niveau. Insofern erübrigten sich Nachweise, ob eine isomorphe Übertragung von Stufenmodellen aus anderen Zusammenhängen auf berufliche Entwicklungen statthaft sind.

Unabhängig von Vondraceks Kritik ist unstrittig, dass auch Entwicklungstheorien beruflichen Verhaltens zu einer Konzeption lebenslanger Entwicklung konvergieren. Diese Veränderung führte zur Aufgabe der Theorie von Ginzberg und seinen Mitarbeitern. Gottfredson beschreibt nur Entwicklungsabfolgen von der frühen Kindheit bis zur Adoleszenz und setzt einen deutlichen Schwerpunkt auf die Erklärung berufsrelevanter Entwicklungsprozesse im Schulalter (vgl. z.B. Sharf, 2002). Insofern entspricht ihre Theorie vom Umfang her nicht modernen Entwicklungskonzeptionen. Vielleicht gehört sie auch zu einer inzwischen überholten Psychologie der Haupteffekte, die annimmt, dass jeder in gleiche Weise durch die gleichen beobachtbaren Ereignisse beeinflusst wird. Modern wären Person-Situations-Interaktionen (Vondracek et al., 1986, 115). Aber in Varianzanalysen – um im Bild zu bleiben – ist erstens der Erklärungswert von Interaktionen selten höher als der der Haupteffekte und zweitens sind Interaktionen ohne vorherige Analyse der Haupteffekte irreführend. In der Entwicklungspsychologie beruflichen Verhaltens war es bisher durchaus nicht selbstverständlich, die erklärungsstärksten Einflussfaktoren Intelligenz, Sozialschicht und Geschlecht theoretisch zu berücksichtigen, nicht einmal als Haupteffekte. Nicht nur insofern ist Gottfredsons Theorie ein Fortschritt. Sie bietet auch Anreize für empirische Überprüfungen, ihr heuristischer Wert ist hoch und die von Super geforderten Formulierungen als testbare Hypothese sind gegeben.

Einige Aspekte des Entwicklungsprozesses bedürfen jedoch der Klärung. Die Vorstellung z.B., dass berufliche Entwicklung ein stetiger Eingrenzungsprozess ist, der mit der endgültigen Festlegung endet, hat Gottfredson von Ginzberg und Super übernommen. Diese Vermutung wird durch eine Untersuchung von Gesell, Ilg und Ames (1956; zit nach Beck, 1976, 94) erschüttert. „Bei einer Längsschnittuntersuchung an 155 Mädchen und Jungen stellte sich nämlich heraus, dass zwar die 13-Jährigen sich für eine bestimmten Beruf entschieden hatten, die 14-Jährigen aber schon wieder unschlüssig geworden waren (etwa so sehr wie die 11-Jährigen) und erst nach weiteren zwei Jahren eine erneute klare Entscheidung erfolgte." (Beck, 1976, 94). Dieses Auf und Ab an Entscheidungssicherheit scheint sich fortzusetzen. Schmude (2005) konnte in einer Längsschnittuntersuchung an Berliner Schülern der Klassen fünf bis zehn keine zunehmende Sicherheit in der Berufspräferenz feststellen. In der Grundschule wurde häufiger ein Berufswunsch angegeben als in der Oberstufe. In der fünften und sechsten Klasse lag die Antworthäufigkeit um 60%, in den Klassen fünf bis sieben bei 40-50% (Schmude, 2005, 11). Erst mit 18 Jahren ist nach Befragungen von Wensierski et al. (2005) die Zahl der Entschiedenen relativ stabil bei 80%. Von 257 befragten Schülern aus Mecklenburg-Vorpommern hatten sich 75% der 13-Jährigen bereits für einen Beruf entschieden. In den nachfolgenden Altersgruppen sank der Prozentsatz kontinuierlich bis 61% bei den 16-Jährigen und stieg dann wieder an. Es gab jedoch deutliche Unterschiede zwischen den Schulformen. 80% der Förderschüler hatten sich entschieden, 74% der Hauptschüler und 68% der Realschüler (Wensierski et al., 2005, 75). Es scheint, als verlören Schüler ihre Unbefangenheit, wenn die tatsächliche Berufsentscheidung näherrückt und die Berufswahl zur Entwicklungsaufgabe wird.

Die Annahme eines zielgerichteten und stetigen Entwicklungsprozesses entspricht demnach eher einer entwicklungs*logischen* als einer entwicklungs*psychologischen* Theorie des beruflichen Verhaltens (Beck, 1976).

### 3.3.2 Geschlechtsstereotype Interessen

Nach Todt und Schreiber (1998) entstehen in den ersten beiden Lebensjahren universelle Interessen im Sinne Roes mit Präferenzen für Dinge oder für Menschen. Mit drei Jahren (nicht erst mit sechs Jahren wie in Gottfredsons Entwicklungsmodell) entwickeln Kinder geschlechtsrollentypische Ausprägungen ihrer Interessen und ab dem 12. Lebensjahr kommt es zur Ausgrenzung von Interessen und Berufen, deren Bewältigung sich Kinder nicht zutrauen. Im Jugendalter, ab dem 13. Lebensjahr, finden keine grundlegenden Veränderungen mehr statt, sondern nur noch Entscheidungen zwischen möglichen Alternativen und zur Kristallisation der Berufswünsche. Die Orientierung an Gottfredsons Theorie ist offensichtlich.

Die geringe Veränderung der Interessen im Alter ab 14 Jahren konnten Bergmann und Eder (2000) nicht bestätigen: Etwa der Hälfte der Schüler äußern bedeutsame Veränderungen in ihren Interessen. Bei Jungen kommt es zu einer Abnahme geschlechtstypischer Interessen, bei Mädchen zu einer Zunahme.

Auch in anderen Untersuchungen wurden deutliche Interessenverschiebungen in der Pubertät festgestellt, die besonders bei Mädchen dramatische Ausmaße annehmen können (Hannover, 1998). Das Interesse der Mädchen für mathematische und naturwissenschaftliche Schulfächer sinkt deutlich.

Mathematik und Naturwissenschaften gelten in der öffentlichen Meinung als Jungenfächer, die für Mädchen wenig geeignet sind. Ziegler et al. (2000) haben bei Befragungen von 379 Schülern der achten Jahrgangsstufe eines Gymnasiums festgestellt, dass sich Jungen und Mädchen weder in der Vorerfahrung noch im Vorwissen über Chemie unterscheiden. Auch hinsichtlich der Überzeugung, inwieweit Begabungen modifizierbar sind, die sich in anderen Untersuchungen als substanzieller Einflussfaktor auf schulische Anstrengungsbereitschaft und Schulleistungen erwiesen haben, gibt es keine Unterschiede. Chemie wird von Jungen stärker als Jungenfach angesehen als von Mädchen. Die Überzeugung, dass Chemie ein Jungenfach sei, stellt sich in Regressionsanalysen als erklärungsstärkster Faktor für das Fähigkeitsselbstkonzept, für Angst und Hilflosigkeit in Bezug auf Chemie im Vergleich zu Vorwissen, Vorerfahrung und impliziter Persönlichkeitstheorie (sprich Modifizierbarkeit der Begabung) heraus.

Auf ähnliche Weise ermittelten Köller et al. (2000) das fachspezifische Begabungsselbstkonzept für Mathematik als den Hauptfaktor für die Wahl von Mathematik als Leistungskurs in der gymnasialen Oberstufe. Es hatte in logistischen Regressionsanalysen (dichotomes Kriterium: Grund- vs. Leistungskurs) höhere prädiktive Kraft als Schulnoten und Testleistung. Das Selbstkonzept ist allerdings konfundiert mit Interesse. Die Untersuchung wurde an 934 Gymnasiasten der zehnten Klassen aus Ost- und Westdeutschland durchgeführt, die Wahl für die Mathematikleistungskurse in der 12. Klasse erhoben (Köller, Daniels, Schnabel, & Baumert, 2000).

Hannover (1998) erklärt Ergebnisse dieser Art mit der gegenseitigen Beeinflussung von Selbstkonzept- und Interessenentwicklung. Interessen dienen zur Validierung des Selbstkonzeptes, indem sie dessen Elemente gegenüber der Umwelt kommunizieren. Die Pubertät leitet eine grundlegende Restrukturierung des Selbstkonzeptes ein, in der bestimmte Aspekte des Selbst – je nach Umweltkontext – akzentuiert werden. In koedukativen Klassen z.B. bekommt das Geschlecht während der puberalen Reifung eine besondere Akzentuierung. Zur Kommunikation neuerworbener Selbstkonzeptelemente – wie der Frauenrolle und der Rolle potentieller Sexualpartner für Männer – gehört der Rückzug von Schulfächern, die als typisch männlich gelten. So ist nach Hannover zu erklären, dass der typische Leistungsabfall in reinen Mädchenklassen nicht zu beobachten ist.

Auch außerhalb der Schule werden Schüler – lange bevor sie ins Berufsleben eintreten – mit der Segregation des Arbeitsmarktes konfrontiert. Die typischen Schülerjobs und Teilzeittätigkeiten für Jungen und Mädchen unterscheiden sich deutlich. Mädchen arbeiten als Bedienung, als Babysitter, Hausmädchen und in der

Essensausgabe, Jungen als Gärtner, als manueller Hilfsarbeiter und als Zeitungsausträger. Diese Unterschiede wurden an über 3 000 Adoleszenten in Südkalifornien erhoben (Steinberg, 1993, 230). Jungen arbeiten länger und verdienen im Durchschnitt 15% mehr als Mädchen.

Dass trotz Bestrebungen zur Chancengleichheit Berufswahlen geschlechtstypisch erfolgen, lässt sich leicht anhand der beliebtesten Ausbildungsberufe belegen.

Auch Befragungen bestätigen regelmäßig eine Bevorzugung geschlechtstypischer Berufe. Entgegen der Erwartung war allerdings in dem Ost-West-Jugendsurvey der Prozentsatz der geschlechtstypischen Wahlen von weiblichen ostdeutschen Jugendlichen nicht angestiegen. Er ist sogar von 52,5 auf 42,4% gesunken. Die Bevorzugung geschlechtsneutraler Berufe ist dagegen in etwa gleichem Maße von 45,1% 1991 auf 51,7% 1996 gestiegen (Schmitt-Rodermund & Christmas-Best, 1999, 181).

Geschlechtsunterschiede in den Berufspräferenzen erweisen sich nicht nur in regionalen Vergleichen, sondern sind auch epochal stabil, wie Zeitvergleiche zeigen. Bamberg (1990) z.B. analysierte die Inhalte von 602 Schüleraufsätzen zum Thema „Was ich gern würde, wenn ich ein Junge/Mädchen wäre" aus den Jahren 1934, 1946 und 1986. Die Ergebnisse der Vorstellungen zum Geschlechtsrollentausch unterscheiden sich weniger bei den genannten Berufswünschen, stärker allerdings bei der Begründung dieser Wünsche.

Ebenso zeigen sich in den Präferenzen der Arbeitsbedingungen regelmäßig Unterschiede. Jungen Frauen ist auch der soziale Kontext am Arbeitsplatz (freundliche Kollegen, verständnisvoller Chef) gewöhnlich wichtiger als jungen Männern (Fritzsche, 2000, 193).

Selbst ein Vierteljahrhundert nach der ersten Formulierung der Theorie Gottfredsons zeichnen sich keine Veränderungen ab, die eine Relativierung der Annahmen über die Geschlechtstypik von beruflichen Interessenentwicklungen und Berufswahlprozessen notwendig machen würden, obwohl sich der Frauenanteil in vielen Berufen erhöht hat (vgl. Kap. 3.2.) und damit die Geschlechtstradition von Berufen verändert hat.

### 3.3.3    Der Einfluss der Berufsbezeichnung

Der Geschlechtstyp von Berufen ist durchaus kein stabiles und schwer veränderbares Merkmal. Im Rahmen der Neuordnung von Ausbildungsberufen wurde z.B. beobachtet, dass einzelne Betriebe bei der Umstellung ihrer Ausbildungsangebote von „Mathematisch-technische/r Assistent/-in" auf „Fachinformatiker/-in" einen Rückgang des weiblichen Bewerberanteils von 60% auf 20% beobachteten (Ulrich & Krewerth, 2004). Andererseits findet der Beruf des Mediengestalters, der den traditionellen Schriftsetzer ersetzt hat, bei jungen Frauen großen Zuspruch. Er gehört zu den begehrtesten überhaupt. Sogar mit den geschlechtsspezifischen Varianten der gleichen Berufsbezeichnung werden unterschiedliche Vorstellungen verknüpft. „Während man sich den Koch als einen Mann mit weißem Hut vorstellte, der mit viel Geschick anspruchsvolle Speisen in einem Restaurant zubereitete, verortete man die Köchin als eine etwas rundliche Frau in einer Großküche irgendeiner Sozialeinrichtung" (Ulrich & Krewerth, 2004, 9).

In einem Forschungsprojekt des Bundesinstituts für Berufsbildung über den Effekt von Berufsbezeichnungen sind theoretische Erklärungen vorgelegt worden, die in Gottfredsons theoretischen Rahmen integrierbar sind und geeignet erscheinen, über unterspezifizierte Bereiche plausible Annahmen und Hypothesen zu formulieren. Tschöpe und Witzki (2004) beschreiben die Berufswahlsituation nicht wie klassische Berufswahltheorien als rationalen Entscheidungsakt, in dem Jugendliche bewusst und zielgerichtet auf der Grundlage von Interessen und Begabungen Entscheidungen fällen, sondern als Stresssituation, die häufig durch „Orientierungslosigkeit und Desinformation" (S. 39) gekennzeichnet ist. Eine Berufswahlstrategie, die Stress und Unsicherheit reduzieren kann, besteht darin, die bloßen Berufsbezeichnungen als Quelle des ersten Eindrucks zu begreifen und danach eine Negativauswahl der nicht in Frage kommenden Berufe zu treffen. Nicht die objektiv optimale Alternative wird angestrebt, sondern die subjektiv befriedigende Lösung gesucht. Berufsbezeichnungen haben Signal- und Informationsfunktion: Sie wecken Assoziationen und Vorstellungsbilder, die einen raschen Abgleich von Person und Beruf ermöglichen. Andererseits haben sie auch Funktionen der Identitätsstiftung und der Selbstdarstellung. Im Sinne des Impression-Managements werden durch den passenden Beruf Kompetenz, Status und Prestige herausgestellt. Je nach gewünschter Außenwirkung können auch andere Bilder unterstützt werden. Dieser Erklärungsansatz bietet Anknüpfungspunkte an allgemeine Stress- und Identitätstheorien und Theorien des ersten Eindrucks und des Impression-Managements.

Der nach wie vor starke Einfluss der Geschlechtstypik von Berufen auf Prozesse der Berufsorientierung, Berufswahl und Berufsentscheidung wurde durch den Forschungsansatz von Ulrich und seinen Kollegen erneut eindrucksvoll demonstriert.

### 3.3.4    Einflussfaktor Berufsprestige

Nach Einschätzung einiger Autoren hat das Ansehen von Berufen infolge des allgemeinen Wertewandels an Einfluss auf die Berufswahl verloren. Bevorzugt würden postmaterielle Werte wie Autonomie, persönliche Entfaltungsmöglichkeiten und Selbstverwirklichung im Beruf. Andererseits ist seit den 1980er Jahren eine steigende Bildungsaspiration bei Jugendlichen und ihren Eltern zu verzeichnen. Die angespannte Lage auf dem Lehrstellenmarkt hat dazu geführt, dass sich der Konkurrenzkampf verstärkt hat und mehr in Schulbildung investiert wird (Klein-Allermann & Kracke, 1995). Dass jedoch sowohl das persönliche Anspruchsniveau als auch die soziale Herkunft Einfluss auf Bildungsaspirationen und beruflicher Erwartungen haben, gilt als unbestritten.

In Gottfredsons Theorie wird die obere Grenze der Akzeptanzzone durch eigene Leistungserfahrungen und (schichtkonforme) Erwartungen der Eltern gesetzt. An diesem Punkt der Theorie ist der Einfluss der sozioökonomischen Schicht auf die Berufswahl verortet. Die Erreichbarkeit beruflicher Ziele und Wünsche wird durch das ökonomische, soziale und intellektuelle Kapital der Eltern (Klein-Allermann & Kracke, 1995) und durch Erfahrungen mit schulischen Anforderungen begrenzt. Schulische Erfolge und Misserfolge werden zum Selbstkonzept der eigenen Begabung verarbeitet, das neben den Erwartungen der Eltern das schulische und berufliche Aspirationsniveau beeinflusst. Insofern dienen Aspekte des persönlichen Selbst (Fähigkeiten) zur Definition des sozialen Selbst (Berufsprestige). Eine Entwicklungsabfolge vom sozialen zum persönlichem Selbst ist damit in Frage gestellt (Helwig, 2001).

Der Einfluss der Sozialschicht auf Berufswahlprozesse ist dagegen in ausnahmslos allen einschlägigen Untersuchungen nachgewiesen. Der nationale Bildungslängsschnitt von 1988 bis 1994 (NELS: 88) des US-amerikanischen Zentrums für Bildungsstatistik z.B. bietet eine breite Datenbasis von 25.000 repräsentativ ausgewählten Schülern der achten Klasse, deren schulische, berufliche und persönliche Entwicklung in Zweijahresintervallen erfasst wurde. Rojewski und Kim (2003) haben in der dritten Welle Jugendliche verglichen, die zwei Jahre nach Abschluss der zehnten Klasse erwerbsmäßig gearbeitet haben (n=6.370), arbeitslos waren (n=1.057) und weiterführende Schulen (Colleges) besuchten (n=14.376).

Wie sich in allen vergleichbaren Erhebungen gezeigt hat, kamen die arbeitenden und arbeitslosen Jugendlichen aus niedrigen Sozialschichten, zeigten schlechtere Schulleistungen und externe Kontrollüberzeugungen, hatten ein negativeres Selbstkonzept und schätzten ihre schulische und berufliche Zukunft negativer ein. Dieser Unterschied zu den späteren College-Schülern bestand schon in der achten Klasse und wurde bis zur zehnten Klasse ausgeprägter. Schon mit 14 Jahren ist der Erwartungshorizont an die berufliche Zukunft abgesteckt und das Niveau der angestrebten Berufe festgelegt. Es hängt in erster Linie von der soziale Herkunft ab, welche beruflichen Gelegenheiten sich dem Jugendlichen eröffnen oder verschließen, wie sich sein berufliches Selbstkonzept und sein Entscheidungsverhalten entwickeln und welche beruflichen und schulischen Ziele er anstrebt. Mit Strukturgleichungsmodellen konnten die Autoren nachweisen, dass die beruflichen Aspirationen, gemessen am Prestigeniveau des Berufes, den sie einmal mit 30 Jahren ausüben wollten, von Klasse acht bis Klasse zehn relativ stabil bleiben. Dieses Ergebnis entspricht exakt der Vorhersage, die Gottfredsons Theorie macht.

Im dreigliedrigen deutschen Schulsystem werden Weichenstellungen für die berufliche Zukunft noch früher erzwungen. Heinz (1984) bezeichnet die Wahl der Schulform nach der Grundschulzeit als erste von vier Wendepunkten in der Normalbiographie auf dem Weg von der Schule in den Arbeitsmarkt. Die Entscheidung für den Hauptschulzweig z.B. bedeutet zwangläufig eine Festlegung der späteren

Berufsoptionen auf die unteren Ränge der Berufshierarchie und ein erhöhtes Risiko, im Verdrängungswettbewerb um Ausbildungsstellen leer auszugehen.

Ist die erste Berufssuche nach Schulabschluss nicht erfolgreich, nehmen die Jugendlichen im Sinne einer Selbstsozialisation (Heinz, 1984) Korrekturen an der subjektiven Abstimmung von gesellschaftlichen Anforderungen und persönlichen Interessen vor. Bei der zweiten Berufssuche sind sie bereit, auch Ausbildungsangebote anzunehmen, die weit von ihren ursprünglichen Wünschen abweichen. Im Nachhinein werden die zufällig zustande gekommenen Berufsentscheidungen oft biografisch so umgedeutet, als hätten sie schon immer ihren Vorstellungen entsprochen (Heinz et al., 1985).

Die Berufswahl Jugendlicher mit schlechten beruflichen Startchancen folgt einer *Optionslogik*, nach der etappenweise subjektive Arrangements zunächst mit schulischen Alternativen und später mit den Restriktionen des Ausbildungsstellenmarktes vorgenommen werden. Trotz Rückschlägen und erzwungenen Kompromissen bei der Lehrstellensuche zeigten die Jugendlichen keine Form von Resignation. Ähnliche Beobachtungen machten Baethge et al. (1988).

Die Beobachtungen von Heinz entsprechen den antizipierten Kompromissen in Gottfredsons Theorie. Ist die Erreichbarkeit beruflicher Ziele subjektiv in Frage gestellt, werden Zugeständnisse an wahrgenommene äußere Zwänge (Anforderungen, Arbeitsmarkt etc.) gemacht.

### 3.3.5    Annahmen über das Selbstkonzept

Schon Ende der 1970er Jahre zeichnete sich ab, dass es zu einer Reformulierung des Selbstkonzeptes kommen würde. Eingeleitet wurde der Paradigmenwechsel durch Arbeiten von Hazel Markus, die das Selbstkonzept als Teil des Wissenssystems einer Person über sich selbst begriff und damit die Brücke von der Sozialpsychologie zur Kognitionspsychologie schlagen konnte. Durch Registrierung von Latenzzeiten gelang ihr die Ermittlung von Hinweisen auf die Organisation des selbstbezogenen Wissens. Seitdem wird das Selbstkonzept nicht mehr als situationsinvariantes, zeitlich stabiles und insofern statisch konzipiertes Persönlichkeitsmerkmal im Sinne der Eigenschaftstheorie angesehen (Filipp, 2000), wie es noch Gottfredson begriffen hat.

Markus (1977) geht von der Annahme aus, dass Personen bestimmten Inhaltsdomänen (Merkmale, Fähigkeiten, Interessen etc.) für die Definition ihres Selbst besondere Wichtigkeit geben. Diese Domänen des Selbstkonzepts sind stärker präsent und ausdifferenziert als andere und werden intensiv elaboriert. Sie bilden nach Markus kognitive Selbstschemata aus. Schematische und aschematische Selbstkonzeptaspekte unterscheiden sich in der Art der Informationsverarbeitung. Auf der operationalen Ebene identifiziert Markus schematische Personen dadurch, dass sie sich in der jeweiligen Dimension für extrem halten, also z.B. nur maskulinen oder femininen Eigenschaften zustimmen. Ein Selbstkonzeptbereich ist dann schematisch, „wenn eine Person in diesem Bereich über eine extreme Selbsteinschätzung verfügt, sich dieser Einschätzung sehr sicher ist und den Bereich als wichtig beurteilt. Im Gegensatz dazu sind aschematische Bereiche dadurch charakterisiert, dass sich eine Person in diesem Bereich als wenig extrem einstuft, sich ihrer Einschätzung nicht sicher ist und den Bereich als wenig wichtig einschätzt" (Dauenheimer, Stahlberg, Frey, & Petersen, 2002, 176).

Vandiver und Bowman (1996) haben versucht, die Theorie von Gottfredson entsprechend dieses dynamischen Selbstkonzeptansatzes zu rekonzeptualisieren. Sie halten ihr Modell für grundsätzlich zu rigide in seinen Annahmen über die Entwicklungssequenz der beruflichen Aspirationen. Sie betrachten Gottfredsons berufliche Orientierungen Geschlechtstyp, Prestige und Interessen nicht als absolute (für alle gleiche) Faktoren, sondern nehmen individuelle Variationen in der Wichtigkeit für den Einzelnen an. Damit gewinnt das Modell nach ihren Vorstellungen an Flexibilität und ermöglicht die Erklärung widersprüchlicher Untersuchungsergebnisse. Ihre Annahmen leiten sich aus den Aspekten der Theorien zum Selbstschema ab, die Modelle für das individuelle Geschlechtsschema bieten. Über individuelle Gewichtungsprozesse werden den Orientierungsfaktoren variable Einflüsse auf die Eingrenzungs- und Kompromissprozesse zugewiesen. Die Gewichtungen sind individuell verschieden und intraindividuell variabel. Sie können durch Erfahrungen im Lebenslauf verändert werden. Eine Berufsberatung sollte demnach im Anfangsassessment sowohl Geschlechtstyp, Prestige und Interessen als auch deren individuelle Wichtigkeit erfassen.

Eine zweite Reformulierung, die sich ebenfalls Ende der 1970er Jahre abzeichnete, betrifft die Geschlechtsrollenidentität. Bis Ende der 1970er Jahre galten feminin und maskulin als Endpunkte einer Dimension, wie auch bei Gottfredson *Sextype* konzeptualisiert ist. Mit den Arbeiten von Janet Spence und Sarah Bem hat sich eine andere Auffassung durchgesetzt, dass nämlich Maskulinität und Femininität voneinander unabhängige bipolare Dimensionen sind. Aus der Kombination der Endpunkte beider Dimensionen lassen sich danach vier Typen von Geschlechtsrollenidentität unterscheiden: die Maskulinen, die Femininen, die Androgynen und die Unbestimmten. Besonders androgyne Personen, die hohe Feminität im Sinne von Expressivität und hohe Maskulinität im Sinne von Instrumentalität vereinen, besitzen hohe psychische Adaptivität und Flexibilität, die in vielen Berufen von Vorteil sind und psychische Gesundheit begünstigen (Alfermann, 1996, 62).

### 3.3.6 Abschließende Bewertung

Trotz z.T. grundlegender Redefinitionen einiger Theoriekonzepte werden die Grundannahmen der Theorie Gottfredsons nicht in Frage gestellt. Für ihr Modell ist es nicht entscheidend, ob das Selbstkonzept statisch oder als situationsabhängiges und dynamisches Wissensnetz konzipiert ist. Wichtig ist, dass es zentrale Elemente enthält, die persönlich wichtiger und schützenswerter als andere sind. Diese Annahme wird durch den Paradigmenwechsel in der Selbstkonzeptforschung nicht berührt.

Die Definition der Geschlechtsrollenidentität als mehrdimensionales Ausprägungsmuster ist eine mögliche Konzeptualisierung, die eng an Datenerhebungen über Polaritätsprofile und semantische Differentiale gebunden ist. Wird der Geschlechtstyp eines Berufes über den relativen Männer- und Frauenteil operationalisiert oder – orientiert an dieser Perspektive – eingeschätzt, entspricht das dem Alltagsverständnis von typischen Männer- und Frauenberufen und ist ein forschungsökonomisch sinnvolles Vorgehen. Wie stark der Einfluss der Geschlechtsorientierung auf die Wahrnehmung von Berufen, auf berufsrelevante Interessenentwicklungen und Berufswahlprozesse ist, haben die referierten empirischen Arbeiten gezeigt.

Von abnehmender Bedeutung der Geschlechtstradition von Berufen kann ebenso wenig die Rede sein, wie von einem sinkenden Einfluss der Schichtzugehörigkeit auf die beruflichen Aspirationen. Besonders in Deutschland ist mit der schulischen Weichenstellung nach der Grundschule der berufliche Optionsbereich eingegrenzt. Zudem sind Schulleistungen, die einen wichtigen Einfluss auf den Übergang in die Arbeit haben, in Deutschland deutlich abhängiger von der sozioökonomischen Herkunft als in vergleichbaren Ländern (Baumert et al., 2001; Schnabel, Alfeld, Eccles, Köller, & Baumert, 2002). Insofern sollten Prestige-, Niveau- und Schichteinflüsse hierzulande deutlicher erkennbar sein als im Ursprungsland der Theorie.

Über Konzeptionen des Entwicklungsprozesses hat Gottfredson wenige Annahmen gemacht. Auf die Kritik sind wir zu Beginn dieses Kapitels eingegangen. Der Vorteil, Entwicklungen aus der Sicht des Heranwachsenden zu beschreiben und Sozialisationsagenturen nur am Rande zu berücksichtigen, liegt in der einfacheren Überprüf- und Falsifizierbarkeit der grundlegenden Annahmen.

Gottfredsons „Theorie der Eingrenzung und Kompromissbildung" und Hollands „Theorie beruflicher Orientierungen" werden im Folgenden empirisch überprüft und auf differentielle Validität für Schüler unterschiedlichen Bildungsniveaus untersucht. Aus der Theorie Gottfredsons werden Hypothesen über biographische und aktuelle Einflüsse von Geschlechtstyp und Prestige auf berufliche Aspirationen abgeleitet, aus der Theorie Hollands Hypothesen über den Einfluss individueller Interessenorientierungen. Die Kerntheorie Gottfredsons wird um Hollands Interessentheorie erweitert.

# 4. Versuchsplanung und Versuchsdurchführung

## 4.1 Operationalisierung der Modellkonzepte

Theorieüberprüfungen setzen eine der Theorie angemessene Operationalisierung der Modellkonzepte voraus. Gescheiterte Theoriebestätigungen müssen nicht unbedingt gegen die Theorie sprechen, sondern können auch auf unangemessene Operationalisierungen zurückgehen. Oft ist die Operationalisierung Teil der Theorie, aber oft bleibt sie auch bewusst offen. Die Übersetzung der theoretischen Aussage in statistisch absicherbare Hypothesen bleibt anderen überlassen.

Die Modellkonzepte der Theorie Gottfredsons sind wegen der gründlichen empirischen Fundierung vergleichsweise gut operationalisiert. Zur Bestimmung des Geschlechtstyps, des Berufsprestiges und der Interessen stehen mehrere Möglichkeiten zur Verfügung und die Repräsentation der Berufswelt ist in Berufslisten unterschiedlichen Umfangs gegeben.

### 4.1.1 Berufsklassifikationen

Um eine Annäherung an die kognitive Repräsentation der Berufswelt bei Jugendlichen und damit ihren subjektiven Suchraum für berufliche Optionen erfassen zu können, ist der Rückgriff auf Berufelisten oder -register notwendig, die ein breites Berufespektrum abbilden und den Jugendlichen zumindest vage bekannt sind. Für die weitere Analyse sollten die aufgelisteten Berufe auf zuverlässige Weise nach Merkmalen wie Geschlechtstyp, Prestige und Interessenorientierung eingeschätzt werden können.

Die vollständigste Auflistung des aktuellen Bestands an Berufsbezeichnungen liegt in den Berufsregistern der nationalen Statistischen Ämter vor.

Die zurzeit in Deutschland gültige „Klassifikation der Berufe" (KldB) von 1992 des Statistischen Bundesamtes enthält 29.527 Berufsbenennungen, 1975 waren es noch 22 000. 10 300 kamen hinzu, 2 800 wurden gestrichen. Jeder Beruf umfasst mindestens 5 000 Personen, um Deanonymisierungen zu verhindern (Geis & Hoffmeyer-Zlotnik, 2000). Diese Berufe sind zu 2 287 *Berufsklassen* zusammengefasst und weiter hierarchisch über sechs Ebenen geordnet. Die Obereinheit stellen sechs *Berufsbereiche* (I. Pflanzenbauer, Tierzüchter, Fischereiberufe, II. Bergleute, Mineralgewinner, III. Fertigungsberufe, IV: Technische Berufe, V. Dienstleistungsberufe, VI. Sonstige Arbeitskräfte) und 33 Berufsabschnitte dar; danach folgen 88 *Berufsgruppen*, die v.a. nach dem verarbeiteten Material zusammengestellt sind, und schließlich als statistisches Basissystem 369 Berufsordnungen, in denen nach Tätigkeit und Aufgabe ähnliche Berufe gruppiert sind.

Für internationale Vergleiche ist vom *International Labor Office* (ILO) in Genf 1968 die „International Standard Classification of Occupations (ISCO-68)" herausgegeben und 1990 strukturell völlig verändert als ISCO-88 neu aufgelegt worden. Im Gegensatz zur KlbB, die vom Speziellen (der Berufsbezeichnung) zum Generellen vorgeht, wird bei den ISCO-Klassifikationen eine Top-Down-Differenzierung vorgenommen. Die ISCO-68 war in acht *major groups*, 83 *minor groups*, 284 *unit groups* und 1506 *occupational categories* hierarchisch gegliedert und durch eine fünfstellige Ziffernfolge bezeichnet. *Major groups* (Ziffer 1) bilden die Oberkategorie der Beschäftigungssektoren, minor groups (Ziffer 2) fassen grob Tätigkeitsgruppen zusammen und *unit groups* (dreistellige Ziffern) sind eine fach- und branchenbezogene Gliederung von Tätigkeiten. Mit der vierten Ebene der *occupational categories* (fünfstellige Ziffern) schließlich sind Berufstitel erfasst.

Mit der Revision der ISCO-68 zur ISCO-88 im Jahre 1990 wurde auch die Zielsetzung verändert. Die ISCO-68 diente neben Anwendungszwecken in der amtlichen Statistik besonders für international vergleichenden Forschungen (v. a. zur sozialen Mobilität) und für berufskundliche Fragestellungen. Entsprechend differenziert waren die Gliederungseinheiten entworfen. Die ISCO-88 wurde dagegen primär als Instrument der amtlichen Statistik entwickelt. Um berufliche Spezialisierungen und das Entstehen neuer Berufe abzudecken, stehen nicht Details, sondern eine strukturierte Reduktion im Vordergrund. Strukturierungsdimensionen beruflicher Tätigkeiten sind *skill levels*, ausgedrückt in schulischen Qualifikationsniveaus und *skill specifications*, in denen Merkmale ausgeübter Tätigkeiten wie Material, Fertigungsverfahren, Berufsmilieu etc. repräsentiert sind. Die ISCO-88 enthält nur noch ca. 390 Kategorien, die durch konkrete berufliche Tätigkeiten definiert sind. Sie hat die Vorgängerversion nicht ersetzt, sondern durch ein anderes Strukturierungsprinzip ergänzt (Geis & Hoffmeyer-Zlotnik, 2000). Obwohl keine Eins-zu-eins-Übertragung der Codes von einer Klassifikation in die andere vorliegt, sind Übersetzungen möglich (Geis & Hoffmeyer-Zlotnik, 2001).

Neben den von Gremien und Ausschüssen erstellten Klassifikationen gibt es vielfältige Versuche, Berufe empirisch zu klassifizieren. Für das Berufsregister des Step-plus-PC-Programms z.B., das den Arbeitsämtern für die Beratung beruflicher Erstwähler überlassen wurde, ließ Klevenow (2000) 395 Ausbildungsberufe von Experten nach 17 Merkmalen einschätzen und wertete die Daten mit mehreren statistischen Gruppierungs- und Klassifikationsverfahren aus. Mit hinreichender Übereinstimmung zwischen den Verfahren konnten so acht Berufsfelder mit jeweils acht Merkmalsgruppen reproduziert werden.

In einem zweiten Analyseschritt leistete er einen wichtigen Beitrag zur Erklärung der kognitiven Prozesse, mit der Berufswähler die enorme Komplexität der Berufswelt reduzieren. Klevenow nimmt an, das Berufe wie andere „natürliche" Begriffe und Kategorien nicht durch Angabe ihrer Merkmale hinreichend definiert werden können, sondern dass es einen definitorischen Kernbereich und Randunschärfen gibt. Für dieses Phänomen der „fuzzy concepts" ist in der kognitiven Psychologie der Begriff *Prototyp* eingeführt worden. Prototypen sind typische Exemplare einer Kategorie. Die Kategoriezugehörigkeit anderer Exemplare wird über die Ähnlichkeit mit dem Prototyp (Familienähnlichkeit) in Wahrscheinlichkeitsbegriffen definiert.

Klevenow konnte anhand der ersten zehn Berufswünsche von 66 621 Step-plus-PC-Teilnehmern zeigen, dass diese Berufswünsche die acht vorher ermitteln Berufsfelder auf aggregiertem Niveau gut abdecken. Jugendliche Haupt- und Realschüler haben durchaus einen Überblick über das Berufsspektrum, indem sie typische Berufe der Berufsfelder kennen. Aber nicht nur die Prototypentheorie ist auf die Wahrnehmung der Berufswelt anwendbar, sondern bekanntlich auch das Konzept der sozialen Stereotype, das eine lange Forschungstradition hat.

Auch Theorien haben Berufsklassifikationen hervorgebracht. Die bekanntesten stammen von Roe (1956) und Holland. Das *Dictionary of Holland Occupational Codes* (DHOC) umfasst Zuordnungen nach dem RIASEC-Schema von 12 099 Berufen und ist neben dem *Dictionary of Occupational Titles* (DOT) in verschiedenen Klassifikationssystemen des US Department of Labor integriert (Bergmann, 2004). Im *Canadian Classification und Dictionary of Occupations* (C.C.D.O) sind sogar allen aufgelisteten Berufsbezeichnungen Holland-Codes zugeordnet (Occupational and Career Information Branch, 1986).

Gegenüber der Vielzahl möglicher Berufe nimmt sich die Zahl der kognitiv unmittelbar zugänglichen Berufsbezeichnungen gering aus. Grimm berichtet, dass er über Jahre hinweg Schülerinnen und Schüler am Anfang der achten Klasse alle ihnen bekannten Berufe aufschreiben ließ. Im Durchschnitt kamen auf diese Weise nur 28 verschiedene Berufe zusammen (Grimm, 1998, 189). Zwar erhöht sich die Zahl mit steigendem Lebensalter,[10] aber das passive Berufswissen ist erheblich größer, wie viele Untersuchungen zeigen.

Für die Überprüfungen der Berufswahltheorien von Gottfredson und Holland sollten Berufelisten RIASEC-Codes enthalten; es dürfen nicht zu spezielle Berufsbezeichnungen aufgelistet werden und schließlich sollte die Liste nicht zu lang sein, damit Schüler eine Bearbeitung nicht als Bestrafung empfinden.

Alle drei Forderungen sind im Berufsregister mit Hollandkodierung erfüllt, das dem *Allgemeinen Interessentest* (AIST) von Bergmann und Eder (1992) beiliegt. Es enthält 224 Berufe, die österreichische Jugendliche ab 14 Jahren nachweislich kennen und für die Interessenrichtungen in Form der Dreierkodierungen von Holland vorliegen.

Für die Versuchsdurchführung wurde die Liste um redundante und um nicht in Deutschland gebräuchliche Bezeichnungen auf schließlich 174 gekürzt. Diese 174-Item-Liste war Ausgangspunkt für die Ermittlung von Geschlechtstyp- und Prestige-Scores, die im Folgenden beschrieben werden.

---

10 In Untersuchungen zur kategorialen Typizität fielen Studenten in einem 40-Sekunden-Intervall 161 Berufe ein (Mannhaupt, 1994)

## 4.1.2    Berufsprestige

Beruf ist neben Einkommen und Bildung ein Indikator des sozioökonomischen Status einer Person, der die individuelle Position in der Hierarchie einer Gesellschaft festlegt. Das Prestige einer Berufsrolle variiert mit der Verantwortung, die Rolleninhaber übernehmen müssen, mit den Konsequenzen ihrer Entscheidungen und mit dem Grad der Verinnerlichung von Rollenerwartungen. Während der Beruf seinen Status und sein Prestige über die letzten Jahrzehnte behalten hat, hat sich das Verhältnis von Bildung zu Beruf seit den Schulreformen gewandelt. Höhere Bildung ist heute breiteren Bevölkerungsschichten zugänglich und daher ein geringeres Statusplus als in früheren Generationen (Hoffmeyer-Zlotnik, 2003).

Die Bestimmung des Berufsprestiges ist einfach: Man bittet Personen, eine Liste von Berufen nach ihrem Ansehen in eine Rangreihe zu bringen, oder den Berufen Prestigewerte zuzuordnen. Auf diese Weise erhält man gewöhnlich erstaunlich übereinstimmende Ergebnisse. Dabei gibt es kaum Variationen in den Einschätzungen zwischen verschiedenen Subgruppen einer Gesellschaft und es scheinen auch in sehr unterschiedlichen Kulturen nicht nur die gleichen Berufe – auch wenn die Zahl der Stelleninhaber stark variiert – sondern auch der Konsens über das Berufsprestige zu existieren. Nach einer Zusammenstellung von Treiman (1977) wurden von 1945 bis 1975 in 60 Ländern 85 Studien zum Berufsprestige durchgeführt. Darunter waren nicht nur hoch industrialisierte Nationen (wie die USA), sondern auch traditionelle Gesellschaften wie Indien, Thailand, Nigeria, Neu Guinea usw. Die mittlere paarweise Korrelation zwischen den Prestigeeinschätzungen betrug exakt r=.81 (Treiman, 1994).

Treiman nahm diesen Nachweis einer „single worldwide occupational prestige hierarchy" (1994, 209) der Berufe zum Anlass, auf der Basis der ISCO-68-Liste eine universell einsetzbare Prestigeskala, die *Standard International Occupational Prestige Scale* (SIOPS), zu erstellen, die auf gemittelte Prestigeeinschätzungen aus 55 Staaten beruht. Da nicht für alle 1506 spezifischen Berufe Prestigeeinschätzungen vorlagen, folgte er dem ISCO-Schema bis auf die Ebene der 284 *unit groups* und nahm dann Spezifizierungen von nur 509 Berufen vor. Mit dieser Standardskala sind u.a. zuverlässigere Bestimmungen von Statusmobilitäten innerhalb einzelner Gesellschaften als mit lokalen Skalen möglich und sie erlaubt sinnvolle Vergleiche zwischen Gesellschaften, ohne dass die Ergebnisse um Einflüsse unterschiedlicher Klassifikationen korrigiert werden müssten (Treiman, 1979).[11]

Leung und andere amerikanische Autoren haben Berufsprestige nicht mit der SIOPS von Treiman, sondern nach dem allgemeineren Statusindex von Duncan be-

---

11  Die regelmäßig in der Presse veröffentlichten Berufsprestigelisten deuten zwar auf weniger Stabilität, aber sie beruhen auf einer anderen Form der Datenerhebung. Das Institut für Demoskopie in Allensbach, das seit 1971 solche Umfragen durchführt, lässt z.B. die fünf Berufe nennen, die die größte Achtung der Befragten genießen, bzw. die am meisten geschätzt werden (Institut für Demoskopie Allensbach, 2005). Dass die Ergebnisse deutlich durch öffentliche Präsenz moderiert werden, ist bewusste Zielsetzung.

stimmt, der auf US-Zensusdaten beruht. Der „Duncan Socioeconomic Index" (SEI; Duncan, 1961; update von Stevens & Cho, 1985; alle zit. nach Leung & Plake, 1990, 400) wurde auf der Basis der US-Zensusdaten von 1980 und der entsprechenden Berufsklassifikationsstruktur erstellt. Der Index berücksichtigt Niveaus erstens des Berufsprestiges, zweitens der Bildung und drittens des Einkommens und korreliert hoch mit anderen Maßen beruflichen Ansehens. Der SEI wird meist in amerikanischen Untersuchungen zur beruflichen Entwicklung angewendet. SEI-Werte auf der Basis des 1980-Zensus variieren von 13.98 bis 90.45. Der Duncan-Index ordnet den Berufen Zahlen zwischen 4 und 96 zu. Basis sind die Regressionsgewichte von Bildungsanforderungen und durchschnittlichem Einkommen. Datenbasis ist jeweils der letzte US-Zensus, z.B. in der Untersuchung von Farmer et al. (1998, 80) der Zensus von 1990. Die Indexwerte von 1980 und 1990 unterscheiden sich allerdings nicht signifikant.

In der vorliegenden Untersuchung wurde ein anderes Vorgehen gewählt. Aufgrund der hohen Übereinstimmung und der guten Reproduzierbarkeit spontaner Einschätzungen von Prestigeniveaus, lag es nahe, das Berufsprestige einer vorgegebenen Berufeliste von einer Expertengruppe einschätzen zu lassen und die mittleren Einschätzungen als Bezugswerte zu bestimmen. Gottfredson berichtet von Korrelationen zwischen Prestigeeinschätzungen und den möglichen Prestigeindikatoren Einkommen, Bildung und Intelligenzniveau von etwa r=.8 bis r=.9 (Gottfredson, 1981, 551).

Die 174 Berufe aus dem 224 Berufe umfassenden „Berufsregister mit Holland-Codierung" von Bergmann und Eder (1992) wurden im Expertenrating von 60 Studenten der Berufspädagogik an der Universität Hannover nach Geschlechtstyp und gesellschaftlichem Ansehen eingeschätzt. Im ersten Durchgang haben 22 Studenten nur eine Dimension beurteilt, im zweiten Durchgang wurden von 38 Studenten beide Dimensionen nacheinander in einer Befragung eingeschätzt. Die Skalenkorrelation betrug bei der unabhängigen Einschätzung $r_{(162)}$=.04, bei der simultanen Bewertung $r_{(162)}$=.07. Beide Zusammenhänge weichen nicht statistisch bedeutsam von der Nullkorrelation ab. Wir können davon ausgehen, dass die Urteile unbeeinflusst voneinander abgegeben wurden.

Für die Schülerbefragung wurde die Liste von 174 auf 162 Berufe gekürzt. Berufe, die von den Studenten sehr unterschiedlich wahrgenommen wurden (SD>2), doppelt genannte und nicht eindeutige Berufe wurden eliminiert. Die gemittelten Einschätzungen von Prestige und Geschlechtstyp der 162 Listenberufe durch die Studenten sind im Anhang A1 und durch die Schüler im Anhang A3 aufgeführt.

Zur Bestimmung der internen Konsistenz der Berufeliste wurde untersucht, inwieweit die Einschätzungen der studentischen Experten in einheitlicher Weise erfolgten. Zu diesem Zweck wurde für den Geschlechtstyp und das Prestige Cronbachs α über die 162 Berufe mit den 60 studentischen Probanden als Testitems ermittelt. Die interne Konsistenz lag sowohl für den Geschlechtstyp (α=.92) als auch für das Prestige (α=.97) im hohen Bereich.

Die konkordante Validität der Prestigeskala wird durch Korrelationen mit der *Standard International Occupational Prestige Scale* (SIOPS) von Treiman bestimmt. Von der bei Wolf (1995) angegebenen Liste konnten 66 Werte der 162-Berufe-Liste zugeordnet werden. Die Korrelation der 66 Prestigepaare aus den SIOPS-Listenwerten und den mittleren Einschätzungen der Studentenexperten liegt mit $r_{(66)}=.86$ erstaunlich hoch. Dagegen ist die Korrelation der Prestigemittelwerte mit dem dreistufigen Niveauindex des Berufsregisters aus Bergmann und Eder (1992) mit $r_{(174)}=.67$ nur mittelhoch. Sie liegt deutlich unter der von Treiman (1979, 131) angegebenen mittleren Korrelation zwischen Schulbildung und Prestige aus 15 Ländern von $r=.72$ und entspricht eher allgemein der Korrelation von Berufsprestige und Bildungsabschluss, wie sie z.b. Mayer 1976 an einer Repräsentativstichprobe von n=688 erwerbstätigen Männern ermitteln konnte. Berufsprestige nach Treiman korrelierte mit $r_{(n=688)}=.60$ mit dem Bildungsgrad (Mayer, 1979, 112).

Für 113 der 162 Berufe lagen Daten über Einkommensverteilungen aus dem Mikrozensus 2002 vor. Für 10 Kategorien (von „unter 300" bis „2600 und mehr") wurden die Häufigkeiten angegeben. Über gewichtete Summen ermittelte Durchschnittsgehälter korrelieren mit $r_{(113)}=.66$ (p<.001) mit den gemittelten Prestigeeinschätzungen der studentischen Experten. Dieser Wert ist deutlich höher als die von Mayer 1976 erhobenen Korrelationen von Einkommen zu Statusindikatoren. Die Korrelation von Treimanskala und Bruttogehalt betrug $r_{(n=688)}=.48$ (Mayer, 1979, 112). Dagegen berichtet Treiman (1979, 131) von einer durchschnittlichen Korrelation von Prestige und Einkommen aus elf Ländern von $r=.69$.

Wir können insgesamt davon ausgehen, dass die Liste brauchbar ist und gut das abbildet, was international vergleichbar als Berufsprestige verstanden wird.

### 4.1.3    Geschlechtstypik

Der Geschlechtstyp oder die Geschlechtstradition eines Berufes wird gewöhnlich (z.B. in der Beschäftigtenstatistik der Bundesagentur für Arbeit) über den relativen Frauenanteil bestimmt. Bei über 80% Frauen unter den Berufsausübenden spricht man von einem typischen Frauenberuf, bei unter 20% von einem Männerberuf; die restlichen 60% werden als geschlechtsneutrale oder als Mischberufe bezeichnet (Engelbrech, 1996; Rauch & Schober, 1996). Die Kenntnis typischer Frauen- und Männerberufe gehört zum kognitiv leicht zugänglichen und abrufbaren Bestand an individuellem Alltagswissen einer Kultur.

Zahl und Art typischer Frauenberufe ist zeit- und kulturabhängig. In der Neuzeit hat sich der Anteil der Frauen an bezahlter Arbeit – zumindest in westlichen Industrienationen – deutlich erhöht. In der Bundesrepublik stieg zwischen 1973 und 1986 der Beschäftigtenanteil der Frauen von 36,9% auf 38,5% (Deutsche Forschungsgemeinschaft, 1990, 40). Im Jahr 2002 lag die Erwerbsquote[12] für Frauen in Ostdeutschland bei 71% und in Westdeutschland bei 63% (ibv Nr. 24 vom 26.11.2003, S. 19). Auch Mutterrolle und extrafamiliale Erwerbsarbeit werden seit Ende des zweiten Weltkriegs zunehmend vereinbar. In den USA ist der Anteil der Mütter mit Kindern unter 18 Jahren, die bezahlter Arbeit nachgehen, von 8,6% im Jahre 1940 auf 60,5% im Jahre 1984 gestiegen (Vondracek et al., 1986). An der traditionellen Aufteilung der Hausarbeiten hat sich jedoch weniger geändert, als der steigende Anteil der Frauen im Beschäftigungssystem moderner Staaten vermuten lässt. Gleichzeitig mit der Veränderung der „pro rata"-Zusammensetzung des Arbeitsmarktes kam es seit Ende des letzten Krieges auch zu einer strukturellen Veränderung. Neben der Standardbeschäftigung (5 Tage, 40 Stunden) gibt es inzwischen eine Vielzahl von Arbeitsverhältnissen, wie Zeitverträge, Werkverträge, selbständige Tätigkeiten, verschiedene Formen von Teilzeitarbeit mit reduzierter Stundenzahl bis zu 315-Euro-Jobs. Es sind überwiegend diese neuen Nicht-Standard-Beschäftigungen, denen (neben Studenten) Frauen nachgehen. Betrachtet man allerdings nur die vollzeitbeschäftigten Frauen im arbeitsfähigen Alter, dann hat sich z.B. in Großbritannien der Anteil von etwa einem Drittel seit 1851 nicht verändert und in den Niederlanden ist der Anteil von 20% seit Kriegende konstant (Hakim, 1998, 565).

In den damals zwölf Staaten der Europäischen Union hielten im Durchschnitt 26% an der traditionellen Arbeitsteilung im Haushalt fest, 43% waren für absolute Gleichverteilung der Pflichten in Haushalt und Kindererziehung und 31% nahmen einen Kompromissstandpunkt ein. In Westdeutschland war 1987 der Anteil der Befürworter traditioneller Rollenaufteilungen mit 35% höher als der EU-Durchschnitt (Hakim, 1998, 570).

Die 162 Berufe der BL162 wurden – wie in Kap. 4.1.2 beschrieben – von 60 Studenten und Studentinnen nach Geschlechtstyp eingeschätzt und ihre statistische Unabhängigkeit von den Prestigeeinschätzungen nachgewiesen. Für die Außenvalidierung konnten Frauenanteile in einem Teil der Berufe aus zwei Quellen herangezogen werden.

Im Mikrozensus des Statistischen Bundesamtes vom April 2002 wurden auf der Basis der Berufsklassifikation von 1992 für die einzelnen Berufsgruppen und Berufe neben den Häufigkeiten der Stellung im Beruf auch die Frauenanteile ermittelt. 103 Berufe ließen sich dem hier verwendeten modifizierten Holland-Berufsregister zuordnen.[13] Die prozentualen Frauenanteile dieser 103 Berufe korrelieren mit den gemittelten Geschlechtstypeinschätzungen der Studenten mit $r_{(103)}=-.91$ (p<.001). Als zweites Kriterium für die Außenvalidierungen der Geschlechtstypeinschätzungen wurden Angaben der *Deutschschweizerischen Berufs-bildungsämter-Konferenz* (DBK) über den Frauenanteil in Ausbildungen mit mehr

---

12  Die Erwerbsquote ist der Anteil der Personen, die dem Arbeitsmarkt zur Verfügung stehen, d.h. Arbeit haben oder Arbeit suchen.
13  Ich danke dem Statistischen Bundesamt, Abteilung III D1, für die Überlassung des Datensatzes und Jens Krey für die tabellarische Aufarbeitung.

als 100 neuen Ausbildungsverhältnissen im Jahr 2000 herangezogen (Wettstein, 2001). Von den aufgelisteten 92 Ausbildungsberufen fanden 43 in der Holland-Code-Liste eine Entsprechung. Die Durchschnittswerte der Studenteneinschätzungen korrelieren mit $r_{(43)}$=-.92 (p<.001) mit den Prozentanteilen weiblicher Auszubildender. Beide Ergebnisse bestätigen die ökologische Validität spontaner Geschlechtstypeinschätzungen und ihre Brauchbarkeit als Messvariable. Die Validitätskriterien sind höher als der von Gottfredson (1981, 551) zitierte Wert für Einschätzungen Erwachsener von r=.85.

Die Stabilität der Listeneinschätzungen konnte zudem eindrücklich mit einer Kreuzvalidierung von Schmude (2005) an 69 Berliner Pädagogikstudenten bestätigt werden. Die Korrelationen der Geschlechtstypeinschätzungen von 41 am häufigsten genannten Berufswünschen von Berliner Schülern durch die Berliner und Hannoveraner Studenten betrug $r_{(41)}$=.92.

## 4.1.4   Interessen

Interessen dienen als Leitvariable für Aspekte des internen Selbst wie Fähigkeiten, Wertorientierungen und Lebensziele. Wir gehen von einer hohen Interkorrelation dieser Selbstkonzeptaspekte aus.

In Anlehnung an Hannover (1998) betrachten wir Tätigkeiten als interessengesteuert, wenn sie ohne Zwang und äußeren Anreiz ausgeführt werden. Diese Art von Tätigkeiten sind – im Gegensatz zu anderen Handlungen – als Teil des Selbstkonzepts mental in den Wissensstrukturen über die eigene Person im Gedächtnis kodiert. Sie dienen zur Definition des idiosynkratischen Selbst und werden über Kommunikation mit der Umwelt validiert. Interessen und Selbstkonzept entwickeln sich in gegenseitiger Abhängigkeit. Personen entwickeln Interessen, die eine positive Selbstbewertung und Außendarstellung ermöglichen und dienen insofern auch der Regulation von Gefühlen. Die tatsächliche Leistungsfähigkeit oder die objektive Begabung für ein Interessengebiet ist weniger entscheidend als die Selbstwahrnehmung der entsprechenden Fähigkeiten. Über aktuelle Selbstdefinitionen hinaus enthält das Selbstkonzept auch Informationen über das zukünftig mögliche bzw. ideale Selbst als Anreize für zukünftiges Verhalten. Interessen dienen in diesem Kontext als Mediatoren zwischen selbstbezogenen Zielvorgaben und dem Verhalten der Person. Sie regulieren Häufigkeit, Dauer und Intensität des Verhaltens, das dem Erreichen persönlich bedeutsamer Ziele dient und die Beharrlichkeit, mit der selbstgesteckte Ziele verfolgt werden.

Die Berufsinteressen wurden mit dem *Allgemeinen Struktur-Interessentest* (AIST) von Bergmann und Eder (1992) erfasst, der auf das RIASEC-Modell von Holland zurückgeht. Hollands Persönlichkeitsmodell postuliert – wie in Kapitel 3 beschrieben – sechs auf Berufsverhalten basierende Idealtypen. Die Beschreibung der Idealtypen ist nochmals in Tabelle 2 aufgelistet. Jede Dimension ist durch 10 Items in einem Fragebogen repräsentiert. Die Items sind likertskaliert mit den Antwortkategorien „das interessiert mich sehr" (=5) bis „das interessiert mich gar nicht" (=1). Der AIST wurde über mehrere Jahre an Österreichischen Schülern und Berufen erprobt und geeicht.

Die Testkennwerte entsprechen den üblichen Standards. Die Werte für Cronbachs Alpha liegen in der Konstruktionsstichprobe zwischen .81 und .89 je Skala und die Retest-Reliabilitäten variieren nach drei Monaten zwischen .67 und .83. Der Median der Stabilitätskorrelationen sinkt nach zwei Jahren nur geringfügig von .70 (nach vier Monaten) auf .66 (Bergmann & Eder, 1992, 50).

Tabelle 2: Hollands Persönlichkeitsorientierungen (nach Bergmann & Eder, 1992, 10).

| | | Orientierung | Beschreibung | Werthaltungen |
|---|---|---|---|---|
| R | Realistic | praktisch-technische | bevorzugt werden Tätigkeiten, die Kraft, Koordination und Handgeschicklichkeit verlangen | Geld, Macht, Status |
| I | Investgative | intellektuell-forschende | Auseinandersetzungen mit physischen, biologischen und kulturellen Phänomenen | auf Wissenschaft gerichtet |
| A | Artistic | künstlerisch-sprachliche | unstrukturierte Aktivitäten, die eine künstlerische Selbstdarstellung ermöglichen | Ästhetische Werte |
| S | Social | soziale | mit anderen in Form von Unterrichten, Lehren, Ausbilden, Versorgen oder Pflegen befassen | soziale, ethische Fragen |
| E | Enterprising | unternehmerische | andere mit Hilfe der Sprache oder anderer Mittel beeinflussen, zu etwas bringen, führen oder manipulieren können | sozialer, politischer, ökonomischer Erfolg |
| C | Conventional | konventionelle | Umgang mit Daten, Dokumentationen | |

Normierungen liegen für n=4393 Jugendliche im Alter von 14 bis 20 Jahren vor. Neben Gesamtnormen werden zwar auch getrennte Normen für männliche und weibliche Jugendliche vorgelegt, aber Bergmann (2003) empfiehlt die Orientierung an den Gesamtnormen, weil nicht-gruppenspezifische Normierungen die prädiktive Validität des Verfahrens und die Übereinstimmung zwischen gemessenen und selbst eingeschätzten Interessen erhöhen. Umfangreiche Validitätsanalysen wurden zur prädiktiven Validität und zu den zentralen Theoriekonzepten Differenzierung und Kongruenz durchgeführt.

Mit der Testbearbeitung haben die Autoren auch einer Liste von 224 Berufen Holland-Codes zugeordnet, die – wie zuvor beschrieben – in der folgenden Studie als Basis für die Erfassung der kognitiven Repräsentation der Berufswelt herangezogen wird. Die Verfügbarkeit der drei Hollandcodes für jeden aufgelisteten Beruf war ein wichtiger Grund für die Auswahl dieser Berufeliste.

Geringe Abweichungen der österreichischen von den deutschen Berufsbezeichnungen führten u.a. dazu, dass die Berufsliste für die Anwendung in der folgenden Untersuchung auf schließlich 162 Berufe gekürzt werden musste, die ausschließlich in Deutschland gebräuchliche Berufsbezeichnungen enthält. Landestypische Unterschiede sind jedoch nicht nur bei den Berufsbezeichnungen festzustellen, sondern auch in den Berufsbildern, so dass für die deutschsprachige Version *Explorix* des *Self Directed Search* (SDS) für die Schweiz, Österreich und Deutschland gesonderte Berufsregister vorgelegt werden mussten (Jörin, Stoll, Bergmann, & Eder, 2003). Die Abweichungen können erheblich sein, wie ein Vergleich der AIST-Kodierungen mit den Explorix-Kodierungen der hier verwendeten 162 Listenberufe zeigt. Lediglich 55% der Berufe haben den gleichen Code, 73 Berufe haben einen anderen Drei-Buchstaben-Kode und bei 30 Berufen (18,5%) unterscheiden sich sogar die ersten Code-Buchstaben.

## 4.2  Fragestellung

Theorieüberprüfungen betreffen grundlegende und abgeleitete Annahmen der Theorie und ihres Geltungsbereichs. Theorien, die universelle Gültigkeit beanspruchen, müssen diesen Anspruch bei Überprüfungen mit verschiedenen Stichprobengruppen nachweisen. Gruppenzugehörigkeiten werden durch Moderatorvariablen, wie z.B. Geschlecht, Alter, Schichtzugehörigkeit, Entwicklungsniveau oder andere Gruppierungskriterien definiert.

Übergeordnete Zielrichtung der Theorieüberprüfung ist ihre Brauchbarkeit im Bereich der Benachteiligtenförderung. Zu prüfen ist, ob die Theorie und ihre Annahmen auch im speziellen Bereich der entwicklungsverzögerten und langsam lernenden Jugendlichen gelten, deren Vermittlungschancen auf dem Arbeitsmarkt nicht optimal sind.

Der Aussagenbereich der Theorieüberprüfung wird eingeschränkt durch die Besonderheiten der Stichprobe und der Verfahren, die ökonomisch und inhaltlich vertretbar herangezogen werden können. Entwicklungstheorien der Berufswahl enthalten im Extrem Aussagen über die gesamte Lebensspanne. Gottfredsons Theorie umfasst den Altersbereich bis zur ersten Berufswahl und, bezogen auf ihr Stufenmodell der Entwicklung die Altersspanne von 3 bis 14 Jahren. Um gleiche Instrumente für alle Probanden verwenden zu können, wurde die Untersuchungsstichprobe auf die Sekundarstufe eingeschränkt, die in Niedersachsen zum Zeitpunkt der Datenerhebung die Klasse sieben bis zehn umfasste[14]. Damit wird eine direkte Überprüfung der Entwicklungsstufen drei und vier bzw. des Übergangs von Stufe drei auf vier möglich.

---

14  Die Klassen fünf und sechs bildeten die inzwischen abgeschaffte Orientierungsstufe.

Aus der pragmatischen Perspektive von zu bewältigenden Entwicklungsaufgaben ist ein Konkretisierung der Berufsorientierung bei Haupt- und Realschülern erst in der neunten und zehnten Klasse zu erwarten (Herzog, Neuenschwander, & Wannack, 2004). Die Vorstellung allerdings, dass sich Schüler davor
in einer Phase diffuser Berufsorientierung befinden, in der zwar Traumberufe vor-
kommen können, aber keine konkreten Berufswünsche, erscheint aus Gottfredsons
Perspektive als theoretische Unterspezifizierung. Berufswünsche sollten im
Toleranzbereich aus Geschlechtstyp und Prestige lokalisiert sein, so dass Nennungen prestigeträchtiger Traumberufe in den Klassen sieben und acht nicht mehr erwartet werden.

## 4.2.1   Moderatorvariablen

Die Revision des Kompromissprozesses, die Gottfredson 1996 vornahm, hat zu
einer Relativierung der Theorie geführt. Es hängt von der Wahlsituation ab, ob der
Geschlechtstyp dominiert oder nicht. Die ursprüngliche Theorie gilt nur, wenn die
Kompromissbereitschaft sehr stark beansprucht wird, nicht bei mittleren oder
geringfügigen Kompromissen. Leung und Plake (1990) haben noch eine andere
Relativierung gefunden, die möglicherweise stärker an die Substanz der Theorie
geht.

Gottfredson macht keine Geschlechtsunterschiede. Sie erklärt zwar unterschiedliches Berufswahlverhalten der Geschlechter (oder anderer Gruppen), aber
lediglich über graduelle Unterschiede in den Konzeptausprägungen. Das ist eine
Stärke der Theorie. Leung und Plake (1990) fanden jedoch Geschlechtsunterschiede in der Stuktur des Kompromissprozesses. Ihre Studentinnen haben Berufsprestige gegenüber dem Geschlechtstyp deutlich stärker bevorzugt und zwar über
alle Kontrastbedingungen hinweg.

Dagegen ermittelten Henderson, Hesketh und Tuffin (1988) eine deutlich
stärkere Geschlechtstypisierung der Jungen im Alter von neun Jahren. Und Barnett
(1975) erkannte, dass das Berufsprestige bei der Interessendifferenzierung von
Jungen eine größere Rolle spielt als von Mädchen. Im Alter von 9 bis 17 Jahren
steigt die Rangkorrelation von Berufsinteressen und Berufsprestige bei Jungen von
r=.39 auf r=.72 an, während bei Mädchen die Werte um null bleiben. Ebenso gilt
im Rahmen der Untersuchungen von Geschlechtsunterschieden eine stärkere
männliche Orientierung an sozialen Hierarchien als nachgewiesen (Chasiotis &
Voland, 1998). Für Sastre & Mullet (1992) gilt Gottfredsons Theorie gar hauptsächlich für Mädchen, nicht für Jungen.

Neben dem Geschlecht sind nach bisherigen Theorieüberprüfungen noch andere
Moderatorvariablen möglich, wie das kognitive Niveau oder die Interessenorientierung.

Henderson et al. (1988) ermittelten über Befragungen von Kindern im Alter von
5 bis 14 Jahren, dass das Fähigkeitsniveau der Kinder die Prestigepräferenz von

Berufen deutlich stärker beeinflusst als der Herkunftsstatus und Holt (1989) hat demonstriert, dass die berufliche Interessenorientierung Einfluss auf die subjektive Wichtigkeit hat, die dem Faktor Prestige beigemessen wird. Sozialpädagogen sind nach seinen Ergebnissen weniger an Prestige orientiert als Ingenieure.

Leung hat mit College-Studenten relativ homogene Stichprobengruppen untersucht. Es ist fraglich, ob Entscheidungsprozesse bei niedrigerem kognitivem Niveau graduell oder strukturell anders verlaufen. Ebenso ist offen, ob eine Entwicklungsverzögerung vorliegt oder ob Entscheidungsprozesse auf verschiedenen Entwicklungsniveaus qualitativ unterschiedlich vonstatten gehen. Die Beantwortung dieser Fragen ist wichtig, wenn Entscheidungsverhalten und berufliche Aspirationen von Schulabgängern und Sonderschülern erfasst werden sollen. Es wird darum zu überprüfen sein, ob sich aus der empirischen Überprüfung der Theorie Gottfredsons Erklärungsansätze, Hypothesen oder weiterführende Fragestellungen ableiten lassen.

Anhand der Berufsinteressen lässt sich die Geschlechtszugehörigkeit von Sekundarschülern insgesamt erstaunlich genau vorhersagen, von Hauptschülern jedoch noch deutlich besser als von Gymnasiasten. Die auf der Grundlage von Diskriminanzanalysen vorgenommenen Fehlklassifikationen lagen in einer Untersuchung von Todt bei Hauptschülern bei 2-3%, bei Realschülern bei 8-9% und bei Gymnasiasten bei 7-12% (Todt, 1990, 237)

Insgesamt scheint der Beruf in Abhängigkeit von Schulniveau und den entsprechenden Persönlichkeitsressourcen für Jugendliche eine unterschiedliche Bedeutung zu haben. In der Jugendstudie 2000 der Deutschen Shell ermittelten die Autoren, dass der Beruf für Hauptschüler eher Selbstbehauptung und für Abiturienten Selbstverwirklichung bedeutet. „Hauptschüler suchen durch ihre Berufsorientierung eher das existenzsichernde Moment, ein gutes Einkommen und den sicheren Arbeitsplatz; Abiturienten ist eher an sinnvollen Inhalten, an Spaß und Selbstverwirklichung gelegen" (Fischer, Fritzsche, Fuchs-Heinritz, & Münchmeier, 2000, 15).

Handlungsleitend für Entscheidungen sind interne Repräsentationen objektiver Gegebenheiten, nicht die Gegebenheiten selbst. Leung und Harmon (1990) haben die Bestimmung von Prestige und Geschlechtstyp der Berufe nach objektiven Kriterien vorgenommen. Es bleibt unklar, ob ein nach diesen Kriterien prestigeträchtiger Beruf nach den subjektiven Standards der Befragten ein gleichhohes Ansehen genießt. Auch Übereinstimmungen um r=.80 auf Gruppenniveau lassen noch bedeutsame individuelle Variationen zu. Der erste Schritt eines Theorietests muss deshalb eine Überprüfung der kognitiven Repräsentation der Berufswelt sein. Im Kontext der vorliegenden Fragestellung ist zu prüfen, ob die „kognitive Landkarte" der Berufe tatsächlich so früh vorhanden, stabil und invariant ist, wie Gottfredson annimmt.

## 4.2.2 Hypothesen

Inhaltlich als Hypothese formuliert und übersetzt in konkrete statisch überprüfbare Aussagen werden in Bezug auf die Repräsentativität der Berufswelt aus der Theorie Gottfredsons folgende Erwartungen abgeleitet:

1. *Die kognitive Repräsentation der Berufe durch Geschlechtstyp und Prestige ist früh und stabil vorhanden.*
   1.1 Geschlechtstyp und Prestige der Berufe sind statistisch unabhängig. Ihre Korrelation ist 0.
   1.2 Über Geschlechtstyp und Prestige der Berufe herrscht früh hoher Konsens. Die Einschätzungen von Schülern und Erwachsenen sind ähnlich. Schon in der siebten Klasse werden hohe Korrelationen erreicht.

Der zweite und dritte Hypothesenblock betrifft jeweils den ersten zentralen Aspekt von Gottfredsons „Theory of Circumsciption and Compromise", der ihr den Namen gegeben hat. In Block zwei wird der allgemeine Eingrenzungsprozess als Hypothese formuliert:

2. *Die Berufswahlorientierung bis zur beruflichen Erstwahl erfolgt als Eingrenzung, nicht als Erweiterung beruflicher Optionen.*
   2.1 Die Zone akzeptabler Berufe ist für die aktuellen Berufswünsche auf Entwicklungsstufe drei größer als auf Stufe vier.

Hypothesenblock drei spezifiziert die Annahmen der Theorie über den Entwicklungsprozess für den erfassten Altersbereich und formuliert vier überprüfbare Konsequenzen.

3. *Als grundlegende Entwicklungsannahme der Theorie gilt: Die Entwicklungssequenz, in der Theoriekonzepte berufliche Aspirationen bestimmen, erfolgt in der Reihenfolge: Geschlechtstyp – Prestige – Interessen.*
   3.1 Bezogen auf eine entwicklungspsychologisch elementare Dimension sollten höhere Übereinstimmungswerte zwischen Schülern und Erwachsenen erreicht werden.
   3.2 Wenn der Geschlechtstyp eines Berufes ein wichtiger Einflussfaktor ist, dann sollten alle fünf genannten Wunschberufe dem bevorzugten Geschlechtstyp angehören. Die Interkorrelationen der Geschlechtstypeinschätzungen der fünf Wunschberufe sollten signifikant positiv sein.
   3.3 Als Ergebnis des Eingrenzungsprozesses sollten alle Wunschberufe einem bestimmten Prestigeniveau entsprechen; die Variation der Prestigewerte sollte eingeschränkt sein. Die Interkorrelationen der individuellen Prestigeeinschätzungen sollten ebenfalls signifikant positiv sein.

3.4    Auf Entwicklungsstufe vier sollten die Wunschberufe überwiegend einer Holland-Kategorie angehören, auf Stufe drei sollten sie frei variieren. Im Idealfall sollten die Berufe für Stufe drei auf die Holland-Kategorien gleich verteilt sein, für Stufe vier nicht.

Der vierte Hypothesenblock thematisiert den Kompromissprozess. Die Hypothesen sind auf die experimentelle Prozedur erzwungener Wahlen von Leung und Plake bezogen und decken Annahmen der ursprünglichen (Hypothese 5, 6) und der revidierten Theorie ab (Hypothesen 1-4).

4.   *In Kompromisssituationen ist der Geschlechtstyp eines Berufes wichtiger als das Berufsprestige (ursprüngliches Kompromissmodell).*
4.1    Ist der Geschlechtstypkontrast zwischen den Wahlalternativen größer, wird zu einem höheren Prozentsatz der Geschlechtstyp bevorzugt.
4.2    Ist der Prestigekontrast erhöht, wird die Bevorzugung des Geschlechtstyps reduziert.
4.3    Sind sowohl Geschlechtstyp als auch Prestigekontrast maximal, wird der Geschlechtstyp dem Prestige vorgezogen.
4.4    Ist bei mittlerem Geschlechtstypkontrast der Prestigekontrast hoch, sollte das Berufsprestige gegenüber dem Geschlechtstyp bevorzugt werden (modifiziertes Modell).
4.5    Wenn das Prestige eines Berufes das für die Berufswahl entscheidende Merkmal ist, dann sollte der Prestigewert des gewählten Berufes größer sein als der des nicht gewählten Berufes.
4.6    Wenn der Geschlechtstyp eines Berufes das für die Berufswahl entscheidende Merkmal ist, dann sollte die Geschlechtstypausprägung des gewählten Berufes größer sein als die des nicht gewählten Berufes.

Im fünften Hypothesenblock werden Konsequenzen der Theorieannahmen für die erfassten Berufsinteressen der Schülerinnen und Schüler gezogen und anhand der Indikatoren des Hollandmodells in statisch überprüfbare Aussagen übersetzt.

5.   *Berufsinteressen beeinflussen die Berufspräferenzen erst auf Entwicklungsstufe vier, nicht auf Entwicklungsstufe drei.*
5.1    Auf Entwicklungsstufe drei sollten keine Interessendifferenzierungen festgestellt werden.
5.2    Die Interessendifferenzierung sollte auf Stufe vier ausgeprägter sein als auf Stufe drei.
5.3    Kongruenzwerte beruflicher Interessen sollten auf Stufe vier höher sein als auf Stufe drei.
5.4    Auf Stufe vier sollte der Anteil richtiger Prognosen des Wunschberufes aufgrund erfragter Interessenorientierungen größer sein als auf Stufe drei.

Im sechsten und letzten Hypothesenblock schließlich wird die Möglichkeit differentieller Effekte angesprochen, die den Geltungsbereich der Theorie bestimmen.

6. *Die Theorie gilt gleichermaßen für Jungen wie für Mädchen und gleichermaßen für Haupt-, Real- und Oberschüler. Bei der Entwicklungsabfolge kann sich lediglich das Tempo unterscheiden, nicht jedoch die Struktur.*

    6.1   In (dreifaktoriellen) Varianzanalysen sollten Haupteffekte signifikant werden (graduelle Unterschiede), nicht jedoch Wechselwirkungen (strukturelle Unterschiede).

Die Hypothesen strukturieren die Datenerhebung und die Ergebnisinterpretation. Bei der Ergebnisdarstellung und -diskussion wird darauf Bezug genommen.

# 4.3   Methode

In einem quasi-experimentellen Versuchsdesign wurden in einer Querschnittuntersuchung drei Einflussfaktoren über die Stichprobenzusammensetzung variiert: das Geschlecht (1), die kognitive Entwicklung (2) und das Alter (3). Es handelt sich um einen dreifaktoriellen Versuchsplan mit festen Effekten auf allen Faktoren (Winer, 1971, 452). Der zweifach gestufte Faktor A ist das Geschlecht (1=Mädchen, 2=Jungen), Faktor B repräsentiert die drei Schulformen (1=Hauptschule, 2=Realschule, 3=Gymnasium) und Faktor C repräsentiert die vier Klassenstufen (von sieben bis zehn). Zeitfenster für das Alter ist somit die gesamte Sekundarstufe, von Klasse sieben bis zehn. Die Klassen fünf und sechs wurden in Niedersachsen zum Zeitpunkt der Datenerhebung in gesonderten Orientierungsstufen beschult. Der gesamte Aussagebereich der Theorie Gottfredsons umfasst den Altersbereich von drei Jahren bis zur beruflichen Erstwahl. Er könnte nur durch Instrumentarien erfasst werden, die den verschiedenen Altersstufen angepasst sind. Die Begrenzung des Altersbereichs auf die Sekundarstufe bietet dagegen den Vorteil, dass das gesamte Instrumentarium für alle Schülerinnen und Schüler in gleicher Form anwendbar ist.

## 4.3.1   Stichprobe

Untersucht wurden im Dezember 1998 und im Januar 1999 insgesamt 282 Schüler (50,9%) und 274 Schülerinnen (49,1%) aus je einer Haupt-, einer Real- und einer Oberschule (Gymnasium) im Stadtgebiet von Hannover. Die Befragung wurde schriftlich im Klassenverband vorgenommen. Die Zusammensetzung der Stichprobe ist aus Tabelle 3 zu entnehmen.

Tabelle 3:      Stichprobenzusammensetzung (m=männlich, w=weiblich)

|  | Klasse 7 | | Klasse 8 | | Klasse 9 | | Klasse 10 | | |
|---|---|---|---|---|---|---|---|---|---|
|  | m | w | m | w | m | w | m | w | |
| Hauptschule | 22 | 21 | 27 | 14 | 49 | 34 | 12 | 9 | 188 |
| Realschule | 20 | 31 | 30 | 22 | 20 | 24 | 24 | 28 | 199 |
| Gymnasium | 18 | 17 | 22 | 20 | 18 | 33 | 20 | 21 | 169 |
|  | 60 | 69 | 79 | 56 | 87 | 91 | 56 | 58 | 556 |
|  | 129 | | 135 | | 178 | | 114 | | |

Ursprünglich sollten die Schulen jeweils zwei Parallelklassen pro Jahrgang benennen, so dass jeweils etwa 50 Schüler hätten erfasst werden können. In der untersuchten Hauptschule gab es jedoch nur eine Klasse 10, die von den Schülern freiwillig besucht wurde und die einen erweiterten Hauptschulabschluss auf dem Niveau der Mittleren Reife anstrebten.[15] In der gleichen Schule wurden andererseits auf Wunsch der Schule die Schüler in allen vier neunten Klassen befragt, weil das Thema der Schule wichtig erschien. Den teilweise ungleichen Zellhäufigkeiten muss bei der Datenanalyse Rechnung getragen werden.

Die Schüler werden generell je nach Schulart und Klassenstufe unterschiedlich auf Fragen der Berufswahl vorbereitet. Elemente der Berufsberatung sind in den Lehrplan eingebaut. In der Hauptschule geschieht dies beispielweise in den Fächern Arbeitslehre oder auch Wirtschaft, Technik und Hauswirtschaft. „Oft beschränkt sich dieser Themenbereich auf die beiden letzten schulpflichtigen Unterrichtsjahre, kann aber durchaus schon viel früher einsetzen – teilweise bereits in Klasse 5. Im Gymnasium wird dieses Thema weniger oft unterrichtet, obwohl auch hier relevante Themen in Fächern wie Wirtschaft oder Sozialwissenschaften aufgegriffen werden können" (Organisation for Economic Co-operation and Development (OECD), 2002). In allen Schulformen sind zumeist in der neunten Klasse Betriebspraktika vorgesehen, es werden Betriebserkundungen und neuerdings „girls days" angeboten, in denen Schülerinnen typische Männerberufe kennen lernen sollen.

## 4.3.2    Versuchsdurchführung

Die Schülerinnen und Schüler haben in einer bis zwei Schulstunden jeweils fünf Aufgabenarten bearbeitet: Sie haben ihre Berufsinteressen im *Allgemeinen Interessen-Struktur-Test* (AIST) genannt, 162 Berufe nach Prestige und Geschlechtstyp eingeschätzt, sich jeweils zwischen zwei Berufen entschieden, die nach unterschiedlichen Ausprägungen von Prestige und Geschlechtstyp kombiniert waren

---

15 Inwieweit das 10. Schuljahr als „Parkjahr" für nicht in Ausbildung vermittelte Schüler „missbraucht" wurde, kann mangels Informationen nicht geklärt werden. Nach Schönbohm-Wilke (2005) beklagen AWT-Lehrer, dass kaum die Hälfte der Hauptschüler den Realschulabschluss schafft.

(OCDI) und fünf aktuelle und fünf bisherige Berufswünsche (nach Präferenz geordnet) angegeben.[16] Zum Schluss sollten sie ihr Geburtsdatum und den Beruf des Vaters und der Mutter angeben (vgl. Tabelle 4).

Tabelle 4:     Untersuchungsinstrumente

| 1 | AIST (Allgemeiner Interessen-Struktur-Test) von Bergmann & Eder (1992) | 60 Items | 10 Min |
|---|---|---|---|
| 2 | Berufeliste: Einschätzung nach Prestige und Geschlechtstyp | 162 Berufe | 30 Min. |
| 3 | OCDI (Occupational Choice Dilemma Inventory) von Leung & Plake (1990) (eig. deutsche Bearb.) | 30 Paare | 5 Min. |
|  | Nennung von 5 aktuellen und 5 bisherigen Berufswünschen (mit Altersangabe) | 10 freie Antworten | 5 Min. |
| 5 | soziodemographische Angaben | 3 Items | 1 Min. |

Für Schülerinnen und Schüler wurden jeweils gesonderte Aufgabenbögen verteilt, weil sich die Paarungen der Berufe für die erzwungene Wahl im *Occupational Choice Dilemma Inventory* (OCDI) unterschieden.

Die Aufgabenstellung erfolgte durch drei studentische Mitarbeiter des Projektes. Die Schüler wurden instruiert, die Aufgaben zügig zu bearbeiten und ohne lange nachzudenken. Die in Tabelle 4 notierten Zeitvorgaben sind A-priori-Schätzungen für die Versuchsplanung. Tatsächlich wurden die Aufgaben im Gymnasium überwiegend in einer Schulstunde bearbeitet; in den anderen Schulformen wurde der vorgegebene Zeitrahmen von zwei Unterrichtsstunden von einem Teil der Schüler ganz, von anderen teilweise ausgeschöpft.

## 4.3.3     Versuchsauswertung

Die faktorielle Anlage der Studie legt Auswertungen mit Varianzanalysen nahe. Standardverfahren ist die Prozedur des Allgemeinen Linearen Modells (General Linear Model: GLM) aus dem Statistikpaket SPSS. Mit diesem Verfahren werden sowohl uni- als multivariate Analysen durchgeführt. Bei multivariaten Varianzanalysen (MANOVA) wird der Einfachheit halber und wegen Vergleichbarkeit der Ergebnisse mit der einschlägigen Literatur der meistbenutzte Algorithmus Wilks' Lambda angegeben (Munro, 2001). Für den Faktoreinfluss wird neben der Prüfstatistik F auch die Effektstärke $\eta^2$ angeführt, die über den Prozentsatz erklärter Varianz einfache Interpretationen erlaubt (Rudolf & Müller, 2004). Für die Berechnung von Strukturgleichungsmodellen wurde das Programm AMOS 4 (Arbuckle & Wothke, 1999) herangezogen und die latenten Klassenanalysen wurden mit dem Programm WINMIRA von Davier (2001) vorgenommen.

---

16  Das Verfahren wird ausführlich in Kapitel 6.2.1. beschrieben.

# 5. Kognitive Repräsentation der Berufe

Gottfredson nimmt an, dass sich die Koordinaten der kognitiven Abbildung der Berufe relativ früh herausbilden, stabil bleiben und eine hohe Übereinstimmung sowohl zwischen Kulturen als auch zwischen Jugendlichen und Erwachsenen zeigen (Hypothese 1). Entsprechend lautet ihre Erwartung: „*the cognitive outline of the map should be consistent across all adolescent and adult groups*" (Gottfredson, 1981, 575). Die Anzahl der individuell bekannten Berufe steigt zwar mit dem Alter und der kognitiven Entwicklung, und die Differenzierung der Berufsfelder nimmt zu, aber die Bewertungsmaßstäbe sind etabliert.

Zur Überprüfung dieses Theorieaspekts schlägt Gottfredson selbst die Methode der Multidimensionalen Skalierung (MDS) vor. Wenn Kinder verschiedenen Alters die Ähnlichkeit von Berufen beurteilen, sollte die Anzahl der Dimensionen mit zunehmendem Alter ansteigen und inhaltlich sollten diese Dimensionen ihren Theorieelementen entsprechen. Dieser Empfehlung ist bisher niemand gefolgt und auch Gottfredson selbst hat keine entsprechenden Untersuchungen durchgeführt.

MDS verlangt Paarvergleiche, die mit der Anzahl der Alternativen sehr schnell zu einem sehr aufwendigen Verfahren werden. Um den Geltungsbereich der Theorie abzubilden, müssten die vorgegeben Berufe zudem nicht nur Spät-adoleszenten, sondern auch schon Vorschulkindern bekannt sein.

Das hier verwendete Verfahren ist weitaus ökonomischer. Sekundarschüler schätzen – ebenso wie in der Studie von Lapan und Jingeleski (1992) – Berufe auf einer 9-Punkte-Likert-Skala sowohl nach Geschlechtstyp als auch nach Prestige ein.

Das Vorgehen setzt voraus, dass alle Berufe allen Jugendlichen zumindest so bekannt sind, dass sie elementare Berufsstereotype abrufen können. Diese Voraus-setzung ist zunächst zu überprüfen. Völlig unbekannte Berufe sollten zur Antwort-verweigerung (zu fehlenden Daten) führen. Erst dann kann die Hauptannahme Gottfredsons überprüft werden, dass Berufe von Jugendlichen und Erwachsenen ähnlich eingeschätzt werden.

Ein zweiter methodischer Zugang zur Erfassung der kognitiven Repräsentation der Berufe ist die Analyse der fünf frei geäußerten Berufswünsche. Auch sie sind auf Urteilskonsistenz überprüfbar.


## 5.1 Auswertung der vorgegebenen Berufsliste

Die gestellte Aufgabe, 162 Berufe nach Geschlechtstyp und Prestige einzuschätzen, war für alle Schüler lösbar. Die entsprechenden Einschätzungen sind Haupt-schülern der siebten Klasse ebenso möglich wie Gymnasiasten der zehnten Klasse.

Die Quote fehlender Werte ist lediglich bei den Hauptschülern der siebten Klasse bei einigen Berufen erhöht. Sie übersteigt jedoch bei keinem Beruf 20%.

Insofern ist eine Grundannahme Gottfredsons bestätigt, dass die kognitive Landkarte der Berufe auch schon zu Zeitpunkten verfügbar ist, an denen keine Berufsentscheidungen anstehen.

Wenn keine Prestigeeinschätzungen vorgenommen wurden, waren gewöhnlich
die Zugangsvoraussetzungen für den Beruf nicht eindeutig. *Statistiker, Redakteur*
und *Reporter* haben in Deutschland keine eindeutig definierten Ausbildungsgänge
(Tabelle 5).

Die Einschätzung des Geschlechtstyps bereitet dagegen kaum Schwierigkeiten.
Der Prozentanteil fehlender Werte ist mit maximal 5,4% gering.

Die erste Hauphypothese ist damit bestätigt. Schon auf Entwicklungsstufe drei
ist eine mentale Repräsentation der Berufswelt abrufbar, die den Annahmen
Gottfredsons entspricht.

Tabelle 5: Die jeweils sechs Berufe mit dem höchsten Prozentanteil fehlender Einschätzungen des Prestiges und des Geschlechtstyps

|  |  |  |  | gültig | missing | % missing |
|---|---|---|---|---|---|---|
| Prestige | 1 | P143 | Statistiker/-in | 512 | 44 | 7,9 |
|  | 2 | P134 | Redakteur/-in | 513 | 43 | 7,7 |
|  | 3 | P142 | Schlosser/-in | 514 | 42 | 7,6 |
|  | 4 | P150 | Sozialwirt/-in | 515 | 41 | 7,4 |
|  | 5 | P125 | Physiotherapeut/-in | 516 | 40 | 7,2 |
|  | 6 | P137 | Reporter/-in | 516 | 40 | 7,2 |
| Geschlechtstyp | 1 | G143 | Statistiker/-in | 526 | 30 | 5,4 |
|  | 2 | G111 | Offsetdrucker/-in | 528 | 28 | 5,0 |
|  | 3 | G140 | Sozialwirt/-in | 529 | 27 | 4,9 |
|  | 4 | G156 | Werbegrafiker/-in | 529 | 27 | 4,9 |
|  | 5 | G157 | Werkzeugmacher/-in | 529 | 27 | 4,9 |
|  | 6 | G158 | Wirtschaftsinformatiker/-in | 529 | 27 | 4,9 |

Die Darstellung der Berufe in einem Koordinatensystem aus Geschlechtstyp und
Berufsprestige setzt jedoch Orthogonalität der Dimensionen voraus. Die erste Spezifizierung der Haupthypothese 1 postuliert deshalb die statistische Unabhängigkeit
der Dimensionen (Hypothese 1.1).

## 5.1.1   Unabhängigkeit der Dimensionen

Wie Abbildung 3 zeigt, kann auch die Hypothese 1.1, die Unabhängigkeit der
Dimensionen, für die hier untersuchte Stichprobe bestätigt werden. Die Korrelation
zwischen den gemittelten Geschlechtstyp- und Berufsprestigeeinschätzungen der
Schülerinnen und Schüler beträgt $r_{(162)}$=-.026 für die Gesamtstichprobe der 556

Schüler. Die Korrelation weicht nicht signifikant von der Nullkorrelation ab und unterscheidet sich nur unbedeutend von den r=-.05, die Gottfredson (1981, 551) ermittelt hat. In Abbildung 3 sind die Prestige- und Geschlechtstypmittelwerte der 162 Berufe auf der Basis von 556 Einschätzungen gegeneinander abgetragen.

Der Ausreißerpunkt mit dem höchsten Prestige ist der Arzt (7,93), der typischste Männerberuf ist der Soldat (8,15) und der typischste Frauenberuf die Säuglingsschwester (2,49). Die niedrigsten mittleren Prestigewerte erhalten (überraschenderweise) der Buchbinder (3,32) und der Briefträger (3,47). Aus der Punkteverteilung wird deutlich, dass die Streuung der Geschlechtstypeinschätzung größer ist als die des Berufsprestiges. Die mittleren Standardabweichungen betragen SD=2,18 bzw. SD=1,77 Einheiten auf der 9-Punkte-Skala. Der Schwerpunkt der Punkteverteilung liegt in Richtung Männerberufe. Die mittlere Geschlechtstypeinschätzung weicht mit 5,79 deutlich von dem vorgegebenen Mittelwert von 5 ab. Extreme Frauenberufe sind selten vertreten.

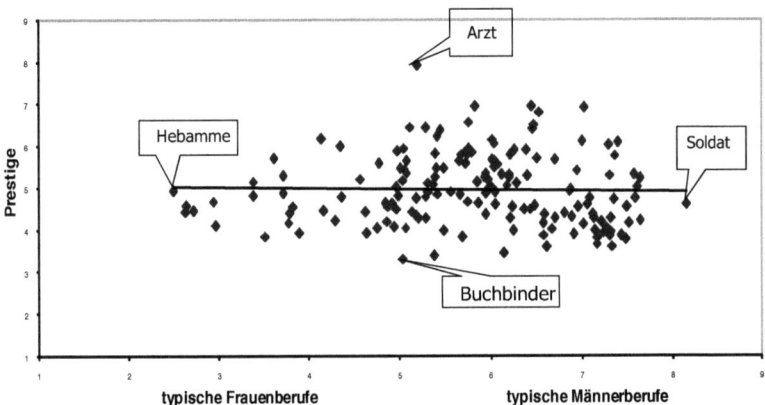

Abbildung 3:    Über 556 Probanden erhobene Mittelwerte von Geschlechtstyp und Prestige
                von 162 Berufen. Einschätzung auf einer 9-Punkte-Skala

Die Feststellung, ob ein Beruf typisch männlich oder typisch weiblich ist, fällt den Schülern offensichtlich leichter. Sie sind zu extremeren Aussagen bereit. Beim Berufsprestige dominiert eine Tendenz zur Mitte, also zu Berufen mittleren Ansehens, wie sie oft bei Entscheidungsunsicherheiten zu beobachten ist.

## 5.1.2    RIASEC-Repräsentation der 162 Berufe

Unterschiedliche Antworttendenzen für den Geschlechtstyp und das Ansehen der Berufe werden auch dann deutlich, wenn die Berufe nach den Holland-Kategorien gruppiert werden. Die mittleren Geschlechtstypeinschätzungen variieren stärker als die Einschätzungen des Berufsprestiges und die Standardabweichungen sind für alle RIASEC-Kategorien beim Berufsprestige durchweg größer (Variationen von 1,052 bis 1,150) als beim Geschlechtstyp (0,547 bis 0,773). Die Meinungen der Schüler gehen hinsichtlich des Prestiges stärker auseinander, während beim Geschlechtstyp größere Einigkeit herrscht. In Abbildung 4 sind die Standardabweichungen als Linien abgetragen.

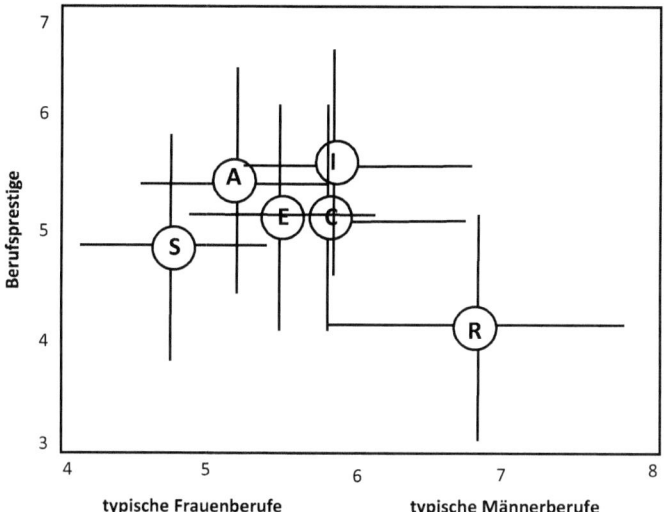

Abbildung 4:    Mittlere Einschätzungen der RIASEC-Kategorien von 162 Berufen. Datenbasis n=556 (n=273 Schülerinnen und n=283 Schüler). Abgetragen sind Mittelwerte (Kreise) und Streuungen (Kreuze)

In Tabelle 6 sind die mittleren Einschätzungen von Prestige und Geschlechtstyp der nach den Holland-Kategorien gruppierten Berufe für Schülerinnen und Schüler getrennt eingetragen. Aus der Kopfzeile wird deutlich, dass in der Berufeliste nicht alle Berufskategorien gleich häufig vertreten sind. R-Berufe und S-Berufe sind mit k=51 bzw. k=36 Berufen am stärksten vertreten.

Die Berechnung der exakten Mittelwertunterschiede der Einschätzungen zeigt, dass bei den Prestigeeinschätzungen nur die Hälfte der Holland-Kategorien nicht signifikant wird, bei der Einschätzung des Geschlechtstyps ist es gar nur eine von sechs Kategorien. Berücksichtigt man jedoch die wegen Mehrfachtestungen notwendigen Bonferroni-Korrekturen, dann wird das 0,05-Prozentniveau erst bei p=0,05/ 6=0,0083 erreicht. Nach Alphaadjustierung sind die mittleren Geschlechtstypeinschätzungen von drei (A, E und C) und die Prestigeeinschätzungen von zwei

Tabelle 6:　Mittlere Einschätzungen von Geschlechtstyp und Prestige der RIASEC-Kategorien von 162 Berufen. Erste Zeile Mittelwerte, zweite Zeile Standardabweichungen, Ratingskala jeweils 1-9. Datenbasis n=556 (n=273 Schülerinnen und n=283 Schüler). Die Freiheitsgrade der t-Tests (zweiseitig) sind jeweils df=554.

| mittlere Geschlechts-typeinschätzungen | R k=51 | I k=19 | A k=19 | S k=36 | E k=16 | C k=21 |
|---|---|---|---|---|---|---|
| weiblich n=273 | 6,77 0,73 | 5,82 0,60 | 4,96 0,62 | 4,71 0,51 | 5,36 0,63 | 5,77 0,56 |
| männlich n=283 | 6,67 0,74 | 5,95 0,69 | 5,41 0,68 | 4,83 0,57 | 5,74 0,68 | 5,99 0,65 |
| t-Wert | 1,603 | -2,540 | -8,163 | -2,577 | -6,913 | -4,302 |
| p< | n.s. | 0.05 | 0.001 | 0.01 | 0.001 | 0.001 |
| alpha-adjustiert | n.s. | n.s. | n.s. | | | |

| mittlere Prestige-einschätzungen | R k=51 | I k=19 | A k=19 | S k=36 | E k=16 | C k=21 |
|---|---|---|---|---|---|---|
| weiblich n=273 | 4,32 1,11 | 5,56 1,08 | 5,64 0,95 | 5,18 0,98 | 5,25 0,97 | 5,33 0,97 |
| männlich n=283 | 4,52 1,26 | 5,49 1,22 | 5,25 1,15 | 4,71 1,19 | 5,11 1,15 | 5,18 1,12 |
| t-Wert | -1,993 | 0,731 | 4,448 | 5,087 | 1,546 | 1,602 |
| p< | 0.05 | n.s. | 0.001 | 0.001 | n.s. | n.s. |
| alpha-adjustiert | n.s. | n.s. | | n.s. | n.s. | |

Holland-Skalen (A und S) noch signifikant. Nur künstlerische Berufe werden auf beiden Dimensionen unterschiedlich eingeschätzt. Die Schülerinnen halten sie nicht nur für frauentypischer, sondern auch für gesellschaftlich angesehener.

Die Ergebnisse bestätigen Untersuchungen von Wissmans (1977, zit. nach Todt, 2000), der bei Mädchen und Jungen – wenn mit anderen Methoden – ein unterschiedliches Verständnis von Berufsprestiges ermittelte. Für beide Geschlechter ist Prestige zunächst mit Einfluss verbunden, aber danach sind für Jungen Verdienst und Intelligenz wichtig, für Mädchen dagegen Verantwortungsübernahme und Dienst am Menschen (Todt, 2000, 250). Auch Schulte und Ulrich (2004) ermittelten bei einer Befragung von über 24 000 Absolventen verschiedener Schulformen Unterschiede in den Prestigeeinschätzungen zwischen Schülerinnen und Schülern. Von 12 vorgegebenen Ausbildungsberufen aus drei Berufsfeldern schätzen die Frauen Dienstleistungsberufe positiver ein (S-Berufe), Männer dagegen moderne Elektronikberufe und klassische Handwerksberufe (R-Berufe). Die gestellte Frage bezog sich allerdings nicht direkt auf gesellschaftliches Ansehen, sondern sie lautete: „Wie kommen diese Berufe bei Jugendlichen an" (Schulte und Ulrich, 2004, 66).

Die Lokalisation der Berufsgruppen im *sozialen Raum* aus Geschlechtstyp und Prestige entspricht *cum grano salis* der Abbildung in Gottfredsons Originalarbeit. Die Abbildung veranschaulicht, dass die Interessenorientierungen Eintragungen im Koordinatensystem von Geschlechtstyp und Prestige sind und nicht als dritte Dimension konzipiert werden. Eine statistische Unabhängigkeit der Interessenorientierungen von Geschlechtstyp und Prestige wird daher nicht gefordert.

## 5.1.3    Vergleich Schüler- und Experteneinschätzungen

Die zweite Spezifizierung der ersten Haupthypothese über die mentale Repräsentation von Berufen bezieht sich auf die Universalität und die frühzeitige Etablierung des Repräsentationssystems. Sie postuliert einen hohen Konsens zwischen Schülern und Erwachsenen über den Geschlechtstyp und das Prestige der Berufe, der zudem früh vorhanden sein sollte. Schon Schüler der siebten Klassen sollten ähnlich urteilen wie Erwachsene (Hypothese 1.2.).

Der graphischen Darstellung und den Tabellenwerten in Abbildung 5 ist zu entnehmen, dass die Hypothese 1.2. bestätigt wird. Die Korrelationen der mittleren Schülereinschätzungen von Geschlechtstyp und Prestige der 162 Berufe mit denen der Studenten sind, in Übereinstimmung mit Gottfredsons Annahmen, relativ hoch. Die Werte betragen $r_{(162)}=.91$ für den Geschlechtstyp und $r_{(162)}=.80$ für das Berufsprestige. Die unterschiedliche Höhe entspricht den Erwartungen. Schüler und Erwachsene sind sich in höherem Maße über typische Männerberufe und typische Frauenberufe einig als über das Berufsprestige.

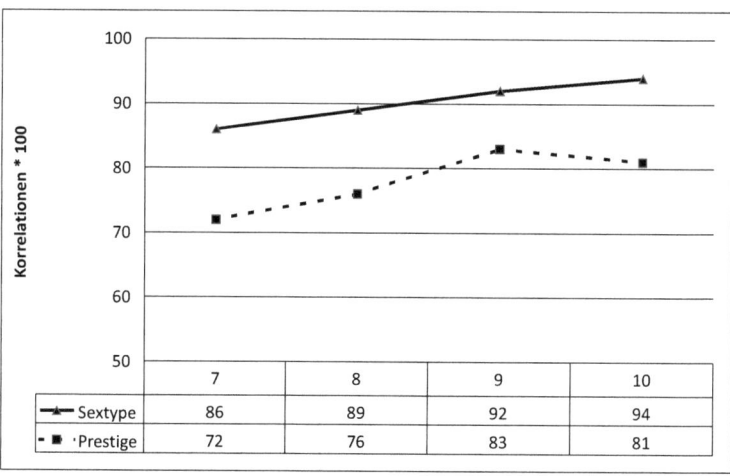

| | 7 | 8 | 9 | 10 |
|---|---|---|---|---|
| —▲— Sextype | 86 | 89 | 92 | 94 |
| - ■ ·Prestige | 72 | 76 | 83 | 81 |

Abbildung 5:    Korrelationen der gemittelten Studentenratings (n=60) mit den gemittelten Einschätzungen der Schüler verschiedener Klassenstufen, jeweils über 162 Berufe

Eine entwicklungspsychologisch elementarere Dimension, wie die des Geschlechtstyps, sollte sich gegenüber der späteren in einer höheren Korrelation niederschlagen (Hypothese 3.1.). Das ist offensichtlich der Fall. Diese hohe Übereinstimmung zwischen den Schüler- und Studentenurteilen ist schon annähernd in der siebten Klasse gegeben, wie aus Abbildung 5 zu ersehen ist.

Die Korrelation der gemittelten Einschätzungen von studentischen Experten und Schülern der 7. Klassen beträgt – über alle 162 Berufe gerechnet – $r_{(162)}$= .86 (p<.001) für den Geschlechtstyp und $r_{(162)}$=.72 (p<.001) für das Prestige. Für Schüler der höheren Klassen werden stetig höhere Übereinstimmungswerte mit Expertenurteilen ermittelt, bis in der 10. Klasse ein Wert von $r_{(162)}$=.94 (p<.001) für den Geschlechtstyp und $r_{(162)}$=.81 (p<.001) für das Prestige erreicht ist. Hypothese 3.1. ist damit bestätigt.

Hinsichtlich des nach *Geschlechtstyp* und *Berufsprestige* dritten Modellkonzepts *Interessen* lassen sich allerding nur teilweise Übereinstimmungen in der kognitiven Repräsentation der Berufe bei Schülern und Erwachsenen feststellen. Abbildung 6 zeigt, dass die Lokalisation der Interessendimensionen nach Holland bei Schülern und Studenten in Bezug auf den Geschlechtstyp in drei von sechs nur Kategorien ähnlich ist. Die mittleren Einschätzungen künstlerischer, unternehmerischer und verwaltender Berufe weichen nicht signifikant voneinander ab (Tabelle 7).

Die Holland-Kategorien des Berufsprestiges sind in Abbildung 6 unterschiedlich lokalisiert. Lediglich das Prestige unternehmerischer Berufe wird ähnlich eingeschätzt (vgl. Tabelle 7). Insgesamt ist die Skala der Studenten nach oben verschoben. Sie benutzen häufiger hohe Prestigewerte.

Da im Levenetest auf Varianzgleichheit der kritische F-Wert jeweils die Signifikanzgrenze überschritt, wurde auf Poolung der Varianzen verzichtet (Kirkpatrick & Feeney, 2000). Die geschätzten Freiheitsgrade für die Berechnung der t-Tests sind deshalb in Tabelle 7 aufgeführt. Bei drei der sechs Holland-Kategorien ist der Schätzunterschied des Geschlechtstyps nicht signifikant.

Die Tendenz zur Mitte bei den Schülereinschätzungen im Vergleich zu denen der studentischen Experten könnte auf Unsicherheiten bei der Festlegung des Berufsprestiges zurückzuführen sein, die möglicherweise altersabhängig sind.

Tabelle 7: Mittlere Einschätzungen des Geschlechtstyps und des Prestiges der RIASEC-Kategorien von 162 Berufen durch Studenten der Berufspädagogik und Sekundarschüler. Erste Zeile Mittelwerte, zweite Zeile Standardabweichungen, Ratingskala jeweils 1-9

| Mittlere Geschlechtstyp-einschätzungen | R k=51 | I k=19 | A k=19 | S k=36 | E k=16 | C k=21 |
|---|---|---|---|---|---|---|
| Schüler n=556 | 6,72 0,74 | 5,89 0,65 | 5,19 0,69 | 4,77 0,55 | 5,55 0,68 | 5,89 0,61 |
| Studenten n=60 | 7,14 0,58 | 6,19 0,49 | 5,05 0,52 | 4,43 0,36 | 5,49 0,43 | 5,84 0,46 |
| t-Wert df | -5,175 80,782 | -4,427 82,997 | 1,875 83,418 | 6,631 91,703 | 1,033 94,074 | 0,684 83,217 |
| p< | 0.001 | 0.001 | n.s. | 0.001 | n.s. | n.s. |

| mittlere Prestige-einschätzungen | R k=51 | I k=19 | A k=19 | S k=36 | E k=16 | C k=21 |
|---|---|---|---|---|---|---|
| Schüler n=556 | 4,42 1,19 | 5,52 1,15 | 5,44 1,07 | 4,94 1,11 | 5,18 1,07 | 5,25 1,05 |
| Studenten n=60 | 4,64 0,78 | 6,58 0,69 | 6,12 0,78 | 5,33 0,68 | 5,34 0,60 | 5,73 0,57 |
| t-Wert df | -1,955 91,342 | -10,459 98,740 | -6,160 85,336 | -3,941 97,711 | -1,795 105,510 | -5,546 109,337 |
| p< | n.s. | 0.001 | 0.001 | 0.001 | n.s. | 0.001 |

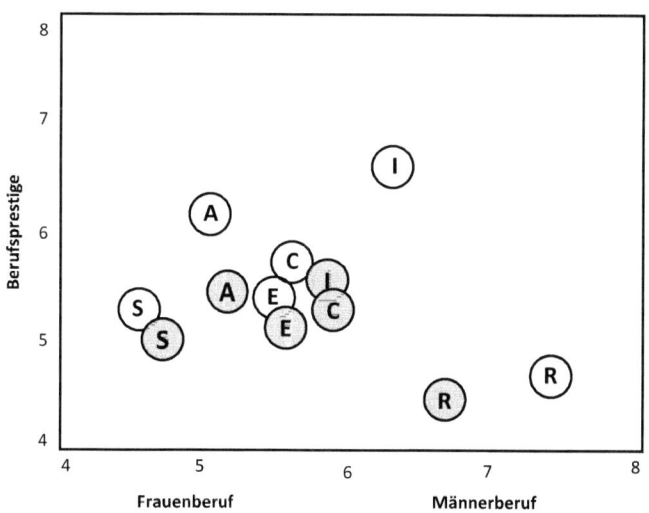

Abbildung 6: Vergleich der Schüler- und Studentenratings (weiß=Schüler, grau=Studenten)

In einer multivariaten Varianzanalyse mit den sechs Geschlechtstypeinschätzungen als abhängige Variablen erwies sich der Einflussfaktor Klassenstufe als höchst signifikant (Wilks $\lambda$=.871; $F(18,1547)$=4,3, p=.000). Gleiches gilt für die Einschätzungen des Berufsprestiges (Wilks $\lambda$=.916; $F(18,1547)$=2,721, p=.000), wenn auch die Effektstärke mit $\eta^2$=.029 geringer ausfällt als für den Geschlechtstyp ($\eta^2$=.045).

Aus Tabelle 8 ist zu ersehen, dass die durch den signifikanten Klassenstufeneinfluss festgestellte Altersabhängigkeit hauptsächlich auf unterschiedliche Einschätzungen der E- und C-Orientierungen zurückgeht. Ansonsten liegt die Punktekonfiguration der Siebtklässler nahezu im gleichen Wertebereich wie die der Zehntklässler. In Bezug auf das Berufsprestige besteht höherer Konsens zwischen den Klassenstufen.

Die Ergebnisse der anschließend durchgeführten einfaktoriellen Varianzanalysen mit den sechs mittleren Geschlechtstypeinschätzungen der RIASEC-Dimensionen sind ebenfalls in Tabelle 8 aufgelistet. Unter Berücksichtigung einer möglichen Kumulation der Alphafehler wurde die Signifikanzgrenze auf p<.01 festgelegt.

Es wird ersichtlich, dass sich das Prestigeniveau mit der Erhöhung der Klassenstufen bei den Holland-Kategorien C und E, die Verwaltungstätigkeiten und unternehmerische Interessen repräsentieren, signifikant erhöht. Alle anderen Dimensionen zeigen keine bedeutsamen Prestigeveränderungen. Anders die Geschlechtstypeinschätzungen. Hier bleiben lediglich die Kategorien R und I stabil. Künstlerische Tätigkeiten, Verwaltungstätigkeiten und unternehmerische Aktivitäten verändern sich mit steigenden Klassenstufen von tendenziell männlichen Tätigkeiten in Richtung Geschlechtsneutralität, während soziale Tätigkeiten zunehmend frauentypisch wahrgenommen und eingeschätzt werden.

Tabelle 8: Mittlere Einschätzungen der RIASEC-Kategorien von 162 Berufen durch Sekundarschüler der Klassen 7 bis 10 und Ergebnisse einfaktorieller Varianzanalysen

| | | R k=51 | I k=19 | A k=19 | S k=36 | E k=16 | C k=21 |
|---|---|---|---|---|---|---|---|
| Klasse 7 | Sextype | 6,67 | 5,97 | 5,33 | 4,98 | 5,78 | 6,02 |
| n=129 | Prestige | 4,34 | 5,30 | 5,22 | 4,86 | 4,91 | 4,97 |
| Klasse 8 | Sextype | 6,71 | 5,89 | 5,25 | 4,86 | 5,64 | 5,94 |
| n=135 | Prestige | 4,42 | 5,50 | 5,36 | 4,85 | 5,15 | 5,16 |
| Klasse 9 | Sextype | 6,70 | 5,84 | 5,12 | 4,73 | 5,41 | 5,80 |
| n=178 | Prestige | 4,58 | 5,67 | 5,57 | 5,11 | 5,35 | 5,45 |
| Klasse 10 | Sextype | 6,80 | 5,85 | 5,05 | 4,51 | 5,43 | 5,81 |
| n=114 | Prestige | 4,26 | 5,56 | 5,59 | 4,89 | 5,27 | 5,39 |
| $F(3,552)$= | Prestige | 2,002 | 2,557 | 3,725 | 2,076 | 4,636 | 6,446 |
| p= | | n.s. | n.s. | n.s. | n.s | .003 | .000 |
| $\eta^2$= | | | | | | .025 | .034 |
| $F(3,552)$= | Sextype | 0,714 | 1,137 | 4,679 | 18,035 | 9,549 | 3,957 |
| p= | | n.s. | n.s. | .003 | .000 | .000 | .008 |
| $\eta^2$= | | | | .025 | .089 | .049 | .021 |

Die Übereinstimmung der Schüler- und der Erwachsenenurteile über den Geschlechtstyp und das Prestige vorgegebener Berufe ist hoch. Sie variiert mit der postulierten Zentralität der Konzepte im Selbstkonzept. Die Korrelationen der Urteilsreihen über den Geschlechtstyp sind höher als die der Prestigeeinschätzungen. Ob die Übereinstimmung bei Prestigeurteilen höher ist als bei der Interesseneinschätzung – und sich damit der Trend fortsetzt – kann nicht beurteilt werden, weil keine vergleichbaren Daten vorliegen.

## 5.2 Auswertung der frei geäußerten Berufswünsche

Im Versuchsablauf war vorgesehen, dass die Schüler nach den bisher beschriebenen erzwungenen Wahlen auf vorgegebenen Listen fünf aktuelle Berufswünsche in der Reihenfolge ihrer Attraktivität auflisten sollten. Diesen Angaben konnten dann sowohl die Berufsindizes des Expertenratings zugeordnet werden als auch die eigenen Einschätzungen der Schüler, wenn sie auf der Liste der 162 Berufe verzeichnet sind, die in Kapitel 5.1 ausgewertet wurde. Damit ergibt sich die Möglichkeit, eine Schwachstelle der Untersuchungsreihe von Leung und Mitarbeitern zu überwinden, die Geschlechtstyp und Prestige mit objektiven Daten festlegten, denn „*occupations code as high prestige ... might not be regarded as high prestige by the respondent*" (Leung & Plake, 1990, 405).

Die Schüler kamen dieser Aufforderung bereitwillig nach und sie waren offensichtlich auch in der Lage, mehrere Berufswünsche nennen zu können. Zwei Drittel (66,2%) gaben fünf Wunschberufe an. Bezogen auf die Vollständigkeit der Eintragungen bestand kein Unterschied zwischen Hauptschülern (66,5%), Realschülern (66.3%) und Gymnasiasten (65,7%).

### 5.2.1 Der erstgenannte Wunschberuf

Die Rangliste der zehn erstgenannten Wunschberufe der Schülerinnen ist in Tabelle 9 zusammengestellt und mit den Nennungshäufigkeiten der Schüler kontrastiert.

Die Berufswünsche der Sekundarschülerinnen sind auffallend ähnlich. 41% der befragten Schülerinnen nannten einen von zehn Berufen als Wunschberuf. Dieser Prozentsatz liegt unter den üblicherweise in den Berufsbildungsberichten (z.B. BMBF 1999b, 75) aufgelisteten zehn am häufigsten gewählten Ausbildungsberufen für Mädchen von z.B. 54% im Jahre 1997. Angesichts der größeren Variabilität der beruflichen Optionen unserer Stichprobe überrascht die größere Streuung der Wunschberufe nicht. Andererseits spricht das Ergebnis nicht gegen eine mögliche Eingrenzung des Akzeptanzbereichs bis zur ersten beruflichen Festlegung.

Tabelle 9:    Die zehn meistgenannten ersten Wunschberufe der Schülerinnen

|   | | Schülerinnen | | Schüler | |
|---|---|---|---|---|---|
| | n= | 273 | Prozent | 283 | Prozent |
| 1 | Krankenschwester | 25 | 9,2 | 2 | 0,7 |
| 2 | Ärztin | 19 | 7,0 | 5 | 1,8 |
| 3 | Schauspielerin | 14 | 5,1 | 4 | 1,4 |
| 4 | Einzelhandelskauffrau | 12 | 4,4 | 7 | 2,5 |
| 5 | Polizistin | 11 | 4,0 | 4 | 1,4 |
| 6 | Kosmetikerin | 11 | 4,0 | | 0,0 |
| 7 | Tierpflegerin | 11 | 4,0 | 2 | 0,7 |
| 8 | Rechtanwältin | 10 | 3,7 | 6 | 2,1 |
| 9 | Architektin | 9 | 3,3 | 7 | 2,5 |
| 10 | Hotelkauffrau | 9 | 3,3 | 4 | 1,4 |
| | Zusammen | 131 | 48,0 | 41 | 14,5 |

Eindrücklich bestätigt wird die deutliche Bevorzugung sozialer Kontaktberufe, zu denen alle Wunschberufe mehr oder weniger zu rechnen sind. Unter männlichen Jugendlichen ist diese Berufsgruppe nur für wenige (knapp 15%) attraktiv.

Demgegenüber wurden von den zehn meistgenannten Wunschberufen der Jungen lediglich zwei auch von den Mädchen genannt, und darunter dominieren die beiden Berufe, die auf beiden Listen zu finden sind: *Architekt* und *Einzelhandelskaufmann*. Mädchen finden die üblicherweise von Jungen angestrebten Berufe nur dann attraktiv, wenn sie soziale Kontakte oder künstlerische Tätigkeiten beinhalten. Sekundarschülerinnen sprechen künstlerischen Tätigkeiten also nicht nur das höchste gesellschaftliche Ansehen zu, sondern sie finden künstlerische Berufe auch für sich persönlich erstrebenswert.

Die Einschätzungen der Schüler führen – wenn auch mit anderen Berufen – zu einem ähnlichen Ergebnis. Die Zahl der beruflichen Optionen, die sie in Betracht ziehen, ist ebenfalls klein. 42% nannten einen von 10 Wunschberufen. Dieser Prozentsatz entspricht relativ genau dem Anteil der männlichen Jugendlichen, die einen der 10 häufigsten Ausbildungsberufe wählen. 1997 waren das 41% (Bundesministerium für Bildung und Forschung (BMBF), 1999a, 75). Diese weitgehende Übereinstimmung lässt sich allerdings nicht so interpretieren, dass eine Eingrenzung akzeptabler Berufsalternativen schon in der Sekundarstufe vollzogen ist. Die Einsicht, dass sich einige Glamourjobs (wie Fußballprofi) kaum realisieren lassen, könnte eine Eingrenzung zur Folge haben oder aber die Notwendigkeit einer Suchraumerweiterung verdeutlichen.

Tabelle 10: Die zehn meistgenannten ersten Wunschberufe der Schüler

|   |   | Schüler n= 283 | Prozent | Schülerinnen 273 | Prozent |
|---|---|---|---|---|---|
| 1 | Kraftfahrzeugmechaniker | 25 | 8,8 | | |
| 2 | Computertechniker | 15 | 5,3 | | |
| 3 | Fußballprofi | 14 | 4,9 | | |
| 4 | Pilot | 13 | 4,6 | | |
| 5 | Informatiker | 12 | 4,2 | 1 | 0,4 |
| 6 | Elektriker | 11 | 3,9 | | |
| 7 | Manager | 8 | 2,8 | 1 | 0,4 |
| 8 | Berufsschullehrer | 7 | 2,5 | | |
| 9 | Architekt | 7 | 2,5 | 9 | 3,3 |
| 10 | Einzelhandelskaufmann | 7 | 2,5 | 12 | 4,4 |
| | Zusammen | 119 | 42,0 | 23 | 8,4 |

Der *Fußballprofi* gehört neben *Model, Gastwirt, Künstler, Artist und Feuerwehrmann* zu den Berufen, für die Bergmann und Eder (1992) im AIST keine Holland-Kodierungen anbieten, die nicht auf der Berufeliste verzeichnet waren und über die folglich auch keine Einschätzungen von Prestige und Geschlechtstyp vorliegen.

Andere nicht in der Liste enthaltene Berufswünsche sind dem Augenschein nach jedoch mit den Listenberufen so verwandt, dass eine Rekodierung vertretbar erscheint. Zwölf frei geäußerte Wunschberufe wurden acht Listenberufe zugeordnet. Sie sind in Tabelle 11 zusammen mit ihren Nennungshäufigkeiten aufgeführt.

Tabelle 11: Verwandte Zuordnungen der fünf frei geäußerten Berufswünsche (Häufigkeiten in den letzten Spalten)

| | **Eintragung** | **kodiert als** | **Anzahl je Position** | | | | | |
|---|---|---|---|---|---|---|---|---|
| | | | **1.** | **2.** | **3.** | **4.** | **5.** | **zus.** |
| 1 | Arzthelfer/-in | Krankenschwester/-pfleger | 5 | 10 | 3 | 3 | 2 | 23 |
| 2 | Rettungsassistent/-in | | 1 | | | | | 1 |
| 3 | Altenpfleger/-in | | 1 | 1 | 2 | 3 | | 7 |
| 4 | Verkäufer/-in | Einzelhandels-kaufmann/-frau | 3 | 6 | | 5 | 3 | 17 |
| 5 | Moderator/-in | Journalist/-in | 1 | | 1 | 2 | | 4 |
| 6 | Radio- und Fernsehtechniker/-in | Fernmeldetechniker/-in | 2 | 1 | | 1 | | 4 |
| 7 | Robotechniker/-in | Maschinenbautechniker/-in | | | 1 | | | 1 |
| 8 | Techniker/-in | | | 2 | 1 | 4 | 1 | 8 |
| 9 | Ingenieur/-in | Maschinenbauingenieur/-in | 1 | 2 | 2 | 1 | 3 | 9 |
| 10 | Pferdepflegerin/-wirt/-in | Tierpfleger/-in | 1 | 2 | 1 | | | 4 |
| 11 | Tierarzthelferin | | 2 | 4 | 1 | 3 | 1 | 11 |
| 12 | Bauzeichner/-in | Technische(r) Zeichner/-in | 1 | 2 | 1 | 1 | | 5 |

Nach dieser Datenaufbereitung liegen Experteneinschätzungen für 496 erstgenannte Berufswünsche vor. Entsprechend konnten 60 genannten Berufen keine Indizes zugeordnet werden. Die von den Schülern abgegebenen eigenen Prestige- und Sextype-Ratings lagen für 478 der erstgenannten Wunschberufe vor. Auf dieser Datenbasis erfolgen die weiteren Auswertungsschritte.

## 5.2.2   Interkorrelationen

Für einen ersten Überblick über die Urteilsübereinstimmung von Experten und Jugendlichen wurden zunächst einfache Produkt-Moment-Korrelationen berechnet. Zwar ist bei Einschätzungen nach dem Likertverfahren das Intervallskalenniveau nicht gewährleistet, aber es lässt sich nachweisen, dass parametrische Verfahren auch dann zu korrekten Entscheidungen führen, wenn die Intervallgrenzen der untersuchten Daten variieren (Bortz & Döring, 1995, 168).

Angesichts der hohen allgemeinen Übereinstimmung von Schülern und Erwachsenen bei der Beurteilung von Berufsmerkmalen auf der Berufsliste (vgl. Kap. 5.1.3) sind die ermittelten Korrelationen bei den frei geäußerten Berufswünschen erstaunlich niedrig. Der Geschlechtstyp des Wunschberufes wird mit einer Übereinstimmung von r=.60 eingeschätzt. Dieser Wert liegt deutlich unter der über alle Berufe gemittelten Korrelation von $r_{(162)}$=.91. In Bezug auf das Prestige des Wunschberufes sind die Abweichungen noch gravierender: Die Korrelation beträgt lediglich r=.31 im Vergleich zu $r_{(162)}$=.81 bei den aggregierten Daten.

Tabelle 12:   Korrelationen von Sextype- und Prestigeeinschätzungen des ersten Berufs-
              wunsches der Schüler durch Experten (n=60 Studenten der Berufspädagogik)
              und durch die Schüler selbst (n=556). Es liegen Experteneinschätzungen für 493
              Berufe und Selbsteinschätzungen für 478 Berufe vor (** p < .01)

|                           | Studenten-Rating | Selbsteinschätzung der Schüler | |
|---------------------------|------------------|--------|----------|
|                           | Prestige | Sextype | Prestige |
| Sextype Studentenrating   | .285** | .598** | .067 |
| Prestige Studentenrating  |        | .121** | .306** |
| Sextype Selbsteinschätzung |       |        | -.025 |

Sekundarschüler schätzen zwar das Ansehen von Berufen allgemein ähnlich wie Erwachsene ein. Wenn es jedoch um ihren Wunschberuf geht, dann weicht die Einschätzung ab. Der Geschlechtstyp wird noch ähnlich eingeschätzt, aber in Bezug auf das Berufsprestige unterscheiden sich die Beurteilungen deutlich.

## 5.2.3 Vergleich der Einschätzungen

Der für 493 Berufe errechnete mittlere Prestigewert des ersten Berufswunsches ist nach Experteneinschätzung 5,87 (SD=1,61). Nach eigenen Einschätzungen der Schüler liegt der mittlere Wert ihrer Wunschberufe bei 7,14 (SD=2,08). Insgesamt gaben 185 der 478 Schüler (39%), über deren Wunschberufe Einschätzungen vorliegen, ihrem Wunschberuf den höchsten Prestigewert von 9 auf der Neunerskala.

Tabelle 13: Einschätzungen von Geschlechtstyp und Prestige des erstgenannten Berufswunsches der Schüler durch die Schüler selbst und durch Studenten (n=60)

| Geschlecht | | Rating von | N | Mittel | SD | t-Wert | df | p < |
|---|---|---|---|---|---|---|---|---|
| weiblich | Sextype | Studenten | 252 | 4,455 | 1,597 | 3,856 | | 0.001 |
| | | Schüler | 246 | 3,997 | 1,920 | | 496 | |
| | Prestige | Studenten | 252 | 5,898 | 1,582 | -11,208 | | 0.001 |
| | | Schüler | 246 | 7,237 | 1,976 | | | |
| männlich | Sextype | Studenten | 241 | 6,534 | 1,491 | -1,983 | | 0.05 |
| | | Schüler | 232 | 6,770 | 1,864 | | 471 | |
| | Prestige | Studenten | 241 | 5,829 | 1,639 | -9,518 | | 0.001 |
| | | Schüler | 232 | 7,038 | 2,186 | | | |

Der Geschlechtstyp des Wunschberufes wird dagegen überzufällig häufig auf neutral gesetzt. 37% der Schülerinnen und Schüler (178 von 478) ordneten Ihrem Wunschberuf die 5 auf der Neunerskala zu. Wie aus Tabelle 13 zu ersehen ist, gelten die Unterschiede für Jungen und Mädchen gleichermaßen. Mädchen neigen allerdings stärker dazu, ihren Wunschberuf für typisch weiblich zu halten.

Zusammenfassend zeigen die Ergebnisse, dass die Schülerinnen und Schüler – im Gegensatz zu den angemessenen Einschätzungen anderer Berufe – dazu neigen, das gesellschaftliche Ansehen ihres Wunschberufes dramatisch zu überschätzen. Weniger deutlich, aber noch statistisch bedeutsam, halten sie ihren Wunschberuf für geschlechtskonformer, als das unabhängige Experten tun. Dieser Befund könnte für alle Verfahren bedeutsam sein, die wie z.B. das Berufsentscheidungsprogramm SIGI plus (Holling et al., 2000, 95), auf Selbsteinschätzungen beruhen.

Wird die Differenz der Prestigeeinschätzungen des ersten Wunschberufes der Schüler als Zielvariable in eine dreifaktorielle Varianzanalyse nach Fisher eingegeben, dann wird deutlich, dass lediglich der Faktor Schulform signifikant zur Unterschiedlichkeit beiträgt ($F(2,454)=8,63$, $p<.001$). Die Effektstärke ist jedoch mit einem partiellen $\eta^2=.03$ gering. Nur drei Prozent der Varianz werden durch die Schulform aufgeklärt. Wegen der ungleichen Zellbesetzungen wurde in der SPSS-Prozedur ANOVA die Methode *Experimental* gewählt. Datenbasis sind die Wunschberufe der 478 Schülerinnen und Schüler, denen Prestige und Geschlechtstyp-Score zugeordnet werden konnten. Weder Klasse ($F(3,454)=1,05$; $p=.369$), Geschlecht ($F(1,454)=1,42$; $p=.234$), noch irgendeine der Wechselwirkungen überschreitet die Signifikanzgrenze. Die Schulform differenziert jedoch deutlich und höchst signifikant. Aus Abbildung 7 ist zu entnehmen, dass Schüler aller Schulformen in der Prestigeeinschätzung ihres Wunschberufes positiv von der Einschätzung der Experten abweichen, also höhere Werte zuordnen. Am deutlichsten ist die Abweichung bei der Gruppe der Hauptschüler. In der achten Hauptschulklasse ist der eingeschätzte Prestigewert auf der 9-Punkte-Skala sogar um 2,13 Punkte höher als der der Studenten. Allgemein gilt: Je niedriger das Schulniveau, desto stärker wird der Wunschberuf verzerrt beurteilt.

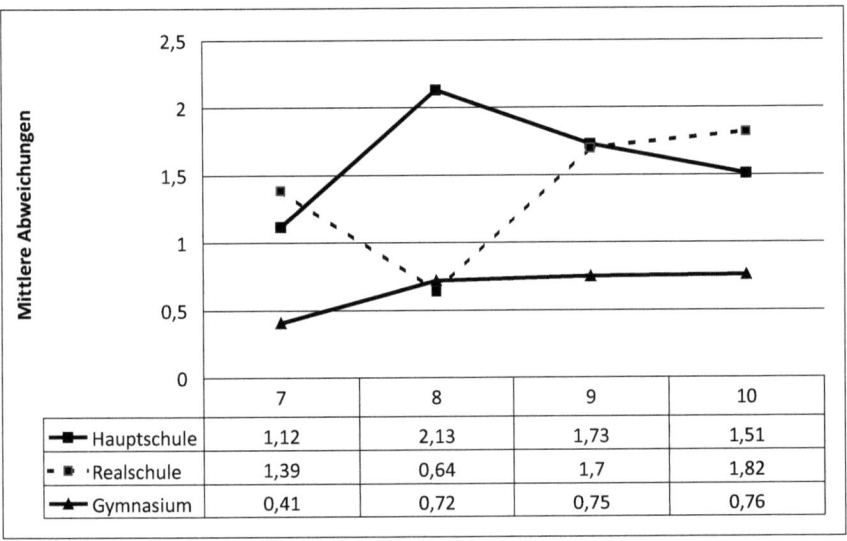

Abbildung 7:    Mittlere Abweichungen der Prestigeeinschätzungen der Wunschberufe der Schüler von den Schülern selbst und von Studenten

Im Vergleich zu den Prestigeeinschätzungen wird der Geschlechtstyp des Wunschberufes von den Schülern allgemein als nicht so deutlich anders wahrgenommen als von den Studenten (Experten). In einer Varianzanalyse mit der Zielvariablen Geschlechtstypdifferenz erreicht nicht nur die Schulform ($F(2,454)=7,40$; $p<.001$, $\eta^2=0,032$), sondern auch das Geschlecht als Hauptfaktor Signifikanz ($F(1,454)=18,674$; $p<.001$, $\eta^2=0,04$), und zusätzlich die Wechselwirkung zwischen Schule und Geschlecht ($F(2,454)=3,71$; $p<.05$, $\eta^2=0,016$). Hier polarisieren besonders die Realschüler.

Während sich die mittleren Einschätzungen von Hauptschülern und Hauptschülerinnen nicht unterscheiden und auch kaum von den Einschätzungen der Experten abweichen, beurteilen die männlichen Realschüler ihre Wunschberufe als deutlich männertypischer (vgl. Abbildung 8).

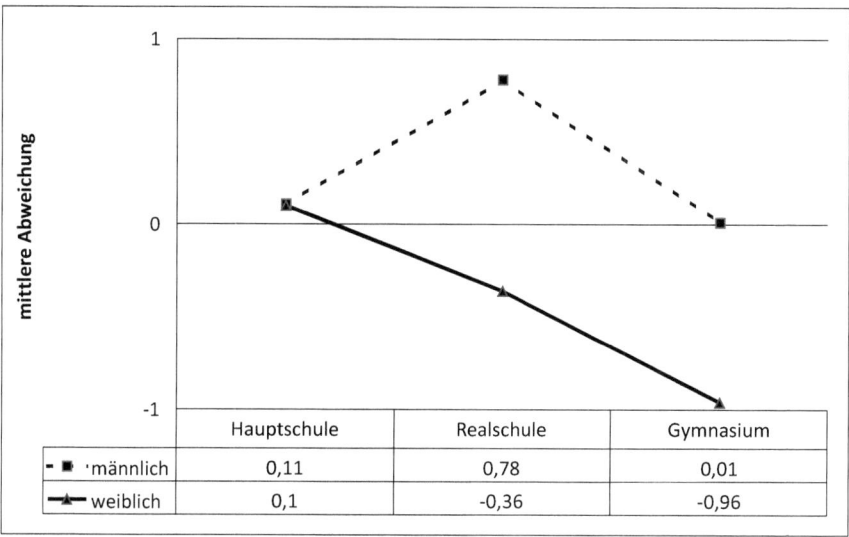

| | Hauptschule | Realschule | Gymnasium |
|---|---|---|---|
| - ■ ·männlich | 0,11 | 0,78 | 0,01 |
| ▲ weiblich | 0,1 | -0,36 | -0,96 |

Abbildung 8:   Mittlere Abweichungen der Geschlechtstypeinschätzungen der Wunschberufe nach Schulform und Geschlecht

Männliche Gymnasiasten beurteilen ihre Wunschberufe im Durchschnitt ähnlich den Experten, während ihre Mitschülerinnen ihre Wunschberufe für deutlich femininer halten. Das Geschlecht erweist sich mit 4% erklärter Varianz als stärkster Einflussfaktor.

## 5.2.4   Die zweit- bis fünftgenannten Berufswünsche

Die an zweiter bis fünfter Stelle genannten Berufswünsche unterscheiden sich in ihrer Art kaum von den erstgenannten Wunschberufen. Auf jedem Rangplatz sind die beliebtesten Berufe jeweils die gleichen, die schon unter den zehn beliebtesten Erstwünschen zu finden waren. In Tabelle 14 sind die jeweils meistgenannten Wunschberufe pro Rang nach Geschlecht aufgelistet; auch hier dominieren die Krankenschwester und der Automechaniker.

Alle meistgenannten Berufe entsprechen offensichtlich der Geschlechtstradition. Zu vermuten wäre deshalb, dass sich die deutliche Prestigeüberschätzung der Wunschberufe auch bei den Wunschberufen der Rangplätze zwei bis fünf fortsetzt.

Tabelle 14:   Die jeweils meistgenannten ersten bis fünften Wunschberufe von Schülerinnen und Schülern

| | | Mädchen (n=273) | | | Jungen (n=283) | |
|---|---|---|---|---|---|---|
| N= | N= | | Anz. | N= | | Anz. |
| 1 | 496 | 253 | Krankenschwester | 25 | 243 | Kfz-Mechaniker | 25 |
| 2 | 476 | 243 | Krankenschwester | 24 | 233 | Kfz-Mechaniker | 20 |
| 3 | 451 | 224 | Lehrerin | 13 | 227 | Kfz-Mechaniker | 15 |
| 4 | 384 | 200 | Krankenschwester | 17 | 184 | Elektriker | 8 |
| 5 | 318 | 165 | Stewardess | 11 | 153 | Polizist | 9 |

Es gibt jedoch auch Anlass zu einer gegenteiligen Vermutung: Wenn ein Zusammenhang zwischen dem Grad der Prestigeüberschätzung und der Wichtigkeit eines Berufes besteht, dann sollte die Korrelationen mit dem Rang der Wunschberufe ansteigen (je niedriger die Präferenz, desto geringer die Urteilsverzerrung). Tabelle 15 zeigt, dass diese Annahme nicht bestätigt werden kann. Sowohl die Prestigeeinschätzungen als auch die Geschlechtstypeinschätzungen bleiben in ihren Korrelationen mit den Expertenratings auf ähnlichem Niveau, wenn die persönliche Wichtigkeit abnimmt.

Tabelle 15:   Korrelationen der Einschätzungen des Prestiges und des Geschlechtstyps von Wunschberufen der Schüler durch die Sekundarschüler mit denen von erwachsenen Experten

| | Präferenzränge der Wunschberufe | | | | |
|---|---|---|---|---|---|
| | 1. | 2. | 3. | 4. | 5. |
| N= | 478 | 472 | 444 | 378 | 310 |
| Prestige | .306 | .222 | .338 | .331 | .381 |
| Sextype | .598 | .584 | .636 | .566 | .584 |

Die genannten Wunschberufe erlauben eine Überprüfung der Theorie Gottfredsons in mindestens drei Aspekten, die in den Hypothesen 3.2. bis 3.4. formuliert sind.

**Hypothese 3.2**: Wenn der Geschlechtstyp eines Berufes einen wichtigen Einflussfaktor darstellt, dann sollten alle fünf genannten Wunschberufe dem bevorzugten Geschlechtstyp angehören. Die Interkorrelationen der Geschlechtstypeinschätzungen der fünf Wunschberufe sollten signifikant positiv sein.

**Hypothese 3.3**: Als Ergebnis des Eingrenzungsprozesses sollten alle Wunschberufe einem bestimmten Prestigeniveau entsprechen; die Variation der Prestigewerte sollte eingeschränkt sein. Die Interkorrelationen der individuellen Prestigeeinschätzungen sollten ebenfalls signifikant positiv sein.

**Hypothese 3.4**: Auf Entwicklungsstufe 4 sollten die Wunschberufe überwiegend einer Holland-Kategorie angehören, auf Stufe 3 sollten sie frei variieren. Im

Idealfall sollten die Berufe für Stufe 3 auf die Holland-Kategorien gleich verteilt sein, für Stufe 4 nicht.

Wie aus Tabelle 16 zu ersehen ist, werden Hypothese 3.2 und 3.3 bestätigt. Sowohl die Korrelationen der Selbsteinschätzungen als auch die Einschätzungen durch die Studenten von Prestige und Geschlechtstyp aller fünf Wunschberufe sind höchst signifikant.

Demnach sind entsprechend der Theorie Gottfredsons Geschlechtstyp und Prestige harmonisierende Faktoren. Hypothese 3.4 ist – wie Abbildung 9 zeigt, deutlich widerlegt. Weder auf Stufe drei noch auf Stufe 4 sind die Nennungen für den ersten Berufswunsch gleich verteilt. Abweichungen von der Gleichverteilung nach dem Kolmogorov-Smirnov-Test sind höchst signifikant (p<.001).

Die Kurvenform entspricht den regelmäßig ermittelten geschlechtstypischen Unterschieden. Frauen bevorzugen soziale (S-)Berufe, während Männer handwerklich-technische (R-)Berufe favorisieren.

Tabelle 16: Interkorrelationen der Fremd- und Selbsteinschätzungen von Berufsprestige und Geschlechtstyp aller fünf Wunschberufe (alle aufgeführten Korrelationen sind höchst signifikant (p<.001)

| | Sextype | | Prestige | |
|---|---|---|---|---|
| | Selbst-einschätzung | Fremd-einschätzung | Selbst-einschätzung | Fremd-einschätzung |
| 1 und 2 | 0,474 | 0,545 | 0,394 | 0,393 |
| 1 und 3 | 0,478 | 0,437 | 0,232 | 0,2 |
| 1 und 4 | 0,469 | 0,388 | 0,299 | 0,315 |
| 1 und 5 | 0,356 | 0,414 | 0,261 | 0,255 |
| 2 und 3 | 0,419 | 0,432 | 0,309 | 0,352 |
| 2 und 4 | 0,44 | 0,429 | 0,372 | 0,319 |
| 2 und 5 | 0,333 | 0,416 | 0,26 | 0,244 |
| 3 und 4 | 0,46 | 0,445 | 0,25 | 0,264 |
| 3 und 5 | 0,321 | 0,347 | 0,314 | 0,256 |
| 4 und 5 | 0,368 | 0,46 | 0,23 | 0,275 |
| Mittelwert | 0,412 | 0,431 | 0,292 | 0,287 |

Bei den Schülerinnen wird diese Tendenz im Übergang von Entwicklungsstufe drei auf vier noch verstärkt, bei den Schülern ändert sich wenig. Lediglich unternehmerische (E-)Berufe gewinnen bei beiden Geschlechtern an Attraktivität. Dieses Ergebnis ist ein erneuter Beleg dafür, das berufliche Interessenrichtungen und Geschlechtstyp-Präferenzen nicht unabhängig sind. Geschlechtstypische Interessenorientierungen gehören zum Merkmalskatalog der Geschlechtsstereotype. Eine experimentelle Trennung der Faktoren ist zumindest mit dem Holland-Ansatz nicht möglich.

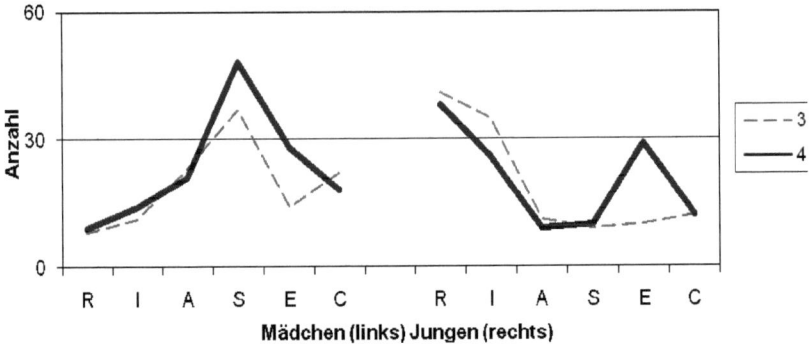

Abbildung 9:    Die Häufigkeiten der erstgenannten Berufswünsche pro Holland-Kategorie
und für Mädchen und Jungen getrennt

Ähnliche Kurvenverläufe wie die Wunschberufe zeigen die Berufswünsche zwei
bis fünf, deren Profile nicht dargestellt sind. Die S- bzw. R- Dominanz bleibt auch
für Alternativberufe erhalten.

## 5.3   Ergebnisbewertung

Entsprechend den Annahmen Gottfredsons besteht ein hoher Konsens über
Ansehen und Geschlechtstradition von Berufen. Das gilt unabhängig von Alter und
Bildungsniveau bereits für Schüler der siebten Klassenstufe der Hauptschule. Eben-
falls in Übereinstimmung mit der Theorie ist der relative Konsens über den
Geschlechtstyp eines Berufes höher als der über das Berufsprestige.

Gemessen an der Urteilsübereinstimmung ist eine graduelle Annäherung der
Urteile mit dem Alter zu beobachten, die als Hinweise auf eine Entwicklung interpretiert werden könnte. Die Theorie Gottfredsons sieht allerdings keine derartigen
Entwicklungen vor. Der Geschlechtstyp sollte ab dem 8. und das Prestige mit dem
13. Lebensjahr etabliert sein. Die jüngsten hier untersuchten Schüler waren jedoch
nicht jünger als 13 Jahre.

Die Urteile über den Geschlechtstyp von Berufen stimmten zwischen Erwachsenen und Schülern nicht nur in den Relationen überein, sondern auch in der
absoluten Urteilshöhe. Anders bei den Prestigeeinschätzungen. Die Berufskategorien nach Holland werden von Erwachsenen deutlich stärker differenziert.
Sie benutzten häufiger hohe Prestigewerte.

Schüler greifen dann zu hohen Prestigebewertungen, wenn die Berufe für sie
persönlich bedeutsam sind. Mädchen favorisieren als Gruppe soziale und künstlerische Berufe und schätzen das durchschnittliche Prestige dieser Berufskategorien

signifikant höher ein als Jungen. Die Einschätzungen für die anderen Holland-Kategorien unterscheiden sich dagegen nicht.

Geradezu dramatisch unterschiedlich werden die eigenen Wunschberufe beurteilt. Ein Drittel der Schüler gibt dem eigenen Wunschberuf den höchsten Prestigewert, unabhängig vom konkreten Berufswunsch. Das gilt in der Tendenz für alle, aber am extremsten für Hauptschüler. Je niedriger das Bildungsniveau, desto höher die Urteilsverzerrung. Offensichtlich sind hier Tendenzen zur Selbsterhöhung (*Enhancement-Motiv*) wirksam (Epstein, 1993, 36). Berufswünsche werden als selbstbezogen kodiert und unterliegen damit typischen Verarbeitungsprozessen (Filipp, 1993, 138).

Sie sind im Sinne der Selbstergänzungstheorie von Wicklung und Gollwitzer Identitätsziele, die durch Symbole (wie Leistungen, materielle Dinge, Selbstbeschreibungen u.a.) repräsentiert werden (Gollwitzer, Bayer, & Wicklund, 2002). Das dem Wunschberuf zugeschriebene Prestige kann ein solches Symbol sein. Nach dem Kompensationsprinzip der Selbstergänzungstheorie sollten sich Personen alternative Symbole zulegen, wenn sie einen Mangel an identitätsdefinierenden Symbolen erleben. Eine Überschätzung des zukünftigen eigenen Berufsprestiges ist demnach als Mangel an Identitätssymbolen aufzufassen. Nach den vorliegenden Ergebnissen wird dieser Mangel umso größer erlebt, je weniger positiv besetzt und selbstwertstiftend die besuchte Schulform ist.

Dieses Ergebnis widerspricht zumindest in einem Punkt der Theorie Gottfredsons: Wenn der Beruf persönlich bedeutsam wird, verändert sich die Perspektive: Die sonst objektive Sicht der Berufe wird idiosynkratisch. Dagegen meint Gottfredson „*If people had idiosyncratic views of occupations, it would be difficult to predict which occupations they would find compatible with their self-concepts*" (Gottfredson, 1981, 549). Die Antwortverzerrungen bedürfen einer Erklärung, die nicht aus Gottfredsons Theorie ableitbar ist. Sie bestätigen jedoch grundsätzlich die theoretische Basisannahme der Selbstkonzeptabhängigkeit beruflicher Orientierungen und damit die Anwendbarkeit von Erklärungsmustern aus der Selbstkonzeptforschung.

Auch andere Aspekte der Theorie finden Bestätigung. Gemessen an den Interkorrelationen der Geschlechtstyp- und Prestigewerte gehören alle fünf genannten Wunschberufe einem ähnlichen Geschlechtstyp und einem ähnlichen Berufsprestige an. Der postulierte starke Einfluss dieser Dimensionen auf die Berufswahl ist damit bestätigt. Der dritte Faktor, das Interessengebiet, zeigt dagegen nicht die erwartete Differenzierung zwischen den Stufen drei und vier. Entweder kommen Interessen entwicklungspsychologisch früher zum Tragen, d.h. schon vor der angenommenen Entwicklungsstufe drei, oder sie spielen eine strukturell andere Rolle. Wir kommen in Kapitel sechs auf diese Frage zurück.

# 6. Eingrenzung und Kompromiss

Die Entwicklung beruflicher Aspirationen begreift Gottfredson als stetigen Eingrenzungsprozess, der als sich formal als verengende Fläche darstellen lässt. Dieser Prozess dauert von der frühen Kindheit bis zur Adoleszenz und ist eng an die kognitive Entwicklung bzw. die Fähigkeit zur Informationsverarbeitung gebunden. Nach Gottfredson (1996) folgt der Eingrenzungsprozess beruflicher Aspirationen fünf Prinzipien: Das erste Prinzip ist die wachsende Fähigkeit zur *Abstraktion*. Mit zunehmendem Alter können Kinder abstraktere und komplexere Informationen über sich und die Welt verstehen und organisieren. Das zunächst konkrete und an die Anschauung gebundene Denken wird flexibler, abstrakter und verändert sich in der Stufenfolge des in Kapitel 3 beschriebenen Entwicklungsmodells. Kinder durchlaufen die Entwicklungsstufen abhängig von ihren mentalen Fähigkeiten in unterschiedlichem Tempo. Berufsfrühorientierung sollte als kognitiv gesteuerter Entwicklungsprozess also enger an das mentale Entwicklungsniveau als an das chronologische Alter gebunden sein. Das zweite Prinzip ist die interaktive Entwicklung von *Selbstkonzept* und beruflichen Aspirationen. Berufswünsche sind Reflexionen des Selbstkonzepts. Sie dienen dazu, eine Position im Sozialsystem anzustreben, das Selbst zu präsentieren, zu implementieren und zu erhöhen. Insofern ist eine gegenseitige Bezogenheit in der Entwicklung notwendig. Das dritte Prinzip nennt Gottfredson „überlappende Differenzierung und Inkorporation". In ihrem Entwicklungsmodell werden mit zunehmendem Alter mehr und komplexere Elemente ins Selbstkonzept integriert (inkorporiert). Mit diesem Prinzip nimmt sie an, dass sich die Integrationsprozesse überlappen. Kinder begreifen schon komplexere Unterscheidungen zwischen Berufen und Personen (z.B. soziale Klassenzugehörigkeiten), während sie noch einfache und konkrete Elemente (wie z.B. Geschlechtsstereotype) in ihr Selbstkonzept aufnehmen. Mit dieser Annahme werden trennscharfe Zuordnungen zu Entwicklungsstufen und damit die empirische Überprüfung des Entwicklungsmodells schwieriger. Prinzip vier beschreibt die fortschreitende und irreversible *Elimination* von beruflichen Optionen. Durch die Integration neuer Elemente in das Selbstkonzept (Geschlecht, Sozialschicht) wird es komplexer und schärfer abgegrenzt. Die Elemente wirken als Organisations- und Bewertungskriterien für mögliche Berufe. Ein immer größerer Bereich beruflicher Option wird als inkompatibel zum Selbstkonzept aussortiert. Die Eingrenzung ist nach Gottfredsons Auffassung im Effekt irreversibel, weil die abgelehnten Berufe nach empirischen Beobachtungen zu keinem späteren Zeitpunkt wieder (spontan) in Betracht gezogen werden. Als fünftes Prinzip schließlich wirken fundamentale *Überzeugungen* und blinde Flecken beim Eingrenzungsprozess. Die Eingrenzung beruflicher Optionen ist so elementar, vollzieht sich so allmählich und wird für so selbstverständlich gehalten, dass sie den Betroffenen nicht bewusst ist. Sie nehmen Eingrenzungen in ihrem beruflichen Suchfeld weder wahr, noch können sie darüber berichten. Erst unter äußerem Einfluss, wie z.B. in der Berufsberatung oder in der schulischen Berufsorientierung, können derartige blinde Flecken reflektiert und erkannt werden.

Die fünf Prinzipien, die beim Eingrenzungsprozess zu Tragen kommen, spezifizieren Prozesse und klären Sachverhalte, aber sie enthalten auch zusätzliche Annahmen, die empirisch überprüft werden können (z.B. überlappende Differenzierung). Im folgenden Kapitel sind Zusatzannahmen nicht Gegenstand gezielter Überprüfung. Überprüft wird die Kernannahme der Theorie, dass die berufliche Frühorientierung einer stetigen Eingrenzung der Zone akzeptabler Berufsoptionen folgt. Als Zusatzbedingung kann lediglich die Schulform herangezogen werden, um Anhaltspunkte über den Einfluss kognitiver Niveau- und Entwicklungsunterschiede zu erhalten, die im ersten Prinzip formuliert sind. Ob und inwieweit Nebenergebnisse im Sinne weiterer Zusatzannahmen interpretiert werden können, wird im Zuge der weiteren Auswertung erläutert.

Bisherige Überprüfung der Eingrenzungsannahme erbrachten keine eindeutigen Ergebnisse, wie Kapitel 3.2 zeigt. Leung und Harmon (1990) haben Gottfredsons Hypothesen nicht bestätigen können. In ihrer retrospektiven Befragung von College-Studenten ergab sich eher eine Erweiterung des Suchraums für den Idealberuf. Unterstützung erhält Gottfredsons Idee dagegen von Todt (2000), der zeigen konnte, dass Kinder ab dem Grundschulalter weniger Interessen ausdifferenzieren, sondern Interessenbereiche ausblenden. Die Übereinstimmung zwischen Berufsinteressen und dem Zutrauen in die eigenen Fähigkeiten, berufliche Tätigkeiten auszuführen, ist bei negativer Formulierung deutlich stärker als bei positiver. „Vermutete Inkompetenz und Ablehnung hängen damit enger zusammen als vermutete Kompetenz und Interesse" (Todt, 2000, 224).

Im Unterschied zu Leung und Harmon haben wir die Möglichkeit, aus den aktuellen Berufswünschen direkte Schätzungen der Akzeptanzzonen abzuleiten. Wir sind nicht auf Rekonstruktionen angewiesen und umgehen bekannte Nachteile retrospektiver Datenhebungen (Erinnerungslücken, -harmonierungen, -verzerrungen etc.).

## 6.1 Eingrenzung

Für die Überprüfung der Eingrenzungshypothesen 2 und 2.1 werden die fünf aktuellen Berufswünsche herangezogen, die die Schüler nach Priorität geordnet angegeben haben. Diese fünf Berufe markieren im Koordinatensystem der Dimensionen Geschlechtstyp (Abszisse) und Berufsprestige (Ordinate) eine Fläche, deren Breite und Höhe durch die Spannweiten der Geschlechtstyp- und der Prestigeeinschätzungen bestimmt werden (vgl. Abbildung 2). Diese Fläche – die Zone akzeptabler Berufsalternativen – sollte mit zunehmender Entwicklungshöhe kleiner werden. Im vorliegenden Datensatz deckt die Stichprobenzusammensetzung zwei Altersstufen von Gottfredsons Entwicklungsmodell ab. Gemäß der Eingrenzungs-

hypothese 2.1 sollte die durchschnittliche Akzeptanzzone der Siebt- und Acht-
klässler (Entwicklungsstufe drei) größer sein als die der über-14-jährigen (Entwicklungsstufe vier).

Nach dem Vorbild von Leung und Harmon (1990) haben wir für jeden
Probanden fünf Indizes berechnet, die als Indikatoren für die Zone akzeptabler
Berufsalternativen interpretiert werden (siehe Tabelle 17). Das experimentelle Vorgehen und die Datenbasis unterscheiden sich allerdings. Den genannten fünf
aktuellen Berufswünschen wurden die subjektiven Einschätzungen von Prestige
und Geschlechtstyp zugeordnet und daraus jeweils Mittelwerte berechnet. Der
dritte Indikator, nach Leung und Harmon (1990) *Index 1* genannt, bezeichnet die
Spannweite der maximal fünf Prestigewerte, der vierte Indikator bezeichnet die
entsprechende Spannweite (range) der Geschlechtstypeinschätzungen und *Index 3*
schließlich ist als direktes Maß der Akzeptanzzone zu interpretieren: Er ist das Produkt der Spannweiten der Zuordnungswerte von Prestige und Geschlechtstyp und
beschreibt somit eine Fläche in dem entsprechenden Koordinatensystem.

In Tabelle 17 sind die fünf Indizes gegen die Altersgruppen abgetragen, die
nach Gottfredsons Entwicklungsmodell die Stufen drei und vier markieren. Entsprechend ihrer Theorie sollte die Zone akzeptabler Berufsalternativen kleiner werden (Hypothese 2.1.). Die Haupttestvariable für Hypothese 2.1. ist Index 3. Um
Typ-1-Fehler zu reduzieren, wurde die Signifikanzschranke nach Bonferroni korrigiert. Wegen der fünf durchgeführten t-Tests wird danach p<.05 durch 5 geteilt, so
dass als Signifikanzgrenze für einfache Signifikanz p<.01 angenommen wird.

Alle für die Eingrenzungshypothese direkt relevanten Indizes zeigen erwartete
Trends: Der Größe der Akzeptanzzone ist mit 11,00 Quadrateinheiten bei den
Schülern der Klassen sieben und acht deutlich größer als bei den Schülern der
neunten und zehnten Klassen, deren Akzeptanzzone nur 8,317-Quadrateinheiten
umfasst. Der mittlere Flächenunterschied ist auch auf α-korrigiertem Niveau statistisch bedeutsam. Gleiches gilt für die Reduktion in der Spannweite der Prestigewerte. Lediglich die Spannweite des Geschlechtstyps verfehlt trotz deutlicher
Reduktion statistische Signifikanz.

Tabelle 17: Zonen akzeptabler Berufe von 556 Sekundarschülern nach Entwicklungsstufe

| | | | Entwicklungsstufe 3 Klassen 7 und 8 (n=261 von 264) | Entwicklungsstufe 4 Klassen 9 und 10 (n=287 von 292) | t-Test (df=546) Sig. (2-seitig) |
|---|---|---|---|---|---|
| 1 | Mittleres Prestige | M | 6,54 | 6,83 | t=-2,250 |
| | | SD | 1,59 | 1,43 | p=.025 |
| 2 | Mittlerer | M | 5,41 | 5,39 | t=0,123 |
| | Sextype | SD | 1,90 | 1,83 | n.s. |
| 3 | Index 1 | M | 3,149 | 2,663 | t=2,678* |
| | (Prestige-Range) | SD | 2,276 | 1,941 | p=.008 |
| 4 | Index 2 | M | 3,035 | 2,590 | t=2,391 |
| | (Sextype-Range) | SD | 2,237 | 2,114 | p=.017 |
| 5 | Index 3 | M | 11,000 | 8,317 | t=2,736* |
| | (Index1 * Index2) | SD | 12,756 | 11,400 | p=.006 |

* p <.01

Im Gegensatz zu Leung und Harmon (1990), die eine Ausweitung des Akzeptanz-bereichs über die Entwicklungsstufen und damit eine deutlich Flächenvergrößerung von Stufe drei auf Stufe vier feststellten, werden Gottfredsons Annahmen (formuliert in Hypothese 2.1.) durch unsere Erhebung der aktuellen Berufswünsche bestätigt.

Worauf die unterschiedlichen Ergebnisse zurückzuführen sind, ist nicht eindeutig zu klären. Neben der Art der Datenerhebung (direkt vs. retrospektiv) unterscheiden sich die Stichproben (homogen vs. heterogen) und die Altersgruppen. Eine direkte Erfassung der Akzeptanzzonen ist einer rekonstruierten jedoch in jedem Fall überlegen.

## 6.1.1    Differentielle Effekte

Gottfredsons (1981) Theorie nimmt keine Geschlechtsunterschiede in den beruflichen Orientierungsprozessen der Kindheit und Adoleszenz an. Die Theorie soll gleichermaßen Entwicklungsprozesse von Frauen wie von Männern beschreiben und erklären. Leung und Harmon (1990) stellten bei den College-Studenten, deren bisherige Berufswünsche sie erfragten, allerdings signifikant größere Akzeptanz-bereiche der weiblichen Studenten fest. Der Prestigewert der gewählten Berufe war bei Männern durchweg höher, wenn auch nicht signifikant, und der Geschlechtstyp unterschied sich naheliegender Weise hochsignifikant. Der Geschlechtstypunter-schied ist Folge der (bipolaren) Kodierung und insofern ohne Belang, als er die Spannweite der Werte (Index 2) nicht beeinflusst, die in die Index-3-Berechnung eingehen.

Die Ergebnisse unserer Untersuchung der Akzeptanzzonen von Schülerinnen und Schülern sind in Tabelle 18 zusammengestellt.

Ebenso wie Leung und Harmon (1990) stellen wir einen (auch nach Bonferroni-Korrektur) signifikant größeren Bereich akzeptabler Berufe für weibliche Jugendliche fest. Der Unterschied beträgt mehr als zwei Quadrateinheiten (genau: 2,528) und ist auf die signifikant größere Akzeptanzbreite des Geschlechtstyps (3,093 gegen 2,515) zurückzuführen. Die Unterschiedsspanne der Prestigewerte von Wunschberufen ist bei Jungen (mit 2,839) und Mädchen (2,663) ähnlich groß. Bestätigt wird damit erneut die allgemein größere Rollenflexibilität von Frauen (Alfermann, 1996, 72).

Tabelle 18: Zonen akzeptabler Berufe von 556 Sekundarschülern nach Geschlecht

|  |  | Schüler (n=276) | Schülerinnen (n=272) | t-Test (df=546) |
|---|---|---|---|---|
| Mittleres Prestige | M | 6,68 | 6,71 | t=0,249 |
|  | SD | 1,60 | 1,42 | n.s. |
| Mittlerer | M | 6,66 | 4,11 | t=-21,96*** |
| Sextype | SD | 1,41 | 1,30 | p=.000. |
| Index 1 | M | 2,839 | 2,663 | t=0,613 |
| (Prestige-Range) | SD | 2,173 | 2,066 | n.s. |
| Index 2 | M | 2,515 | 3,093 | t=3,121* |
| (Sextype-Range) | SD | 2,116 | 2,214 | p=.002 |
| Index 3 | M | 8,340 | 10,868 | t=2,61* |
| (Index1 * Index2) | SD | 10,454 | 12,147 | p=.009 |

* p <.05 korrigiert

Über den Geschlechtsvergleich hinaus erlaubt das Versuchsdesign auch Vergleiche der drei Schulformen, die kognitive Leistungsniveaus repräsentieren. Nach dem ersten Eingrenzungsprinzip der Theorie sollten Oberschüler mit gleichem chronologischem Alter ein höheres mentales Alter als Real- und Hauptschüler haben.

In Abbildung 10 sind die Veränderungen der Akzeptanzzonen von Entwicklungsstufe drei auf Entwicklungsstufe vier nach Geschlecht und Schulform dargestellt. Die Theorievorhersagen werden für Jungen und Mädchen aus der Real- und der Oberschule gleichermaßen erfüllt. Die Größe der Akzeptanzzonen nimmt deutlich ab. Bei den Mädchen aus der Hauptschule vergrößert sich dagegen die Akzeptanzzone auf Stufe vier (11,36) deutlich gegenüber Stufe drei (9,95), während sie bei den männlichen Hauptschülern in etwa in der gleichen Größenordnung bleibt (9,88 auf Stufe drei und 9,55 auf Stufe vier).

In einer Varianzanalyse (klassische Methode nach Fisher) erweisen sich die Faktoren Geschlecht ($F(1,536)=8,52$; $p <0.01$, $\eta^2=0,016$) und Entwicklungsstufe ($F(1,536)=8,26$; $p <0.01$, $\eta^2=0,015$) als signifikante Einflussfaktoren, nicht jedoch die Schulform ($F(2,536)=0,73$; n.s.).

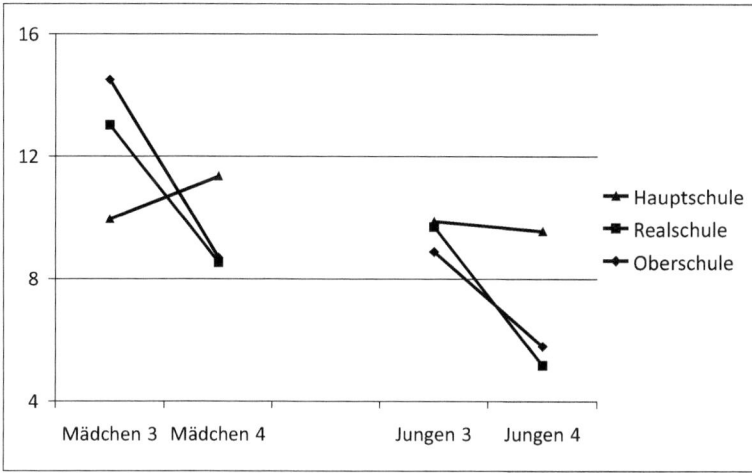

Abbildung 10: Größe der Akzeptanzzonen nach Geschlecht, Schulform und Entwicklungsstufe

Auch keine der Faktorwechselwirkungen ist signifikant. Erst wenn die Daten der Hauptschule mit den zusammengefassten Werten aus Real- und Oberschule kontrastiert werden, überschreitet die Wechselwirkung von Schulniveau und Entwicklungsstufe – wie nach Abbildung 11 zu erwarten – die Signifikanzgrenze ($F(1,540)=5,89$; $p=0.016$, $\eta^2=0,011$). Die Effekte der Faktoren sind allerdings gering. Durch Geschlecht und Entwicklungsstufe werden jeweils weniger als zwei Prozent der Datenvarianz erklärt.

Gemessen an den fünf geäußerten Berufswünschen ist sowohl bei den Schülerinnen als auch bei den Schülern eine Reduktion des Akzeptanzbereichs nach den Dimensionen Geschlechtstradition und Berufsprestige festzustellen. Es handelt sich zwar nicht um den gesamten Akzeptanzbereich, sondern um einen Kernbereich, aber als Annäherung ist die Eingrenzungsannahme der Theorie bestätigt.

Die Signifikanz der Haupteffekte bei gleichzeitig unbedeutenden Wechselwirkungen deutet auf graduelle – nicht strukturelle – Unterschiede zwischen den Geschlechtern und den Bildungsniveaus hin. Wie theoretisch zu erwarten, bestehen die Geschlechts- und Bildungsunterschiede in unterschiedlichen Ausprägungsgraden der Theoriekonzepte, nicht in strukturell anderen Anordnungen. Die Hypothese 6.1 findet damit – bezogen auf die Eingrenzung beruflicher Optionen – Bestätigung.

## 6.1.2   Bisherige Berufswünsche

Prinzipiell alle Entwicklungsstufen sollten mit dem zweiten methodischen Zugang zur Rekonstruktion des Eingrenzungsprozesses erfasst werden können. Die Schülerinnen und Schüler sollten fünf ihrer bisherigen Berufswünsche zusammen mit dem

Alter angeben, in dem der Wunsch aufkam. Der erstgenannte Berufswunsch sollte auch der erste Berufswunsch sein, an den sich die Schüler erinnern konnten.

Trotz der anstrengenden vorherigen Befragungen kamen noch relativ viele Schüler dieser Aufforderungen nach. In Tabelle 19 ist die Anzahl der Nennungen nach den Altersgruppen, die den Entwicklungsstufen entsprechen, aufgelistet. Nicht ernstzunehmende Angaben wie „Zuhälter" mit einem Jahr oder ... mit 49 Jahren wurden nicht berücksichtigt. Auch Berufswünsche ohne Jahresangaben wurden eliminiert.

Tabelle 19: Häufigkeit der Nennungen bisheriger Berufswünsche nach Entwicklungsstufe

|  | N= | Stufe 1 (3-5) | Stufe 2 (6-8) | Stufe 3 (9-13) | Stufe 4 (14+) | Summe Stufe 1-4 |
|---|---|---|---|---|---|---|
| 1. bisheriger Berufswunsch | 478 | 122 | 183 | 157 | 9 | 471 |
| 2. bisheriger Berufswunsch | 457 | 28 | 136 | 268 | 23 | 455 |
| 3. bisheriger Berufswunsch | 408 | 13 | 48 | 280 | 64 | 405 |
| 4. bisheriger Berufswunsch | 336 | 3 | 27 | 206 | 95 | 331 |
| 5. bisheriger Berufswunsch | 265 | 3 | 12 | 113 | 133 | 261 |

Ein Teil der Schüler nannte weniger als fünf bisherige Wunschberufe. Allgemein nahm die Anzahl der Nennungen mit der Höhe der Ordnungszahl der bisherigen Berufswünsche ab. Einen fünften Berufswunsch gaben nur noch 265 Schüler an. Nicht alle Berufswünsche lagen in dem durch die Entwicklungsstufen vorgegeben Altersbereich. Zu den 478 ersten Berufswünschen wurden 6 Altersangaben unter drei gemacht, eine von 49, so dass nur 471 aufgelistet wurden (siehe Summenspalte).

Instruktionsgemäß wurden zu den ersten Berufswünschen Altersangaben gemacht, die frühe Entwicklungsstufen zugeordnet werden können; die Altersangaben der nachfolgenden Berufswünsche entsprechen späteren Entwicklungsstufen.

Die zehn erstgenannten bisherigen Berufswünsche sind für Mädchen und Jungen getrennt in Tabelle 20 aufgelistet. 160 von 273 Mädchen (58,6%) und 153 von 283 Jungen (54,1%) nennen einen der zehn meistgenannten Berufe. Der mit Abstand beliebteste erste Beruf ist für beide Geschlechter der *Polizist*. Danach unterscheiden sich die Wunschberufe deutlich.

Tabelle 20: Die zehn meistgenannten bisherigen ersten Berufswünsche nach Geschlecht. Die Altersangabe bezieht sich auf das Alter, in dem Wunsch bestand.

| | | | Nennungen | | Alter | |
|---|---|---|---|---|---|---|
| | | | N | Proz. | M | SD |
| Schüler | 1 | Polizist | 40 | 14,1 | 6,7 | 2,6 |
| N=283 | 2 | Pilot | 25 | 8,8 | 7,9 | 2,2 |
| | 3 | Feuerwehrmann | 18 | 6,4 | 6,0 | 2,2 |
| | 4 | Fußballer | 18 | 6,4 | 7,8 | 2,3 |
| | 5 | Astronaut | 13 | 4,6 | 6,3 | 1,7 |
| | 6 | Kraftfahrer | 11 | 3,9 | 6,8 | 2,0 |
| | 7 | Arzt | 9 | 3,2 | 7,8 | 3,6 |
| | 8 | Kfz-Mechaniker | 4 | 1,4 | 4,8 | 2,5 |
| | 9 | Lokführer | 6 | 2,1 | 5,0 | 0,9 |
| | 10 | Tierarzt | 4 | 1,4 | 6,3 | 1,3 |
| | | | **148** | **52,3%** | | |
| Schülerinnen | 1 | Polizistin | 32 | 11,7 | 7,3 | 2,4 |
| N=273 | 2 | Ärztin | 31 | 11,4 | 7,7 | 2,9 |
| | 3 | Tierärztin | 25 | 9,2 | 8,1 | 2,3 |
| | 4 | Lehrerin | 24 | 8,8 | 7,7 | 2,1 |
| | 5 | Sängerin | 14 | 5,1 | 7,1 | 3,1 |
| | 6 | Kindergärtnerin | 14 | 5,1 | 6,1 | 2,1 |
| | 7 | Frisörin | 7 | 2,6 | 7,9 | 2,7 |
| | 8 | Schauspielerin | 7 | 2,6 | 8,9 | 2,5 |
| | 9 | Tänzerin | 5 | 1,8 | 6,2 | 2,9 |
| | 10 | Kosmetikerin | 3 | 1,1 | 11,0 | 1,0 |
| | | | **162** | **59,3%** | | |

Der Beruf des Polizisten ist in allen neueren Untersuchungen als besonders attraktiv für Heranwachsende ermittelt worden. In einer IJF-Repräsentativstudie von 1995 war er (zusammen mit dem Piloten) der meistgenannte Traumberuf von 6- bis 14-jährigen Jungen. Die öffentliche Präsenz im Erscheinungsbild der Städte und in den Medien hat offensichtlich Wirkung gezeigt. Bei den Mädchen erschien die Polizistin nicht auf der Liste. Hier dominierte die Tierärztin und die Kranken-schwester (Meixner, 1996, 41). Polizist und Feuerwehrmann waren nach Profi-sportler auch die dominierenden Berufswünsche der von Cook et al. befragten männlichen Primar- und Sekundarschüler (Cook et al., 1996).

Ähnliche Wünsche äußerten 376 Grundschüler der 4. Klasse aus Flensburg in ihren Schulaufsätzen. Jungen und Mädchen wählten die gleichen Berufe (Polizist und Tierarzt) aus unterschiedlichen Motiven (Glumpler & Schimmel, 1991). In einer Schweizer Längsschnittstudie mit Sekundarschülern belegte der Polizist Rang zwei der Beliebtheit bei den männlichen Jugendlichen und Rang acht bei den weiblichen (Herzog et al., 2004). Anscheinend hat die aggressive und damit männliche dominierte Berufsrolle des Polizisten (Merz, 1979, 162) unter dem Einfluss des Fernsehens einen Bedeutungswandel erfahren und ist damit für Mädchen als Beruf attraktiv geworden.

In den letzten beiden Spalten sind die Mittelwerte und Standardabweichungen der jeweiligen Altersangaben eingetragen. Nennungen der ersten erinnerten Berufswünsche unter fünf Jahren, die der ersten Entwicklungsstufe zuzuordnen wären, sind im Durchschnitt selten. Aber die Standardabweichungen zeigen, dass etliche Schülerinnen und Schüler ihre ersten Berufswünsche in einem Alter erinnerten, in dem Kinder nach Gottfredson erste Vorstellungen von Berufen entwickeln.

Die zusätzliche Überprüfung der Eingrenzungsannahme (Hypothese 2) mit den genannten bisherigen Berufswünschen konnte nicht realisiert werden, weil zu wenige Nennungen pro Entwicklungsstufe vorlagen. Jeder Proband hätte für die Berechnung der Akzeptanzzonen der vier Entwicklungsstufen jeweils mindestens drei Berufswünsche angeben müssen, deren Koordinaten hätten eine Fläche bilden können. Gewöhnlich nannten die Schüler nur einen oder zwei Berufswünsche in dem Altersbereich, der eine Entwicklungsstufe markiert. Für zukünftige Untersuchungen sollten die Aufgabenstellungen verändert werden.

## 6.2 Kompromiss

Ebenso wie der Eingrenzungsprozess wird nach Gottfredson auch der Kompromissprozess beruflicher Aspirationen von verschiedenen (in diesem Fall vier) Prinzipien reguliert. Nach der Revision des Kompromissmodells von 1996, in der die einfache lineare Prioritätenbeziehung zwischen den Berufsparametern (Geschlechtstyp, Prestige, Interessen) durch bedingte Prioritäten ersetzt wurde, erhielt die *bedingte Priorität* den Status des ersten Prinzips, das in Kompromissprozessen zum Tragen kommt (Gottfredson, 2002). In der ersten Fassung ihrer Theorie von 1981 nahm Gottfredson an, dass Berufswähler in Kompromisssituationen, in denen die eigenen Ansprüche angesichts der Unerreichbarkeit des beruflichen Ideals, reduziert werden müssen, zuerst Interessen, dann Prestige und erst zuletzt Geschlechtstyp opfern. Die der Umwelt präsentierten Aspekte des Selbst erscheinen schützenswerter als das private persönliche Selbst. In der revidierten Fassung von 1996 werden diese absoluten Prioritäten zu bedingten Prioritäten. Ob der Geschlechtstyp oder das Prestige die Wahl bestimmt, hängt von der Stärke des Kompromisses ab, der in der Wahlsituation erfordert wird. Die Stärke des Kompromisses wird aus der Distanz der Punkte im Koordinatensystem der Berufe bestimmt. Berufsalternativen, die auf der Landkarte der Berufe – bezogen auf eine Dimension – weit auseinanderliegen (im Extremfall: Hebamme und Soldat in Bezug auf den Geschlechtstyp) erfordern (bezogen auf diese Dimension) eine hohe Kompromissbereitschaft, während bei benachbarten Punkten nur geringe Kompromisse eingegangen werden müssen.

Nur wenn einer Person sehr einschneidende Kompromisse abverlangt werden, gilt die bisher angenommene Prioritäten- Beziehung. Gottfredson nimmt eine kritische Toleranzschwelle an, die überschritten sein muss. Die Prioritätenbeziehungen in Abhängigkeit von der Kompromissstärke sind in Tabelle 21 zusammengestellt.

Tabelle 21:  Bedingte Prioritäten der Berufsparameter in Abhängigkeit von der erforderlichen Kompromissstärke

|  | Rangplatz der individuellen Wichtigkeit | | |
|---|---|---|---|
| Kompromiss | 1. | 2. | 3. |
| niedrig | Interessen | Prestige | Geschlechtstyp |
| mittel | Prestige | Interessen | Geschlechtstyp |
| hoch | Geschlechtstyp | Prestige | Interessen |

Das zweite Prinzip ist die *Option des „gut genug"*. Gottfredson übernimmt das allgemeine Satisfizierungsprinzip von Simon (1955), nach dem Personen in Wahlsituationen nicht die bestmögliche Option anstreben, sondern sich mit Lösungen zufriedengeben, die schneller erreichbar erscheinen und weniger Aufwand erfordern. Auch bei der Berufswahl geben sich Personen mit einer guten Wahl zufrieden, wenn die Exploration zu aufwendig erscheint oder verfügbare Informationen zu vage oder unsicher sind.

Das dritte Prinzip ist das der *Vermeidung des „nicht gut genug"*: Wenn alle gegebenen Wahlalternativen (in der Akzeptanzzone) dem Kriterium des „gut genug" nicht genügen, sind Personen nicht bereit, sich damit zu arrangieren, sondern sie vermeiden die Wahl, schieben die Entscheidung auf, korrigieren tolerierbare Aufwandsgrenzen, suchen nach neuen Alternativen usw.

Das vierte und letzte Prinzip nennt Gottfredson *„Anpassung an den Kompromiss"*. Personen adaptieren sich psychologisch soweit an ihre Kompromissentscheidungen, wie sie ihr Selbstkonzept in verschiedenen Lebensbereichen (Arbeit, Familie Freizeit) aufrechterhalten oder einbringen können. Die Priorität des sozialen gegenüber dem privaten Selbst gilt auch hier. Das vierte Prinzip erinnert an die Beobachtung von Heinz et al. (1985), dass Jugendliche angaben, schon immer (sinngemäß) Metzger werden zu wollen, wenn der angestrebte Automechaniker nicht erreichbar ist.

Die folgende Theorieüberprüfung betrifft den Kernbereich des Kompromissmodells in der alten und in der neuen Variante. Die Prinzipien sind nicht explizit Gegenstand der Überprüfung; sie werden ggf. für die Interpretation von Nebenergebnissen herangezogen.

Da die befragten Sekundarschüler zumeist noch keine Erfahrungen mit Zugeständnissen an den (lokalen) Arbeitsmarkt machen und noch keine Kompromisse bei Bewerbungsverfahren eingehen mussten, kamen für die Untersuchung des Kompromissmodells nur simulierte Kompromisse in Frage. Die Schüler sollten zwischen Alternativen wählen, die systematisch nach den Konzepten der Theorie kombiniert waren.

Dieses Verfahren erfasst einen begrenzten Ausschnitt des Aussagenbereichs der Theorie. Es werden keine erfahrungsabhängigen Kompromisse erfasst und auch nicht direkt antizipatorische Kompromisse, die aus der Wahrnehmung vermeintlicher Unzugänglichkeiten oder Unerreichbarkeiten entstehen. Zudem wird der Kompromiss auf die Entscheidung zwischen Geschlechtstyp und Berufsprestige eingeengt. Berufsinteressen werden in diesen Zusammenhang wegen der fehlenden Unabhängigkeit von Prestige und Geschlechtstyp nicht berücksichtigt.

## 6.2.1    Wahlprozente in erzwungener Wahl

Zur Untersuchung der Frage, ob in Phasen beruflicher Frühorientierung der Geschlechtstyp von Berufen tatsächlich gegenüber dem Berufsprestige Priorität hat, wurde ein Untersuchungsdesign von Leung übernommen, in dem unterschiedliche Ausprägungen von Prestige und Geschlechtstyp kontrastiert werden (Leung, 1993; Leung & Plake, 1990). Dieses Design ermöglicht eine Variation der Kompromissgrade, die in simulierten Wahlsituationen eingegangen werden müssen. Leungs Ergebnisse haben (neben anderen) Gottfredson zur Revision ihres ursprünglichen Kompromissmodells veranlasst. Im Rahmen dieser Untersuchungen wird das *Occupational Choice Dilemma Inventory* (OCDI) in veränderter Form auf deutsche Verhältnisse übertragen und zur Überprüfung des revidierten Modells eingesetzt.

Soll sich z.B. ein Mann zwischen zwei Berufen entscheiden, in denen der prozentuale Männeranteil sehr unterschiedlich ist (z.B. Krankenpfleger und Maurer), dann muss er bezogen auf den Geschlechtstyp große Kompromisse eingehen, wenn er den Krankenpfleger wählt. Ähnliches gilt für das Berufsprestige. Bei der Wahl zwischen Arzt und Briefträger bedeutet die Wahl des Briefträgers einen großen Kompromiss an das Berufsprestige.

Das OCDI kombiniert beide Dimensionen so, dass die Bevorzugung des Geschlechtstyps jeweils der Wahl des ersten Berufes entspricht (für Jungen Männerberufe, für Mädchen Frauenberufe) und die Wahl des zweiten Berufes für eine Bevorzugung des Prestiges steht. In Tabelle 22 sind neun Beispielitems aus der deutschen Bearbeitung des OCDI in der Version für Männer aufgeführt. (Der gesamte Aufgabensatz mit jeweils 30 Berufspaaren für Männer und Frauen ist im Anhang A2 aufgelistet.) In der ersten Spalte definiert *Set* den Geschlechtstypkontrast (1 hoch, 2, 3 mittel) und *Subset* den Prestigekontrast (A, B=mittel und C ist hoch).

Tabelle 22: Beispielitems aus der deutschen Bearbeitung des OCDI für die Sets und Subsets (Version für Männer)

| | | Beruf 1 | | | Beruf 2 | | |
|---|---|---|---|---|---|---|---|
| Subset | Bezeichnung | Prestige | Sextype | Bezeichnung | Prestige | Seytype |
| 1A | Kraftfahrer | Niedrig | M | Reiseverkehrskaufmann | Mittel | W |
| 1B | Maschinenschlosser | Mittel | M | Musiklehrer | Hoch | W |
| 1C | Maler/Lackierer | Niedrig | M | Sonderschullehrer | Hoch | W |
| 2A | Landwirt | Niedrig | M | Fotograf | Mittel | N |
| 2B | Elektriker | Mittel | M | Redakteur | Hoch | N |
| 2C | Berufssoldat | Niedrig | M | Apotheker | Hoch | N |
| 3A | Masseur | Niedrig | N | Beschäftigungstherapeut | Mittel | F |
| 3B | Entwicklungshelfer | Mittel | N | Logopäde | Hoch | F |
| 3C | Offsetdrucker | Niedrig | N | Dolmetscher | Hoch | F |

*Anmerkung*: M=männlich, W= weiblich, N=neutral; Beruf1: Präferenz des Geschlechtstyps Beruf 2: Präferenz des Prestiges; Subset: siehe Text

Die Entscheidung für den Kraftfahrer in der ersten Zeile bedeutet eine Bevorzugung der Geschlechtskonformität (Männerberuf) gegenüber dem höheren Prestige des Reisverkehrskaufmanns. In diesem Fall (Set 1) ist Sextype-Kontrast hoch und der Prestigekontrast (Subset A) mittelhoch ausgeprägt.

Das revidierte Kompromissmodell sagt bei hohem Geschlechtstypkontrast eine Bevorzugung des geschlechtskonformen Berufes voraus. Bei der Entscheidung zwischen einem geschlechtskonformen und einem geschlechtsneutralen Beruf (mittlerer Kontrast; Set 2 und 3) sollte der prestigehöhere Beruf gewählt werden. Bei der Wahl 2B zwischen Elektriker und Redakteur sollte die Wahl auf den Redakteur fallen. Alle Vorhersagen des revidierten Modells sind aus Tabelle 23 zu ersehen.

Tabelle 23: Theorievorhersagen über Prioritäten der Berufsparameter

| Kompromiss | Kontraste | | Vorhergesagte Priorität |
|---|---|---|---|
| | Geschlechtstyp | Prestige | |
| hoch | hoch | hoch | Geschlechtstyp |
| mittel | mittel | hoch | Prestige |
| niedrig | mittel | mittel | Prestige |

Die Festlegung der jeweils drei Ausprägungsgrade von Geschlechtstyp und Prestige der Berufspaare nahm Leung nach dem *Male Dominance Index* (MDI) und dem *Socioeconomic Index* (SEI) vor. Bei der deutschen Bearbeitung konnte wegen der hohen Übereinstimmungen mit dem Frauenanteil der Berufe und mit bekannten Prestigeskalen auf die Einschätzungen der studentischen Experten zurückgegriffen werden (vgl. Kap. 4.1).

Die Begrenzungswerte (cutpoints) für die Ausprägungen hoch, mittel und niedrig des Berufsprestiges und für die Definition von neutralen Berufen und von Männer- und Frauenberufen sind in Tabelle 24 aufgelistet. Zugrunde liegen jeweils Einschätzungen auf Skalen von 1 bis 9.

Tabelle 24: Cutpoints der Berufskategorien gemessen an den Einschätzungen der 60 Studenten von Prestige und Geschlechtstyp auf je einer 9-Punkte-Skala

|  | Sextype |  | Prestige F | Prestige M | Prestige N |
|---|---|---|---|---|---|
| Männerberuf | 7,0–8,8 | hohes Prestige | 5,3–7,0 | 6,6–8,4 | 6,3–8,7 |
| Frauenberuf | 1,4–5,0 | mittleres Prestige | 4,5–5,2 | 4,1–6,4 | 5,2–6,3 |
| Neutraler Beruf | 5,1–6,9 | niedriges Prestige | 2,7–4,4 | 2,5–4,0 | 3,2–5,1 |

Die Ergebnisse der erzwungenen Wahlen sind in Tabelle 25 zusammengestellt. Es sind jeweils die Prozentzahlen angegeben, mit denen der Geschlechtstyp dem Prestige vorgezogen wurde. Da die Datenmatrix der Wahlentscheidungen nicht vollständig ist, wurde die Zahl der berücksichtigten Fälle in der letzten Spalte eingetragen.

Die ursprüngliche Kompromisshypothese (Hypothese 4) lässt sich nach der Revision des Kompromissmodells in die differenzierten Teilhypothesen 4.1 bis 4.4 aufgliedern und anhand der in Tabelle 25 angeführten Ergebnisse überprüfen.

In **Hypothese 4** wird entsprechend dem ursprünglichen Kompromissmodell angenommen, dass in Kompromisssituationen der Geschlechtstyp eines Berufes wichtiger für die Berufswahl ist als sein Prestige. Hypothese 4 kann in dieser Form nicht bestätigt werden. Zwar fallen insgesamt 54,61% der Entscheidungen für den Geschlechtstyp aus. Der Wert weicht jedoch nicht signifikant von der Gleichverteilung ab ($\chi^2 = 2.36$; n. s.)

Tabelle 25: Kombination der Berufsmerkmale für die erzwungene Wahl. Version für Schüler. In Klammern sind die Itemmerkmale der Version für Schülerinnen aufgeführt

| Set | Subset | Berufsalternative 1 Sextype | Prestige | Berufsalternative 2 Sextype | Prestige | Bevorzugung Geschlechtstyp in % | Anzahl Fälle |
|-----|--------|---------|----------|---------|----------|--------|--------|
| 1 | A | M (F) | niedrig | F (M) | mittel | 57,51 * | 546 |
|   | B | M (F) | mittel | F (M) | hoch | 62,33 *** | 542 |
|   | C | M (F) | niedrig | F (M) | hoch | 60,30 *** | 547 |
| 2 | A | M (F) | niedrig | N | mittel | 50,12 | 538 |
|   | B | M (F) | mittel | N | hoch | 55,29 | 545 |
|   | C | M (F) | niedrig | N | hoch | 47,46 | 547 |
| 3 | A | N | niedrig | F (M) | mittel | 59,07 ** | 544 |
|   | B | N | mittel | F (M) | hoch | 56,88 * | 540 |
|   | C | N | niedrig | F (M) | hoch | 45,84 | 545 |
| Insgesamt | | | | | | 54,61 | 553 |
| Kontrast Geschlechtstyp | | | hoch (Set 1) vs. | | | 60,04 ** | 551 |
| | | | mittel (Set 2+3) | | | 51,92 | 553 |
| Kontrast Berufsprestige | | | hoch (Set C) vs. | | | 51,24 | 553 |
| | | | mittel (Set A+B) | | | 56,99 | 552 |
| Kontrast Berufsprestige bei | | | hoch (Set 2/3 C) vs. | | | 46,69 ** | 550 |
| mittlerem Kontrast Geschlechtstyp | | | mittel (Set 2/3 A+B) | | | 55,42 | 552 |

\* p < .05, \*\* p < .01, \*\*\* p < .001

Abgeleitet aus dem revidierten Kompromissmodell lautet **Hypothese 4.1**: Ist der Geschlechtstypkontrast zwischen den Wahlalternativen groß, wird zu einem höheren Prozentsatz der Geschlechtstyp bevorzugt. Hypothese 4.1 wird bestätigt. Ist der Geschlechtstypkontrast hoch (Set 1), wird der Geschlechtstyp in 60,04% der Fälle bevorzugt, ist der Kontrast nur mittelstark (Set 2+3), lediglich in 51,92%. Der Prozentsatzunterschied ist signifikant ($\chi^2$=7,48; p<0.05).

**Hypothese 4.2** lautet: Ist der Prestigekontrast erhöht, wird die Bevorzugung des Geschlechtstyps reduziert. Hypothese 4.2 wird lediglich tendenziell bestätigt. Bei hohem Prestigekontrast (Subset C) liegt der Prozentsatz, mit dem der Geschlechtstyp bevorzugt wird, mit 51,24% nahe der Gleichverteilung, bei mittlerem (Subset A+B) fallen die Entscheidungen mit 56,99% deutlicher zugunsten des Geschlechtstyps aus. Der Unterschied ist jedoch nicht signifikant ($\chi^2$=3,31; p<.10).

**Hypothese 4.3**: Sind sowohl Geschlechtstyp als auch Prestigekontrast maximal, wird der Geschlechtstyp dem Prestige vorgezogen. Hypothese 4.3 schließlich wird deutlich belegt. In Subset 1C, in dem sowohl Geschlechtstyp als auch Prestige maximal kontrastiert sind, wird zu 60,3% der Geschlechtstyp bevorzugt ($\chi^2$=11.82; p<.001).

**Hypothese 4.4**: Ist bei mittlerem Geschlechtstypkontrast der Prestigekontrast hoch, sollte Prestige bevorzugt werden. In Set 2 und 3 (mittlerer Geschlechtstypkontrast) wurden die Subsets C (hoher Prestigekontrast) mit den Subsets A und B verglichen. Wie in der letzten Zeile von Tabelle 24 ersichtlich konnte die Hypothese bestätigt werden. Bei hohem Kontrast ergibt sich eine höhere Bevorzugung des Geschlechtstyps, die mit 46,49% signifikant geringer ist als bei mittlerem Kontrast (55,42%). Der Unterschied ist auf dem 1%-Niveau signifikant ($\chi^2$=8.39; p<.001).

Die Ergebnisse bestätigen posthum die Notwendigkeit, das ursprüngliche Kompromissmodell zu differenzieren.


## 6.2.2   Differentielle Effekte

Bezogen auf die Gesamtgruppe findet das revidierte Kompromissmodell überwiegend Bestätigung. Darüber hinaus ist zu klären, inwieweit sich die Präferenzen der unabhängigen Gruppierungen nach Alter, Schulart und Geschlecht unterscheiden. Nach Gottfredson sollte sich der Effekt höheren Schulniveaus ebenso in einem Entwicklungsvorsprung zeigen, wie der des chronologischen Alters. Auf Entwicklungsstufe drei (Klasse 7/8) sollten Orientierungen an sozialer Bewertung dominieren und Prestigeaspekte des Berufes, neben Geschlechtstypangemessenheit, als Bewertungskriterien etabliert werden. Auf Entwicklungsstufe vier sollten die Grenzen des sozialen Raumes etabliert sein, in dem die interessengeleitete Suche nach Berufen stattfindet. Bezogen auf die Bevorzugung des Geschlechtstyps sind Entwicklungsstände in der untersuchten Altersgruppe nicht definiert. Für beide Altersstufen sollte das Modell gleichermaßen gelten. Auch die Präferenzen der Geschlechter und der Schularten sollten gleich sein. Ermittelte Unterschiede und Entwicklungstrends haben deshalb explorativen Charakter, um ggf. Unterspezifizierungen der Theorie auszugleichen.

Die Präferenzprozente in Tabelle 26 zeigen keine Altersabhängigkeit, aber eine Abhängigkeit vom kognitiven Leistungsniveau (Intelligenzabhängigkeit). Je höher die kognitive Leistungsfähigkeit ist, desto stärker werden Berufe nach Prestige, und nicht nach Geschlechtstyp ausgewählt.

Tabelle 26: Prozentsatz der Schüler, die Geschlechtstyp dem Prestige vorziehen, nach Geschlecht, Schulart und Klassenstufe (w=weiblich; m=männlich)

| Klasse | Hauptschule | | | Realschule | | | Gymnasium | | | Gesamtgruppe | | |
|---|---|---|---|---|---|---|---|---|---|---|---|---|
| | w | m | zus. | w | m | zus. | w | m | zus. | w | m | zus. |
| 7 | 65 | 61 | 63 | 62 | 50 | 57 | 58 | 42 | 50 | 62 | 52 | 57 |
| 8 | 67 | 51 | 56 | 67 | 44 | 54 | 59 | 32 | 45 | 64 | 43 | 52 |
| 9 | 62 | 59 | 60 | 69 | 61 | 65 | 53 | 35 | 46 | 61 | 54 | 57 |
| 10 | 58 | 43 | 49 | 64 | 50 | 58 | 48 | 38 | 43 | 58 | 44 | 51 |
| | 63 | 56 | 59 | 65 | 50 | 58 | 54 | 36 | 46 | 61 | 48 | 55 |

Das Entscheidungsverhalten von Jungen und Mädchen unterscheidet sich. Mädchen entscheiden sich häufiger für geschlechtskonforme Berufe, während Jungen Geschlechtskonformität und Berufsprestige etwa gleich gewichten.

In Abbildung 11 sind die Mittelwerte der Bevorzugungsprozente des Geschlechtstyps jeweils für die drei unabhängigen Variablen Geschlecht, Schulform und Entwicklungsstufe dargestellt.

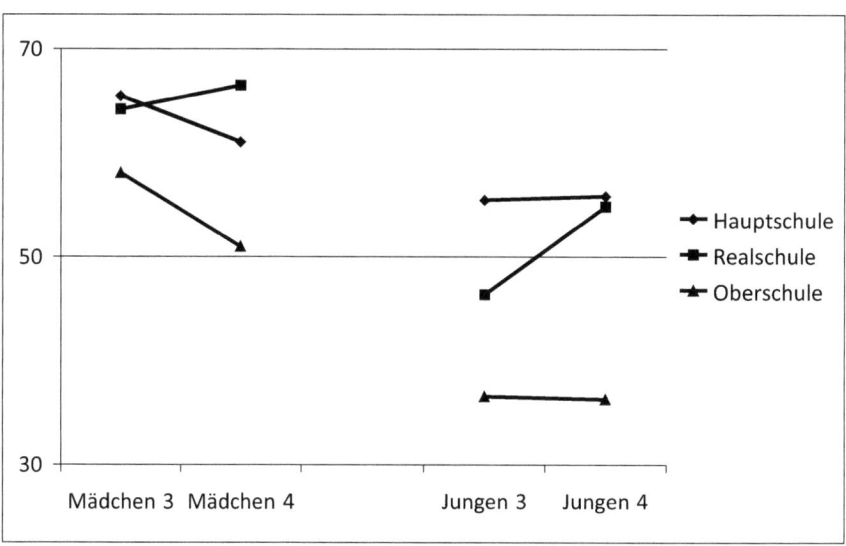

Abbildung 11: Bevorzugung des Geschlechtstyps (in Prozent) nach Geschlecht, Schulart und Entwicklungsstufe

In einer univariaten Varianzanalyse erweisen sich die Einflüsse des Geschlechts ($F(1,541)=85,30$; p=.000, $\eta^2=0,136$) und der Schulform ($F(2,541)=35,18$; p=.000, $\eta^2=0,115$) als hochsignifikant. Geschlecht klärt 14% und die Schulform 12% der Varianz der Zielvariablen „Bevorzugung des Geschlechtstyps" auf. Der Einfluss der Entwicklungsstufe bleibt unbedeutend ($F(1,541)=0,006$; n.s.).

Allerdings sind die Wechselwirkungen von Schule und Entwicklungsstufe
($F(2,541)=3,80$ p<.05, $\eta^2=0,014$) und Schule und Geschlecht ($F(2,541)=4,37$;
p<.05, $\eta^2=0,016$) und Entwicklungsstufe und Geschlecht ($F(1,541)=4,15$; p <.05)
statistisch bedeutsam.

### 6.2.3   Merkmale der gewählten Berufe

Die deutlich höhere Quote der geschlechtskonformen Entscheidungen der Mädchen
ist überraschend. Wie haben an anderer Stelle festgestellt, dass der Akzeptanzbereich des Geschlechtstyps für Schülerinnen hochsignifikant größer ist als für
Schüler (vgl. Tabelle 20). Zu gleichen Ergebnissen kamen Taylor und Pryor
(1985), Leung und Harmon (1990) und andere Untersuchungen (zusammenfassend
bei Gottfredson, 1996, 211).

Grundsätzlich enthalten diese Ergebnisse Ungenauigkeiten. Die Zusammenstellung der Alternativpaare erfolgte nach Parametern der Studenteneinschätzungen. Zwar ist die Übereinstimmung allgemein relativ hoch (r >.70), aber dennoch
sind bedeutsame Abweichungen von Fremdeinschätzungen und der eigenen Einschätzung der Schüler nicht auszuschließen. In Tabelle 27 sind die Korrelationen
zwischen Schüler- und Studentenratings für die Subgruppe der Alternativberufe
aufgelistet. Korreliert wurden die nicht nach Geschlecht aufgeschlüsselten Studentenratings mit den Einschätzungen jeweils der Schülerinnen und Schüler für jeweils
ihre Version der Alternativpaare.

Die Abweichungen sind erheblich und insgesamt deutlicher bei der Einschätzung des Berufsprestiges. Wenn das Prestige eines Berufes das für die Berufswahl
entscheidende Merkmal ist, dann sollte der Prestigewert des gewählten Berufes
größer sein als der des nicht gewählten Berufes (Hypothese 4.5). Das gleiche gilt
für den Geschlechtstyp. Bevorzugen Schüler Männerberufe, sollte die eingeschätzte
Geschlechtstypausprägung des bevorzugten Berufes größer sein; bei geschlechtskonformer Berufswahl der Mädchen sollte sie kleiner sein (Hypothese 4.6).

Tabelle 27:   Korrelation Schülereinschätzungen mit Studenteneinschätzungen (n=60) von
Geschlechtstyp und Prestige der jeweils 30 Berufspaare pro Geschlechtsversion
umfassenden Alternativlisten

|                    | Wahlalternative 1 | | Wahlalternative 2 | |
|                    | Sextype | Prestige | Sextype | Prestige |
|--------------------|---------|----------|---------|----------|
| Mädchen (n=273)    | .85     | .65      | .81     | .79      |
| Jungen (n=283)     | .85     | .46      | .60     | .70      |

Zur Überprüfung der Hypothesen 4.5 und 4.6 wurden die eigenen Einschätzungen
der Schüler für die 30 Berufspaare zusammengestellt, zu Mittelwerten aggregiert
und die Mittelwertunterschiede gegen den Zufall getestet. Tabelle 28 gibt die
Ergebnisse wieder.

Bei den männlichen Probanden ist der selbst angegebene Prestigewert des bevorzugten Berufes höchst signifikant höher als der des abgelehnten Berufes. Auch hinsichtlich des Geschlechtstyps unterscheiden sich die Mittelwerte statistisch bedeutsam. Den bevorzugten Beruf haben die Schüler vorher in höherem Maße als typisch männlich eingeschätzt. Die weiblichen Probanden bevorzugen noch eindeutiger geschlechtskonforme Berufe und ebenso Berufe mit höherem Prestige. Alle Unterschiede sind höchst signifikant.

Anhand unserer deutschen Version des *Occupational Choice Dilemma Inventory* (OCDI) von Leung und Plake (1990) und individuellen Schülereinschätzungen von Geschlechtstyp und Prestige der darin zusammengestellten Berufspaare, lassen sich Aspekte des revidierten Kompromissmodells von Gottfredson (Gottfredson, 1996) überprüfen.

Tabelle 28: Mittelwerte und Standardabweichungen von Geschlechtstyp und Prestige gewählter und nicht gewählter Berufe. Die Daten beruhen auf individuellen Schülerratings (t-Test für gepaarte Stichproben; Sig. 2-seitig)

| Beruf | | Schüler (n=282) | | | Schülerinnen (n=271) | | |
|---|---|---|---|---|---|---|---|
| | | gewählt | nicht gewählt | t-Test df=281 | gewählt | nicht gewählt | t-Test df=270 |
| Sextype | M | 6,09 | 5,90 | 3,620*** | 4,90 | 5,87 | -16,683*** |
| | SD | 0,76 | 0,73 | | 0,62 | 0,68 | |
| Prestige | M | 5,21 | 4,33 | 16,363*** | 5,41 | 4,74 | 11,642*** |
| | SD | 1,14 | 1,26 | | 0,95 | 1,06 | |

***=p<.001

In Tabelle 29 sind die Ergebnisse der Mädchen und in Tabelle 30 die der Jungen zusammengestellt. Bei hohem Geschlechtstypkontrast (Set 1) der vorgegebenen Berufsalternativen sollte die mittlere Differenz im Geschlechtstyp zwischen der gewählten und der nicht gewählten Berufsalternative größer sein als bei mittlerem Geschlechtstypkontrast (Set 2 und Set 3). Das ist – zumindest in der Gruppe der untersuchten Mädchen – der Fall. Für Set 1 beträgt der berechnete t-Wert -17,015, für Set 2 -11,292 und für Set 3 -5,555.

Tabelle 29: Geschlechtstyp und Prestige der gewählten und der abgelehnten Wahlalternativen. Durchschnittliche individuelle Einschätzungen der 273 Schülerinnen (n=262-271 pro Berufspaar-Subset)

| Set | Subset | Alternative 1 | | Alternative 2 | | Sextype | | t-Wert | Prestige | | t-Wert |
|---|---|---|---|---|---|---|---|---|---|---|---|
| | | Sext. | Prestige | Sext. | Prest. | Wahl | Abl. | p<.001 *** | Wahl | Abl. | P<.001 *** |
| 1 | A | F | niedrig | M | mittel | 4,28 | 6,03 | -13,478 *** | 4,45 | 3,92 | 5,213 *** |
| | B | F | mittel | M | hoch | 5,06 | 6,37 | -11,435 *** | 5,90 | 4,98 | 8,425 *** |
| | C | F | niedrig | M | hoch | 4,26 | 6,05 | -12,764 *** | 5,51 | 5,16 | 3,274 *** |
| | Gesamt | | | | | 4,50 | 6,14 | -17,015 *** | 5,32 | 4,73 | 8,284 *** |
| 2 | A | F | niedrig | N | mittel | 4,63 | 5,58 | -7,634 *** | 5,06 | 4,62 | 4,540 *** |
| | B | F | mittel | N | hoch | 4,17 | 5,21 | -9,514 *** | 5,37 | 4,76 | 5,911 *** |
| | C | F | niedrig | N | hoch | 3,93 | 4,70 | -6,213 *** | 6,00 | 5,10 | 8,209 *** |
| | Gesamt | | | | | 4,20 | 5,11 | -11,292 *** | 5,56 | 4,84 | 9,324 *** |
| 3 | A | N | niedrig | M | mittel | 6,23 | 6,43 | -2,043 * | 3,47 | 3,81 | 5,581 *** |
| | B | N | mittel | M | hoch | 5,98 | 6,58 | -7,199 *** | 5,59 | 5,62 | -,341 |
| | C | N | niedrig | M | hoch | 5,92 | 6,12 | -2,292 * | 5,57 | 4,54 | 10,617 *** |
| | Gesamt | | | | | 6,03 | 6,35 | -5,550 *** | 5,37 | 4,65 | 10,205 *** |
| Gesamtwert | | | | | | 4,90 | 5,87 | -16,683 *** | 5,41 | 4,74 | 11,642 *** |

Bei den Jungen sind die subjektiv repräsentierten Geschlechtstypunterschiede zwischen gewählten und nicht gewählten Berufsalternativen in Set 1 und Set 2 statistisch nicht bedeutsam. Die t-Werte betragen 1,636 und -0,272 und liegen damit deutlich unter der Signifikanzschranke von 1.96. Lediglich in Set 3, in dem geschlechtsneutrale und typisch weibliche Berufe gegenübergestellt sind, werden Berufs mit höherem Maskulinitätsscore signifikant häufiger gewählt (t=7,783; p<.001).

Tabelle 30: Geschlechtstyp und Prestige der gewählten und der abgelehnten Wahlalternativen. Durchschnittliche individuelle Einschätzungen der 283 Schüler (n=273-281 pro Berufspaar-Subset)

| Set | Subset | Alternative 1 | | Alternative 2 | | Sextype | | T | Prestige | | T |
|---|---|---|---|---|---|---|---|---|---|---|---|
| | | Sext. | Prestige | Sext. | Prest. | Wahl | Abl. | | Wahl | Abl. | |
| 1 | A | M | niedrig | F | mittel | 6,17 | 6,35 | -1,467 | 5,04 | 4,06 | 8,978 *** |
| | B | M | mittel | F | hoch | 6,42 | 5,98 | 4,018 *** | 4,96 | 4,00 | 9,501 *** |
| | C | M | niedrig | F | hoch | 5,91 | 5,73 | 1,556 | 4,72 | 3,85 | 9,458 *** |
| | Gesamt | | | | | 6,15 | 6,00 | 1,636 | 4,91 | 4,00 | 11,769 *** |
| 2 | A | M | niedrig | N | mittel | 6,21 | 6,56 | -3,245 *** | 4,79 | 3,99 | 8,334 *** |
| | B | M | mittel | N | hoch | 6,78 | 6,46 | 4,029 *** | 5,88 | 4,89 | 8,930 *** |
| | C | M | niedrig | N | hoch | 6,45 | 6,44 | 0,125 | 5,76 | 4,43 | 12,125 *** |
| | Gesamt | | | | | 6,48 | 6,50 | -,272 | 5,66 | 4,43 | 10,680 *** |
| 3 | A | N | niedrig | F | mittel | 5,20 | 4,67 | 5,472 *** | 4,99 | 4,54 | 5,174 *** |
| | B | N | mittel | F | hoch | 5,56 | 5,54 | 0,318 | 5,00 | 4,57 | 5,212 *** |
| | C | N | niedrig | F | hoch | 6,14 | 5,50 | 7,863 *** | 5,51 | 4,61 | 10,098 *** |
| | Gesamt | | | | | 5,63 | 5,19 | 7,783 *** | 5,21 | 4,57 | 11,309 *** |
| Gesamtwert | | | | | | 6,09 | 5,90 | 3,620 *** | 5,22 | 4,33 | 16,363 *** |

Die Ergebnisse der Wahlprozentvergleiche werden bestätigt. Schülerinnen bevorzugen in höherem Maße geschlechtsrollenkonforme Berufe. Zwar sind ihre gewählten Berufsalternativen auch im Prestige-Punktwert höher als die nicht gewählten, aber der Geschlechtstypkontrast ist deutlich ausgeprägter. Für Schüler gilt das Gegenteil. Sie wählen in erster Linie nach Prestige.

Der Unterschiede zwischen gewählten und abgelehnten Alternativen ist in Bezug auf das Prestigeniveau deutlich und durchgängig höher als der Geschlechtstypunterschied.

## 6.3 Ergebnisbewertung

Eingrenzung und Kompromiss sind die Eckpfeiler der Berufswahltheorie Gottfredsons. Die Entwicklung beruflicher Aspirationen vollzieht sich zu einer zunehmenden Eingrenzung möglicher Optionen. Heranwachsende verlieren an Flexibilität in ihren Berufspräferenzen. Sie sind gebunden an Entscheidungen, die sie weitgehend unbewusst in früheren Entwicklungsphasen getroffen haben.

Prozesse der Eingrenzung beruflicher Aspirationen sind in den letzten beiden Entwicklungsphasen vor der beruflichen Erstwahl nachweisbar. Die Zone akzeptabler Berufsalternativen, die sich aus den aktuellen Wunschberufen bilden lässt, wird mit dem Näherrücken der Berufswahl deutlich kleiner. Es werden zunehmend weniger Zugeständnisse an das Niveau des Berufs und an die Geschlechtsangemessenheit gemacht. Auch Schülerinnen, deren Suchraum – besonders bezogen auf die Geschlechtstradition ihrer Wunschberufe – weniger eingeengt ist, grenzen ihre Akzeptanzzonen deutlich ein. Lediglich auf dem unteren Bildungsniveau sind anscheinend keine Eingrenzungen festzustellen; die Effekte der Schulform sind jedoch nicht signifikant.

Wenn einschneidende Kompromisse entweder auf Kosten des Berufsprestiges oder der Geschlechtsangemessenheit des Berufs eingegangen werden müssen, ist der Geschlechtstyp wichtiger. In diesem Fall werden Zugeständnisse beim Prestige gemacht. Ansonsten ist das Niveau des angestrebten Berufes entscheidend. Für Oberschüler ist es sogar durchgängig wichtiger als der Geschlechtstyp. Werden die Entscheidungssituationen durch die subjektiv repräsentierten Berufsmerkmale beschrieben, dann wird deutlich, dass sich männliche Jugendliche für die Berufsalternative entscheiden, von der sie sich das höhere Prestige versprechen. Sie nehmen die gesamte Wahlsituation anders wahr als im experimentellen Versuchsplan vorgesehen. Berufe, die nach Einschätzung der studentischen Experten geschlechtsneutral (also weder männlich noch weiblich dominiert) sind, werden von den männlichen Jugendlichen als typische Männerberufe wahrgenommen und eingeschätzt. Auch Frauenberufe mit hohem Prestige gelten bei den männlichen Jugendlichen als typische Männerberufe.

Die Berufsmerkmale werden in simulierten Kompromisssituationen von Experten und männlichen Schülern so unterschiedlich wahrgenommen, dass die Ergebnisse nicht mehr im Sinne eines Theorietests interpretiert werden können. Dieses Ergebnis muss bei der Wiederholung der Studie als Paneluntersuchung berücksichtigt werden. Statt die Einteilungen nach Experteneinschätzungen oder nach objektiven Indizes vorzunehmen, sollten die subjektiv handlungsleitenden Kognitionen der befragten Schüler für Kategorienbildungen herangezogen werden. Erst dann ist sichergestellt, dass Theorieaspekte angemessen abgebildet werden.

# 7.    Berufsinteressen

Erst wenn das soziale Selbst etabliert und der gewünschte Platz in der Gesellschaft zur Selbstverständlichkeit geworden ist, treten nach Gottfredson persönliche Merkmale, wie Interessen für bestimmte Tätigkeiten und Aktivitäten, als neue Bewertungsdimension für Berufsorientierungen in Erscheinung. Erst ab Entwicklungsstufe vier beginnt die bewusste und gezielte Suche nach einem Beruf, der zum psychologischen Selbstkonzept, den Interessen, Fähigkeiten und Werten einer Person passt.

Konkrete Berufsinteressen sollten nach dieser theoretischen Annahme bei Personen unter 14 Jahren nicht feststellbar sein, zumindest sollten sie keine Rolle spielen. In Übereinstimmung damit liegen für den Allgemeinen Interessenstruktur-Test (AIST), der in dieser Untersuchung angewendet wurde, Normen erst ab 14 Jahren vor.

Eine andere Perspektive nimmt Todt in seinem deskriptiven Modell der Interessenentwicklung ein (Todt, 1985; 1990; Todt & Schreiber, 1998). Allgemeine Interessen, zu denen er Berufsinteressen zählt, werden von speziellen Interessen (Freizeitinteressen) und aktueller Interessiertheit (z.B. am Unterricht) abgegrenzt. Allgemeine Interessen entwickeln sich in der Abfolge: *universelle* Interessen – *kollektive* Interessen und *individuelle* Interessen. Universelle Interessen sind Präferenzen für Personen oder Dinge in Sinne Roes, die sich in den ersten beiden Lebensjahren herausbilden. Im Alter von drei bis sieben Jahren entwickeln sich relativ unabhängig von konkreten Handlungserfahrungen geschlechtsrollentypische Ausprägungen von Interessen und Berufspräferenzen, die als kollektive Interessen bezeichnet werden. Danach dominiert die Entwicklung des Fähigkeitsselbstkonzept und im Rahmen allgemeiner Prozesse der Individuation die Entwicklung individueller Interessen.

Todt legt seinem Modell offensichtlich eine breitere Definition der Interessen zugrunde als Gottfredson. Zwar nehmen beide an, dass Interessen wesentliche Strukturelemente des Selbstkonzepts sind, doch Todt definiert Interessen umfassender als überdauernde Verhaltensweisen und Motive, die als Instrumente der Bedürfnisbefriedigung dienen, während Gottfredson ohne formale Definition auf das Alltagsverständnis von Berufsinteressen rekurriert.

Gottfredson meint – im Sinne Todts – *individuelle* Interessen, die ab 14 Jahren die Berufswahl innerhalb der vorher festgelegten Grenzen bestimmen. Der Bereich der individuellen Interessen ist eingegrenzt durch die *kollektiven* Interessen von Geschlechtstyp und Prestige und insofern nicht unabhängig. Allgemeine *individuelle* Interessen bilden sich im Laufe der Adoleszenz heraus und weisen im Altersbereich von 14 bis 17 Jahren schon hinreichende Stabilität auf (Mullis, Mullis, & Gerwels, 1998). Mit 18 Jahren sollten sie stabil ausdifferenziert sein. Die Befundlage ist jedoch nicht eindeutig. Bergmann und Eder (2000) fanden bei der Hälfte der von ihnen untersuchten über 1000 Sekundarschüler bedeutsame Veränderungen in den Interessen zwischen dem neunten und dem 13. Schuljahr. Bei männlichen Jugendlichen nehmen geschlechtstypische Interessen tendenziell ab, bei weiblichen Jugendlichen nehmen sie zu (Bergmann & Eder, 2000, 273). Dagegen ermittelten Tracey et al. eine relativ stabile Interessenstruktur im Altersbereich von der achten bis zur 12. Klasse. Zwar steigt die Bevorzugung personenorientierter Berufstätigkeiten bei Mädchen mit dem Alter an, während sie bei Jungen graduell sinkt, aber die Interessenstrukturen bleiben ähnlich. Nur die Profilkonturen werden markanter, die Interessen kristallisieren (Tracey, Robbins, & Hofsess, 2005).

Im Folgenden werden Ergebnisse zur Überprüfung der zentralen Annahmen über die Rolle der Interessen in der Berufsfrühorientierung vorgelegt. Voraussetzung für einen Einfluss individueller Interessen auf die Berufswahl ist, dass Interessen mit hinreichender Stabilität herausgebildet sind. Die Interessenstabilität sollte auf Entwicklungsstufe vier erreicht sein, nicht jedoch auf Entwicklungsstufe drei. Konkret heißt das: Die Hälfte unserer Stichprobe sollte stabile Interessenstrukturen zeigen, die andere (jüngere) Hälfte nicht (vgl. Hypothese 5).

Zur Bestimmung der Interessenstruktur wurde allen 556 Schülern und Schülerinnen der *Allgemeine Interessen-Struktur-Test* (AIST) vorgelegt. Wie in Kapitel vier beschrieben, erlaubt der AIST die Bestimmung der RIASEC-Faktoren des Holland-Modells und einiger Indizes, die auch als Entwicklungsindikatoren interpretiert werden können.

Eine Überprüfung des Interessenkonzepts in Gottfredsons Theorie mit dem Holland-Verfahren ist nicht unproblematisch. Grundsätzlich sollte sich eine etablierte Interessenstruktur in einem differenzierten Profil zeigen. Bestimmte Interessengebiete, die beruflich relevant sein können, haben sich über direkte oder indirekte Erfahrungen herausgebildet und werden gegenüber anderen Interessenrichtungen bevorzugt. Das sollte auf Entwicklungsstufe vier erreicht sein, nicht jedoch auf Stufe drei. Unter der konservativsten Annahme sollten die Interessen auf Stufe drei auf alle sechs Holland-Kategorien gleich verteilt sein, während sich die erwarteten Interessenschwerpunkte auf Stufe vier durch Ungleichverteilungen zeigen sollten. Die kollektiven Interessenorientierungen der Stufe zwei finden jedoch im Hollandprofil ihren Niederschlag, indem beim weiblichen Geschlechtsstereotyp soziale Aktivitäten bevorzugt werden und bei Bevorzugung des männlichen Geschlechtstyps realistische Aktivitäten betont werden. Das Hollandverfahren bildet also nicht nur *individuelle* Interessenschwerpunkte ab, sondern auch *kollektive*; d.h. die Konzepte in Gottfredsons Theorie sind nicht unabhängig voneinander.

Bevor Aspekte der Interessenorientierungen auf Übereinstimmung mit der Theorie von Gottfredson geprüft werden können, müssen Fragen der inneren und äußeren Validität des Hollandmodells geklärt werden. Insbesondere ist zu prüfen, ob der AIST auch für Schüler der siebten Klassen, für die keine Normen vorliegen, sinnvolle Ergebnisse liefert.

# 7.1 Gruppenunterschiede

## 7.1.1 Graduelle Unterschiede

Einen ersten Hinweis auf die differentielle Validität des Verfahrens für die vorliegende Stichprobe liefern Ergebnisse zu den Geschlechtsunterschieden der Interessenprofile. Tabelle 31 zeigt, dass die typischen Profilunterschiede auch in dieser Untersuchung reproduziert werden konnten. Erwartungsgemäß bestehen die größten Unterschiede in der Bevorzugung praktisch-technischer Tätigkeiten (realistic) und in der Bevorzugung sozialer und künstlerischer Aktivitäten. Wie regelmäßig festgestellt, sind auch hier Mädchen stärker am Umgang mit Menschen und an der Beschäftigung mit Kunst interessiert, während Jungen den Umgang mit Dingen, Werkzeugen, Maschinen und Technik bevorzugen. Darüber hinaus bestehen signifikante Unterschiede im Interesse für forschende und wissenschaftliche Tätigkeiten (investigative) und – wenn auch weniger deutlich – für Verwaltungsaufgaben, jeweils mit höheren Skalenscores der männlichen Jugendlichen.

Tabelle 31: Graduelle Geschlechtsunterschiede in den Interessenorientierungen nach Holland (n=273 Schülerinnen und n=283 Schüler); df=554

|   | Berufsinteressen |    | weiblich | männlich | T | p (2-seitig) |
|---|------------------|----|----------|----------|---|--------------|
| 1 | Realistic | M | 89,25 | 101,36 | -15,80 | .000 |
|   |           | SD | 8,45 | 9,56 | | |
| 2 | Investigative | M | 90,77 | 95,96 | -5,64 | .000 |
|   |               | SD | 10,29 | 11,33 | | |
| 3 | Artistic | M | 103,25 | 97,07 | 8,02 | .000 |
|   |          | SD | 8,95 | 9,19 | | |
| 4 | Social | M | 106,45 | 95,71 | 11,42 | .000 |
|   |        | SD | 10,74 | 11,40 | | |
| 5 | Enterprising | M | 97,52 | 97,99 | -0,50 | .619 |
|   |              | SD | 10,85 | 11,23 | | |
| 6 | Conventional | M | 95,02 | 97,31 | -2,38* | .018 |
|   |              | SD | 12,42 | 10,15 | | |

* wegen Varianzungleichheit korrigierte df=525,272

Die Profilunterschiede entsprechen relativ genau den Unterschieden der Eichstichprobe des AIST von n=2118 männlichen und n=2239 weiblichen Personen. Auch dort wurden deutlich signifikante Unterschiede zugunsten der männlichen Probanden in den Skalen R und I festgestellt und ebenso deutlich signifikante Unterschiede zugunsten der weiblichen Probanden in den Skalen S und A. Kein Geschlechtsunterschied bestand in den mittleren E-Skala-Werten. Auf der C-Skala weisen männliche Probanden in der Eichstichprobe – ebenso wie hier – geringfügig aber bedeutsam höhere Werte auf (Bergmann & Eder, 1992, 61). Abbildung 12 veranschaulicht den Unterschied graphisch. Deutlich wird die stärkere Profildifferenzierung der Mädchen und dass sich die Hauptgeschlechtsunterschiede –

entsprechend der Theorie – in jeweils benachbarten Interessendimensionen manifestieren.

Die nachgewiesen deutlichen und systematischen Geschlechtsunterschiede lassen es wenig sinnvoll erscheinen, Interessenprofile der Gesamtgruppe für weitere Analysen zu verwenden.

Der Haupttest für die Theorie – die Erfassung der Profilunterschiede der Entwicklungsstufen – wird deshalb für Schülerinnen und Schüler gesondert durchführt.

Tabelle 32 gibt die mittleren RIASEC-Skalenwerte der Schülerinnen und Schüler jeweils für die Entwicklungsstufen drei (Klassen sieben und acht) und vier (Klassen neun und zehn) des Gottfredson-Modells wieder. Zwar sind die Skalenausprägungen auf Entwicklungsstufe drei deutlich von der Gleichverteilung entfernt, aber die Veränderung von Stufe drei auf vier besteht durchgängig in einer stärkeren Akzentuierung der Profilausschläge. Schon vorher überdurchschnittlich ausgeprägte Interessen nehmen mit dem Alter zu.

Kaum Altersunterschiede zeigen sich in handwerklich-praktischen, wissenschaftlichen und künstlerischen Berufsinteressen, während Interessen an sozialen, unternehmerischen und verwaltenden Tätigkeiten für beide Geschlechter mit zunehmendem Alter steigen.

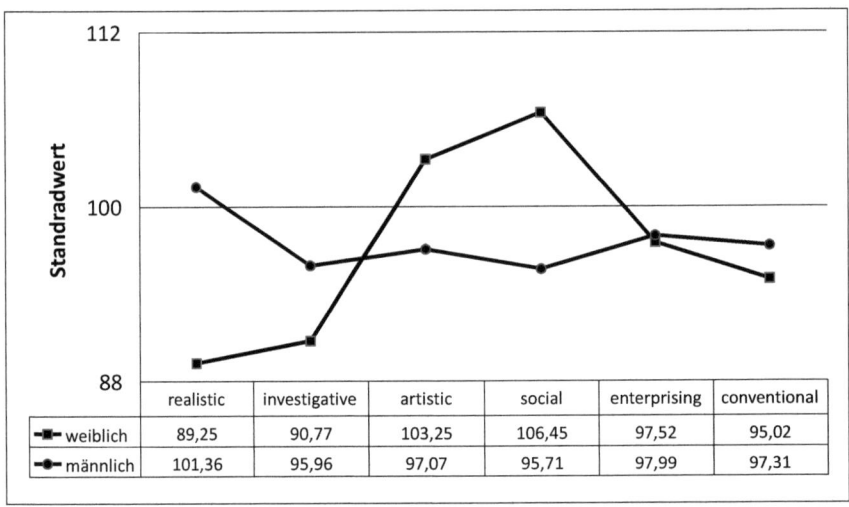

| | realistic | investigative | artistic | social | enterprising | conventional |
|---|---|---|---|---|---|---|
| weiblich | 89,25 | 90,77 | 103,25 | 106,45 | 97,52 | 95,02 |
| männlich | 101,36 | 95,96 | 97,07 | 95,71 | 97,99 | 97,31 |

Abbildung 12: Interessenorientierungen von Schülerinnen und Schülern

Auffallend ist der Anstieg der Interessen an unternehmerischen und verwaltenden Tätigkeiten von Entwicklungsstufe drei zu Entwicklungsstufe vier auf ein mittleres Niveau. Das gilt für beide Geschlechter, ausgeprägter aber für Mädchen. Das größere Interesse an (geschlechtsneutralen) Bürotätigkeiten spiegelt möglicherweise Vernunftüberlegungen wider.

Anhaltspunkte für graduelle und strukturelle Unterschiede in den Ergebnismustern für die RIASEC-Faktoren (als abhängige Variablen) bieten multivariate Varianzanalysen (MANOVA). Auch hier sollten sich graduelle Unterschiede zwischen den Gruppen (Geschlecht, Schulform und Klassenstufe) in signifikanten Haupteffekten zeigen, während signifikante Wechselwirkungen auf strukturelle Unterschiede hindeuten (Hypothese 6.1). Die Ergebnisse sprechen für strukturelle Unterschiede. Die (Dreiweg-)Interaktion zwischen den Gruppierungsvariablen Geschlecht, Schulform und Klassenstufe erwies sich als signifikant (Wilks $\lambda$=.903) mit $F(36, 2316)$= 1,513, p=.026, wenn auch der multivariate Effekt (Eta-Quadrat) der Dreiweg-Interaktion nicht hoch ausfiel ($\eta^2$=.017). Auch die Zweiweg-Interaktionen Klassenstufe * Schule (Wilks $\lambda$=.903; $F(36, 2316)$= 1,459, p=.039, $\eta^2$=.016) und Schule * Geschlecht (Wilks $\lambda$=.942; $F(12, 1054)$= 1,459, p=.002, $\eta^2$=.029) erreichen bei geringen Effektstärken statistische Signifikanz, während sich der Interaktionseffekt von Klassenstufe und Geschlecht als nicht statistisch bedeutsam erweist.

Tabelle 32: Graduelle Altersunterschiede in den Interessenorientierungen nach Holland (n=139 Schüler/125 Schülerinnen auf Stufe 3 und n=144 Schüler/148 Schülerinnen auf Stufe 4)

| | Interessen | Stufe | SW weiblich | | SW männlich | |
|---|---|---|---|---|---|---|
| 1 | Realistic | 3 | 89,4 | (8,8) | 100,9 | (8,7) |
| | | 4 | 89,1 | (8,2) | 101,8 | (10,3) |
| 2 | Investigative | 3 | 89,1 | (11,4) * | 95,8 | (11,8) |
| | | 4 | 92,1 | (9,1) | 96,1 | (10,9) |
| 3 | Artistic | 3 | 102,8 | (8,2) | 96,3 | (8,6) |
| | | 4 | 103,6 | (9,5) | 97,9 | (9,7) |
| 4 | Social | 3 | 104,3 | (10,3) ** | 94,3 | (11,4) * |
| | | 4 | 108,2 | (10,8) | 97,1 | (11,2) |
| 5 | Enterprising | 3 | 95,1 | (10,4) *** | 95,8 | (10,4) ** |
| | | 4 | 99,6 | (10,9) | 100,1 | (11,6) |
| 6 | Conventional | 3 | 91,7 | (11,9) *** | 95,8 | (10,3) * |
| | | 4 | 97,8 | (12,1) | 98,8 | (9,8) |

* signifikant (p<.05), ** hochsignifikant (p<.01), *** höchst signifikant (p<.001)

Angesicht der dramatisch höheren Varianzaufklärung durch die Haupteffekte, vor allem durch den Faktor Geschlecht, verlieren die strukturellen Unterschiede gegenüber den graduellen jedoch an Bedeutung. Der Haupteffekt des Geschlechts dominiert mit höchst signifikantem Einfluss (Wilks $\lambda$=.473; $F(6, 527)$= 97,842, p=.000, $\eta^2$=.527) das Versuchsergebnis. 53% der Varianz der RIASEC-Skalenwertkombination wird allein durch den Faktor Geschlecht erklärt. Auch die Haupteffekte von Schulform (Wilks $\lambda$=.861; $F(12, 1054)$= 6,817, p=.000, $\eta^2$=.072) und Klassenstufe (Wilks $\lambda$=.908; $F(18, 1491)$= 2,878, p=.000, $\eta^2$=.032) sind signifikant, allerdings bei – im Vergleich zum Geschlecht – deutlich geringeren

Effektstärken. Ihre Effekte sind jedoch höher als die der Wechselwirkungen. Für die Entscheidung, ob strukturelle Unterschiede vorliegen, sind deshalb zusätzliche Informationen notwendig, die im folgenden Kapitel gegeben werden.

Die erwarteten Altersveränderungen in Form einer stärkeren Interessendifferenzierung (Hypothese 5.2) sind schon jetzt bestätigt. Angesichts der konfundierten Effekte von Geschlechtstyp, Prestige und Interessen war auf Entwicklungsstufe drei keine Gleichverteilung (Hypothese 5.1) zu erwarten, sondern ein besonders geschlechtstypisch akzentuiertes Interessenprofil. Die Stärke dieser geschlechtstypischen Akzentuierung wird in den hohen Effektstärken des Faktors Geschlecht ausgedrückt.

## 7.1.2   Strukturelle Unterschiede

Die deutlichen Unterschiede in den Interessenstrukturen von Schülerinnen und Schülern werfen die Frage auf, ob Hollands hexagonales Modell gleichermaßen für Jungen wie für Mädchen gilt. Die Konsequenzen von geschlechtsspezifischen Strukturmodellen wären gravierend. Sie könnten Vorhersagen über Berufszufriedenheit, Leistung, Stabilität usw. in Frage stellen und eine Gültigkeit der Theorie Gottfredsons für beiden Geschlechter zweifelhaft erscheinen lassen.

In seiner Idealform stellt das hexagonale Modell extrem hohe Anforderungen an die Daten. Wenn die Distanzen zwischen den Punkten Korrelationen entsprechen, dürften die Korrelationen nur drei Ausprägungen annehmen. Alle Korrelationen zwischen benachbarten Punkten müssten gleich sein. Das ist nach aller Erfahrung empirisch unmöglich. Ein schwächerer Modelltest, der besser der Intention Hollands entspricht, nimmt unterschiedliche absolute Distanzen an, postuliert aber Ordinalbeziehungen zwischen den Korrelationen der sechs RIASEC-Skalen (Anderson, Tracey, & Rounds, 1997).

Das hexagonale Modell führt zu 72 eindeutigen Vorhersagen über Größer-Kleiner-Relationen der sechs Skalen. Die Modellanpassung der beobachteten Daten kann über den Anteil dieser 72 Vorhersagen, die das Modell bestätigen bzw. widerlegen, ermittelt werden. Die Korrelationen der jeweils benachbarten Typen (RI, IA, AS, SE, EC und CR) sollte größer sein als die der nicht benachbarten Typen (RA, AE, ER, IS, SC und CI). Diese Hypothese ergibt vorhergesagte 36 Dominanzbeziehungen. Die Korrelation zwischen nicht benachbarten Typen sollte wiederum größer sein als die zwischen den gegenüberliegenden Typen (RS, IE und AC), woraus 18 Ordnungsrelationen entstehen. Auch benachbarte Orientierungen korrelieren nach den Modellannahmen höher als gegenüberliegende. Das ergibt weitere 18 Paarungen (Tracey & Rounds, 1993, 230). Alle erwarteten Relationen sind in Tabelle 33 zusammengefasst. Aufgelistet sind die erwarteten 72 Größer-Kleiner- Relationen und 33 Gleichheitsbeziehungen.

Tabelle 33: Vorhersagen nach dem Hexagonalmodell: 72 Größer-Kleiner-Relationen und 33 Gleichheitsbeziehungen (<=Zeilenkorrelationen sind kleiner als Spalten-korrelationen)

| | | 1 | 2 | 3 | 4 | 5 | 6 | 7 | 8 | 9 | 10 | 11 | 12 | 13 | 14 |
|---|---|---|---|---|---|---|---|---|---|---|---|---|---|---|---|
| | | RI | RA | RS | RE | RC | IA | IS | IE | IC | AS | AE | AC | SE | SC |
| | RI | | | | | | | | | | | | | | |
| 2 | RA | < | | | | | | | | | | | | | |
| 3 | RS | < | < | | | | | | | | | | | | |
| 4 | RE | < | = | > | | | | | | | | | | | |
| 5 | RC | = | > | > | > | | | | | | | | | | |
| 6 | IA | = | > | > | > | = | | | | | | | | | |
| 7 | IS | < | = | > | = | < | < | | | | | | | | |
| 8 | IE | < | < | = | < | < | < | < | | | | | | | |
| 9 | IC | < | = | > | = | < | < | = | > | | | | | | |
| 10 | AS | = | > | > | > | = | = | > | > | > | | | | | |
| 11 | AE | < | = | > | = | < | < | = | > | = | < | | | | |
| 12 | AC | < | < | = | < | < | < | < | = | < | < | < | | | |
| 13 | SE | = | > | > | > | = | = | > | > | > | = | > | > | | |
| 14 | SC | < | = | > | = | < | < | = | > | = | < | = | > | < | |
| 15 | EC | = | > | > | > | = | = | > | > | > | = | > | > | = | > |

Die Anzahl der postulierten Korrelationen der benachbarten und nicht benachbarten Typen sind in Tabelle 34 als Randzeile und Randspalte eingefügt. In die Matrix-zellen ist je ein „+" bzw. „-" eingetragen, wenn das Hollandmodell bestätigt oder nicht bestätigt wird. 31 von 36 Hypothesen sind bestätigt. Das entspricht einer Bestätigungsquote von 86 %. Auf gleiche Weise lassen sich die 18 „nicht benachbarten" und „entgegengesetzten" und die 18 „benachbarten" und „entgegengesetzten" Orientierungen im RIASEC-Modell gegenüberstellen. Der Bestätigungs-grad beträgt im ersten Fall 61%, im zweiten Fall 94%.

Tabelle 34: Korrelation benachbarter und nicht benachbarter Orientierungen im RIASEC-Modell. Datenbasis Gesamtgruppe (n=556)

| | | | 1 | 2 | 3 | 4 | 5 | 6 | |
|---|---|---|---|---|---|---|---|---|---|
| | | | RA | AE | ER | IS | SC | CI | |
| | | | .01 | .41 | .20 | .15 | .30 | .48 | |
| 1 | RI | .49 | + | + | + | + | + | + | 6 |
| 2 | IA | .28 | + | - | + | + | - | - | 4 |
| 3 | AS | .47 | + | + | + | + | + | - | 5 |
| 4 | SE | .50 | + | + | + | + | + | + | 6 |
| 5 | EC | .62 | + | + | + | + | + | + | 6 |
| 6 | CR | .40 | + | - | + | + | + | - | 4 |
| | | | | | | | | | 31 |

Insgesamt entsprechen aus der Korrelationsmatrix der Gesamtgruppen 59 der 72 Korrelationsbeziehungen dem Modell. Demnach sind 82% der Modellprognose bestätigt. Diese Vorhersagegenauigkeit entspricht in etwa dem Wert, von dem Anderson, Tracy und Rounds (1997) berichtet haben. Sie hatten mit dem gleichen Verfahren bei sieben Studien im Schnitt 87% Theoriebestätigung ermittelt. Unter Berücksichtigung der Tatsache, dass mit dem AIST auch ein Altersbereich erfasst wurde, für den bisher noch keine Normen vorliegen, ist das Ergebnis als gut zu bezeichnen.

Mit dem hier eingeschlagenen Analyseweg ist sich die eingangs aufgeworfene Frage nach den Geschlechtsunterschieden in den Interessenstrukturen beantwortbar. Über die Korrelationsmatrix der Jungen lassen sich 81% Bestätigungen ermitteln, über die der Mädchen 75% (s. Tabelle 35).

Tabelle 35:   Prozentsatz der Modellbestätigungen nach Schulart und Geschlecht

|  | Hauptschule | Realschule | Gymnasium |  |
|---|---|---|---|---|
| Mädchen | 60 | 78 | 79 | 75 |
| Jungen | 56 | 74 | 81 | 81 |
| Gesamtgruppe | 79 | 81 | 89 | 82 |

Trägt man den Unterschied gegen die Schulform ab, dann ist die Modellanpassung der Mädchendaten in Haupt- und Realschule geringfügig besser, aber das Niveau ist insgesamt niedriger.

Wegen der fehlenden Normdaten für Jugendliche unter 14 Jahren könnte eingewandt werden, dass das Modell, insbesondere für Hauptschüler der unteren Klassen, nicht gilt. Werden allerdings Korrelation für einzelne Klassen berechnet, dann ist kein Alterstrend beobachtbar, weder bei Hauptschülern noch bei der Gesamtgruppe. Die Bestätigungsprozente betragen bei den Hauptschülern von der siebten bis zur zehnten Klasse 68, 79, 71 und 71 % und in der Gesamtgruppe 79, 88, 79 und 85 %.

Insgesamt gesehen unterstützen die Ergebnisse die Allgemeingültigkeit des hexagonalen Modells von Holland. Es sind keine strukturellen Geschlechts- oder Altersabhängigkeiten feststellbar. Der unterschiedlich hohe Bestätigungsgrad zwischen den Schulformen verschwindet, wenn die Korrelationen auf der gemeinsamen Datenbasis von Mädchen und Jungen erfasst werden. Die Ergebnisse sind angesichts der vielen Freiheitsgrade der Methode zwar fragil, aber eindeutig.

# 7.2  Interessenentwicklungen

Hollands Interessen- und Persönlichkeitsmodell ist kein Entwicklungsmodell. Er selbst schlägt vor, Entwicklungsprozesse über andere Theorien zu erklären: Lerntheorien und v.a. Entwicklungs- und Sozialisationstheorien der Persönlichkeit. Die aktuell umfassendste Erklärung der Entwicklung von Berufsinteressen bietet die sozialkognitive Berufstheorie von Lent, Brown und Hackett (2002). Danach erfolgt die Entwicklung von Interessen über einen Regelkreis von Selbstwirksamkeits- und Ergebniserwartungen, die nach tatsächlichen Erfahrungen mit der Ausübung entsprechender Tätigkeiten kognitiv verstärkt oder geschwächt werden. Insofern ist die Entwicklung von Interessen nur soweit an bestimmte Lebensalter gebunden und damit entwicklungsabhängig, als sich z.B. körperliche Voraussetzungen verändern oder kognitive Voraussetzungen gegeben sein müssen. Die erreichte Stabilität der Interessen wird mit selektiver Auswahl der Umwelten und reziproken Verstärkungen erklärt.

Gottfredson postuliert in ihrem Entwicklungsmodell beruflicher Aspirationen von 1981 und 1996 keine Entwicklungsprozesse für Berufsinteressen. Ob sich Interessen entwickeln oder wie sie entwickeln, war nicht Gegenstand ihrer Theorie. Berufsinteressen treten in Erscheinung – und zwar mit 14. In diesem Alter bekommen im Rahmen der Identitätssuche und der Beschäftigung mit der eigenen Person innere Merkmale, Fähigkeiten, Werte und Vorlieben Salienz. Gottfredson benennt Kontexte der Interessenentwicklung, aber die Entwicklung selbst beschreibt sie in den früheren Theoriedarstellungen nicht.

In der erweiterten Theorie von 2002 ergänzt sie ihre alte Kerntheorie um Entwicklungsprinzipien von Persönlichkeitsmerkmalen. Berufsinteressen bekommen darin eine Brückenfunktion zwischen allgemeinen Persönlichkeitsmerkmalen (Big Five, IQ) und sozialen Nischen (vgl. Kap. 3). Die Überprüfung von Hypothesen der Theorieerweiterung ist wesentlich komplizierter als die der Kerntheorie, weil individuelle Einmaligkeit als Ergebnis einer komplexen Anlage-Umwelt-Interaktion erklärt werden soll, und nicht durch allgemeine Regelhaftigkeiten.

Der Versuchsplan und die erhobenen Daten der vorliegenden Studie lassen eine Überprüfung der Theorieerweiterung nicht zu. Wir gehen von der Annahme der Kerntheorie aus, dass Interessen auf Entwicklungsstufe vier erstmals als systematischer Einflussfaktor auf Berufspräferenzen nachweisbar sind. Das setzt eine zuverlässige Messbarkeit von Interessenprofilen voraus. Erste Hinweise auf altersabhängige Unterschiede (die wir als Entwicklungstrends interpretieren) in den Interessenausprägungen wurden im letzten Kapitel gegeben. Sie werden nun um weitere Ergebnisse und Indexberechnungen des Holland-Modells ergänzt und mit Folgerungen aus der Theorie Gottfredsons verglichen.

## 7.2.1 Differenziertheit

Kristallisierte Interessen sollten sich in einem differenzierten RIASEC-Profil zeigen. Je stärker die Ausprägung einer Interessenorientierung gegenüber anderen ist, desto leichter sollte eine berufliche Entscheidung fallen. Als Maß für die Interessendifferenzierung schlägt Holland (1997, 4) den Differenzwert von höchstem und niedrigstem Standardwert der sechs RIASEC-Skalen vor.

Gemäß der Theorie Gottfredsons sollte der Grad der Differenzierung auf Entwicklungsstufe vier deutlich höher sein als auf Entwicklungsstufe drei. Dieser Anstieg ist anhand der erhobenen Daten zu belegen. Die mittlere Differenz der Extremwerte steigt von 21,86 auf Stufe drei auf einen mittleren Wert von 25,79 auf Entwicklungsstufe vier. Der Unterschied ist höchst signifikant (t(554)=5,689, p<.000). Die entsprechenden mittleren AIST-Standardwerte für die Differenziertheit betragen 100,15 für Stufe drei (n=264) und 104,64 für Stufe vier (n=292) (Bergmann & Eder, 1992)

Interessen werden gegen Ende der Sekundarschulzeit differenzierter und wohldefinierter. Schüler entwickeln zunehmend ausgeprägte Vorlieben und Abneigungen; ihr Verhalten wird vorhersagbarer. Differenziertheit der Interessen ist eine Teilkomponente der Berufswahlreife.

Hollands Index für Interessendifferenzierung (höchster minus niedrigster Skalenwert) ist nach einer Zusammenstellung von Bergmann (1993) nur einer von sieben möglichen Indizes und liefert zudem vergleichsweise wenig zuverlässige Ergebnisse. Einen nach eigenen Aussagen besseren Index schlägt Eder (1998) vor. Er bestimmt die Differenziertheit des Interessenprofils über mehrfache Berechnungen von Kräfteparallelogrammen in Hollands Hexagon der Typenähnlichkeit. Das Ergebnis ist eine Resultierende, die sowohl den Grad der Interessenausprägung (Länge des Vektors) als auch die Richtung der Interessen (Winkel im 360°-Kreis) wiedergibt. Plausibilitätsüberprüfungen ergaben etwa gleich gute Werte für männliche aber bedeutend bessere Zusammenhänge für weibliche Jugendliche als die bisher vorgeschlagenen Differenzierungsindizes (Eder, 1998). Vorberufliches Verhalten und Aspekte der Studienbewältigung korrelierten bei Frauen höher mit der Differenziertheit.

Veränderungen der Interessenstruktur sind als Winkelveränderungen abbildbar. Veränderungen sollten mit zunehmendem Alter seltener werden, weil Interessendifferenzierung als Endpunkt von Entwicklungen betrachtet werden kann. Winkeländerungen können als Stabilitätsindex der gesamten Interessenstruktur interpretiert werden. Mit Höhe der Differenziertheit sollte die Stabilität zunehmen. Das konnte Eder mit einer Untersuchung von 900 Abiturienten bestätigen, von denen 400 nach drei Jahren nachuntersucht wurden (Eder, 1998, 68).

Der Vorteil der Eder-Indizes liegt darin, dass wichtige Aspekte komplexer Zusammenhänge in zwei Indizes abgebildet werden können. Profildifferenzierungen (Vektor) und Interessenrichtungen (Winkel) unserer Stichprobe sind in Tabelle 36 nach Entwicklungsstufe aufgelistet.

Tabelle 36:   Die Differenzierungsindizes nach Eder (1998) für die Entwicklungsstufen 3 und 4 des Gottfredson-Modells

|        | Stufe 3        | Stufe 4        | T (df=554) |          |
|--------|----------------|----------------|------------|----------|
| Vektor | 23,32 (12,06)  | 28,53 (13,65)  | -4,75      | p < .000 |
| Winkel | 169, 93 (97,18)| 180,07 (84,25) | -1,32      | n.s.     |

Erwartungsgemäß ist die Interessendifferenzierung auf Entwicklungsstufe vier signifikant höher als auch Stufe drei. Keine Veränderung zeigt dagegen die Interessenrichtung. Demnach ist das Interessenprofil schon auf Stufe drei etabliert. Die Interessenschwerpunkte werden lediglich vertieft und führen zu einer stärkeren Profildifferenzierung. Dieses Ergebnis widerspricht der Theorie. Nach Gottfredson sollten auch die Interessenrichtungen erst auf Stufe vier etabliert sein. Möglicherweise ist jedoch durch die Zusammenfassung teilweise komplementärer Profile von Schülerinnen und Schülern eine Profilnivellierung eingetreten, die Veränderungen kaschiert. Auch für den Index der Interessenausrichtung sind deshalb getrennte Analysen der Daten männlicher und weiblicher Jugendlicher notwendig, wenn Alterstrends bestimmt werden sollen.

Aus Tabelle 37 ist ersichtlich, dass Mädchen eine höhere Interessendifferenzierung zeigen als Jungen ($F(1,544)=93,49$; $p=.000$, $\eta^2=0,147$). Außerdem zeigt sie die aus den Profilvergleichen bekannte andere Interessenausrichtung. Der Winkelindex von Schülerinnen (145,5098) und Schülern (203,9450) unterscheidet sich höchst signifikant ($F(1,544)=58,62$; $p=.000$, $\eta^2=0,097$). Der Einfluss des Faktors Entwicklungsstufe auf die Interessenrichtung ist jedoch nicht statistisch bedeutsam ($F(1,544)=2,598$; $p=.108$). Der Winkelindex bleibt bei den Jungen fast unverändert (200 vs. 207) und steigt bei Mädchen (136 auf 170).

Tabelle 37:   Die Eder-Differenzierungsindizes nach Geschlecht und Entwicklungsstufe

|  | Stufe | Vektor | | Winkel | | N |
|---|---|---|---|---|---|---|
|  |  | M | SD | M | SD |  |
| Mädchen | 3 | 28,77 | 11,82 | 135,84 | 39,79 | 125 |
|  | 4 | 33,25 | 13,73 | 153,68 | 49,96 | 148 |
|  | gesamt | 31,2 | 13,06 | 145,51 | 46,37 | 273 |
| Jungen | 3 | 18,42 | 10,02 | 200,59 | 120,73 | 139 |
|  | 4 | 23,69 | 11,78 | 207,18 | 102,07 | 144 |
|  | gesamt | 21,1 | 11,24 | 203,95 | 111,47 | 283 |
| gesamt | 3 | 23,32 | 12,06 | 169,93 | 97,18 | 264 |
|  | 4 | 28,53 | 13,65 | 180,07 | 84,25 | 292 |
|  | gesamt | 26,06 | 13,17 | 175,25 | 90,68 | 556 |

Auch nach der Gruppentrennung bleibt der Effekt erhalten. Entgegen der Annahmen Gottfredsons sind keine Unterschiede in der Interessenausrichtung in den Altersgruppen der Entwicklungsstufen drei und vier feststellbar.

## 7.2.2   Interessenakzentuierung

Werden die hervorstechenden (salienten) Interessenorientierungen über das obere Quartil der Skalenverteilungen definiert, 0/1-kodiert und in einer Tabelle zusammengestellt, dann ergeben sich charakteristische Muster oder Konfigurationen von Interessenausprägungen (siehe Tabelle 38).

Diese Muster bestätigen deutlicher und differenzierter, was wir schon wissen: Mädchen interessieren sich für Soziales oder Kunst oder für Kunst und Soziales. Jungen interessieren sich für Maschinen oder Wissenschaft oder Maschinen und Wissenschaft.

Unter den Mädchen ist der Anteil derjenigen, die sich besonders für Kunst interessieren und derjenigen, die sich besonders für Soziales interessieren, mit 28 bzw. 30 Nennungen etwa gleich groß.

Beide Interessenschwerpunkte zeigen 16 Mädchen. Immerhin 11 Schülerinnen kombinieren künstlerische mit wissenschaftlichen Interessen, während nur 4 ein ausgeprägtes ausschließlich wissenschaftliches Interesse zeigen. Bei den Jungen dominieren erwartungsgemäß praktisch-handwerkliche Interessen (34 Fällen), wissenschaftliche Interessen (17 Fälle) und die Kombination beider Interessen (22 Fälle).

Die Matrix in Tabelle 37 wurde mit dem PC-Programm WINMIRA (Davier, 2001) auf latente Klassen untersucht. Für g=4 Klassen konnte eine Modellanpassung erreicht werden. Die Häufigkeit der Ergebnismuster wird vom Modell mit hinreichender Genauigkeit vorhergesagt. Sowohl das Likelihood-Verhältnis (Likelihood Ratio, LR) als auch Pearsons Chi-Quadrat unterschreiten nicht die Signifikanzgrenze (s. Tabelle 38 unten). Die Treffsicherheiten (T), mit der die wahren Klassenzugehörigkeiten ermittelt wurden, liegen zwischen 76 und 91%.

Tabelle 38:   Ergebnisse der Latenten Klassenanalyse (LCA)

| g | $\pi_g$ | R | I | A | S | E | C | *T* |
|---|------|------|------|------|------|------|------|------|
| 1 | 0,57 | 0,09 | 0,13 | 0,23 | 0,19 | 0,05 | 0,08 | 0,91 |
| 2 | 0,18 | 0,92 | 0,50 | 0,13 | 0,00 | 0,23 | 0,46 | 0,78 |
| 3 | 0,18 | 0,05 | 0,26 | 0,40 | 0,49 | 0,79 | 0,44 | 0,76 |
| 4 | 0,08 | 0,73 | 0,69 | 0,81 | 0,85 | 0,87 | 1,00 | 0,88 |
| $\chi^2$ (df=36)=48.87, p=.08; | | | | LR (df=36)=49.44, p=0.07 | | | | |

Die Ergebnismuster für die g=4 ermittelten Klassen sind in Abbildung 13 dargestellt. Der Klasse g=1 gehören 57% der Stichprobe an ($\pi_{g=1}$=0,57; s. Tabelle 38), den Klassen g=2 und g=3 jeweils 18% und der vierten Klasse acht Prozent.

Tabelle 39:  Konfigurationsmuster salienter Interessenorientierungen (PR > 75)

| | R | I | A | S | E | C | weibl. | männl. | | R | I | A | S | E | C | weibl. | männl. |
|---|---|---|---|---|---|---|---|---|---|---|---|---|---|---|---|---|---|
| 1 | 0 | 0 | 0 | 0 | 0 | 0 | 73 | 67 | 33 | 1 | 0 | 0 | 0 | 0 | 0 | 1 | 34 |
| 2 | 0 | 0 | 0 | 0 | 0 | 1 | 9 | 7 | 34 | 1 | 0 | 0 | 0 | 0 | 1 | 1 | 14 |
| 3 | 0 | 0 | 0 | 0 | 1 | 0 | 6 | 13 | 35 | 1 | 0 | 0 | 0 | 1 | 0 | | 2 |
| 4 | 0 | 0 | 0 | 0 | 1 | 1 | 5 | 5 | 36 | 1 | 0 | 0 | 0 | 1 | 1 | 1 | 6 |
| 5 | 0 | 0 | 0 | 1 | 0 | 0 | 30 | 1 | 37 | 1 | 0 | 0 | 1 | 0 | 0 | 1 | 3 |
| 6 | 0 | 0 | 0 | 1 | 0 | 1 | 4 | 1 | 38 | 1 | 0 | 0 | 1 | 0 | 1 | | |
| 7 | 0 | 0 | 0 | 1 | 1 | 0 | 6 | 3 | 39 | 1 | 0 | 0 | 1 | 1 | 0 | 1 | |
| 8 | 0 | 0 | 0 | 1 | 1 | 1 | 10 | | 40 | 1 | 0 | 0 | 1 | 1 | 1 | | 3 |
| 9 | 0 | 0 | 1 | 0 | 0 | 0 | 28 | 7 | 41 | 1 | 0 | 1 | 0 | 0 | 0 | 1 | 2 |
| 10 | 0 | 0 | 1 | 0 | 0 | 1 | 3 | 1 | 42 | 1 | 0 | 1 | 0 | 0 | 1 | | 2 |
| 11 | 0 | 0 | 1 | 0 | 1 | 0 | 6 | 1 | 43 | 1 | 0 | 1 | 0 | 1 | 0 | 1 | 3 |
| 12 | 0 | 0 | 1 | 0 | 1 | 1 | 4 | 2 | 44 | 1 | 0 | 1 | 0 | 1 | 1 | | 1 |
| 13 | 0 | 0 | 1 | 1 | 0 | 0 | 16 | 1 | 45 | 1 | 0 | 1 | 1 | 0 | 0 | 1 | |
| 14 | 0 | 0 | 1 | 1 | 0 | 1 | 1 | | 46 | 1 | 0 | 1 | 1 | 0 | 1 | | |
| 15 | 0 | 0 | 1 | 1 | 1 | 0 | 4 | 2 | 47 | 1 | 0 | 1 | 1 | 1 | 0 | | |
| 16 | 0 | 0 | 1 | 1 | 1 | 1 | 5 | | 48 | 1 | 0 | 1 | 1 | 1 | 1 | 2 | 6 |
| 17 | 0 | 1 | 0 | 0 | 0 | 0 | 4 | 17 | 49 | 1 | 1 | 0 | 0 | 0 | 0 | | 22 |
| 18 | 0 | 1 | 0 | 0 | 0 | 1 | 1 | 2 | 50 | 1 | 1 | 0 | 0 | 0 | 1 | | 11 |
| 19 | 0 | 1 | 0 | 0 | 1 | 0 | 2 | 4 | 51 | 1 | 1 | 0 | 0 | 1 | 0 | | 3 |
| 20 | 0 | 1 | 0 | 0 | 1 | 1 | | 2 | 52 | 1 | 1 | 0 | 0 | 1 | 1 | 1 | 7 |
| 21 | 0 | 1 | 0 | 1 | 0 | 0 | 1 | 1 | 53 | 1 | 1 | 0 | 1 | 0 | 0 | | |
| 22 | 0 | 1 | 0 | 1 | 0 | 1 | 2 | | 54 | 1 | 1 | 0 | 1 | 0 | 1 | 1 | |
| 23 | 0 | 1 | 0 | 1 | 1 | 0 | 1 | 1 | 55 | 1 | 1 | 0 | 1 | 1 | 0 | | |
| 24 | 0 | 1 | 0 | 1 | 1 | 1 | 2 | 1 | 56 | 1 | 1 | 0 | 1 | 1 | 1 | | 2 |
| 25 | 0 | 1 | 1 | 0 | 0 | 0 | 11 | 1 | 57 | 1 | 1 | 1 | 0 | 0 | 0 | 1 | 2 |
| 26 | 0 | 1 | 1 | 0 | 0 | 1 | 2 | | 58 | 1 | 1 | 1 | 0 | 0 | 1 | 1 | 2 |
| 27 | 0 | 1 | 1 | 0 | 1 | 0 | 2 | | 59 | 1 | 1 | 1 | 0 | 1 | 0 | | 1 |
| 28 | 0 | 1 | 1 | 0 | 1 | 1 | | 1 | 60 | 1 | 1 | 1 | 0 | 1 | 1 | | 4 |
| 29 | 0 | 1 | 1 | 1 | 0 | 0 | 2 | | 61 | 1 | 1 | 1 | 1 | 0 | 0 | | |
| 30 | 0 | 1 | 1 | 1 | 0 | 1 | | 1 | 62 | 1 | 1 | 1 | 1 | 0 | 1 | 2 | 1 |
| 31 | 0 | 1 | 1 | 1 | 1 | 0 | 5 | 1 | 63 | 1 | 1 | 1 | 1 | 1 | 0 | | |
| 32 | 0 | 1 | 1 | 1 | 1 | 1 | 7 | 2 | 64 | 1 | 1 | 1 | 1 | 1 | 1 | 5 | 7 |

Die größte Klasse g=1 enthält Mitglieder mit durchweg niedrigem Anteil salienter Interessenausprägungen, die kleinste Klasse g=4 umfasst Mitglieder mit hohen Anteilen ausgeprägter Interessen für alle Interessenrichtungen. Dazwischen liegen (nicht geordnete) Klassen mit Interessenschwerpunkten im realistischen (g=2) und im unternehmerischen Bereich (g=3).

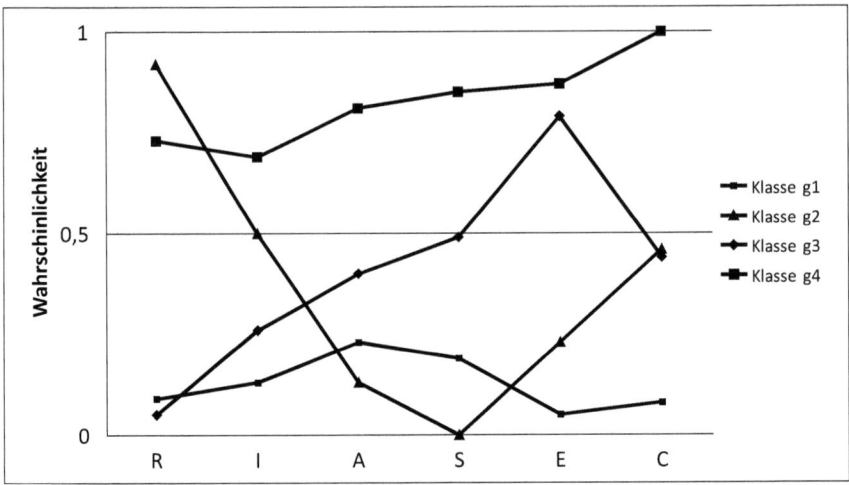

Abbildung 13:  LCA-Profile der RIASEC-Items in vier Klassen

Sowohl unter den Schülerinnen als auch unter den Schülern ist die Fraktion derer, die sich für nichts besonders interessieren mit 140 von 556 am größten. Das ist etwa ein Viertel. Dieser Anteil sollte mit zunehmendem Alter kleiner werden. Das ist tatsächlich der Fall, wie aus Tabelle 40 zu ersehen ist. Die 140 Schüler, die keine ausgeprägten Interessen zeigen, sollten nach Gottfredson die Schüler sein, die in Entwicklungsstufe drei sind. In Stufe vier sollten differenzierte Interessen ausgebildet sein. Der Anteil der wenig ausgeprägten Interessen sollte auf Stufe vier kleiner als auf Stufe drei sein (Hypothese 5.2.).

Tabelle 40:   Anteil ausgeprägter Interessen nach Entwicklungsstufe

|  | Entwicklungsstufe 3 (Klassen 7 und 8) | Entwicklungsstufe 4 (Klassen 9 und 10) |  |
| --- | --- | --- | --- |
| mindestens eine Interessenorientierung mit einem PR > 75 | 169 64,0% | 247 84,6% | 416 74,8% |
| keine Interessenorientierung mit einem PR > 75 | 95 36,0% | 45 15,4% | 140 25,2% |
|  | 264 100% | 292 100% | 556 100% |

Der Anteil der Schüler ohne Interessenakzentuierung sinkt von 36% auf 15,6%. Der Abfall ist hochsignifikant ($\chi^2_{(1)}$=31,2; p<.000). Hypothese 5.2 ist bestätigt.

Dieser Index kommt inhaltlich den theoretischen Annahmen Gottfredsons nahe. Wenn die Berufsprioritäten nicht von Interessen bestimmt werden, sollten abgefragte Interessenstrukturen auch keine salienten Orientierungen enthalten und die Strukturbildungen insgesamt eher schwach ausgeprägt sein.

## 7.3  Interessenkongruenz

Im AIST werden bevorzugte Tätigkeiten abgefragt und nach Interessenorientierungen kodiert. Ebenso können für die frei geäußerten Berufswünsche Codes der dominanten Interessenorientierungen ermittelt werden. Die Code-Übereinstimmung von Interessenorientierung und Berufswunsch nennt Holland Kongruenz. Es ist ein Maß der Validität des Verfahrens.

Zur Bestimmung der Person-Umwelt-Kongruenz wird der von Rolfs und Schuler vorgeschlagene Index der „dimensionalen Kongruenz" ermittelt (Rolfs & Schuler, 2002a; 2002b). Nach dem Modell von Gottfredson sollte erst auf Entwicklungsstufe vier eine Übereinstimmung von Interessen und Berufswünschen zu verzeichnen sein; erst dann ist eine Kongruenz von Interessen und Berufswünschen zu erwarten (Hypothese 5.3). Anderseits erbrachten Befragungen von österreichischen Hauptschülern der 8. Klassen schon Interessenübereinstimmungen von Fragebogenscores im Berufsinteressentest (BIT) und angestrebtem Lehrberuf von fast 70% (Pollmann, 1993).

Zur Berechnung des Index von Rolf und Schuler wird der Drei-Buchstaben-Code des ersten Berufswunsches nach dem AIST-Berufsregister zugrundegelegt und nach folgender Formel verknüpft: Kongruenz=SW(Code1) * 3 + SW(Code 2)* 2 + SW(Code3). Bei 495 der 556 Personen konnten den genannten Berufswünschen ein Holland-Code zugeordnet werden. Der erwartete Mittelwert ist offensichtlich 600 (100+3*100+2*100). Je höher der Indexwert ausfällt, desto höher ist die Kongruenz zwischen individuellen Interessen und den für die berufliche Umwelt des Wunschberufes bedeutsamen Interessendimensionen. Für die n=233 Schüler der Entwicklungsstufe drei wird ein Kongruenzmittelwert von 593 (SD=53) ermittelt, für die n=162 Schüler der vierten Entwicklungsstufe ein Durchschnittswert von 620 (SD=48).

Der Hypothese 5.3 entsprechend ist der Kongruenzwert auf Entwicklungsstufe 4 höher als auf Stufe 3. Der Unterschied ist statisch hochbedeutsam ($F(1,483)=33,192$; $p=0,000$, $\eta^2=0,064$). Der Einfluss von Schulform ($F(2,483)=0,40$, $p=.96$) und Geschlecht ($F(1,483)=2.72$, $p=0,099$) erwies sich als nicht bedeutsam. Allerdings konnte in einer univariaten Varianzanalyse eine Wechselwirkung von Schule und Entwicklungsstufe festgestellt werden ($F(2,483)=5,444$; $p=0,005$, $\eta^2=0,022$). Ein Kongruenzanstieg ist lediglich bei Haupt- und Realschülern zu verzeichnen, nicht jedoch bei Gymnasiasten.

## 7.3.1    Interesse und Berufswünsche

Differenzierte Zusammenhänge zwischen Interessenorientierungen und Berufspräferenzen ergeben sich aus Kreuztabellierungen der RIASEC-Profile mit den
Kodierungen der Berufswünsche. In einem nächsten Analyseschritt wurden die frei
genannten Berufswünsche der Schüler nach dem Hollandschema kodiert und zu
den dominanten Interessenorientierungen aus dem AIST in Beziehung gesetzt (vgl.
Bergmann, 1992).

   Tabelle 41 zeigt, wie gut die Kategorie der Berufswünsche aufgrund der dominanten Interessenkategorie vorhersagbar ist. In den Zellen der Tabelle sind jeweils
die Übereinstimmungsprozente des ersten Kodes eingetragen.

   Die Höhe der Übereinstimmung sollte entsprechend den Annahmen des Hexa-
gonalmodells variieren. Die Werte benachbarter Dimensionen sollten höher aus-
fallen, als etwa die nicht benachbarter oder entgegengesetzter.

Tabelle 41:  Vergleich der Interessenorientierungen und Berufswünsche (Angaben
             in Prozent)

|  |  | Berufswünsche | | | | | | | |
|---|---|---|---|---|---|---|---|---|---|
|  |  | R | I | A | S | E | C | N% | N |
|  | R | 50,0 | 22,7 | 5,7 | 2,3 | 9,1 | 10,2 | 17,7 | 88 |
|  | I | 19,6 | 43,5 | 8,7 | 19,6 | 6,5 | 2,2 | 9,3 | 46 |
| Interessen | A | 15,7 | 12,2 | 27,8 | 20,0 | 12,2 | 12,2 | 23,1 | 115 |
|  | S | 9,5 | 8,8 | 10,9 | 41,5 | 15,0 | 13,6 | 29,6 | 147 |
|  | E | 8,2 | 21,3 | 4,9 | 13,1 | 31,1 | 21,3 | 12,3 | 61 |
|  | C | 12,5 | 17,5 | 12,5 | 5,0 | 30,0 | 22,5 | 8,0 | 40 |
|  | N% | 19,1 | 17,5 | 13,1 | 21,1 | 15,7 | 13,3 | 100 |  |
|  | N | 95 | 87 | 65 | 105 | 78 | 66 |  | 493 |

50% der R-Typen wählen R-Berufe, 22,7% I-Berufe, 5,7% A-Berufe und 2,3%
S-Berufe. Dann steigt der Prozentsatz mit der Nähe zum R-Typ im Hexagonalmodell in Übereinstimmung mit der Theorie wieder an. Bei R-Typen ist die Übereinstimmung mit der theoretischen Erwartung sehr hoch, für die anderen Interessenorientierungen gilt sie tendenziell. Der erste Kode der Interessenorientierung
und des genannten Berufswunsches erreicht jeweils die höchsten Übereinstimmungsprozente.

   Insgesamt sind 37,2% der Berufswünsche aufgrund des dominierenden Interes-
sentyps vorhersagbar. Das ist vergleichsweise wenig. Bergmann (1992) und Todt
(1985) haben zumeist über 50% Trefferquoten ermittelt, allerdings bei älteren
Oberstufenschülern.

## 7.3.2   Entwicklungstrends

Auf Entwicklungsstufe drei ist der Prozentsatz richtiger Prognosen auf der Basis der dominierenden Interessenorientierung geringer als auf Stufe vier (Hypothese 5.4). Er beträgt 34,2% auf Stufe drei und 39,9% auf Stufe vier. Der Unterschied ist allerdings statistisch nicht bedeutsam ($\chi^2_{(1)}$=1,743; p=.187). Hypothese 5.4 ist damit nicht bestätigt.

Tabelle 42:   Prozentsatz richtiger Prognosen von Wunschberufen aufgrund der Holland-Interessen

|   | Stufe 3 (n=234) | | | | Stufe 4 (n=263) | | | |
|---|---|---|---|---|---|---|---|---|
|   | % Beruf | % AIST | CC | P | %Beruf | % AIST | CC | P |
| R | 45,8 | 44,9 | .297 | .000 | 46,8 | 56,4 | .387 | .000 |
| I | 28,9 | 41,9 | .220 | .001 | 16,7 | 46,7 | .202 | .001 |
| A | 42,9 | 26,3 | .178 | .006 | 56,7 | 29,3 | .287 | .000 |
| S | 48,9 | 35,9 | .236 | .000 | 65,5 | 45,8 | .362 | .000 |
| E | 16,7 | 18,2 | .084 | .198 | 27,8 | 38,5 | .182 | .003 |
| C | 8,8 | 27,3 | .080 | .219 | 18,8 | 20,7 | .091 | .137 |

Tabelle 42 zeigt allerdings, dass die Vorhersagegenauigkeit deutlich mit der Interessenorientierung variiert. Die am meisten zwischen den Geschlechtern diskriminierenden Interessenorientierungen R und S werden auch am häufigsten richtig vorhergesagt und zeigen die mit CC=.297 und CC=.236 höchsten Kontingenzkoeffizienten. Angegeben sind die richtigen Vorhersagen des Berufswunsches aufgrund der AIST-Ergebnisse (%Beruf) und die richtigen Vorhersagen der Interessenorientierung aufgrund des ersten Hollandkodes des ersten Berufswunsches (%AIST). Große Diskrepanzen zwischen %Beruf und %AIST sind insbesondere bei den I- und A-Interessen festzustellen. Interessenorientierungen an wissenschaftlichen Tätigkeiten führen selten zu entsprechenden Berufswünschen. Andererseits lassen sich aufgrund der Berufswünsche nur selten Interessen an Kunst ablesen.

Gewöhnlich gilt: Je allgemeiner eine Theorie, desto schwerer ist es, sie zu falsifizieren. Im gewissen Sinne gilt das auch für Hollands Theorie. Sein Circumplexmodell hat sicher Schiefen, Dehnungen und Stauchungen und ist insofern keines mehr. Andererseits ist der Gewinn an Klarheit und Orientierungsmöglichkeiten möglicherweise größer als ein Vorteil, der sich aus dem Verzicht auf das Modell erzielen ließe. Es ist eine Idealtypologie, die theoretisch und praktisch fruchtbar ist und einen Ordnungsrahmen für Informationen bietet. Hollands Theorie lässt sich jedoch auch in vielen Aspekten bestätigen. Die enge Verknüpfung der Theoriekonstruktion mit empirischen Überprüfungen wird deutlich. Die Faktorenstruktur seines Fragebogens z.B. lässt sich erstaunlich gut auch an unserer Stichprobe reproduzieren. Nicht zuletzt hat sein Fragebogen einen hohen praktischen Nutzen. In nur zehn Minuten können wichtige und umfassende Informationen erhoben werden, deren Erfassung im Gespräch wesentlich länger dauern würde. Mit explorativen Faktorenanalysen lässt sich die faktorielle Struktur erstaunlich gut reproduzieren, wenn sechs Faktoren vorgegeben werden und die übliche Varimax-Rotation nach dem Kaiserkriterium durchgeführt wird. Hohe Werte in der Transformationsmatrix deuten jedoch auf stark schiefwinklige Rotationen und damit hohe Interkorrelationen der Dimensionen.[17]

## 7.4 Ergebnisbewertung

In Gottfredsons Kerntheorie sind die Annahmen über den Einfluss der Interessen auf die beruflichen Aspirationen weniger klar und differenziert als die Annahmen über den Geschlechtstyp der bevorzugten Berufe oder ihr Prestige. Das macht die Hypothesenerstellung schwieriger. Zusammenhänge über Interesseneinflüsse sind eher aus dem Hollandmodell ableitbar als aus Gottfredsons Theorie. Auch die Abgrenzung des Interesseneinflusses von Geschlechtstyp- und Prestigeeinflüssen ist wegen der Abhängigkeit der Faktoren kaum möglich.

Aus diesem Grund sind nur wenige Untersuchungsergebnisse zu den Interessen als direkter Theorietest zu werten. Die wichtigste Hypothese konnte bestätigt werden: Die den Entwicklungsstufen drei und vier zugeordneten Gruppen unterscheiden sich in ihren Interessenausprägungen. Das Profil der älteren ist prägnanter. Alle Differenzierungsindizes und -maße weisen in die gleiche Richtung. Betrachtet man nur die obersten Quartile der RIASEC-Verteilungen, ist sogar eine Annäherung an die Annahme möglich, Interessen seien entwickelt oder nicht. Der Prozentsatz entwickelter Interessen steigt erwartungsgemäß mit dem Alter. Andere Daten sprechen allerdings deutlich gegen die Theorie: Interessenstrukturen bilden sich nicht erst nach 14 Jahren heraus, wie Gottfredson annahm. Schon vorher etablieren sich deutliche kollektive Interessen, die sehr stark vom Geschlecht abhängen. 53% der Varianz des Interessenprofils wird durch das Geschlecht erklärt, nur 3% durch Klassenstufe und 7% durch die Schulform. Die Abhängigkeit von Geschlechtstraditionen der Berufe und Interessenorientierung erweist sich als Dilemma für eine Theorieüberprüfung mit dem Hollandfragebogen.

Der Fragebogen selbst wird seinem guten Ruf gerecht. Die Hexagonalstruktur gilt für Mädchen und Jungen und verschiedene Kongruenzmaße erbringen plausibel interpretierbare Ergebnisse. Darüber hinaus bietet die Interessenforschung wenig theoretische Erklärungsalternativen. Abgesehen von Todts kleinem Entwicklungsmodell, das hauptsächlich von Gottfredsons Annahmen ausgeht, gibt es keine Interessentheorie, aus der begründete Hypothesen abgeleitet werden könnten. Der un-

---

17 Auf die Darstellung der Ergebnisse wird an dieser Stelle aus Platzgründen verzichtet. Sie sind auf Anfrage beim Autor erhältlich.

befriedigende Kenntnisstand ist Ergebnis einer Forschungstradition, die sich im Wesentlichen auf Fragebogenentwicklung konzentriert hat. Vergleichbar der Intelligenzdiagnostik hat – dort nach Ansicht Piagets – eine „testologischer Erfolg" zum Stillstand weiterer Theorienbildungen geführt (Jörin Fux, 2005).

Im nächsten Analyseabschnitt soll der Zusammenhang zwischen dem Indikator des persönlichen Selbst – den Interessenausprägungen – und den Theorieindikatoren des sozialen Selbst (*Geschlechtstyp* und *Sozialprestige*) nach den Annahmen der Theorie als Pfadmodell formuliert und überprüft werden. Pfadmodelle erlauben die Überprüfung von Beziehungsstrukturen zwischen den Theoriekonzepten und als erweiterte Modellvarianten (zu Strukturgleichungsmodellen) auch eine Überprüfung der Angemessenheit von Operationalisierungen der Modellkonzepte. Damit ist ein statistischer Gesamttest der Theorie möglich.

# 8. Test des Gesamtmodells

Die Überprüfung des Gesamtmodells wurde mit Strukturgleichungsmodellen (SEM *Structural Equation Modeling*) vorgenommen, die auf dem aggregierten Datenniveau von Korrelations- oder Kovarianzmatrizen konfirmatorische Theorienanalysen zulassen und gegenüber einfachen Korrelationsberechnungen eine Vielzahl von Vorzügen aufweisen: Sie erfassen und berücksichtigen u.a. Messfehler, erlauben Kausalaussagen und ermöglichen globale Modelltests. Neben der Datenanalyse einer Stichprobe sind auch Mehrgruppenanalysen (*multi sample analysis*) möglich, bei denen Modellbestandteile, wie die postulierte Einflussstruktur oder einzelne Modellparameter, als invariant vorgegeben werden können. Neuere PC-Programme, wie z.b. *Amos 4* (Arbuckle & Wothke, 1999) machen eine einfache und schnelle Modellerstellung und -überprüfungen möglich.

Alle im Folgenden berechneten Modellparameter wurden mit der Maximum-Likelihood-Methode geschätzt, die in Amos 4 als Standard eingestellt ist und als vergleichsweise robust gilt (Byrne, 2001).

## 8.1 Modell mit manifesten Variablen

Modelle mit manifesten Variablen entsprechen denen klassischer Pfadanalysen, die über lineare Regressionsberechnungen Kausalbeziehungen zwischen unabhängigen (exogenen) und abhängigen (endogenen) Variablen spezifizieren (Duncan, 1966; Wright, 1934). Die Beziehungen der Variablen werden a priori nach Theorieannahmen festgelegt, so dass Pfadanalysen – ebenso wie Strukturgleichungsmodelle allgemein – konfirmatorischen Charakter haben.[18]

### 8.1.1 Modell der Gesamtgruppe

Das Versuchsdesign sieht drei unabhängige und drei abhängige Variablen vor. Klassenstufe, Schule und Geschlecht sind unabhängige (exogene) Variablen, die per definitionem keine Messfehler enthalten. Die abhängigen (endogenen) Variablen (Modellkonzepte) Geschlechtstyp, Berufsprestige und Berufsinteressen werden durch Einschätzungen und Indexbildungen erstellt und enthalten damit Messungenauigkeiten.

---

18 In der Praxis sind für eine erfolgreiche Modellanpassung jedoch oft post-hoc-Modifikationen des Modells notwendig, so dass Modellüberprüfungen ihren konfirmativen Charakter verlieren und explorative Funktionen übernehmen (Byrne, 2001). Inwieweit die Modellveränderungen noch durch die Theorie gestützt werden, ist nach logischen und inhaltlichen Gesichtspunkten zu entscheiden.

In der ersten Modellüberprüfung werden alle drei Gruppierungsdimensionen und die drei Modellkonzepte als manifeste Variablen definiert und über ein rekursives Pfadmodell in Beziehung gesetzt. Um der Theorie gerecht zu werden, müssen die Konzeptvariablen grundsätzlich die erwarteten Veränderungen zeigen können.

Sowohl Berufsprestige als auch Geschlechtstyp sollten nach dem Eingrenzungstheorem entwicklungsabhängig geringere Datenspannbreiten zeigen. Als Indizes werden deshalb die Wertebereiche von Geschlechtstyp und Prestige der fünf aktuellen Wunschberufe definiert (Maximalwert minus Minimalwert). Da die Schülereinschätzungen erhebliche Verzerrungen zu den positiven Extremen hin enthalten, müssen die Expertenratings als Basis dienen. Das Interessenniveau sollte mit fortschreitender Entwicklung differenzierter werden. Als Modellindex werden deshalb Interessen über den Differenzierungsindex von Eder (1998) bestimmt. Datenbasis für die Analyse sind Interkorrelationen der Variablen von 549 Personen, die vollständige Antwortmuster vorlegten.

Die grundsätzliche von der Theorie postulierte Entwicklungsrichtung der Modellkonzepte wird bestätigt. Der Geschlechtstyp wirkt auf das Berufsprestige, nicht umgekehrt. Zwar setzt sich die Wirkungsrichtung nicht signifikant auf die Interessendifferenzierung fort, aber auch das widerspricht nicht der Theorie. Wenn sich ein Großteil der untersuchten Stichprobe theoretisch noch auf Entwicklungsstufe drei befindet, in der das Berufsprestige die Berufspräferenzen bestimmt, sollte dieser Umstand die Wirkungsrichtung auf den Interessenfaktor schwächen. Auch die Höhe der Pfadkoeffizienten ($\beta$) entspricht überwiegend den Modellvorhersagen. $\beta$ heißt auch der standardisierte Regressionskoeffizient in der linearen Regressionsrechnung. Er ist mit dem hier verwendeten Index identisch. Die negativen Effekte von Klassenstufe (Alter) auf die Streuungen von Geschlechtstyp ($\beta$=-.12) und Berufsprestige ($\beta$=-.14) bestätigen eine Eingrenzung des Wertebereichs mit zunehmendem Alter und damit einer Eingrenzung der Akzeptanzzone. Ebenfalls dem Modell entsprechend wird das Interessenprofil mit Höhe der Klassenstufe differenzierter ($\beta$=.17).

Die Berechnung eines Modelltests gehört zwar nicht zum Methodenrepertoire der klassischen Pfadanalysen, aber sie ist mit Amos leicht durchführbar und gibt zusätzliche Informationen. Alle vorgestellten Modelle mit manifesten Variablen zeigen, dass die Modelle zur Datenstruktur passen. Die Abweichung der mit den Modellparametern rekonstruierten Kovarianzmatrizen mit den Eingabedatenmatrizen sind nach Chi-Quadrattests nicht signifikant (Ergebnisse in den Abbildungen).

Effekte von Schule und Geschlecht werden von der Theorie zwar nicht (oder nur indirekt) postuliert, aber sie entsprechen empirischen Befunden. Mit Höhe des Schulniveaus sinkt die Geschlechtstypstreuung ($\beta$=-.10) und das Geschlecht hat einen deutlich negativen Effekt ($\beta$=-.38) auf die Interessendifferenzierung und auf die Wertebereiche von Geschlechtstyp ($\beta$=-.19) und Berufsprestige ($\beta$=.10). Mädchen (Kodierung 1, Jungen=2) zeigen eine deutlichere Interessendifferenzierung, eine breitere Geschlechtstypakzeptanz, aber einen engeren Akzeptanzbereich für das Berufsprestige. Ob die Geschlechtsunterschiede auf einen Entwicklungsvorsprung der Mädchen hindeuten, der in der Adoleszenz in vielen Entwicklungsdimensionen beobachtbar ist (Steinberg, 2002), bleibt zu überprüfen.

Über den Kästen der Modellfaktoren ist in den Abbildungen 14 und 15 jeweils die quadrierte multiple Korrelation angegeben, die den prozentualen Anteil erklärter Varianz ausdrückt. Offensichtlich wird die Prestigestreuung durch die drei exogenen Variablen mit 27% erklärter Varianz am besten erfasst, während der Geschlechtstyp weitgehend (zu 94%) unaufgeklärt bleibt. Interessendifferenzierung wird durch Klassenstufe, Geschlecht und Schulform zu 18% aufgeklärt (Abb. 14). Nicht erklärte Einflüsse sind im Modell durch die Fehlerterme der endogenen Variablen (est, ep und ei) repräsentiert. Die Aufklärungsquoten entsprechen den Theorieannahmen. Die eine Hälfte der Schüler sollte sich auf Entwicklungsstufe drei bei der Berufsorientierung hauptsächlich am Niveau (Prestige) ausrichten, die andere auf Entwicklungsstufe vier an den Interessen. Die früher etablierte Orientierung am Geschlechtstyp sollte konstanten Einfluss haben und weniger zur Datenvarianz beitragen. Die niedrigere Aufklärungsquote der Interessenvarianz könnte auf Entwicklungsverzögerungen deuten.

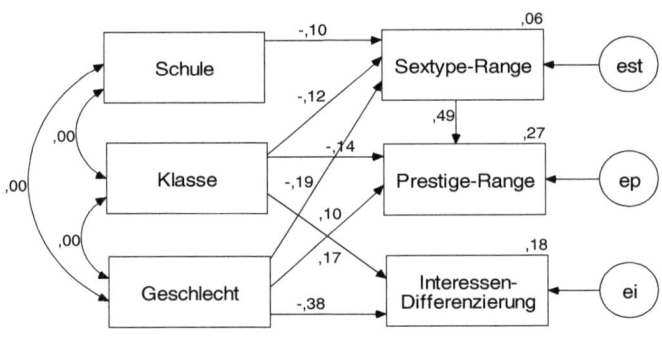

Chi-square = 10,336 (7 df), p = ,170
Gesamtgruppe (n=549)

Abbildung 14: Pfaddiagramm der Variablen des Gottfredson-Modells der Variante 1 (Standardisierte Lösung; n=549).

Unter den endogenen Variablen wird ein starker Effekt der Geschlechtstypakzeptanz auf die Prestigeakzeptanz ($\beta$=.49) modelliert. Die Interessendifferenzierung ist davon unabhängig. Wenn die Modellkonzepte in chronologischen und logischen Voraussetzungsbeziehungen stehen, sollte sich das im Modell als positiver Effekt von Geschlechtstyp auf Prestige und als negativer Effekt des Prestige-Range auf die Interessendifferenzierung zeigen.

In einer zweiten Modellvariante wird Interessendifferenzierung ersetzt durch Interessenkongruenz nach der Berechnungsvorschrift von Rolfs (2001). Wie in Abbildung 16 zu sehen ist, bleibt die gute Modellanpassung erhalten, ebenso die β-Werte der Modellparameter zwischen den nicht veränderten Modellvariablen. Interessenkongruenz, die Übereinstimmung des Interessencodes mit dem Code des ersten Wunschberufes zeigt jedoch – anders als Interessendifferenzierung – keine Abhängigkeit vom Geschlecht (β=-0,08) und eine erhöhte Anhängigkeit von der Klassenstufe (β=.21). Die Schulform hat dagegen weiterhin keinen Einfluss auf die Interessenmerkmale.

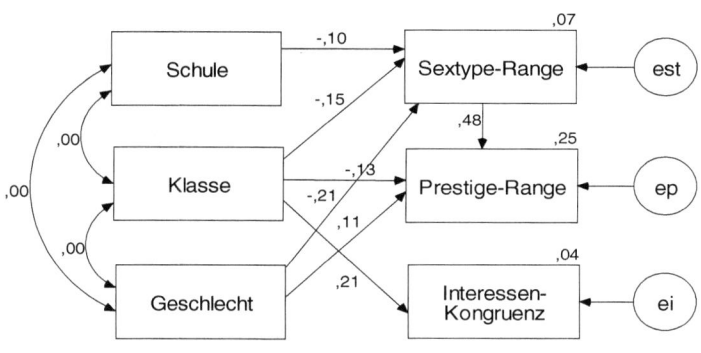

Chi-square = 9,294 (8 df), p = ,318
Gesamtgruppe (n=495)

Abbildung 15: Pfaddiagramm der Variablen des Gottfredson-Modells der Variante 2
(Standardisierte Lösung; n=495).

In beiden Modellvarianten ist ein starker Effekt der Akzeptanzbreite des Geschlechtstyps auf die Prestigeakzeptanz des Wunschberufes festzustellen, aber kein Effekt von der Prestigeakzeptanz auf die Interessenmerkmale. Bestätigt wird damit das Eingrenzungstheorem der Berufsalternativen, nicht jedoch die Annahme der logisch und chronologisch darauf folgenden Interessenkristalisation.

In einem dritten Modell werden neben Geschlechtstyp und Prestige Interessen-differenzierung und Interessenkongruenz in Beziehung gesetzt.

Interessendifferenzierung sollte der Interessenkongruenz logisch vorausgehen. Die Überstimmung von Interessen und Berufsanforderungen ist erst dann zu erwarten, wenn sich ein Interessenprofil herausgebildet hat. Damit gehen wir über die Annahmen der Theorie von Gottfredson hinaus und differenzieren die Interessenentwicklung innerhalb der vierten Entwicklungsstufe ihres Modells.

Abbildung 16 zeigt, dass ein deutlicher Effekt (β=.28) der Interessendifferenzierung auf die Interessenkongruenz nachgewiesen werden kann.

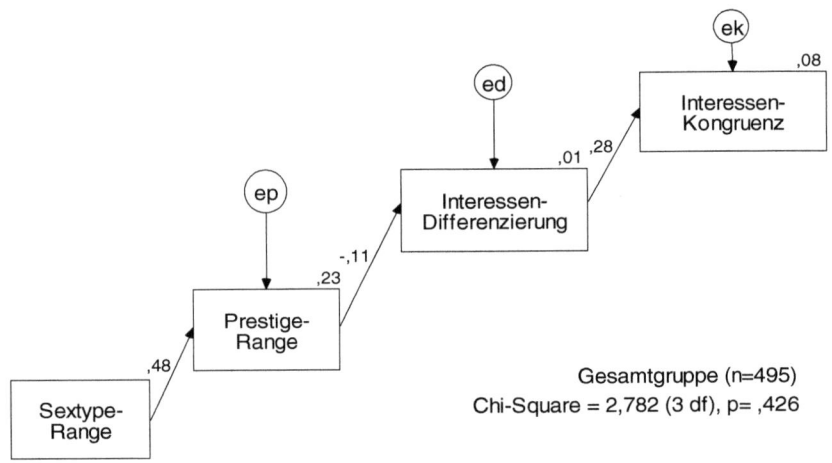

Abbildung 16: Erweiterte Kausalbeziehung zwischen den Modellvariablen (Gesamtgruppe, n=495)

Auch die negative Beziehung zwischen der Prestigebreite und der Interessendifferenzierung ($\beta$=-.11) ist theoriekonform: Je kleiner der Prestigebereich als Folge der Eingrenzung, desto ausgeprägter sollte die Neigungsdifferenzierung sein. Die Höhe des Pfadkoeffizienten erreicht Signifikanz ($\beta$=-.11; t(494)=-2,347, p<.05).

## 8.1.2　Subgruppenmodelle

In keiner der vier nach Schulform und Entwicklungsstufe gebildeten Untergruppen wird der Effekt des Prestigewertranges auf die Interessendifferenzierung jedoch statistisch bedeutsam. Sogar der absolut höchste berechnete Koeffizient für die Gruppe der Hauptschülerinnen in den Abschlussklassen neun und zehn (Entwicklungsstufe vier nach dem Gottfredson-Modell) überschreitet bei geringer Fallzahl (n=43) und einem hohen Standardmessfehler (S.E.=1,409) nicht die Signifikanzschranke (p=.25).

Wie aus den Tabellen 43 und 44 zu ersehen ist, sind die Effekte des Geschlechtstypranges auf den Prestigewertbereich bei den Schülerinnen aller Schulformen stärker als bei den Schülern. Die Effekte der Interessendifferenzierung auf die Interessenkongruenz mit dem Wunschberuf werden allgemein eher in den Abschlussklassen der Haupt- und Realschulen statistisch bedeutsam, wenn die tatsächliche Berufswahl ansteht. Die entsprechenden Regressionskoeffizienten sind für Jungen und Mädchen in allen Schulformen signifikant.

Tabelle 43: Schätzwerte für die standardisierten Regressionsgewichte (ß) der Subgruppen-modelle der männlichen Sekundarschüler (*ns=nicht signifikant*)

| Beziehung | HS 3 N=49 | HS 4 N=61 | O/R-S 3 N=90 | O/R-S 4 N=82 |
|---|---|---|---|---|
| Sextype → Prestige | .49 | .39 | .46 | .47 |
| Prestige → Differenzierung | .21 *ns* | -.08 *ns* | .04 *ns* | -.11 *ns* |
| Differenzierung → Kongruenz | .34 | .30 | .18 *ns* | .34 |

In den unteren Klassen (sieben und acht) lässt sich eine bedeutsame Beziehung nur bei männlichen Hauptschülern beobachten. Möglicherweise deutet dieses Ergebnis auf eine Bestätigung der Beobachtungen von Heinz et al. (1985), dass auch jüngere Hauptschüler arbeitsmarktbezogene Überlegungen in ihre Berufsorientierungen einbeziehen.

Abgesehen von den geringen Effekten der Subgruppen sprechen die Ergebnisse eher für als gegen die Theorie.

Gemessen am Streubereich der fünf Wunschberufe kann ein wichtiger Aspekt der Theorie Gottfredsons bestätigt werden. Je größer die Spannbreite des Geschlechtstyps der Wunschberufe, desto größer ist auch der Akzeptanzbereich des Berufsprestiges.

Tabelle 44: Schätzwerte für die standardisierten Regressionsgewichte (ß) der Subgruppen-modelle der weiblichen Sekundarschüler (*ns=nicht signifikant*)

| Beziehung | HS 3 N=35 | HS 4 N=43 | O/R-S 3 N=90 | O/R-S 4 N=105 |
|---|---|---|---|---|
| Sextype → Prestige | .51 | .54 | .53 | .55 |
| Prestige → Differenzierung | -.11 *ns* | -.17 *ns* | -.07 *ns* | -.07 *ns* |
| Differenzierung → Kongruenz | .31 *ns* | .36 | -.01 *ns* | .42 |

Je kleiner andererseits der akzeptable Prestigebereich ist, desto ausgeprägter ist die Interessendifferenzierung. Die Eingrenzung der Akzeptanzzone von Geschlechtstyp und Prestige geht entsprechend der Theorie mit einer Differenzierung der Berufsinteressen einher.

## 8.2 Modelle mit latenten Variablen

Modelle mit latenten Variablen verlangen konkrete Operationalisierungen der Konzepte einer Theorie und ebenfalls eine A-priori-Festlegung der Konzeptbeziehungen. Verschiedene Maße oder Indikatoren eines Konzeptes werden analog faktorenanalytischen Vorgehens zu einem Messmodell der latenten Variablen kombiniert, die ein theoretisches Konstrukt repräsentiert. Die Beziehungen zwischen den latenten Variablen werden a priori mit einem pfadanalytischen Strukturmodell spezifiziert. Sowohl die Parameter des Messmodells als auch des Strukturmodells werden durch das Programm simultan geschätzt. Zur Identifizierbarkeit des Modells muss die Zahl der zu schätzenden Parameter kleiner sein als die Zahl der empirischen Korrelationen, auf der die Parameterschätzung beruht.

### 8.2.1 Modelle der Gesamtgruppe

Die drei Modellkonzepte werden als latente Variablen definiert, die jeweils über zwei Indikatoren erfasst werden. Geschlechtstyp und Prestige beschreiben jeweils den erstgenannten Berufswunsch, und Interessen werden über Indikatoren definiert, die aus dem Ergebnisprofil des AIST-Antwortmusters abgeleitet sind.

Die Beziehungen zwischen den Konzepten beruhen in dieser Modellüberprüfung auf Annahmen über die Entwicklungsdynamik, die über die Eingrenzungstheorie hinausgehen. Entsprechend der Schematheorie des Selbstkonzeptes (Markus, 1977) sollten Personen zu Extremurteilen neigen, wenn sie Einschätzungen über einen Selbstkonzeptbereich abgeben, der für sie schematisch (also persönlich wichtig) ist (vgl. auch Helwig, 2002). Andererseits sollten sie auch (selbstkonzeptbezogene) Entscheidungen für Berufe treffen, deren Merkmale von Außenstehenden auf schematischen Dimensionen ausgeprägter eingestuft werden als auf aschematischen. Für die Operationalisierung der Konzepte wurden deshalb die Selbst- und Fremdeinschätzung durch Experten als Indikatoren herangezogen.

Nach Gottfredsons Entwicklungsmodell erhält der Geschlechtstyp eines Berufes allgemeine Wichtigkeit in den Klassen eins bis drei, Prestige in den Klassen vier bis acht und Interessen in den Klassen neun und höher. Im Altersausschnitt der Klassen sieben bis zehn, der hier erfasst wurde, sollte die Schematisierung des Geschlechtstyps abgeschlossen sein und einen stetig starken Einfluss ausüben. „Sextype" geht deshalb als exogene Variable in das Modell ein.

Wegen der eindimensionalen Definition ist der Geschlechtstyp eines Berufes allerdings mit dem Grad der Maskulinität für die Angehörigen der beiden Geschlechter ungleich definiert. Die Indikatorvariablen des Faktors *Sextype* werden deshalb neu bestimmt als absolute Abweichung von der Geschlechtsneutralität (Punktwert 5 auf der Skala von 1 bis 9). Damit gelingt eine richtungsneutrale Bestimmung der Geschlechtstypausprägung, die für Schülerinnen und Schüler vergleichbar ist. Diese neuen Variablen (bw1g_z für die Einschätzungen der Schüler und bwg1ge_z für die Einschätzungen der Experten) dienen in den folgenden Modellen zur neuen Definition des Geschlechtstypindex *Sextype*. bw1 steht für den ersten Berufswunsch, g für den Geschlechtstyp und z für absolute Abweichung der Geschlechtstypeinschätzungen vom Skalenmittelwert 5.

Wie aus Tabelle 45 zu ersehen sind die mittleren Abweichungen der Schülereinschätzungen mit 1,73 Einheiten auf der 9er-Skala größer als die der Experten mit 1,55. Auch die Standardabweichungen unterscheiden sich mit 1,62 und 1,08 deutlich mit gleicher Tendenz.

Tabelle 45 ist die Eingabematrix für die Modellberechnungen[19]. Die Standardabweichungen und die Korrelationen werden von Programm AMOS 4.0 in für die Analyse benötigten Varianzen und Kovarianzen konvertiert. Die Mittelwerte werden nicht berücksichtigt (Arbuckle & Wothke, 1999, 144).

Tabelle 45:  Mittelwerte, Standardabweichungen und Interkorrelationen der gemessenen Modellvariablen (n=478)

|   |   |   | 1 | 2 | 3 | 4 | 5 | 6 |
|---|---|---|---|---|---|---|---|---|
| 1. | corr | vektor | 1 | . | . | . | . | . |
| 2. | corr | diffsw | ,80 | 1 | . | . | . | . |
| 3. | corr | bw1g_z | ,00 | ,06 | 1 | . | . | . |
| 4. | corr | bw1ge_z | ,00 | ,08 | ,40 | 1 | . | . |
| 5. | corr | bw1_pe | -,16 | -,14 | -,20 | -,30 | 1 | . |
| 6. | corr | bw1_p | -,01 | ,03 | -,01 | -,13 | ,31 | 1 |
| stddev |   |   | 13,36 | 9,55 | 1,62 | 1,08 | 1,61 | 2,08 |
| mean |   |   | 26,47 | 102,51 | 1,73 | 1,55 | 5,90 | 7,14 |

In Abbildung 17 ist eine gelungene aber noch nicht zufriedenstellende Modellanpassung dargestellt. Der Chi-Quadratwert von 18,236 bei 9 Freiheitsgraden ist zwar mit p=0.033 noch signifikant, d.h. die über die geschätzten Parameterwerte des Modells erzeugte theoretische Korrelationsmatrix weicht bedeutsam von der empirischen Ausgangsmatrix ab. Der Goodness of Fit Index (GFI) beträgt jedoch ausgezeichnete 0,988 und der Adjusted Goodness of Fit Index (AGFI) ebenfalls sehr gute 0,971. Über 97% der Datenvarianz können durch die theoretische Modellstruktur erklärt werden. Der Root Mean Square Error of Approximation (RMSEA) beträgt 0,046 und zeigt, dass die nicht vom Modell erklärte Varianz klein ist. RMSEA-Werte unter 0.05 gelten als gute Modellanpassung (vgl. z.B. Diamantopoulos & Siguaw, 2000, 87).

---

19 Mit der Darstellung der Ausgangsmatrix für die Modellberechnungen folgen wir auch einer Empfehlung Stechers (2001) für die Vereinheitlichung der Veröffentlichungspraxis von Strukturgleichungsmodellen. Bei multiplen Subgruppenvergleichen führt die Darstellung aller Eingabedaten allerdings zu einer unübersichtlichen und wenig sinnvollen Ergebnisdarstellung.

Berücksichtigt wurden nur Pfadkoeffizienten und Faktorladungen, deren t-Wert Signifikanz erreicht, bzw. der C.R. (das *critical ratio* zwischen Kovarianz und Standardmessfehler) den Wert von (t=) 1,96 überschreitet (Byrne, 2001).

Die latente (exogene) Variable Sextype ist durch die Abweichungswerte der Experten- und der Schülereinschätzungen mit den Faktorladungen $\lambda_{12}=.76$ und $\lambda_{11}=.52$ ausgewogen definiert.[20] Die latente Variable ($\xi$) korreliert hoch mit beiden Indikatoren.

Auch die Interessen ($\eta_2$) sind mit dem Differenzierungsindex von Eder (vektor) und dem im Testhandbuch angegebenen Standardwert der Differenzierung (diff-sw) mit $\lambda_{31}=1$ und $\lambda_{32}=.80$ ladungsstark definiert, während die latente Variable Prestige ($\eta_1$) hauptsächlich durch das Expertenurteil (bw1_pe) repräsentiert ist. Die Selbsteinschätzungen der Schüler gehen mit $\lambda_{22}=.31$ allerdings noch signifikant in die Operationalisierung ein. Um eine Modellanpassung zu erreichen, mussten die Fehlervarianzen zweier Indikatoren ($\varepsilon_{21}$ und $\varepsilon_{31}$) auf 0 fixiert werden.

Von der Geschlechtstypausprägung geht ein (negativ gepolter) Effekt auf die Prestigehöhe von $\gamma=-.39$ aus. Je weniger ausgeprägt der Geschlechtstyp des Berufswunsches ist, desto stärker wird das Prestige eingeschätzt. Gemäß der Schematheorie ist das Berufsprestige auf Stufe drei wichtiger als der Geschlechtstyp. Diese Interpretation stützt das Entwicklungsmodell von Gottfredson nur insofern, als in Strukturgleichungsmodellen Wirkungseffekte der Modellkonzepte untereinander modelliert werden und nicht Dominanzrelationen zu einem externen Kriterium.

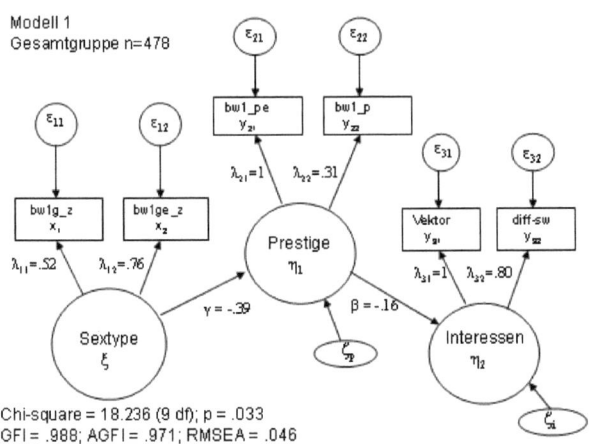

Abbildung 17: Mess- und Strukturmodell der Konzepte des Gottfredson-Modells für die Gesamtgruppe (n=478 Vpn mit vollständigen Daten)

---

20 Für die Bezeichnung der Modellparameter übernehmen wir die LISREL-Notation (Jöreskog & Sörbom, 1989), um die Vergleichbarkeit zu wahren.

Auf Entwicklungsstufe drei sollte sich das Berufsprestige als neue Beurteilungs- und Entscheidungsdimension etablieren, auf Stufe vier Aspekte des persönlichen Selbst, wie Fähigkeiten, Neigungen und Werthaltungen, die im Modell durch Interessen repräsentiert sein sollen. Beide Dimensionen sollten die Dimension des Geschlechtstyps ergänzen und als zusätzliche Einflussfaktoren auf berufliche Aspirationen wirken.

Dass die jeweilige Stärke der Einflüsse entsprechend der Zentralität der Konzepte im Selbstkonzept in der Reihenfolge *Geschlechtstyp – Prestige – Interessen* variieren sollten, wird im Modell nicht abgebildet. Abgebildet wird die logische Voraussetzungsbeziehung bzw. Wirkungsrichtung. Geschlechtstyp wirkt auf Prestige – nicht umgekehrt.

Auch der vergleichsweise schwache Effekt von $\beta=-.16$, den das Prestige auf die Interessendifferenzierung ($\eta_2$) hat, widerspricht in diesem Sinne nicht der Theorie. Eine nur teilweise etablierte Einflussgröße kann im Beziehungssystem der Konzepte keine starke Position haben.

Mit der Variation des kognitiven Entwicklungsstandes, der durch die Stichprobenzusammensetzung quasiexperimentell induziert wurde, sollte auch der Beginn der Interessendifferenzierung deutlich variieren. Diese Streuungen sollten zu einer Überlappung der Entwicklungsstufen führen und als Folge zu einer Schwächung der Effekte. Für die meisten Schüler sollte das Prestige als Bewertungsdimension dominieren. Die Interpretation wird durch das Strukturgleichungsmodell in Abbildung 17 gestützt.

Ebenfalls theoriekonform wirkt die Geschlechtstypausprägung nur indirekt über das Prestigeniveau auf die Interessendifferenzierung. Ein direkter Effekt ist nicht nachweisbar. Der entsprechende Pfad wurde wegen Unterschreiten der Signifikanzgrenze aus dem Diagramm entfernt.

## 8.2.2    Subgruppenmodelle

Da keine Längsschnittdaten in das Modell eingehen, können auch keine Entwicklungen abgebildet werden. Es lassen sich allerdings Indikatoren für Alterstrends bestimmen und nach Entwicklungsstufen vergleichen. Auf der höchsten Entwicklungsstufe sollten alle Faktoren wirksam sein. Es sollte eine starke Wirkung von Geschlechtstyp auf Prestige und Interessen und von Prestige auf Interessen feststellbar sein. Unter der einfachsten Modellannahme sollte auf unterster Entwicklungsstufe keine Beziehung zwischen den Modellfaktoren feststellbar sein. Mit steigendem Entwicklungsniveau sollte die Interkorrelation zwischen einer zunehmenden Zahl von Faktoren steigen.

Das Altersfenster, das im vorliegenden Datensatz erfasst wurde, erlaubt lediglich Aussagen über die letzten beiden Entwicklungsstufen. Auf Stufe drei (Klasse vier bis acht) sollte der Prestigeeinfluss etabliert werden und auf Stufe vier der Interesseneinfluss. Der Geschlechtstyp sollte auf beiden Stufen schon etabliert sein, einen starken Einfluss ausüben und sich nicht mehr wesentlich verändern. Übersetzt in die Annahmen des Strukturgleichungsmodells lauten die Erwartungen: Der Effekt von Sextype auf Prestige sollte auf den Stufen drei und vier unverändert gleich hoch sein, während der Effekt von Prestige auf Interessen auf Stufe 3 gar nicht vorhanden sein sollte und auf Stufe 4 deutlich ausgeprägt in Erscheinung treten sollte. Das Zusammenspiel der Theoriekonzepte sollte auf beiden Stufen der gleichen Dynamik unterliegen. Der Gruppenvergleich der Sekundarschüler auf beiden Entwicklungsstufen wurde deshalb mit der gleichen Modellstruktur vorgenommen.

Wie die Ergebnisse der Modelltests in Tabelle 46 zeigen, gelingt die Modellanpassung an die Datenstruktur für jüngeren Schüler besser. Alle Gütekriterien (GFI, AGFI und RMSEA) sprechen für eine gute Modellanpassung (vgl. Diamantopoulos & Siguaw, 2000, 85). Sogar die $\chi^2$-Abweichung der Modellmatrix von der Ausgangsmatrix ist mit $\chi^2_{(9)}=13.279$ nicht signifikant. Für die Schüler der Entwicklungsstufe vier dagegen ist die Modellanpassung kaum gelungen. Zwar gelten bei kleinen Stichproben auch RMSEA < .08 als gerade noch ausreichend (Bühner, 2004, 205), aber eine $\chi^2$-Abweichung auf dem 1%-Signifikanzniveau ist nicht akzeptabel.

Die Parameterschätzungen für die beiden Entwicklungsstufen unterscheiden sich jedoch in der erwarteten Weise. Während sich der Effekt von Sextype auf das Prestigeniveau auf Stufe drei ($\gamma=-.39$) und Stufe vier ($\gamma=-.37$) kaum unterscheiden, ist der Effekt von Prestige auf die Interessendifferenzierung auf Stufe vier ($\beta=-.19$) deutlich ausgeprägter als auf Stufe drei ($\beta=-.10$). Genau genommen, werden die Vorhersagen der Theorie Gottfredson exakt bestätigt. Auf Entwicklungsstufe drei, auf der Interessenorientierungen keinen Einfluss auf Berufswünsche haben sollten, ist tatsächlich kein Effekt von Prestige auf Interessen nachweisbar. Der Parameterwert $\beta=-.10$ ist nicht signifikant ($t=-1.562$; $p=.12$). Auf Stufe vier dagegen ist ein solcher Effekt nachweisbar. Der $\beta$-Koeffizient überschreitet mit $\beta=-.19$ deutlich die Signifikanzgrenze ($t= -3,061$; $p=.000$).

Die Gewichtung der Indikatoren ist im Gruppenvergleich beim Geschlechtstyp ($\lambda_1$) deutlich verschoben, während sich die faktorielle Struktur des Prestigeniveaus ($\lambda_2$) und der Interessendifferenzierung ($\lambda_2$) kaum verändert. Der Geschlechtstyp des ersten Berufswunsches wird auf Stufe 4 sehr viel stärker durch das Expertenurteil ($\lambda_{12}=.92$) bestimmt als auf Stufe 3 ($\lambda_{12}=.65$).

In die Operationalisierungen aller drei Variablen gehen relativ unzuverlässige Maße ein. Lediglich die Experteneinschätzungen der Geschlechtstypausprägungen sind mit $R^2=.85$ auf Stufe drei – gemessen an Skalenqualitäten – hinreichend reliabel. Legt man Gütestandards von Itemtrennschärfen zugrunde, sind auch die Interessen auf beiden Entwicklungsstufen hinreichend zuverlässig operationalisiert. Aber das Berufsprestige wird durch die Schülereinschätzungen nur unzuverlässig erfasst.

Tabelle 46: Maximum-Likelihood-Schätzungen der beiden Submodelle für die Entwicklungsstufen 3 und 4 des Gottfredson-Modells

| Parameter | Entwicklungsstufe 3 (n=224) | | | | Entwicklungsstufe 4 (n=254) | | | |
|---|---|---|---|---|---|---|---|---|
| | US | SE | SS | $R^2$ | US | SE | SS | $R^2$ |
| $\lambda_{11}$ | 1 | | .30 | (0,09) | 1 | | .79 | (0,63) |
| $\lambda_{12}$ | 2,068 | 1,138 | .92 | (0,85) | 0,538 | 0,126 | .65 | (0,42) |
| $\lambda_{21}$ | 1 | | | | 1 | | | |
| $\lambda_{22}$ | 0,446 | 0,085 | .33 | (0,11) | 0,356 | 0,075 | .28 | (0,08) |
| $\lambda_{31}$ | 1 | | | | 1 | | | |
| $\lambda_{32}$ | 0,608 | 0,029 | .82 | (0,67) | 0,527 | 0,027 | .78 | (0,59) |
| $\gamma$ | -1,288 | 0,370 | -.39 | (0,15) | -0,461 | 0,116 | -.37 | (0,14) |
| $\beta$ | -0,766 | 0,491 | -.10 | (0,01) | -1,690 | 0,552 | -.19 | (0,04) |
| Chi square | 13,279 | | | | 21,871 | | | |
| df | 9 | | | | 9 | | | |
| p | 0.15 | | | | 0,009 | | | |
| GFI | .981 | | | | .974 | | | |
| AGFI | .955 | | | | .939 | | | |
| RMSEA | .046 | | | | .075 | | | |

*Anmerkungen*: US bezeichnen unstandardisierte und SS standardisierte Lösungen, SE ist der Standardmessfehler; $R^2$ entspricht der Itemreliabilität, t-Wert=US/SE

Da für beide Gruppen die gleiche Modellstruktur zugrunde gelegt wird, lässt sich mit *Amos* ein gemeinsames Modell berechnen und die Signifikanz von Parameterwertunterschieden bestimmen (Arbuckle & Wothke, 1999, 233). Die Parameterschätzwerte für beide Gruppen in Tabelle 46 bleiben erhalten. Es werden lediglich gemeinsame Modellfits errechnet. Für das gemeinsame Modell fällt der Approximationsfehler RMSEA mit 0.045 geringer aus als für die Teilstichproben und spricht damit gegen Fehlspezifikationen im Modell. Auch mit GFI=.977 und AGFI=.947 liegen akzeptable Werte vor, lediglich der *exakte Modell-Fit* mit dem Chi-Quadrat-Test bleibt unbefriedigend ($\chi^2_{(df=18)}$=35,149; p=0.009).

Diese gemeinsame und simultan berechnete Modellstruktur wird den weiteren Untergruppenüberprüfungen zugrunde gelegt.

In den bisherigen Analysen hat sich insbesondere das Geschlecht als wichtige Varianzquelle erwiesen. Sowohl das Interessenprofil der Mädchen unterscheidet sich von dem der Jungen als auch die Liste der bevorzugten Berufe. Die am häufigsten genannten Wunschberufe, deren Merkmale den Geschlechtstyp und das Prestigeniveau definieren, bilden mit „Krankenschwester" und „Kfz-Mechaniker" sogar Extrempunkte auf der Sextype-Skala. Auch die Geschlechtstypindikatoren des Strukturmodells nehmen für Jungen und Mädchen signifikant unterschiedliche Werte an. Der mittlere absolute Abweichungswert von der Geschlechtsneutralität ist für Mädchen sowohl im Eigenurteil deutlich größer (2.01 vs. 1.46) als auch im Expertenurteil über den erstgenannten Wunschberuf (1.86 vs. 1.29). Die geschlechtsbezogenen Unterschiede sind in der Selbsteinschätzung (t=-3.72, df=476, p<.001) und im Expertenurteil (t=-5.86; df=491; p<.001) gleichermaßen hoch signifikant.

Deshalb sollen im nächsten Analyseschritt für Schülerinnen und Schüler getrennte Modelle berechnet und auf Struktur- und Gradunterschiede überprüft
werden. Die Hypothesen bleiben unverändert. Der Geschlechtstypeffekt sollte auf
beiden Entwicklungsstufen gleich bleiben, der Prestigeeffekt sollte für die Schüler
und Schülerinnen der Entwicklungsstufe vier stärker als für die Gruppe der
Entwicklungsstufe drei sein.

Den Modellparametern in Tabelle 47 liegt das gleiche Strukturmodell zugrunde.
Lediglich auf Entwicklungsstufe drei ist für die Gruppe der Jungen $\epsilon_{12}$ die Varianz
auf 0 gesetzt worden, um negative Varianzschätzungen zu vermeiden. Mit der gut
gelungenen Modellanpassung ist nachgewiesen, dass die gleiche funktionale
Effektstruktur für alle vier Gruppen gilt. Für diese Modellvoraussetzungen und die
reduzierten Fallzahlen gelingt eine gute $\chi^2$-Anpassung.

Tabelle 47:   Maximum-Likelihood-Schätzungen der beiden Submodelle für die
              Entwicklungsstufen 3 und 4 der männlichen Jugendlichen (n=232)

| Parameter | Stufe 3 (n=113) | | | Stufe 4 (n=119) | | |
|---|---|---|---|---|---|---|
|  | US | SE | SS | US | SE | SS |
| $\lambda_{11}$ | 1 |  | .21 | 1 |  | .76 |
| $\lambda_{12}$ | 3,024 | 1,317 | 1 | 0,609 | 0,374 | .73 ns |
| $\lambda_{22}$ | 0,489 | 0,122 | .35 | 0,333 | 0,119 | .25 |
| $\lambda_{32}$ | 0,28 | 0,047 | .78 | 0,532 | 0,048 | .72 |
| $\Gamma$ | 1,031 | 0,623 | -.22 | -0.256 | 0,168 | -.19 ns |
| B | 0,206 | 0,589 | ns | -1,592 | 0,669 | -.21 |
|  |  |  | .03 ns |  |  |  |
| $\chi^2$ | 47.71 |  |  | GFI | .968 |  |
| df | 37 |  |  | AGFI | .928 |  |
| p | .112 |  |  | RMSEA | .025 |  |

*Anmerkungen*: US bezeichnen unstandardisierte und SS standardisierte Lösungen,
SE ist der Standardmessfehler, t-Werte=US/SE; ns bezeichnet nichtsignifikante Werte

Beim Vergleich der Entwicklungsstufen für die Gruppe der männlichen Jugendlichen werden die Hypothesen dem Augenschein nach bestätigt. Der Effekt des
Geschlechtstyps auf das Prestigeniveau verändert sich nur unwesentlich von $\gamma$=-.22
auf $\gamma$=-.19, während der Effekt des Prestiges auf die Interessendifferenzierung auf
Stufe drei nicht nachweisbar ist ($\beta$=.03; t=0.35; p=.73), auf Stufe vier aber statis-
tisch bedeutsam wird ($\beta$=-.21, t=-2,38, p=.02). Die kritischen Verhältnisse für
Differenzen der Parameterwerte von Stufe drei und Stufe vier bestätigen das
Ergebnis. Die Geschlechtstypeffekte unterscheiden sich kaum (t=-0,26, n.s.), die
Prestigeeffekte sind auf Stufe vier signifikant ausgeprägter (t=-2,02; p<.05).

Für die weiblichen Jugendlichen lassen sich die Erwartungen nicht bestätigen
(s. Tabelle 48). Der Effekt des Geschlechtstyps auf das Prestigeniveau ist sehr viel
stärker als bei den Jungen. Er beträgt $\gamma$=-.72 auf Stufe drei und $\gamma$=-.53 auf Stufe
vier.

Tabelle 48: Maximum-Likelihood-Schätzungen der beiden Submodelle für die Entwicklungsstufen 3 und 4 der weiblichen Jugendlichen (n=246)

| Parameter | Stufe 3 (n=111) | | | Stufe 4 (n=135) | | |
|---|---|---|---|---|---|---|
| | US | SE | SS | US | SE | SS |
| $\lambda_{11}$ | 1 | | .37 | 1 | | .79 |
| $\lambda_{12}$ | 3,024 | 1,317 | .75 | 0,609 | 0,374 | .58 |
| $\lambda_{22}$ | 0,489 | 0,122 | .32 | 0,333 | 0,119 | .31 |
| $\lambda_{32}$ | 0,28 | 0,047 | .80 | 0,532 | 0,048 | .78 |
| $\Gamma$ | 1,031 | 0,623 | -.72 | -0.256 | 0,168 | -.53 |
| B | 0,206 | 0,589 | -.18 | -1,592 | 0,669 | -.25 |
| $\chi^2$ | 47.71 | | | GFI | .968 | |
| df | 37 | | | AGFI | .928 | |
| p | .112 | | | RMSEA | .025 | |

*Anmerkungen*: US bezeichnen unstandardisierte und SS standardisierte Lösungen, SE ist der Standardmessfehler, t-Werte=US/SE; ns bezeichnet nichtsignifikante Werte

Der Unterschied ist nicht signifikant (t=-.19, n.s.). Die Prestigewirkung auf die Interessendifferenzierung ist mit $\beta$=-.18 auf Stufe drei ebenfalls stärker als bei den Jungen. Auf Stufe 4 beträgt er $\gamma$=-.25. Der Unterschied ist allerdings ebenfalls nicht signifikant (t=-.97; n.s.).

Der starke Wirkungseffekt der Geschlechtstypvariation (Abweichung von der Geschlechtsneutralität) auf die Prestigevarianz geht mit einer deutlichen Senkung der absoluten Werte bei den Schülerinnen einher. Bei den männlichen Jugendlichen beträgt der durchschnittliche Wert auf der vierten Entwicklungsstufe 1,90 (SD=1,54) bei den weiblichen Jugendlichen nur 1,49 (SD=1,60). Schülerinnen wählen geschlechtsneutralere Berufe als Schüler.

Alle Subgruppenmodelle für die Entwicklungsstufen und die Geschlechter wurden simultan analysiert (Arbuckle & Wothke, 1999, 209ff.). Deshalb sind die Anpassungsindizes für alle Untergruppen gleich, und die Modellstruktur ist angesichts der guten Anpassungswerte nachgewiesenermaßen datenkompatibel. Es ergeben sich keine Hinweise, die gegen das Entwicklungsmodell von Gottfredson sprechen.

Bei einer ähnlichen Analyse nach Schulform und Entwicklungsstufe konnte allerdings keine akzeptable Datenanpassung erreicht werden. Schon das Modell der manifesten Variablen zeigte, dass lediglich Effekte der Schulform auf den Wertebereich der Geschlechtstypakzeptanz wirken. Damit konnte die Hypothese, dass mit dem Grad schulischer Lernfähigkeit eine frühere Interessenorientierung einhergeht, erneut nicht bestätigt werden. Die Koppelung der Entwicklungsfortschritte in der Berufsorientierung an das Mentalalter statt an das chronologische Alter ist zumindest mit den hier angewandten Verfahren nicht nachweisbar.

# 9. Diskussion

Mit den Strukturgleichungsmodellen ist das Beziehungsgefüge unter den Theorie-konzepten in zwei Varianten überprüft worden. Der erste Ansatz mit manifesten Variablen bestätigt in wesentlichen Aspekten den Eingrenzungsprozess der akzeptablen Berufsalternativen. Gemessen an den fünf geäußerten Berufswünschen werden der Akzeptanzbereich vom Geschlechtstyp und der Akzeptanzbereich vom Prestigeniveau mit zunehmendem Alter (Klassenstufe) kleiner. Beide Akzeptanzbereiche stehen in direkter und enger Beziehung zueinander. In Übereinstimmung zu Gottfredsons Theorie ist ein direkter Effekt der Geschlechtstypstreuung auf die Prestigewertspannbreite nachweisbar. Diese Befunde widersprechen den Ergebnissen von Leung und Harmon (1990), die über retrospektive Befragungen von Studenten mit ähnlicher Definition der Akzeptanzzone eine Erweiterung des Suchraumes rekonstruierten. Wegen möglicher Erinnerungsverzerrungen erscheint die direkte Erfassung des Akzeptanzbereichs in der vorliegenden Untersuchung methodisch überlegen und die Ergebnisse deshalb vertrauenswürdiger. Die genannten Berufswünsche stellen jedoch einen Ausschnitt der Akzeptanzzone dar. Sie spiegeln nicht die Gesamtheit der akzeptablen Berufe wider. Insofern gilt für dieses Ergebnis die gleiche Kritik, die Gottfredson an den Ergebnissen von Leung und Mitarbeitern geäußert hat: *„their methods capture only the core, not the whole, of the zone of acceptable alternatives"* (Gottfredson, 1996, 208). Wie groß der tatsächliche Akzeptanzbereich ist, wird schwer zu erfassen sein. Die Zahl der Berufe, die frei abrufbar im Gedächtnis gespeichert sind, ist bei Jugendlichen gewöhnlich nicht sehr groß, wie die Schülerbefragungen von Grimm (1998) illustriert haben (vgl. Kap. 4.1.1.). Das passive Berufswissen ist – auch nach den Ergebnissen der vorliegenden Befragung – wesentlich umfangreicher. Selbst Siebtklässler der Hauptschule haben keine Mühe, 162 vorgegebene Berufe nach Merkmalen zu beurteilen.

Der zweite Strukturmodellansatz mit latenten Variablen bringt die Theorie-konzepte in einen anderen Zusammenhang: Nicht der Kernbereich der Akzeptanzzone, sondern die Ausprägung des Geschlechtstyps und die Höhe des Berufsprestiges des erstgenannten Wunschberufes werden zur Interessendifferenzierung in Beziehung gesetzt. Wegen Unterspezifizierungen dieses Theoriesegments in der Theorie Gottfredsons müssen Anleihen in anderen Theorien gemacht werden. Nach der Schematheorie des Selbstkonzeptes sollte sich die biographische Bedeutung eines Selbstkonzeptaspektes in Extremurteilen äußern.

Die Ergebnisse sind prägnant: Je höher der Geschlechtstypindex, also je geschlechtskonformer der Berufswunsch, desto stärker ist sein Effekt auf das Berufsprestige. Die Höhe des Berufsprestiges wiederum wirkt negativ auf die Interessendifferenzierung: Je höher das Berufsprestige, desto geringer die Interessendifferenzierung. Die Analyse der nach Geschlecht und Schulart gebildeten Untergruppen legt offen, dass insbesondere das Geschlecht als Drittvariable wirkt. Bei den männlichen Sekundarschülern gehen die Effekte verloren, bei den weiblichen werden sie erhalten. Je geschlechtskonformer der von den Mädchen genannte Wunschberuf von ihnen selbst und von Experten eingeschätzt wird, desto stärker wird davon das Berufsprestige beeinflusst. Die allgemein stärkere Interessen-differenzierung der Mädchen wird (gerade noch statisch bedeutsam) negativ vom Prestigeniveau des Wunschberufes beeinflusst. Je höher das Berufsprestige, desto weniger heben sich die (geschlechtstypischen) sozialen und künstlerischen von den sonstigen Interessen ab.

Die Interessenentwicklung, über die in der Kerntheorie Gottfredson keine An-nahmen vorliegen, kann durch Einführung zweier Konstrukte strukturiert werden, die der empirischen Überprüfung standhalten. Der Entwicklung eines ausgeprägten Interessenprofils folgt entwicklungslogisch die Deckungsgleichheit des Anforde-rungsprofils mit dem Interessenprofil des Wunschberufs. Der Interessendifferenzie-rung folgt Interessenkongruenz. Für beide Konstrukte liegen solide Indizes vor. Die Interessenkongruenz ist umso besser, je mehr Informationen Jugendliche über den Wunschberuf gesammelt, d.h. je intensiver sie exploriert haben. Damit kann Inte-ressenkongruenz den vorläufigen Endpunkt einer Entwicklung zu den subjektiven Voraussetzungen für eine erfolgreiche Berufswahl markieren.

Die Modellierung der Theoriekonzepte als latente Variablen macht deutlich, dass mit Querschnittdaten keine Aussagen über Entwicklungsprozesse möglich sind. Zwar wirken Klassstufe und Schulform als Varianzquellen, aber der Daten-satz wird damit nicht analog einer Entwicklungsabfolge strukturiert. Entwicklungs-prozesse sind in Strukturgleichungsmodellen nur mit Längsschnittdaten abbildbar. Querschnittdaten können allerdings Indizien dafür bieten, ob Aspekte der zu über-prüfenden Theorie zutreffen. Dieser Nachweis ist gelungen und die grundsätzliche Anwendbarkeit des Verfahrens demonstriert. Trotz der für die Untergruppen schließlich erfolgreichen Modellanpassungen muss die Operationalisierung der Modellkonzepte verbessert werden. Zumindest sollten die Konzeptindikatoren höhere Zuverlässigkeiten und stabilere Werte erbringen.

Zusammenfassend konnten wichtige Aspekte der Theorie der Eingrenzung und Kompromissbildung von Gottfredson bestätigt werden.

(1) Schon in der siebten Klasse bestehen differenzierte Vorstellungen über Geschlechtstyp und Prestige einer großen Anzahl von Berufen, die ähnlich denen der Erwachsenen sind. Schüler verfügen also schon relativ früh über ein stabiles Bewertungssystem für Berufe.

(2) Mit steigendem Alter nähern sich die Urteile der Schüler denen der Erwach-senen an.

(3) Dieses Bewertungssystem versagt allerdings bei der Prestigeeinschätzung des eigenen aktuellen Wunschberufes. Dann ist die Übereinstimmung mit den Erwachsenen deutlich geringer.

(4)  Die Akzeptanzzone für die aktuellen Berufswünsche wird entsprechend Gottfredsons Vorhersage in der Sekundarstufe kleiner. Ob damit auch der gesamte Möglichkeitsraum eingegrenzt wird, muss offen bleiben. Dieser Theorieaspekt ist schwer, kaum oder gar nicht überprüfbar, weil dafür die Erfassung aller denkbaren Berufe vorausgesetzt werden muss.

(5)  Die Akzeptanzzone der Mädchen ist auf allen Altersstufen größer. Dieser Effekt kommt durch die größere Akzeptanzbreite für den Geschlechtstyp zustande. Jungen sind weniger bereit, geschlechtsuntypische Berufe zu ergreifen als Mädchen.

(6)  In Kompromisssituationen wird sowohl der geschlechtsrollenkonforme Beruf als auch der mit dem höheren Prestige vorgezogen.

(7)  Allgemein lässt sich nicht bestätigen, dass der Geschlechtstyp eines Berufes dem Berufsprestige vorgezogen wird.

(8)  Wird jedoch der Geschlechtstypkontrast zwischen den Wahlalternativen größer, dann wird theoriekonform die Geschlechtsangemessenheit dem Prestige vorgezogen.

(9)  Bei maximalem Kompromiss wird die Bevorzugung des Geschlechtstyps am deutlichsten.

(10) Die ausgeprägten Berufsinteressen sind auf der vierten Entwicklungsstufe in Übereinstimmung mit Gottfredsons Theorie deutlich häufiger als auf der dritten Entwicklungsstufe.

Im Wesentlichen wurden für die heterogene Gesamtgruppe der Schülerinnen und Schüler wichtige Annahmen der Theorie bestätigt. Die Angemessenheit der Modellkonzepte kann als nachgewiesen gelten. Betrachtet man allerdings die einzelnen Untergruppen, dann werden differentielle Effekte deutlich. Die Geschlechtstypdominanz kommt hauptsächlich durch das Entscheidungsverhalten der Mädchen und durch das der Nichtgymnasiasten zustande. Männliche Gymnasiasten bewerten das Berufsprestige höher – und zwar auf allen Klassenstufen.

Die deutliche Bevorzugung des Prestiges gegenüber dem Geschlechtstyp von Wunschberufen, die Leung und seine Kollegen in mehreren Untersuchungen festgestellt haben (Leung, 1993; Leung et al., 1994; Leung & Harmon, 1990; Leung & Plake, 1990), könnte als Stichprobenartefakt interpretiert werden. Die untersuchten Stichproben bestanden relativ homogen aus Collegestudenten, die den Oberschülern unserer Stichprobe in Bezug auf das kognitive Niveau vergleichbar sind. Leung hatte jedoch auch in der Gruppe der untersuchten Studentinnen eine deutliche Bevorzugung von Berufen hohen Prestiges festgestellt. Nach unseren Ergebnissen nimmt die Bevorzugung des Geschlechtstyps bei Gymnasiastinnen erst in der 10. Klasse ab. Wenn sich dieser Trend mit höherem Alter fortsetzte, könnte das Ergebnis mit denen von Leung und Kollegen übereinstimmen.

Anders als Leung haben wir die Schüler selbst Berufsmerkmale einschätzen lassen und damit ihre kognitive Repräsentation von Geschlechtstyp und Berufsprestige erfasst. Dieses methodische Vorgehen führte zu Ergebnissen, die eine deutliche Bestätigung für die Schemakonzeptualisierung des Selbstkonzeptes liefern: Wenn Merkmale selbstwertrelevant und damit im Sinne von Markus (1977) schematisch werden, neigen Personen nicht nur bei Selbstbeschreibungen zu Extremurteilen, sondern auch bei der Beurteilung von Merkmalen der sozialen Gruppen oder Kategorien, denen sie angehören und angehören wollen.

## 9.1  Differentielle Validität

Ein erklärtes Ziel dieser Studie ist die Ermittlung der differentiellen Validität von Berufswahltheorien. Abhängigkeiten vom kognitiven Leistungsniveau sollten Anhaltspunkte dafür geben, welche Besonderheiten der Berufswahlprozesse bei schulschwachen Jugendlichen erwartet werden können. Zwar wurden keine Schulabbrecher und Sonderschüler erfasst, für die Berufsvorbereitungsjahre vorgesehen sind, aber Unterschiedstrends, die zur Hypothesenbildung eignen, lassen sich u. U. aus den Schulformvergleichen ableiten.

Für Hauptschüler der neunten und zehnten Klasse und Realschüler der zehnten Klasse bekommt das Thema Berufswahl Ernstcharakter. Sie müssen sich für einen Beruf entscheiden, freie Ausbildungsstellen suchen, bewerben, vorstellen, mit Rückschlägen umgehen, neu bewerben, ggf. umorientieren, neu suchen usw. Im Gegensatz zu den Oberschülern ist für sie das juvenile Moratorium spätestens in der 10. Klasse beendet.

Bei der angenommenen Koppelung von kognitiver Entwicklung und der Fähigkeit, realistische Berufsaspirationen und reife Berufsentscheidungen zu treffen (Berufswahlreife) wird den kognitiv langsamen Entwicklern eine frühere Reife abverlangt. Inwieweit sie tatsächlich gegeben ist, soll überprüft werden.

Obwohl sich Hauptschüler – wie die Schüler der anderen Schulformen auch – allgemein sehr im Klaren über die Stellung der Berufe in der Berufshierarchie sind und hohe Übereinstimmung mit Erwachsenen über das Prestige vieler Berufe erreichen, zeigen besonders Wahrnehmung und Beurteilung ihrer eigenen Wunschberufe Auffälligkeiten: Die allgemeine Urteilsverzerrung bei Beurteilung des eigenen Wunschberufes fällt bei Hauptschülern extrem aus. Weder Gruppierungen der Schüler nach Geschlecht noch nach Klassenstufe erbringen Unterschiede, allein die Schulform differenziert deutlich und höchst signifikant. Je niedriger die Schulform, desto stärker wird das Ansehen der angestrebten Berufe überschätzt, und desto mehr bekommen berufliche Aspirationen selbstwertdienliche Funktionen.

Die insgesamt bestätigte Eingrenzung der Akzeptanzzone geschlechtstyp- und niveauangemessener Berufe gilt in erster Linie für Real- und Oberschüler. Bei Hauptschülerinnen ist eine leichte Tendenz zur Erweiterung des Akzeptanzbereichs zu beobachten, bei Hauptschülern bleibt die erwartete Eingrenzung aus. Zwar erweist sich der Schulformeinfluss als nicht signifikant, aber die Tendenz wird deutlich.

In Kompromisssituationen bevorzugen Hauptschüler, und noch mehr Hauptschülerinnen, deutlicher als Schüler anderer Schulformen die Geschlechtsangemessenheit der Berufe, wenn sie zwischen Geschlechtstyp und Berufsprestige abwägen müssen. Obwohl die Prestigeüberschätzungen des Wunschberufes auf eine besondere Wichtigkeit des beruflichen Ansehens hindeuten, ist das Berufsprestige in Kompromisssituationen weniger wichtig als der Geschlechtstyp des Berufes.

Entsprechend geschlechtstypisch ausgeprägt ist ihr berufsbezogenes Interessenprofil. Die auch bei Real- und Oberschülern zu beobachtende Bevorzugung des Umgangs mit Dingen bei Jungen und Menschen bei Mädchen erscheint in Hauptschulen noch ausgeprägter. Die Interessenmuster der Hauptschüler sind insgesamt weniger konsistent und weichen damit stärker vom Hexagonmodell ab. Wenn sich dieser Trend in den unteren Bildungsbereichen fortsetzt, erscheint fraglich, ob der AIST bei Hauptschulabbrechern und Sonderschülern einsetzbar ist. Eine Überprüfung ist in jedem Fall angeraten.

Die Übereinstimmung von Interessen und Berufswünschen unterscheidet sich nicht signifikant nach der Schulform. Ebenso wie bei Realschülern, ist auch bei Hauptschülern mit dem Näherrücken der Abschlussklassen ein Anstieg der Übereinstimmung zu verzeichnen. Da dieser Anstieg bei Gymnasiasten ausbleibt, ist er als Ausdruck einer Realitätsprüfung der beruflichen Aspirationen deutbar.

Bei der Modellierung des Zusammenwirkens der Theoriekonzepte wird deutlich, dass die Schulform lediglich direkt auf den Akzeptanzbereich des Geschlechtstyps wirkt. Bei den Hauptschülern sind die größten Altersveränderungen im Verhältnis von Geschlechtstyp und Berufsprestige (gemessen in der Nennungsspannbreite) zu beobachten und die engste Koppelung von Interessendifferenzierung und -kongruenz.

Beides deutet auf das Wirken von (entwicklungsabhängigen) Anpassungsprozessen hin.

Wenn mit latenten Modellen Messfehler kontrolliert werden sollen, führt eine Trennung der Stichprobe nach Schulformen zu keinen erfolgreichen Modellierungen. Möglicherweise übersteigt die Höhe der Messfehler ein für die erfolgreiche Modellanpassung notwendiges Niveau.

Fazit: Ein Modellkonzept, das in keiner anderen Berufswahltheorie berücksichtigt wird, erweist sich als wichtigster diskriminierender Einflussfaktor auf die Berufsvorstellungen von Sekundarschülern. Die Orientierung an traditionellen Geschlechtsrollen ist bei Hauptschülern sehr viel stärker ausgeprägt als bei Real- und Oberschülern. Nach Gottfredsons Theorie, für deren Gültigkeit diese Studie viele Hinweise erbracht hat, sollten die frühen Einflüsse von berufsbezogenem Geschlechtstyp und Berufsprestige so zur Selbstverständlichkeit geworden sein, dass sie weitgehend un- oder vorbewusst wirken. Berufsberatung und schulische Berufsorientierung könnten hier Aufklärungsarbeit leisten.

Im Nachhinein rechtfertigt dieses Ergebnismuster die Auswahl der Theorie Gottfredsons für den Versuch, aus Annahmen existierender Berufswahltheorien

empirische Hinweise für unterschiedliche Prozesskomponenten oder Einflussfaktoren abzuleiten, die Ansatzpunkte für die Erklärung des Berufswahlverhaltens
von Problemgruppen bieten könnten.

Die zweite Auffälligkeit ist der deutliche Versuch von allen, besonders aber von
Hauptschülern, mit (veröffentlichten) beruflichen Aspirationen den eigenen Selbst-
wert zu steigern. Die Studie gibt keine Antworten darauf, ob die festgestellten
Wahrnehmungsverzerrungen des Berufsprestiges der Wunschberufe bewusst oder
unbewusst sind und wie glaubwürdig die Ergebnisse insgesamt sind. Hier sind
gezielte weitere Untersuchungen notwendig.

Für die Erklärung der Diskrepanzen in den Prestigeeinschätzungen der
Wunschberufe durch die betroffenen Schüler und durch Experten bietet sich eine
aktuelle Theorie von Greenwald et al. (2002) an. Die Autoren entwickelten auf der
Grundlage klassischer Konsonanztheorien von Heider, Festinger u.a. eine „unified
theory of implicit attitudes, stereotypes, self-esteem, and self-concept". Übertragen
auf unsere Fragestellung neigen berufliche Erstwähler dazu, zwischen Berufsidentität, Einstellungen zum Wunschberuf und Selbstwertgefühl kognitive und
affektive Konsonanz herzustellen. Berufsidentität wird definiert als Verknüpfung
der Konzepte „Selbst" und „Wunschberuf" in einem als neuronales Netzwerk kon-
zipierten „sozialen Wissenssystem", in dem das „Selbst" die Zentraleinheit bildet.
„Berufsprestige" ist als positive Valenz des Konzeptes „Beruf" eine Realisierung
der Einstellung zum Wunschberuf und wird definiert als Verknüpfung der Knoten
„Beruf" und des Merkmalsknotens „angesehen". Selbstwertgefühl schließlich wird
in dem Balancedreieck (siehe Abbildung 18) als Verknüpfung der Konzeptknotens
„Selbst" mit dem Merkmalskonzept positiver Valenz in Form von „angesehen"
definiert. Jedes der drei Konzepte kann als Kriterium in Regressionsanalysen eingehen und sollte – nach den Annahmen des Modells – über die Interaktion der
beiden Prädiktoren vollständig erklärt werden können.

Das von den Schülern wahrgenommene Berufsprestige variiert danach sowohl
mit dem Selbstwertgefühl als auch mit Berufsidentität. Je höher das Selbstwertgefühl ist, und je stärker die Identifizierung mit dem Berufswunsch, desto stärker
sollte auch die Assoziation mit dem Merkmal „angesehen" sein (Greenwald et al.,
2002, 20).

Inwieweit die hier untersuchten Hauptschüler ein höheres Selbstwertgefühl als
Realschüler und Gymnasiasten haben, kann mangels Daten nicht beurteilt werden.
Zwar wissen wir, dass sich das schulleistungsbezogene Selbstkonzept von Hauptschülern gegenüber der Grundschulzeit aufgrund von Bezugsgruppeneffekten (*big-
fish-in-a-little-pond-effects*) verbessert und das der Gymnasiasten verschlechtert
(z.B. Roebers, Weese, Bechler, & Schneider, 1997), aber inwieweit das für ein
generalisiertes Selbstwertgefühl gilt, muss offen bleiben. Zu Beginn der Lehre
unterscheidet sich das Selbstwertgefühl von Auszubildenden und von gleichaltrigen
Schülern nur unwesentlich (Häfeli, Kraft, & Schallberger, 1988).

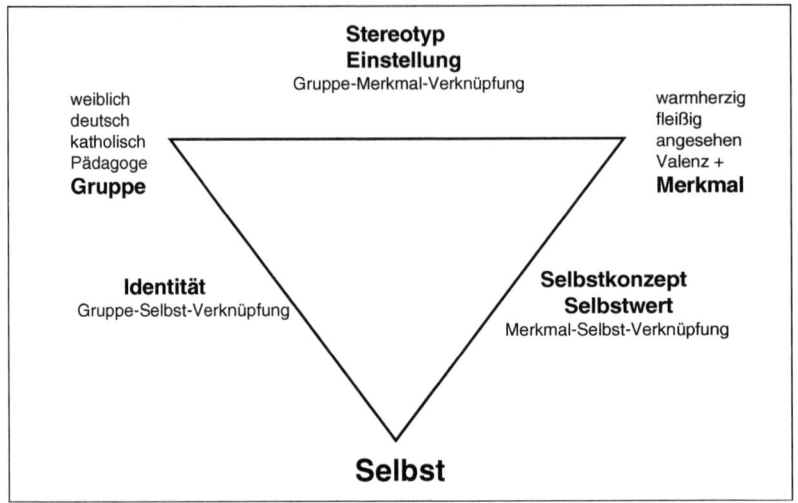

Abbildung 18:  Das balancierte Identitätsdesign von Greenwald et al. (2002)

Greenwalds Theorie müsste in einem Extraversuch überprüft werden, der nach einem speziellen Versuchsplan (dem *balanced identity-design*) konzipiert sein muss. Bestätigung fand das Modell bisher ausschließlich für implizite, nicht für bewusste Kognitionen, die über Reaktionszeiten auf Items eines computerbasierten Sortierverfahrens erfasst wurden (dem „Implicit Association Test", IAT).

## 9.2    Bewertung der Theorie

Gottfredsons Kerntheorie ist eine klar strukturierte, gut dokumentierte und streng systematische Darstellung der für die Berufsentscheidung relevanten Entwicklungsdomänen. Die Faktoren, die sich in vielen empirischen Erhebungen als die erklärungsstärksten Prädiktoren erwiesen haben, wurden in ein schlüssiges und konsistentes Beziehungssystem gebracht. Wichtige theoretische und empirische Aspekte der Entwicklungs-, Selbstkonzept- und Berufskonzepttheorie sind gut begründet, belegt oder allgemein anerkannt und werden auf innovative Weise in Beziehung gesetzt.

Als positive Aspekte der Theorie können aufgelistet werden:
  (1)    Gottfredson integriert wichtige Aspekte etablierter und bewährter Theorien, schafft damit Kontinuität in der Theoriebildung und Akkumulation von Erkenntnis.
  (2)    Ihre Theorie kommt mit wenigen, aber hoch prädiktiven Konzepten aus, deren Beziehungen zueinander empirisch gut abgesichert sind.

(3)  Die äußere (Berufsfindung) und innere Seite (Identitätsfindung) des Übergangsproblems zu spezifizieren, ist inzwischen Konsens (vgl. Egloff, 1998, 97).

(4)  Das rationale Menschenbild der traditionellen Berufswahltheorien, die den Berufswähler als rational entscheidenden Akteur begreifen, der Entscheidungen bewusst und zielgerichtet auf der Grundlage seiner Interessen und Begabungen trifft (Tschöpe & Witzki, 2004), wird relativiert und um vorbewusste Anteile ergänzt.

Als Schwachstellen der Theorie können gelten:

(1)  Es liegt keine Konzeption einer Entwicklung der Lebensspanne vor (Patton & McMahon, 1999, 56). Auch wenn die berufliche Laufbahn als Sequenz von Übergängen definiert wird (Bußhoff, 1998), liefert die Theorie wegen der impliziten Annahme einer frühkindlichen Determiniertheit keine Interpretationsschemata für lebenslange Entwicklungen.

(2)  Entwicklung wird mit keiner theoretischen Konzeption erfasst (Vondracek et al., 1986, 16).

(3)  Die Reduktion eines komplexen Prozesses, wie den der Berufswahl, auf nur drei Variablen ist nicht statthaft, sie entspricht nicht dem empirischen Wahlverhalten (Gati & Asher, 2001, 35).

(4)  Die eindimensionale Operationalisierung der Geschlechtstyps ist zwar praktikabel, wie die Ergebnisse der vorliegenden Studie gezeigt haben, aber nach Ergebnissen der Genderforschung ist sie theoretisch nicht haltbar (Alfermann, 1996).

(5)  Kontextuelle Einflüsse werden zu wenig berücksichtigt (Patton & McMahon, 1999, 57).

(6)  Die Beziehung der Konzepte zueinander ist nicht klar genug definiert (Brown, 1996b).

(7)  Konzepte und Vorhersagen sind nicht eng genug verknüpft (Brown, 1996b).

Gottfredsons Theorie wurde als Erklärung dafür herangezogen, dass Interventionsprogramme zur Erhöhung des Frauenanteils in Männerberufen nur geringe Wirkung zeigten (Brooks, Holahan & Galligan, 1985 und Pryor, 1985; beide zit. nach Hesketh, Elmslie & Kaldor, 1990). Die Theorie bietet sich für Post-hoc-Interpretationen an und wurde in verschiedenen Untersuchungskontexten als Erklärungsansatz für Ergebnismuster genutzt.

Deutlich wurde allerdings, dass einige Teile der Theorie und einige Aspekte des Erklärungsgegenstandes theoretisch unterspezifiziert sind. Bestimmt werden müsste, wie die Einflussfaktoren im Einzelnen wirken sollen und wie sich die Wirkungsweise u.U. auf den Entwicklungsstufen verändert. Erst dann sind konkrete Operationalisierungen der Theoriekonstrukte für empirische Überprüfungen möglich. Spezifizierung von Einflussprozessen und Wirkungsweisen könnten Teile der Theorie verändern oder relativieren.

Die Theorie bietet jedoch einen soliden Rahmen für mögliche Spezifizierungen und Weiterentwicklungen. Uns erscheinen insbesondere Weiterentwicklungen von Inhalten und Konzeptualisierungen der Selbstkonzepttheorien eine ergiebige Quelle. Von Gottfredsons Theorie nicht vorhergesagte Phänomene, wie die dramatische Prestige-Überschätzung des Wunschberufes, finden in Varianten bekannter Selbstkonzepttheorien alternative Erklärungen, und sie rechtfertigen grundsätzlich die Annahme, dass Berufswünsche Außendarstellungen des individuellen Selbstkonzeptes sind. Merkmale und Prozesse des *dynamischen Selbst* (Hannover, 1997) könnten in den vorgegebenen Theorierahmen integriert werden und damit Unterspezifizierungen ausgleichen.

Durch die Versuche, Gottfredsons Theorie als Strukturgleichungsmodelle darzustellen, wurde die persönliche bzw. kollektive Wichtigkeit eines (Berufs-)Merkmals als Variationsquelle postuliert. Eine prinzipiell mögliche Modellierung der Kerntheorie Gottfredsons mit dieser Zusatzannahme konnte demonstriert werden. Direkte Theorietests sind jedoch erst mit Längsschnittdaten möglich.

Bei der Vorstellung und kritischen Würdigung der Theorie wurde deutlich, dass Kontexte starken Einfluss auf Entwicklungsprozesse nehmen können. Gottfredson hat diese Einflüsse (Eltern, Schule, Peers) in ihrer Kerntheorie quasi als Konstanten (Sollwertgeber) berücksichtigt. In ihrer Theorieerweiterung von 2002 werden sie in Bezug auf persönliche Merkmale, für die hier stellvertretend „Interessen" berücksichtigt wurden, theoretisch als dynamische Person-Umwelt-Interaktion expliziert. Die Kerntheorie wurde um diese Entwicklungsdimensionen erweitert.

Kontexteinflüsse werden in der Kerntheorie wenig berücksichtigt, obwohl kontextabhängige Variationen des Geschlechtstyps von Berufen in Zeit- und Kultur-Vergleichen offensichtlich sind und viele neue Berufe gesellschaftliches Ansehen erst erlangen müssen.

Theorien mit universellem Geltungsanspruch müssen ihre Zeitunabhängigkeit nachweisen. Wie stark sich Prestige und Geschlechtstyp von Berufen verändern, wird bei einem Vergleich unserer Ergebnisse mit denen früherer Untersuchungen deutlich.

Noch vor wenigen Jahren galt z.B. die mit Aggressionen verbundene Berufsrolle des Polizisten als typisch männlich und erschien auf keiner Berufswunschliste der Mädchen. Welche Veränderungen hier zu verzeichnen sind, haben unsere Untersuchung und andere aktuelle Studien gezeigt.

Der Einfluss größerer Sozialkontexte, wie der Staatsform, auf den Geschlechtstyp der Berufe ist in den kommunistischen Staaten deutlich geworden. Sowohl der prozentuale Frauenanteil in einzelnen Berufsgruppen als auch die kognitive Repräsentation bei den Berufswählern zeigte deutliche Unterschiede zu denen westlicher Industriegesellschaften. Nach Auflösung der politischen Blöcke ist eine Annäherung der Verhältnisse zu beobachten, sowohl in der Wirtschaft als auch in den Köpfen der Kinder (Trice et al., 1995). In westlichen Industrienationen, wie in Deutschland, ist berufliche Chancengleichheit zwar erklärtes Ziel der Politik, aber die grundsätzliche Segregation des Arbeitsmarkes nach Geschlecht verändert sich kaum und zeigt gegenüber konjunkturellen Schwankungen Stabilität. „80% der im dualen System anerkannten Berufe gehören den technischen und naturwissenschaftlichen Berufsfeldern und -gruppen an; sie fallen mehrheitlich in die Kategorie der sogenannten Männerberufe mit einem Anteil weiblicher Auszubildender bis zu 20 Prozent" (Nissen, Keddi, & Pfeil, 2000, 47).

Zudem verdienen junge Männer schon kurz nach der Ausbildung ein Viertel mehr als junge Frauen. Verdienstunterschiede sind also auf horizontale, nicht auf vertikale Segregation zurückzuführen. Einerseits wird in typischen Frauenberufen weniger bezahlt, andererseits erhalten Frauen und Männer auch in gleichen Berufen unterschiedliche Gehälter. Durch häufigere Einstellungen von Frauen in typische Männerberufe können die geschlechtypischen Einkommensdiskrepanzen aufgehoben werden. Mit den erhöhten Frauenanteilen in Männerberufen werden Frauenberufe allerdings weiter abgewertet (Engelbrech, 1996).

Die gesellschaftlichen Verhältnisse sind die sozialen Realitäten, an die sich Kinder und Jugendliche in ihrer vorberuflichen Entwicklung und Sozialisation kognitiv adaptieren und an denen sie ihre Berufsorientierungen ausrichten. In Gottfredsons Theorie sind es variable Richtgrößen. Die Theorie lässt kollektive Variationen von Geschlechtstyp und Berufsprestige zu und konstatiert lediglich relativ hohen Konsens.

Der Einfluss der anderen Sozialisationsagenturen *Schule*, *Peers* und *Familie* ist zwar in der Theorie verortet, aber ebenfalls in erster Linie als Richtwertgeber konzeptualisiert. Die Schule beeinflusst die Wahrnehmung der eigenen Leistungsfähigkeit und damit die Niveaugrenzen der Aspirationen. Ebenso wirkt der Eltern- und möglicherweise Peereinfluss auf den Bereich akzeptabler Berufsoptionen, allerdings über schicht- oder milieukonforme Erwartungen. Prozessannahmen erschöpfen sich in einfacher Anpassung bzw. Übernahmen oder sie bleiben unspezifiziert.

Die Schule ist der kollektive Erfahrungsraum, in dem Schüler früh und systematisch auf das Berufsleben vorbereitet werden. Das institutionelle Curriculum der Schule entspricht dem des Wirtschaftslebens (Fend, 1991). Das Zusammenleben und Zusammenarbeiten wird nach ähnlichen Prinzipien reguliert: Jeder hat die gleiche Chance, es durch Anstrengung zum Erfolg zu bringen (Chancengleichheit), unterschiedliche Leistungen werden unterschiedlich honoriert, „die relative Überlegenheit ist das zentrale Prinzip von Erfolg" und wir lernen früh, täglich unsere Leistung zu erbringen. „Die tägliche Übung in verantwortungsvoller Leistungserbringung trainiert ihn [den Schüler, G.R.] für eine Welt, in der Wohlstand von dieser Grundlage abhängt" (Fend, 1997, 89).

Schon mit Schuleintritt lernen Erstklässler, zwischen Arbeit und Freizeit zu differenzieren, und sie erfahren „the first serious conditioning to the clock" (Neff, 1985, 162). Sie müssen rechtzeitig in der Schule sein, dort eine feste Stundenzahl zubringen und lernen, den Tag in Schulzeit und Spielzeit einzuteilen. Sie müssen sich auf zunächst fremde Personen (Lehrer und Mitschüler) einstellen und lernen Umgangsformen für die Öffentlichkeit, die, verglichen mit dem, was sie aus der Familie kannten, distanzierter, unpersönlicher und teilweise unverbindlicher sind.

Die grundlegende Anforderung der Schule, Leistungen zu erbringen und Leistungsmotivation zu erwerben oder aufrecht zu erhalten, ist ebenso zentral für das weitere Leben. Über schulische Erfahrungen erwerben Heranwachsende Grundkomponenten der „Arbeitspersönlichkeit", wie „the ability to concentrate on a task for extended periods of time, the development of emotional response-patterns to supervisory adults, the limits of cooperation and competition with peers, the meanings and values associated with work, the rewards and sanctions for achievement and nonachievement, and the effects (both positive and negative) that become associated with being productive" (Neff, 1985, 163).

Natürlich behalten auch die Eltern Einfluss, aber ihre Beziehung zu den Kindern ändert sich mit Schuleintritt. Sie sind zwar immer noch für die Erfüllung biologischer und emotionaler Grundbedürfnisse zuständig, aber in der mittleren Kindheit kommen neue Elemente hinzu.

Eltern setzen schulische Leistungsstandards und äußern direkt oder indirekt Erwartungen an die spätere Lebensbewährung ihrer Kinder. Sie fordern und fördern in unterschiedlichem Maße Schulleistungen und erleichtern oder erschweren die Arbeit der Schule, indem sie die Autorität der Lehrer unterstützen oder untergraben. Kinder werden sich zunehmend bewusst, dass die Eltern nicht nur als Quelle von Nahrung und Liebe, sondern auch als Modelle für ihr Verhalten innerhalb und außerhalb der Familie wichtig sind.

Habituelle Reaktionsmuster auf Autoritäten und Leistungsanforderungen werden früh ausgebildet und wirken selbsterfüllend. Wenn Kinder beginnen, ernsthaft über Berufe nachzudenken, bestehen einzelne Komponenten der Arbeitspersönlichkeit schon in grundlegender Form. Spätestens gegen Ende der mittleren Kindheit wissen wir, wie fleißig wir sind, wie gut wir Belohnung aufschieben können und wie leicht wir lernen.

Den Einfluss der frühen Kindheit auf die Entwicklung der Arbeitspersönlichkeit hält Neff (1985) für weniger entscheidend. Nach seiner Auffassung sind Ereignisse und Erlebnisse im Krippen- und Vorschulalter keine hinreichenden Bedingungen für die Entwicklung der Arbeitspersönlichkeit. Seine Hauptentwicklungsaufgaben kreisen um Ernährung und Liebe. Nach Freud beziehen sich Kindheitsdramen auf Entwöhnung, Toilettentraining und Eifersucht. Emotionale Grundprobleme sind Hass und Liebe im Kontext der Kernfamilie. Die frühe Kindheit ist gekennzeichnet durch ein Wechselspiel der Themen Ernährung, Liebe und Spiel, die alle als Selbstzweck aufgefasst werden können und keine direkte Beziehung zur zukünftigen Arbeitsfähigkeit aufweisen.

Gegen diese Auffassung sprechen neuere Befunde aus der Bindungsforschung. Aus der Bindungssicherheit im ersten Lebensjahr lässt sich berufliches Planungs- und Explorationsverhalten mit 18 Jahren vorhersagen, nicht jedoch das angestrebte Bildungsniveau. In einer Längsschnittuntersuchung von Roisman et al. (2000)

wurden n=72 Probanden (38 Männer, 34 Frauen) aus einer archivierten Längs-schnittstichprobe von ursprünglich n=131 nachuntersucht. Nach alten Aufzeich-nungen von Mutter-Kinder-Interaktionen wurde die Bindungssicherheit mit einem Jahr auf einen Kontinuum von 1 (sicher) bis -1 (unsicher) eingeschätzt und Aspekte aktueller Eltern-Kind-Beziehungen in Interviews erfasst. Die frühkindliche Bin-dung erklärte in Regressionsanalysen einen bedeutsamen Teil der Varianz (6 %) von Einstellungen zur beruflichen Entwicklung mit 18 Jahren. Sichere Bindung geht mit intensiverer Berufsplanung und Berufsexploration einher. Wichtiger ist jedoch die Eltern-Jugendlichen-Beziehung während der Wahlphase. Werden zu-sätzlich zur frühkindlichen Bindungssicherheit aktuelle Idealisierung bzw. Abwer-tung der Eltern in die Regressionsgleichung aufgenommen, steigt die erklärte Varianz der „Berufswahlreife" auf 36%.

Zwar können diese Ergebnisse (auch nach Ansicht der Autoren) nicht als Beleg für einen frühkindlichen Determinismus angeführt werden, aber sie machen die Verwobenheit allgemeiner Lebensvollzüge mit der vorberuflichen und beruflichen Entwicklung deutlich. Berufliche Entwicklung ist kein isoliertes Geschehen, sondern steht in Interaktion mit vielen Instanzen und unterliegt vielen Einflüssen. Reagibles Elternverhalten in der Frühkindheit, das zu sicheren Bindungen und frühem Explorationsverhalten führt, findet in späteren Entwicklungsphasen wahr-scheinlich seine Fortsetzung in einem Erziehungsstil, der nach Baumrind „autoritativ" genannt wird und positiven Einfluss auf viele Entwicklungs-dimensionen hat. Den autoritativen Erziehungsstil kennzeichnet ein hohes Maß an emotionaler Wärme, Unterstützung und Informiertheit über Bedürfnisse und Akti-vitäten der Kinder, ein mittlerer Grad an Kontrolle und starke Ermunterung zur selbstverantwortlichem Handeln und autonomen Entscheidungen. Regelungen wer-den argumentativ ausgehandelt, aber die Einhaltung konsequent eingefordert. Wenn Eltern Bereitschaft zur argumentativen Auseinandersetzung mit ihren Kindern – vor allem im Jugendalter – zeigen, fördern sie damit berufliche Explora-tionsprozesse und werden häufiger als soziale Ressource in der Berufsorientierung genutzt (Klein-Allermann & Kracke, 1995).

Dieser interaktive Charakter des Entwicklungsprozesses ist in Gottfredsons Theorie nur unzureichend abgebildet. Über Prozesse, wie der Schichteinfluss auf Bildungs- und Berufsaspirationen wirkt, macht sie keine Annahmen. Anderseits lässt die Theorie nahezu jede Art von theoretischen Konzeptualisierungen des zeit-lich distalen und proximalen Elterneinflusses auf Berufswahlprozesse zu.

Ein Vorteil gegenüber anderen Entwicklungstheorien besteht darin, dass ihre Entwicklungskonzeption im Vorschulalter beginnt. Ebenso wie Neff grenzt sie allerdings den Umfang der möglichen Einflüsse unzutreffend ein. Auch kognitive Entwicklung ist kein automatisches Entfaltungsprogramm, sondern gebunden an ein Interaktionsgeschehen. Die Hauptentwicklungsaufgaben erschöpfen sich nicht in „Liebe und Nahrung" oder im Erkennen von groß und klein, sondern sie haben schon mit Explorationen der Welt, der Personen und der Dinge zu tun, die erst auf der Basis sicherer Bindung funktionieren.

## 9.3 Desiderata der Forschung

In der vorgelegten Studie wurde deduktiv versucht, bestehende Theorien auf Gültigkeit für die spezielle Gruppe der beruflich benachteiligten Jugendlichen zu untersuchen. Eine Alternative wäre ein induktives Vorgehen: Genaue empirische Analyse von Berufswahlprozessen der Zielgruppe, Bestimmung der entscheidenden Konzepte, Modellierung der Beziehung, Entwurf einer speziellen Theorie und schließlich empirische Überprüfung anhand der Zielgruppe.

Die allgemeine Frage, ob für spezielle Gruppen (Frauen und Minderheiten) gesonderte Theorien notwendig sind, gehört zu den Streitfragen der Berufsentwicklung (Brown, 1994b). Als Pro-Argument wird angeführt, dass getrennte Theorienbildungen auch zu verstärkten Forschungsaktivitäten über diese Gruppen führen würden. Dagegen spricht, dass bestehende Theorien über jahrelange Forschung eine gewisse Validität erreicht haben und vergleichbare Auswirkungen auch für Frauen und Minderheiten nachweisbar sind. Ob die Prognostizierbarkeit der Berufslaufbahnen von Frauen und Minderheiten schlechter ist, ist aufgrund der bisherigen Befundlage nicht eindeutig zu entscheiden (Brown, 1994b) und muss in weiteren Forschungsarbeiten überprüft werden.

Ein direkter Theorietest setzt Vergleichsdaten voraus. Die Erhebung von Rahmendaten für Spezialgruppenvergleiche ist hiermit vorgelegt. Auch Erwartungen und Hypothesen sind formuliert. Die Anwendung auf die Zielgruppe der benachteiligten Jugendlichen steht jedoch noch aus.

Für die hier untersuchte Fragestellung sind repräsentative Stichproben nicht notwendig. Es gilt grundsätzlich nachzuweisen, wie Entscheidungsverhalten mit Alter, Geschlecht und Bildungsniveau variiert. Dazu genügen Klumpenstichproben aus einer Region, wie in diesem Fall Hannover.

Um Entwicklungen nachzuzeichnen, sind jedoch wiederholte Befragungen derselben Personen auf verschiedenen Altersstufen notwendig. Querschnittuntersuchungen können lediglich statistische Altersabhängigkeiten auf aggregiertem Datenniveau erfassen und damit bestenfalls allgemeine Trends bestimmen.

Eine Wiederholung dieser Querschnittstudie als Längsschnittstudie im gleichen Altersbereich ist sinnvoll und geplant. Nur auf diese Weise können individuelle Entwicklungen und individuelle Veränderungen im berufsrelevanten Entscheidungsverhalten nachgezeichnet werden. Konzipiert als sequentieller Versuchsplan kann der Untersuchungszeitraum von vier auf zwei Jahre reduziert werden und gleichzeitig Zeit- und Konjunkturvergleiche ermöglichen.

Als zentrales Problem der Überprüfung von Gottfredsons Theorie haben sich die angemessene Operationalisierung der Theoriekonzepte und die Qualität der Messinstrumente erwiesen. Bei der deutschen Adaptation des Forced-choice-Verfahrens von Leung und Plake, mit denen Sextype und Prestige systematisch kombiniert wurden, gelang die Kontrolle der Interessendimensionen nicht, weil die Kategoriehäufigkeiten des Berufsregisters von Holland eine zu schmale Datenbasis bot. Inzwischen ist das Hollandregister im Rahmen der deutschen Bearbeitung des Self-Directed Search SDS (Jörin et al., 2003) von ca. 200 auf über 1 000 Berufe erweitert worden. Auf dieser Grundlage ist eine Gleichverteilung der Interessen-kategorien über die Merkmalskombinationen von Geschlechtstyp und Prestige möglich. Weitere Untersuchungen sollten diese Möglichkeiten nutzen.

Zu prüfen wäre auch, ob einer Berücksichtigung der Zweidimensionalität des Geschlechtstyps Folgen für die Theorie und Konsequenzen für empirische Über-prüfungen hat (vgl. Alfermann, 1996).

Inwieweit alle Berufe den Jugendlichen bekannt waren, ist nicht direkt über-prüft worden. Lediglich die Anzahl der Antwortverweigerungen wurde als Hinweis darauf gewertet, dass Berufe unbekannt waren. Bei den Berufen mit den meisten Antwortverweigerungen fiel auf, dass die Zugangsvoraussetzungen und Aus-bildungswege nicht eindeutig geregelt waren. Fehlende Einschätzungen können deshalb unterschiedlich verursacht sein. Auf der anderen Seite können manche neutralen Einschätzungen bei fehlenden Informationen über ein Berufsbild be-kannte *Urteilstendenzen zur Mitte* widerspiegeln. Um beide Ungenauigkeiten zu vermeiden, sollten Fragebogen entweder eine Rubrik „unbekannt" enthalten oder es sollten Nachfragen während der Datenerhebung zugelassen sein.

Mit der Festlegung des Altersausschnitts auf die Sekundarstufe wird nur ein Abschnitt des Berufswahlprozesses erfasst. Auf die berufsrelevanten Vorläufer-prozesse in der frühen und mittleren Kindheit wurde bereits hingewiesen. Bis zur Einmündung in den Arbeitsmarkt sind über die Festlegung der beruflichen Aspira-tionen hinaus weitere Etappen hinzuzufügen. Intentionen müssen in Handlungen übersetzt und verwirklicht werden.

Die Entwicklung von Berufsinteressen und Berufswünschen und die tatsäch-liche Berufsentscheidung müssen nicht zu gleichen Ergebnissen führen. Auch eine simulierte Kompromissbildung muss nicht unbedingt mit der tatsächlichen Kom-promissentscheidung in der konkreten Berufswahlsituation übereinstimmen. In vielen sozialpsychologischen Experimenten konnte gezeigt werden, dass das Modell der rationalen überlegten Entscheidung nur begrenzte Gültigkeit be-anspruchen kann. Menschen entscheiden nicht nur nicht rational, sondern geben sich oft auch mit suboptimalen Lösungen zufrieden. Nicht maximaler Nutzen son-dern das zufriedenstellende Verhalten, das mit geringstem Aufwand möglich ist, wird angestrebt. Sie handeln nach der Maxime *Satisfizierung statt Maximierung* (Frey, Stahlberg, & Gollwitzer, 1993, 385).

Ein ernstzunehmendes Problem in diesem Zusammenhang ist zudem das der Reaktivität der Messungen: „Wenn man Personen zwingt, Angaben zu allen Modellkomponenten zu machen, werden sie dies auch tun und möglicherweise bemüht sein, eine gewisse Konsistenz zwischen den Modellkomponenten her-zustellen. Wenn aber genügend Zeit zwischen diesen Messungen und der Ver-haltensausführung vergeht, ist die Verhaltensentscheidung möglicherweise schon wieder suboptimal" (Frey et al., 1993, 386).

Das tatsächliche Verhalten in beruflichen Entscheidungssituationen ist nahe-liegenderweise als chronologischer Prozess oder Handlungsablauf zu konzipieren. Seit kurzem liegt dafür mit dem *Handlungsphasenmodell der Entwicklungs-regulation* von Jutta Heckhausen (2000) ein gut fundiertes und teilweise über-prüftes Modell vor.

Es ist eine Erweiterung und Spezifizierung des bekannten *Rubikonmodells* der Handlungsregulation von Heinz Heckhausen (1989). Jutta Heckhausen unter-scheidet bei der Verfolgung von Entwicklungszielen mit den Schritten *Entschei-dung – Handlung – Kontrolle* ähnliche Phasen wie bei Handlungsabläufen, unter-gliedert den Handlungsabschnitt jedoch, je nach Länge der Entwicklungsfrist, die für eine Entwicklungsaufgabe vorgegeben ist, in eine *nicht dringliche* und *dring-liche Handlungsphase*. Bei der Lehrstellensuche sind Entwicklungsfenster (bzw. -fristen) durch die von den Betrieben vorgegebenen Bewerbungsfristen festgelegt, so dass die Handlungs- und Entscheidungsdringlichkeit im zweiten Halbjahr der Schulabschlussklassen steigt. Zielbezogene affektive Zustände übernehmen dabei verhaltensregulierende Funktionen: Erhöhte Besorgtheit führt zu Erhöhung des Bewerbungsengagements (Nagy et al., 2005).

Im Entwicklungsmodell von Heckhausen kann Gottfredsons Theorie in der (ersten) *prädezisionalen Phase* und in der *nicht-dringlichen Handlungsphase* ver-ortet werden. Für das aktuelle Bewerbungsverhalten (Exploration, Bewerbungs-engagement, emotionale Beteiligung) bietet es eine sinnvolle (altersabhängige) Er-gänzung zu Gottfredsons Theorie.

# 10. Praxisbezüge

Berufswahltheorien sollen, wie alle Theorien, Beobachtbares erklären und praktisches Entscheiden und Handeln optimieren. Ihre Anwendungsfelder und -bereiche liegen auf der Hand: Es sind Berufs- und Karriereberatung, Trainingskurse zu beruflichen Entscheidungen, schulische Berufsorientierung und außerschulische Maßnahmen zur Eingliederung Jugendlicher in den Arbeitsmarkt.

Theorien erklären Zusammenhänge und erlauben Vorhersagen, aber es sind keine Gebrauchsanweisungen für Praktiker (Beck, 1983). Die Aussagen von Objekttheorien können in der Praxis nicht unmittelbar zur Anwendung gebracht werden, sondern müssen erst in operative Theorien übersetzt werden (Hofer, 1996). Objekttheorien machen typischerweise kausale Aussagen in Form von „wenn-dann-" oder „je-desto-Aussagen" über Zusammenhänge. Handlungsrelevantes Wissen für Praktiker ergibt sich erst nach einer Transformation dieser wissenschaftlichen Sätze zu präskriptiven Aussagen wie: „um x zu erreichen tue y". Aussagen präskriptiver Theorien beziehen sich auf die Wirksamkeit von Maßnahmen und sollten hauptsächlich dem Kriterium der Nützlichkeit genügen. Dennoch bieten Objekttheorien die Grundlagen für Anwendungstheorien, indem sie den Geltungsbereich abstecken, Ansatzpunkte für Interventionen offenlegen und allgemein die Richtung von Interventionsstrategien und Vorgehensweisen fundieren können.

## 10.1 Berufsberatung

Berufsberater werden wie professionelle Praktiker anderer Disziplinen in ihrem Verhalten von mehreren Einflüssen bestimmt: von Theorien, von empirischen Ergebnissen, von erfolgreicher Praxis und von Grundüberzeugungen. Theorien bieten dabei einen Rahmen für die Beobachtung, Sammlung und Organisation von Daten. Sie leiten die Interpretation und das Verständnis von Verhaltensbeobachtungen und strukturieren die Organisation des professionellen Wissens. Kenntnisse der Theorien, Forschung und Praxis bilden ein Repertoire, aus der optimale Strategien in einer gegebenen Situation ausgewählt werden können und bilden die Wissensbasis dafür, welche Art von Informationsquellen für den Klienten am effektivsten sind und warum. Theorien bilden Brücken zwischen beobachteten Phänomenen und den Hypothesen, die überprüft werden müssen, um Vorhersagen über den Klienten und sein Verhalten machen zu können (Drummond & Ryan, 1995).

Insofern bestimmen Theorien die Beratungspraxis. Veränderungen der Theorien hatten immer auch Veränderungen der Beratungspraxis zur Folge. Da viele Berufswahltheorien aus Persönlichkeitstheorien abgeleitet wurden, neigen Berufsberater dazu, sich an den Berufswahltheorien zu orientieren, die ihrem bevorzugten Persönlichkeitsmodell am nächsten kommt (Sharf, 2002).

Die Trait- und Faktor-Theorie, an der sich die deutsche Berufsberatung noch bis in die 1970er Jahre orientierte, betrachtet Beratung im Wesentlichen als angewandte Eignungsdiagnostik. Der Berater empfiehlt aufgrund vorliegender Testergebnisse eine berufliche Richtung, die in ihrem Anforderungsprofil dem individuellen Testprofil entspricht. Dieser direktive Beratungsansatz wurde andernorts schon in den 1950er Jahren durch eine aus der Gesprächspsychotherapie abgeleitete, non-direktive und klientenzentrierte Beratung grundsätzlich in Frage gestellt (Zunker, 1998). Die klientenzentrierte Beratung zielt durch eine allgemeine Persönlichkeitsförderung darauf ab, aktuelle Probleme besser lösen zu können und die berufliche Entscheidungsfähigkeit zu verbessern. Durch den helfenden Gesprächsprozess und eine besondere Berater-Klient-Beziehung verändert der Klient entweder sein Selbstbild oder sein Idealbild und reduziert die Wunsch-Wirklichkeits-Diskrepanz, die viele persönliche Probleme begleitet. Einen ähnlichen Ansatz – allerdings mit anderem theoretischen Hintergrund – vertrat Super mit seinem entwicklungsorientierten Beratungskonzept, das Klienten helfen soll, eine angemessene Rolle des Selbsts in der Arbeitswelt zu finden (Bahrenberg, Koch, & Müller-Kohlenberg, 2000). Ein vergleichsweise offenes Beratungskonzept lässt sich aus der sozialkognitiven Lerntheorie ableiten, die Erwartungen, Überzeugungen, Heuristiken und andere Formen kognitiver Verarbeitung der Wirklichkeit als Ansatzpunkte der Beratung nutzt, um suboptimale Entscheidungs- und Problemlöseprozesse zu verbessern. Es ist heute das international am meisten verwendete Rahmenkonzept für Berufsberatung (Ertelt & Schwarz, 1997). Innerhalb dieses Rahmens ist ein gewisser theoretischer Eklektizismus nicht nur üblich, sondern auch nützlich. Wenn Theorien für bestimmte Problemkonstellationen Erklärungsansätze und Vorgehensweisen nahelegen, sollten sie genutzt werden.

Berufswahltheorien können auch im Sinne einer differentiellen Indikation bei unterschiedlichen Problemlagen zur Anwendung kommen. Nach Auffassung von Amundson, Harris-Bowlsbey & Niles (2005) bietet sich z.B. Hollands Theorie als Handlungsrahmen für Interventionen bei Klienten an, die nach Verlust der Arbeitsstelle Hilfe bei der Suche nach Berufen benötigen, die ähnliche Interessen und Fähigkeiten voraussetzen. Supers Theorie kann Orientierungen für längerfristige Berufsorientierungsprogramme im Sekundarschulalter und für Schüler höherer Klasse bieten. Die Theorie von Krumboltz kann für die Arbeit mit Klienten hilfreich sein, die Entscheidungsregeln brauchen und vom Erfahrungslernen profitieren und konstruktivistische Theorien können bei Klienten Anwendung finden, die über genügend Selbstwirksamkeit verfügen und den Wunsch haben, einen umfassenden Lebensplan zu entwerfen.

## 10.1.1 Praxis der Berufsberatung

Berufsberatung ist zwar ein Anwendungsgebiet von Berufswahltheorien, aber es ist auch – wie jede Form der Beratung – gezielte Interaktion zwischen Partnern, die zur Lösung der Probleme des Ratsuchenden führen oder zumindest beitragen soll. Optimale Formen der Beeinflussung und Maßnahmen zur Erhöhung der Veränderungsbereitschaft lassen sich aus allgemeinen Beratungsprinzipien ableiten, die neben Berufswahltheorien das zweite Fundament der Berufsberatung bilden (Bahrenberg et al., 2000).

Im Interaktionsprozess zwischen Berater und Ratsuchenden bzw. Klienten oder Kunden sind ausschließlich die Probleme des Ratsuchenden Gegenstand der Erörterung. Ziel ist eine Gestaltung der Gesprächssituation und der Berater-Klient-Beziehung, die eine Veränderung in der Problemlage herbeiführt und dem Ratsuchenden zur Entscheidungs- und Handlungsfähigkeit verhilft. Es gehört zu den seit langem gesicherten Erkenntnissen, dass die Beratungssituation eine Reihe von Merkmalen aufweisen muss, um nachhaltige Verhaltensänderungen zu bewirken. Besonders wichtig ist es, der Individualität des Ratsuchenden gerecht zu werden, so dass Typisierungen und schematische Problemlösungen nicht in Frage kommen. Die inhaltliche Kompetenz und das Fachwissen des Beraters sind weniger gefragt als seine beraterische Qualifikation und Prozesswissen (Bahrenberg et al., 2000).

Trotz unterschiedlicher theoretischer Orientierungen besteht unter professionellen Beratern in Bezug auf einige Positionen Konsens: Problemlagen sind individuell geprägt und somit einzigartig. Sie entstehen aus dem Zusammentreffen einer bestimmten Situation mit einer bestimmen Person. Ziel der Beratung ist die Veränderung der Situation durch Veränderung der Person, ihres Verhaltens, ihrer Einstellungen und ihrer Reaktion auf die Situation. Dazu ist die aktive Mitarbeit des Ratsuchenden erforderlich. Er ist der Experte für sein Leben und die gegebene Problemlage. Im Idealfall wird dem Klienten durch die Beratung Hilfe zur Selbsthilfe in ähnlichen Problemlagen gegeben (Empowerment), indem seine Entscheidungs- und Problemlösefähigkeit allgemein verbessert wird.

Grundsätzlich ist es das Ziel jeder Beratung, der individuellen Einzigartigkeit eines jeden Beratungsfalles gerecht zu werden, sich nach den Wünschen und Erwartungen des Ratsuchenden zu richten und flexibel, differenziert und individuell darauf einzugehen (Strijewski, 2002). Berufsberatung soll unabhängig von Interessen Dritter zum Wohle des Ratsuchenden durchgeführt werden und ihm Hilfe zur Selbsthilfe zu geben.

Beratungsinhalte sind neben der aktuellen Problemlage auch der soziale und situative Kontext und der biographische Hintergrund des Ratsuchenden. Der z.B. von Mörth & Söller (2005) vorgestellte biographische Ansatz in der Berufsberatung nutzt die Biographie des Klienten als Hinweis- und Validierungsquelle für Interessen, Fähigkeiten und Orientierungen. Der Klient wird gebeten, alles beruflich Relevante (wie Lebenslauf, Zeugnisse, Lehrgangsbescheinigungen etc.) zu den Beratungsterminen mitzubringen. Gefragt wird nach positiven und negativen Erfahrungen mit verschiedenen bisher ausgeübten Tätigkeiten in Schule, Praktika, Freizeit, in Jobs oder in ehrenamtlichen Funktionen. Ziel ist es, quasi einen roten Faden im Lebenslauf zu erkennen, der beruflich verwertet werden kann. Wie üblich stehen neben Erfahrungen Interessen und Fähigkeiten im Vordergrund der Erörterung. Für die Erfassung nicht unmittelbar zugänglicher Fähigkeiten oder „versteckter Kompetenzen" werden Stärken und Schwächen analysiert, indem z.B. nach Erfolgs- oder Flowerlebnissen gefragt wird oder Merkmals- oder Qualifikationslisten vorgelegt werden. Beruflich relevante Merkmale werden dann einer vertieften biographischen Analyse unterzogen. Nach Interessen wird direkt über Hobbys, aber auch indirekt über bevorzugte Bücher, Zeitungen und Fernsehprogramme gefragt.

Zwar gehört die überwiegende Zahl der Ratsuchenden in die Altersgruppe der Schulabschlussklassen,[21] aber vom Selbstverständnis her hat sich Berufsberatung mit den Erkenntnisfortschritten und Perspektivwechseln der einschlägigen Forschung zur Laufbahnberatung entwickelt. Aufgabe ist nicht nur das Auffinden einer passenden Tätigkeit, sondern Unterstützung bei der Bewältigung von Übergängen in der beruflichen Entwicklung. Beratungsanlässe sind zwar nach wie vor der Berufseinstieg, darüber hinaus aber auch Fragen der Beratung bei Arbeitsplatzverlusten, Wiederaufnahme von Erwerbstätigkeiten nach einer Familienphase, freiwilligem oder erzwungenem Berufswechsel und schließlich dem Übergang in den Ruhestand (Bußhoff, 1998).

Der Nutzen der Berufsberatung ist aus der Sicht der Berufswähler oft geringer als erwünscht. Auf Berufsberatung wird entweder ganz verzichtet oder Beratungsbedürfnisse werden nur unzureichend befriedigt (Schröder, 1996). Bei einer schriftlichen Befragung von 3 000 Studenten im Jahre 1993 hatten 36% eine Beratung durch das Arbeitsamt in Anspruch genommen und nur 20% haben die Beratung als nützlich erlebt. Das war die niedrigste Quote aller genutzten Informationsquellen. Im Vergleich dazu wurden z.B. Gespräche mit Freunden, Eltern zu über 70% als nützlich für die Konkretisierung der beruflichen Vorstellungen bewertet (Schröder, 1996, 290). Bei einer zweiten Befragung von über 1 000 blinden und stark sehbehinderten Personen zur beruflichen Integration wurde die Beratung durch das Arbeitsamt, verglichen mit der anderer Institutionen, von 56% als wenig oder nicht nützlich erlebt. Die entsprechenden Zahlen für Berufsbildungswerke und Behinderten-Beratungsstellen betrugen jeweils 21%, für Krankenkassen 24%. Institutionen, die Beratungen über die berufliche Zukunft in allgemeine Lebensberatung integrieren, werden offensichtlich positiver bewertet (Schröder, 1996).

---

21 Der Anteil der unter 21-Jährigen am Klientel der Berufsberatung in Deutschland betrug im Jahr 1997/98 ca. 80% (Bahrenberg et al., 2000, 28).

**10.1.2 Gottfredsons Vorschläge zur Berufsberatung**

Gottfredsons Theorie bietet Ansatzpunkte für die Erklärung suboptimaler Beratungsergebnisse. Wenn grundsätzliche berufliche Entscheidungen Ergebnisse lebenslanger Entwicklungen sind, dann müssen Einflussnahmen auf solche Entscheidungsprozesse umfassend und tiefgehend sein, um Effekte zu zeitigen. Ihre Theorie legt nahe, in der Beratung auch Akzente auf nicht nachgefragte oder bisher unterbewertete Aspekte und Informationen zu lenken. Traditionelle Berufsberatung konzentriert sich nach ihrem Modell auf Entwicklungsstufe vier, in der das *persönlichen Selbst* definiert ist (über Interessen und Fähigkeiten). In Beratung und Berufsorientierung werden Interessen, Neigungen, Werte und Fähigkeiten erschlossen, um die Entscheidungsgrundlage für die Berufswahl zu verbessern. Auch der biographische Beratungsansatz von Mörth und Söller (2005) berücksichtigt zwar lebenslange Entwicklungen, aber er bleibt auf der Ebene des persönlichen Selbst.

Gottfredsons Kerntheorie legt darüber hinaus die Einbeziehung der Definition des *sozialen Selbst* nahe, die die Ratsuchenden weitgehend unbewusst in frühen Entwicklungsphasen vorgenommen haben.

Die Modellannahmen über den Eingrenzungsprozess beruflicher Optionen begründen eine Beratungsstrategie, die frühere Explorationsprozesse revidieren und einer Neubewertung unterziehen soll. Erörtert werden deshalb nicht nur aktuelle und frühere Berufswünsche, sondern auch abgelehnte, zurückgewiesene und nicht beachtete Alternativen. Im Beratungsprozess werden die Gründe von Zurückweisungen auf Stichhaltigkeit überprüft und ggf. nicht beachtete oder nicht bewusste Entscheidungsgrundlagen (wie z.B. Geschlechtstyp) thematisiert. Zur Illustration der individuellen Akzeptanzzone und der nicht berücksichtigten Alternativen kann die kognitive Berufslandkarte herangezogen werden, die Gottfredson (1981) zur Veranschaulichung ihrer Theorie vorgelegt hatte (siehe z.B. Gottfredson & Lapan, 1997).

Der zweite Beratungsschwerpunkt ergibt sich aus dem Kompromissmodell der Theorie. Jugendliche geben Berufswünsche auf, wenn ihnen die Hindernisse zur Verwirklichung ihrer Pläne unüberwindlich erscheinen. Hindernisse können objektiv (fehlende Lehrstellen) oder subjektiv (mangelndes Zutrauen) sein, sie können auf Fehlinformationen beruhen (über berufliche Anforderungen z.B.) oder auf eigenen Erfahrungen (in Praktika, Jobs etc.) zurückzuführen sein. In jedem Fall können sie im Beratungsgespräch auf Angemessenheit und Realitätsgehalt überprüft werden. Gottfredson (2002) schlägt vor, den Klienten in der Beratung zu einem „konstruktiven Realismus" (S. 134) zu ermutigen. Zur Überprüfung unangemessener Eingrenzungen beruflicher Möglichkeiten und unnötiger und voreiliger Kompromisse schlägt sie fünf Leitfragen vor, die entweder direkt gestellt oder aus Beobachtungen erschlossen werden können (Gottfredson, 1996). Die Fragen lauten:

1. Kann der Klient eine oder mehrere Berufsalternativen nennen?
2. Sind seine Interessen und Fähigkeiten dem gewählten Beruf angemessen?

3. Ist der Klient mit den ermittelten Berufsalternativen zufrieden?
4. Hat der Klient seine Berufsoptionen unnötig eingegrenzt?
5. Ist sich der Klient möglicher Hindernisse bei der Realisierung seiner Berufswünsche bewusst?

Die Erweiterung der Theorie von 2002 um die Annahmen zur Anlage-Umwelt-Partnerschaft eröffnet zusätzliche Ansatzpunkte für die Berufsberatung und schafft die Grundlage für eine Beratungsstrategie, die der individuellen Einzigartigkeit des Ratsuchenden gerecht wird. Die leitende Frage des Vorgehens ist: „How do we work with our natures to fashion sound, congenial environments when we can not fully know what our natures are?" (Gottfredson, 2002, 135). Gottfredsons Antworten sind dem Praktiker nicht neu. Sie entsprechen üblichen Beratungsstrategien, aber sie geben praktischem Überzeugungswissen und beraterischen Alltagshandlungen eine theoretische Basis.

1. Wir können die grundlegenden Aspekte der Persönlichkeit oder der Intelligenz eines Ratsuchenden nicht durch Umweltarrangements ändern. Deshalb sollten wir nicht gegen, sondern mit den Anlagen arbeiten.
2. Zielspezifische Merkmale – wie Interessen – sind dagegen umweltabhängiger. Sie können durch Erweiterung der Erfahrungsräume und Anregung neuer Aktivitäten verändert werden
3. Personen schaffen Umwelten. Deshalb ermuntere Klienten zu Aktivitäten bzw. beruflichen Tätigkeiten, in denen sie ihre besten Seiten zeigen und ihre Potenziale ausschöpfen können.
4. Wir kennen die genetischen Anlagen unserer Klienten nicht, deshalb sollten wir respektvoll mit ihrer Individualität umgehen. Menschen reagieren je nach Genotyp unterschiedlich auf Situationen und Umwelten. Je systematischer wir mit Umwelten „experimentieren", desto schneller lernen wir Aspekte unseres Selbst kennen.
5. Wir kennen lediglich den Phänotyp unserer Klienten, der aus Anlage-Umwelt-Interaktionen hervorgegangen ist. Deshalb sollten wir die Quellen der Interessen, Fähigkeiten und Einstellungen in der Beratung berücksichtigen.

In ihrer letzten Theoriedarstellung hat Gottfredson (2005) das Spektrum der praktischen Anwendungsmöglichkeiten um Entwicklungsinterventionen erweitert. Sie werden im Kapitel über Maßnahmen der schulischen Berufsorientierung dargestellt.

### 10.1.3  Beratung förderbedürftiger Jugendlicher

Wenn Jugendliche den Einstieg in die berufliche Erstausbildung nicht durch eigene Initiative und Aktivitäten schaffen und das familiäre Umfeld nicht als soziale Ressource genutzt werden kann, sind sie auf Beratung und Hilfe angewiesen, die über Standardberatungsangebote der Arbeitsagentur hinausgehen. Gewöhnlich reduzieren ihre Schulabschluss- oder -abgangsnoten die Chancen auf dem Arbeitsmarkt erheblich. Für viele kommen nur Berufsvorbereitungsmaßnahmen in Frage, die entweder von der Arbeitsverwaltung selbst oder von den berufsbildenden Schulen angeboten werden.

Einigen kann jedoch auch durch Beratungs- und Vermittlungsangebote der Arbeitsagenturen oder privater Einrichtungen geholfen werden. Nach den Ergebnissen der empirischen Überprüfung und als Folgerungen aus der Theorie Gottfredsons sollte das Wirken von Geschlechtsrollenstereotypen besonders bei dieser Personengruppe beachtet werden. Der Geschlechtstyp von Berufen hat sich als wichtiger Einflussfaktor auf die Bewertung der persönlichen Angemessenheit von Berufen oder Berufsvorschlägen erwiesen. Ob dieser Aspekt in Beratungen bisher angemessen berücksichtigt wurde, erscheint fraglich. Wenn der Geschlechtstypeinfluss vorbewusst wirkt, werden Berufsvorschläge sicher nicht mit dem Hinweis, der Beruf sei zu frauen- oder zu männertypisch zurückgewiesen, sondern es wird vermutlich fehlendes Interesse bekundet, das nach den Annahmen der Theorie im Bewusstsein präsenter ist.

Andererseits sind Berufe, die untere und mittlere Bildungsabschlüsse voraussetzen, stärker nach Geschlecht segregiert als andere (Armstrong & Crombie, 2000; Sastre & Mullet, 1992). Auch nach den Einschätzungen unserer Stichprobe sind der Kranführer und die Krankenschwester geschlechtstypisch deutlicher polarisiert als der Chemiker und der Arzt. Parallel dazu wird bei Berufswahlprioritäten eine Tendenz erkennbar, dass der Geschlechtstyp eines Berufes umso wichtiger wird, je weniger Berufe mit hohem Ansehen erreichbar erscheinen.

Folgerungen aus der Theorie stellen Berater vor ein Dilemma. Der Geschlechtstyp von Berufen ist nachgewiesenermaßen wichtig, aber gleichzeitig so fest im Selbstkonzept verankert, dass Beratung wenig verändern kann. Für Jugendliche ohne formale Bildungsabschlüsse könnte er noch wichtiger sein. Die Ergebnisse dieser Studie deuten darauf hin, dass eine geschlechtstypische berufliche Ausrichtung umso stärker verteidigt wird, je niedriger das Bildungsniveau ist.

Fehleinschätzungen des gesellschaftlichen Ansehens der Wunschberufe, die in Beratungen korrigiert werden könnten, haben wir als Selbstwertschutz interpretiert. Sie können mit den Theoriekonzepten gut abgebildet werden. Nach Gottfredson ist es das entwicklungsmäßig frühe *soziale Selbst*, das vor allem von Hauptschülern durch die Berufswahl aufgewertet werden soll. Es ist allerdings nicht klar, ob sich die beobachtete Tendenz, dass der Grad der Fehleinschätzung mit sinkendem Schulniveau sinkt, nach unten fortsetzt. Übertreibungen spiegeln auch die subjektive Wichtigkeit des Berufs wider. Wir wissen, dass die Bindung an den Beruf nicht so stark wie bei Akademikern oder – wie am anderen Ende der Verteilung – bei Mitarbeitern von Werkstätten für Behinderte ist (Abele, 2002, 112). Berufszuweisungen werden deshalb eher akzeptiert.

Der Informationsbedarf ist jedoch groß und Explorationen über berufliche Möglichkeiten werden selten völlig selbständig vorgenommen. Bei ausländischen

Jugendlichen, von denen ein Drittel ohne Ausbildung bleibt (BMBF, 1999), wäre es oft sinnvoll, auch die Eltern in die Beratung einzubeziehen, wenn Traditionen oder kulturgeprägte Lebensentwürfe einer Ausbildung entgegenstehen.

Unsere Studie konnte Ergebnisse von Sastre und Mullet (1992) bestätigen, dass die Validität der Theorie Gottfredsons für weibliche Jugendliche zumindest gegen Ende der Sekundarstufe höher ist. Mädchen bevorzugen sehr viel stärker als Jungen Berufe, die traditionell ihrer Geschlechtsrolle entsprechen – besonders Mädchen auf niedrigerem Bildungsniveau. Zwar ist ihr Akzeptanzbereich größer und reicht weit in den Bereich geschlechtsneutraler Berufe oder gar bis in Männerdomänen hinein, aber in Entscheidungssituationen ist Geschlechtskonformität entscheidungsrelevant.

Das Angebot von Berufsinformationen und kurzfristige Versuche, mit Argumenten zu überzeugen, sind zwar wichtig, aber um eine Lebensentscheidung neu formulieren zu helfen, sicher zu wenig. Schon Passungstheorien gehen von einer Verankerung beruflicher Entscheidung in der Persönlichkeit aus. Bei Entwicklungstheorien werden zusätzlich altersabhängige Veränderungen beschrieben. Gottfredsons Theorie verlegt den Beginn beruflicher Entwicklungen in die frühe Kindheit und formuliert als Prinzip, dass Elemente des Selbstkonzepts umso hartnäckiger verteidigt werden, je früher sie ins Selbstkonzept integriert wurden.

Die Folgerung aus Gottfredsons Theorie heißt, dass eine punktuelle Beratung nicht so erfolgreich sein kann wie eine entwicklungsbegleitende und früh einsetzende Berufsorientierung in der Schule. Mit der Annahme, dass sich Selbstkonzept und Berufskonzept in gegenseitiger Abhängigkeit entwickeln, wird Berufsentwicklung (*career development*) zur Persönlichkeitsentwicklung und ist damit für alle Sozialisationseinflüsse offen.

Die Theorie erklärt den teilweise geringen Erfolg von Berufsberatungen, aber sie bietet auch pragmatische Hilfe und konkrete Methoden, die in Beratungssitzungen oder in der Unterrichtsgestaltung Anwendung finden können. Das Koordinatensystem aus Berufsprestige und Geschlechtstradition der Berufe ist leicht herstellbar, bietet eine gute Visualisierung kognitiver Repräsentationen der Berufswelt und hat einen hohen Anregungsgehalt für alle Klienten der Berufsberatung, auch für Schüler, die nur ungern und mit mäßigem Erfolg zur Schule gehen.

## 10.2 Schulische Berufsorientierung

Während Berufsberatung unmittelbar vor der Entscheidung für einen Beruf oder eine Ausbildung stattfindet und Entwicklungsprozesse nur retrospektiv berücksichtigt, ist schulische Berufsorientierung eine länger andauernde Berufswahlvorbereitung, die Entwicklungsprozesse systematisch beeinflussen kann und prophylaktisch orientiert ist. Vielen Lehrkräften ist diese Aufgabe ein besonderes

Anliegen, weil die Ergebnisse ihrer pädagogischen Bemühungen in konkreten Lebensplanungen münden.

Die Berufswahl vorbereitende Maßnahmen sind in allen Schulformen vorgesehen, allerdings mit unterschiedlichem Stellenwert. In Hauptschulen wird Berufswahlorientierung im Fach Arbeit, Wirtschaft, Technik (AWT) angeboten, in Realschulen im Fach Gemeinschaftskunde und in Gymnasien wird Berufsorientierung fächerübergreifend in den Klassenstufen zehn bis zwölf durchgeführt. Betriebs- und Arbeitsplatzerkundungen gehören in allen Schulformen zur Berufswahlvorbereitung, Studientage werden naheliegenderweise nur in Gymnasien organisiert (Stephan, 1996). Besonders durch passende praktische Aktivitäten, wie systematische Informationssuche und gezielte Befragungen von Experten, sollen berufskundliche Kenntnisse erworben oder verbessert und die Wahlfreiheit erhöht werden. Nach Auffassung von Praktikern ist die Wirkung solcher Erfahrungen bei Jugendlichen im Alter von 13 bis 16 Jahren maximal. Als Unterrichtsform bieten sich handlungsorientierte Verfahren mit starker Schülerbeteiligung, wie der Projektunterricht, an (Grimm, 1998, 166).

Die Jugendlichen beim Übergang von der Schule in den Beruf zu unterstützen, setzt Öffnung der Schulen und Kooperation mit externen Partnern voraus. Egloff hat für die Schweiz ab den Neunzehnhundertsiebzigerjahren ein Kooperationsmodell der Berufswahlvorbereitung entworfen, in dem Eltern, Schule, Berufsberatung und Wirtschaft als Kooperationspartner auftreten. Bei der Konzeption des Modell erwiesen sich die zu Beginn der Modellentwicklung „vorherrschenden Berufswahltheorien als für die Praxis nur beschränkt hilfreich, weil sie auf ihre jeweiligen Fachansätze fixiert blieben" und damit eine „Gesamtschau der Probleme, Ziele und Aufgabenbereiche" verhinderten (Egloff, 1998, 88). Außerdem überbetonten die meisten Theorien die rationale Seite der Berufsfindung und unterschätzten oder vernachlässigten die emotionalen Aspekte, die mit den wachsenden Problemen bei der Berufswahl einhergehen. Statt Theorienanwendungen wurde deshalb in Arbeitsgruppen Praktikerwissen zusammengetragen, um „gemeinsam nach Wegen zur Förderung der Berufswahlreife oder Berufswahlkompetenz der Jugendlichen und ihrer Eltern zu suchen" (Egloff, 1998, 90). Themen, Ziele und Voraussetzungen der Berufswahlvorbereitung wurden im Alltag der Jugendlichen ermittelt, die sich in der Wahlsituation befanden.

Dieses Vorgehen mag typisch für die Planung von Unterrichtsprogrammen, Lehrplänen und schulischen Maßnahmen zur Berufswahlvorbereitung sein. Basis ist ein pädagogischer Pragmatismus, der auf den ersten Blick bewährtes Praktikerwissen nutzt. Dass in dieses Praktikerwissen viele Theoriekonzepte eingegangen sind, gerät angesichts ihres selbstverständlichen Gebrauchs aus dem Blickwinkel. *Berufswahlreife*, das *Passungskonzept* und *berufliche Identität* sind Theoriekonzepte, die im Theoriekontext beschreibende oder erklärende Funktion haben und in der Praxis oft zur Beschreibungskategorie reduziert werden.

Im deutschen Schulsystem ist der Stellenwert der Berufsorientierung eng mit der traditionellen Bildungsideologie des dreigliedrigen Schulsystems verknüpft. In

Haupt- und Gesamtschulen ist Berufswahlorientierung curricular fest verankert, auch in Realschulen ist sie zumindest obligatorisch, aber in Gymnasien ist Berufsorientierung kaum systematisch vertreten. Zuweilen wird der „bloßen Behandlung einzelner Aspekte der Arbeitswelt schon berufswahlorientierender Charakter zugeschrieben" (Dammer, 2002, 48).

Systematische Berufsorientierung wird in der Hauptschule mit Beginn der siebten Klasse durchgeführt und soll bis zum Ende der neunten Klasse zu einer Berufsfeldentscheidung führen. Der *Bundesausschuss für Berufsbildung* hat 1972 folgende Vorschläge unterbreitet (Bußhoff, 1989):

(a) Die vorberufliche Bildung in den Klassen 1 bis 6 findet ihren Niederschlag im Unterrichtsfach „Sachkunde".

(b) Die vorberufliche Bildung in den Klassen 7 bis 10 dient der Hinführung zur Wirtschafts- und Arbeitswelt. Ihre Ziele sind (1) Grundlegende Kenntnisse und Einsichten aus den Bereichen Gesellschaft, Technik und Wirtschaft sowie Einsichten in deren Zusammenhänge, (2) kritische Reflexion der sich aus dem technischen Fortschritt ergebenden Probleme (3) Orientierung über die Berufe und deren Arbeitsmarkt und (4) Berufswahlkompetenz.

(c) In den studienbezogenen Bildungsgängen der Sekundarstufe II (Klassen 11 bis 13) ist die vorberufliche Bildung weiterzuführen.

Bildungsziel der Hauptschule ist unter anderem die Befähigung zu einer verständigen Berufswahl, entsprechend ist der Beruf das didaktische Zentrum der Hauptschule, zumindest proklamierte das ein Gutachten zum „Ausbau der Volksschule" aus dem Jahre 1957 (Beinke, 1999, 21).

Heute werden die Bildungsziele der Hauptschule in die beiden „Schlüsselrichtungen" *berufsqualifizierende Förderung* und *pädagogische Förderung* unterteilt, wobei die berufsqualifizierende Förderung in erster Linie auf bestimmte Berufsbilder – nämlich handwerkliche Tätigkeiten – vorbereiten soll. Nach gängigem Klischee ist die Hauptschule eine Bildungseinrichtung für manuell-praktisch Begabte, die zudem eher auf unselbständige und ausführende Erwerbstätigkeiten vorbereitet. In Befragungen zeigte sich, dass Eltern mehr Wert auf pädagogische als auf berufsqualifizierende Förderung legen (Rekus, Hintz, & Ladenthin, 1998).

In der Realschule wird Berufsvorbereitung seit Beginn der 1970er Jahre in der Regel in der neunten und zehnten Klasse je nach Bundesland unterschiedlich organisiert. Es wird entweder unter dem Leitfach Sozialkunde zur Aufgabe mehrerer Unterrichtsfächer gemacht, im neueingerichteten Fach oder in einer Fächerkombination Arbeitslehre (bzw. Technik) unterrichtet oder als Pflicht- bzw. Wahlpflichtfach angeboten. In den Gymnasien sind einzelne Fächer (Wirtschaft/ Technik, Arbeitslehre, Sozialkunde), ein bestimmtes Fach (Sozialkunde) oder alle Fächer für berufsorientierende Maßnahmen zuständig. Meist kommt aber den berufsbezogenen Inhalten neben den Fachinhalten nur eine Randbedeutung zu (Dedering, 2002).

Über die Effektivität gezielter schulischer Maßnahmen ist wenig bekannt. Kurz-fristige Programme, wie das *Entscheidungstraining zur Berufs- und Studienwahl* von Potocnik (1990), das in sechs Schulstunden durchführbar ist, führt weder kurz-noch langfristig zur Erhöhung der Berufswahlreife und der damit verbundenen Ent-scheidungskompetenz (Matthes & Marx, 2000).

Auch außerschulische Angebote für Schüler der Klassen acht und neun werden zwar von den Schülern dankbar angenommen, aber eher zur Bestätigung bereits gefasster Entschlüsse. Über zwei Drittel der 33 000 Teilnehmer an 290 Projekten zur Berufsfrühorientierung (BFO) in Mecklenburg-Vorpommern hatte sich schon für einen Beruf entschieden (Wensierski et al., 2005, 74).

Zwei weitere Ergebnisse der BFO-Begleitstudie sind bedeutsam: Je niedriger der angestrebte Bildungsabschluss, desto höher war der Anteil der beruflich Ent-schiedenen: 80% der Förderschüler, 74% der Hauptschüler und 68% der Real-schüler nannten konkrete Berufsabsichten und „je niedriger der Bildungsabschluss, desto höher wird die Bedeutung der Schule für die eigene Berufsorientierung ver-anschlagt. So ist für rund 80% der Förderschüler die Schule eine sehr wichtige oder wichtige Instanz für die Berufswahl, aber nur für rund 45% der Gymnasiasten" (Wensierski et al., 2005, 83).

### 10.2.1 Förderbeginn nach Gottfredson

Die Frage, ab wann die Planung von Berufslaufbahnen beginnen sollte, ist nach dem Ansatz der Entwicklungstheorien einfach zu beantworten: Es ist nie zu früh (Magnuson & Starr, 2000). Kinder treffen schon sehr früh Entscheidungen über Vorlieben und Abneigungen, zunächst über Essen und Spielzeug und dann sehr bald über Unterhaltung (Videospiele) und Kleidung. Diese Entscheidungen haben kurzzeitig fassbare Ergebnisse, aber gleichzeitig auch langfristige, eher latente Konsequenzen, indem die Kinder Überzeugungen über sich selbst und ihre Fähig-keiten bilden. Kinder haben ebenso früh ein Bewusstsein über die eigene Person wie über Berufe. Das Berufswissen erleichtert die Assimilation oder Akkom-modation neuer Informationen über andere in ihr Denken und die Strukturierung der Welt.

In der Grundschule entwickeln sie ein Bewusstsein dafür, dass berufliche Arbeitsaufgaben Anwendungen schulischen Wissens sind (Magnuson & Starr, 2000). Dabei kommen ihnen explorative Erfahrungen besonders zugute und bieten sozusagen als *Lifeskills* Handwerkszeuge, die bei der Exploration der Berufs- und Arbeitswelt später in der konkreten Berufswahlsituation wichtig werden.

Auch der Themenbereich Beruf und Arbeit ist schon im Grundschulalter Gegenstand intensiver Auseinandersetzungen „Von daher ist es wenig verständlich, dass dieser thematische Bereich in Didaktik und Forschung so unterbelichtet behandelt wird" (Kaiser, 2002, 173).

Schule sollte allgemein Wahlkompetenz vermitteln, die Schüler sollten Mechanismen des Wahlprozesses kennenlernen und generell mehr Wahlfreiheiten haben. Das ist bei bestimmten Unterrichtsformen, etwa bei handlungsorientierten Methoden, wie z.B. dem Projektunterricht, eher gegeben (Grimm, 1998, 177).

Nach Ansicht von Kaiser (2002) kann die Thematisierung von Berufswahl und ihrer Aspekte schon im Grundschulalter nur nach Geschlecht differenziert erfolgen. Sie argumentiert, „dass die didaktische Aufarbeitung auch scheinbar geschlechtsneutraler Themen nur geschlechtlich differenziert erfolgen kann, weil bereits die Lernvoraussetzungen ganz verschiedene Rezeptions- und Wahrnehmungsebenen konstituieren. Eine geschlechtsdifferente Sozialisation verlangt eine geschlechtsdifferenzierende Didaktik" (Kaiser, 2002, 162).

Die Ablehnung von Interessengebieten männlicher Geschlechtstypik – wie der Physik – ist, wie Todt (2000) zeigen konnte, abhängig vom Kontext. Werden z.B. das Hebelgesetz oder das Archimedische Gesetz an Alltagsbeispielen oder an den Anwendungsbereichen Medizin, Haushalt oder Spiel demonstriert, dann ist das Interesse der Mädchen durchaus nicht geringer als das der Jungen. Die bekannten Unterschiede ergeben ich dagegen bei konventionellen Unterrichtformen, wie Lehrer- oder Schülerexperimenten, Anwendungen in der Technik oder Lehrbuchtexten. Bei den genannten Alltagsbeispielen oder Anwendungen ist das Interesse bei Jungen und Mädchen gleich hoch, so dass bei veränderten Kontexten das Interesse der Jungen nicht verlorengeht. Hierin könnte deshalb ein wichtiger Aspekt für die Veränderung des Physikunterrichts liegen, der die bekannten Probleme der Mädchenbenachteiligung aufhebt.

Noch bis in die 1960er Jahre wurden vor allem in den Volksschulen in einigen Fächern für Schüler und Schülerinnen getrennter Unterricht angeboten, z.B. Werkunterricht für Jungen und Hauswirtschaft für Mädchen (Wensierski et al., 2005, 56). Die Abschaffung der Geschlechtertrennung war ein wichtiger Schritt zur Erhöhung des Frauenanteils in männerdominierten Berufsbereichen. Abbau von Segregation in der Unterrichtsorganisation ist eine der indirekten Maßnahmen gegen frühe geschlechtstypische Berufsorientierungen. Ein anderer ist das Bewusstsein und die Einstellung der Lehrkräfte, die in ihren spontanen Antworten auf berufsbezogene Fragen von jungen Schülern deutlich werden. Wenn schon kleinen Kindern faktische Berufswahlfreiheit zugestanden wird, indem auch nicht geschlechtskonforme Berufswünsche als legitim und normal akzeptiert werden, fehlt die Basis für erwartungskonforme Zukunftsvisionen. Aus Gottfredsons Theorie lässt sich ableiten, dass weniger einzelne Maßnahmen als eine Veränderung der Alltagskultur auf allen Ebenen frühen Fixierungen vorbeugen können.

## 10.2.2　Förderung der vier Entwicklungsprozesse

Gottfredson benennt vier Entwicklungsprozesse, die als Voraussetzungen und Bedingungen beruflich relevanter Veränderungen fungieren: die allgemeinen Prozesse der geistigen Reifung und der Formierung des Selbstkonzepts und die speziellen Prozesse der Eingrenzung und der Kompromissbildungen (Gottfredson, 2005). Jeder dieser Prozesse birgt das Risiko suboptimaler Entwicklungen, die zu Problemen bei der Berufswahl führen oder beitragen können. Pädagogische Interventionen im Rahmen einer Berufsfrühorientierung sollten auf Reduktion der Risiken abzielen und optimale Entwicklungen fördern. Kognitives Wachstum kann durch Optimierung des Lernens gefördert werden, die Selbstkonzeptentwicklung wird durch Arrangement von Erfahrungen unterstützt, Eingrenzungen werden durch Selbsteinsichten aufgezeigt und Kompromisse durch Investitionen des Selbst offenbar.

Das Hauptrisiko des kognitiven Wachstums besteht darin, dass Jugendliche kein angemessenes Wissen über Berufe und Aspekte von Berufsentscheidungen aufbauen, weil die Anforderungen zu hoch und die Aufgaben zu komplex sind. Als Folge können überzogene Eingrenzungen vollzogen und Kompromisse eingegangen und dadurch vorhandene Möglichkeiten schon früh unnötig begrenzt werden. Alle Maßnahmen, die das Lernen optimieren, tragen zur Entwicklungsförderung bei. Die zu lernenden Inhalte sollten dem kognitiven Niveau der Schüler so angemessen wie möglich sein. Für jüngere Schüler sollten Lernprozesse konkret und erfahrbar gestaltet werden. Weniger Begabte lernen besser, wenn Aufgaben einfach, konkret, vollständig und a-theoretisch sind, Vorgänge hoch strukturiert oder Schritt für Schritt erklärt werden und Lernarrangements Handlungselemente enthalten. In Tabelle 49 sind neben Beratungsstrategien mögliche pädagogische Maßnahmen und Prinzipien für Grund-, Mittel- und Oberstufe zusammengestellt (leicht verändert aus: Gottfredson, 2005, 87).

Ebenfalls in Tabelle 49 sind Maßnahmen zur Förderung der Selbstkonzeptentwicklung dargestellt. Elemente des Selbstkonzepts, wie Fähigkeiten, Interessen, Begabungen, werden im Alltagsleben bewusst gemacht, konsolidiert und validiert. Das Risiko suboptimaler Entwicklungen besteht darin, dass zu wenige Erfahrungen in zu eingegrenzten Erfahrungsbereichen gesammelt werden, so dass Heranwachsende ihre berufsrelevanten Persönlichkeitsmerkmale, Fähigkeiten und Interessen nicht kennenlernen können. „Experience is authentic self-assessment of a sort that no formal assessment can ever provide" (Gottfredson, 2005, 93). Das Ermöglichen von vielfältigen eigenen Erfahrungen und das Nachvollziehen der Erfahrungen anderer ist deshalb der optimale Weg zur Förderung der Selbstkonzeptentwicklung und der Selbstaktualisierung.

Die Kernbereiche der Theorie Eingrenzung und Kompromiss behandeln die Auseinandersetzung mit Selbstkonzept und Berufskonzepten. Um eine Passung von Selbst und Beruf zu erreichen, müssen sowohl die eigene Ziele, Fähigkeiten und Interessen als auch die Anforderungen verschiedener Berufe bekannt sein, die dazu passen könnten. Alle vermittelten Informationen über Selbstkonzeptaspekte und Berufskonzepte unterstützen Entwicklungsprozesse der realistischen Selbst- und Berufswahrnehmung und tragen damit zu rationaleren Entscheidungen bei. Die tatsächliche Einmündung in den Arbeitsmarkt und damit die Verwirklichung der Entscheidung oder Lebensplanung ist oft der schwierigste Teil des gesamten Berufswahlprozesses.

Tabelle 49: Überblick über Ziele, Strategien und pädagogische Interventionen für ein umfassendes Berufsorientierungs- und -beratungssystem (nach Gottfredson, 2005, 87)

| Entwicklungsprozess | zu optimierendes Verhalten | Beratungsstrategien | pädagogische Interventionen | | |
| --- | --- | --- | --- | --- | --- |
| | | | frühe Grundschule | Mittelstufe | Oberstufe |
| geistiges Wachstum | Lernen | A. Komplexität reduzieren B. kognitive Vielfalt anpassen | 1. Informationen und Aufgaben sind diskret, konkret, kurz und verlangen nur einfache Schlussfolgerungen | 2. Informationen sind länger, Aufgaben verlangen die Verknüpfung von Ideen und Verallgemeinerungen. Weniger begabte Schüler benötigen weniger komplexes Material (s. Zelle 1) | 3. Informationen können kompliziert sein; Aufgaben verlangen Analyse und Integration von Informationen. Weniger begabte Schüler benötigen weniger komplexes Material (s. Zelle 1) |
| Selbstkonstruktion | Erfahrung | C. biete breite Erfahrungsangebote an D. unterstütze Eigenaktivitäten beim Machen von Erfahrungen | 4. Ausflüge, Berufstage, Kontakte mit verschiedenen Arbeitern, Erfahrungskoffer, persönliche Portfolios | 5. u.a. Beispiele in Romanen, Biographien, Zeitgeschehen und im Alltagsleben; einfache Berufe zuhause und in der Nachbarschaft, außerschulische Aktivitäten, Hobbys, Pfadfinderei, Schulprojekte, Gemeindebesuche | 6. u.a. breite Kursauswahl, Gemeindeeinrichtungen, Spielgelungen von Berufen, Schülerparlamente, Sport, Technikprojekte, Ferienjobs |
| Eingrenzung | Selbsteinsicht | E. rege Informationen über das Selbst und seine Integration in das Selbst an F. unterstütze vernünftige Passungskonzepte und machbare Berufslaufbahn | | 7. liste vorläufige Lebensziele und Hauptstärken und -schwächen auf; Familienerwartungen, mögliche Hindernisse, Übungen in Rollenkonflikten, berufliche Anforderungen, welche Berufe werden abgelehnt und weshalb; einfache Übungen in Zielsetzung und Entscheidungsfindung | 8. formale Erfassung von Interessen, Fähigkeiten, Persönlichkeit, Werten, Analyse früherer Aktivitäten, Unterstützung, Behinderung und Wirkung anderer, PC-Informationen über Person-Beruf-Passung, Übungen im Setzen und Ausbalancieren von Lebenszielen |
| Kompromiss | Selbstinvestition | G. rege die Beurteilung der Erreichbarkeit bevorzugter Berufslaufbahnen an H. unterstütze Eigenaktivitäten bei der Erhöhung des Selbst, der Möglichkeiten und der Unterstützung | | | 9. Bücher und Übungen im Schreiben von Bewerbungen, Interviews über Berufe, Fertigkeitsaufbau und Angstbewältigung, Berufslisten, Vermittlungsagenturen, Hilfsmittel für die Ermittlung bester Chancen und Backups, Aufbau eines Unterstützungssystems, Mentorenlisten |

Erfolgreiche Bewerbungen hängen von vielen Faktoren ab, auf die Jugendliche wenigstens zum Teil systematisch vorbereitet werden können. Übungen im Schreiben von Bewerbungen, Training von Vorstellungsgesprächen und Entwicklung von Bewerbungsstrategien gehören durchaus auch zu den in der Schule zu vermittelnden Fertigkeiten.

## 10.3 Maßnahmen zur Berufsvorbereitung

Die Berufsvorbereitung in allgemeinbildenden Regelschulen reicht zunehmend seltener für die spätere Berufswahl und Berufsausbildung aus. Die Gründe dafür sind vielfältig: Das Eintrittsalter für verschiedene Berufe (z.B. Krankenschwester) ist erhöht worden, die Berufswahlreife wird später erlangt, der Selektionsdruck der Betriebe steigt in fast allen Berufssparten, fehlende Ausbildungsplätze machen Warteschleifen notwendig und ausländische Jugendliche müssen Integrationsprobleme bewältigen, bevor sie in die Arbeitswelt einmünden können (Marty, 1998).

Eine besondere Schulform, die sich ausschließlich der Berufsvorbereitung widmet, ist das um 1980 in den einzelnen Bundesländern eingeführte Berufsvorbereitungjahr (BVJ), das nach dem Erlass des Niedersächsischen Kultusministeriums vom 27.2.1980 für Jugendliche eingerichtet wurde, „die noch nicht für eine Berufsausbildung oder den Besuch einer anderen beruflichen Vollzeitschule befähigt sind. Dies sind in der Regel solche Schülerinnen und Schüler, die aus der 8. Klasse der Hauptschule oder tiefer bzw. aus einer Sonderschule ohne Abschluss entlassen worden sind". Gewöhnlich gelten BVJ-Schüler als lernbeeinträchtigt, verhaltensauffällig und/oder sozial benachteiligt. Entsprechend sind die Ziele des BVJ, Berufswahlreife zu erreichen, die Motivation für einen weiteren Schulbesuch zu erhöhen und allgemein das Lern-, Arbeits- und Sozialverhalten zu verbessern (Niedersächsisches Landesinstitut für Lehrerfortbildung, 1994).

Die staatlichen Berufsvorbereitungsjahre machen berufskundliche aber auch persönlichkeitsbildende Angebote. Ihre allgemeinbildenden Themen sollen anschlussfähig an den Fächerkanon der Berufsschulen sein. BV-Jahre sollen die Selektionschancen erhöhen und „die mit der Berufsreife verbundenen Eigenschaften Selbständigkeit, Eigenverantwortung, Umgang mit Erwachsenen etc." fördern (Marty, 1998, 310).

Vorteile der Zwischenlösung BVJ können darin liegen, dass Entscheidungsunsicherheiten behoben werden, größere Klarheit über Berufswünsche erlangt wird, praktische Erfahrungen in einem Berufsfeld die Selektionschancen erhöhen und das Wartejahr die Persönlichkeitsentwicklung fördert. Das BVJ sollte jedoch keine Verlegenheitslösung sein (Marty, 1998, 312).

Über den Erfolg des BVJ liegen nur wenige Berichte vor. Gemessen an der Eingliederung in den regulären Arbeitsmarkt sind Konjunkturdaten und Geburtenstärke zu berücksichtigen. Nach einer Analyse der Schulakten durch das Institut für Entwicklungsplanung und Strukturforschung (IES) konnte im Schuljahr 1992/93 für die Hälfte der BVJ-Schüler das Ziel einer Ausbildungsstellenvermittlung erreicht werden. Den Jugendlichen kam ein Ausbildungsstellenüberhang besonders im Handwerk zugute. Beobachtungen von Lehrkräften, dass lediglich ein Jahr Berufsvorbereitung für die meisten Schüler nicht ausreicht, steht die oft vorhandene Schulmüdigkeit der Jugendlichen gegenüber.

Für Schülerinnen und Schüler, die nicht mehr beschulbar erscheinen, wurden Anfang der 1990er Jahre in Niedersachsen Alternativen zum Berufsvorbereitungsjahr eingerichtet, die sich durch stärkeren Praxisbezug und eine betriebsnähere Schulumgebung auszeichnen. Die sogenannten „Regionalen Arbeitsstellen zur beruflichen Eingliederung junger Menschen in Niedersachsen" (RAN) „sind entwickelt worden, um besonders benachteiligte junge Menschen durch Formen aufsuchender Sozialarbeit an die vorhandene Hilfe individuell heranzuführen. Durch Einzelfallberatung werden Berufswegplanungen aufgebaut und durch eine umfassende ganzheitliche Betreuung wird im Anschluss daran dafür gesorgt, dass diese jungen Menschen auch erfolgreich an speziell für sie geeigneten Maßnahmen teilnehmen" (Niedersächsisches Kultusministerium, 1991, 98).

Hilfen zur Berufswahlentscheidung gehören auch zu den Inhalten der *Berufsvorbereitenden Bildungsmaßnahmen(BVB),* die die Bundesagentur für Arbeit (2004) als neues Fachkonzept aufgelegt hat. Eine Anpassung des zuvor (1996) erlassenen Förderkonzepts wurde notwendig, nachdem im neuen Berufsbildungsgesetz Berufsvorbereitung als eigenständiger Teil der Berufsbildung aufgenommen wurde und sich entsprechende Modellversuche als erfolgreich erwiesen. Das neue Förderkonzept sieht nach einer zweiwöchigen Eignungsanalyse eine maximal sechsmonatige Grundstufe vor, deren Kernelemente Berufswahl/Berufsorientierung sind. Auch die Eingangsdiagnostik verfolgt das Ziel, Berufswünsche realistisch einzuschätzen und persönliche Stärken zu ermitteln. In der Fachwelt hat sich für die diagnostische Eingangsanalyse der Begriff *Kompetenzfeststellung* eingebürgert (INBAS, 2002), die als Grundlage für die Förderplanung dient.

## 10.3.1  Kompetenzfeststellung und Förderplanung

Kompetenzfeststellung entspricht dem pädagogischen Grundsatz des Kompetenzansatzes, nach dem von den Stärken und nicht von den Defiziten des Jugendlichen auszugehen ist. Berufswahlkompetenz gehört jedoch zwangsläufig nicht zu den Stärken. Zwar ist die Zeit der Fördermaßnahmen auf 18 Monate begrenzt, aber grundsätzlich unterscheidet sich ein Förderansatz nach der Theorie Gottfredsons nicht von dem allgemeiner Entwicklungsförderung. Durch das auf die individuellen Voraussetzungen zugeschnittene Arrangement und das klientenzentrierte Vorgehen der Maßnahme ist die Intensivierung der Selbsteinsichten, der Selbsterprobung und intensiver Erfahrungen in neuen Erfahrungsräumen gewährleistet, die nach der Theorie Grundlage beruflicher Entscheidungsfähigkeit ist.

Die Unterstützung und Förderung der Berufswahlkompetenz setzt differenzierte diagnostische Erhebungen voraus, die z.b. mit den *Diagnostischen Kriterien (DIK-2)* vorgenommen werden können. Die DIK-2 sind ein Katalog berufsbezogener Personenmerkmale, die nach dem Vorbild des Internationalen Diagnoseschlüssels (ICD) der Weltgesundheitsorganisation über Expertenkonsens entwickelt wurden (Syntegral gGmbH, 2003). Ausgangspunkt war die unbefriedigende Definition des Begriffs Lernbehinderung in Bezug auf die Vermittlungsfähigkeit in Arbeit (Schopf, 1998).

Die DIK-2 enthält über 250 Merkmale in 19 Merkmalsbereichen. Es ist kein Testverfahren, sondern „ein System zur vereinheitlichten Dokumentation von diagnostischen Abklärungen, Untersuchungen und Feststellungen jeder Art" (Kick, 2002, 155)

Die einzelnen Merkmale werden auf einer Skala von -3 (schwere Störung) bis +3 (starke Ressource) eingeschätzt und ermöglichen damit ein Profiling des Bewerbers. Die Anwendung ist computergestützt möglich.

Berufswahl, einer der 19 Merkmalsbereiche, wird durch sieben Merkmale erfasst: berufliche Mobilität, Berufsinteressen, Eignung, Entscheidung, Persönlichkeitsentwicklung, Umsetzung und Vorbereitung. Die entsprechenden Einschätzungen werden nach Befragungen der Jugendlichen und ihrer Eltern und Lehrer, aufgrund von Zeugnissen und Praktikumsbescheinigungen, nach psychologischen und ärztlichen Begutachtungen und nach den Ergebnissen der Berufseignungs- und -interessendiagnostik vorgenommen.

Ohne darauf Bezug zu nehmen, hat das Vorgehen Ähnlichkeit mit der Feststellung der Berufswahlreife nach Super. Der wichtige Aspekt der *Exploration*, der sowohl in Supers Reifekonzept als auch in Marcias (1980) Konzept der (beruflichen) Identitätsentwicklung eine zentrale Position hat, ist jedoch nicht explizit erfasst. Die Auffassung „Das Interesse an einem bestimmten Berufsfeld steht am Anfang jedes Berufswahlprozesses" (Syntegral gGmbH, 2003, 13) lässt sich nach Gottfredsons Theorie und mit den hier vorgelegten Untersuchungsergebnissen nicht halten.

## 10.3.2 Reformanregungen nach Gottfredson

„Wer immer die Persönlichkeitswerdung der Jugendlichen beeinflusst, ist fördernd und hemmend auch am Werden der Berufswahlreife beteiligt. Es ist daher nicht zu fragen, wer zur Berufswahlreife beitragen soll, sondern *was die ohnehin Beteiligten* im Rahmen ihrer Möglichkeiten beitragen können." (Egloff, 1998, 91)

Ähnliches gilt für geschlechtstypische Berufswahlen. Berufe begegnen uns schon sehr früh im Leben: der Beruf des Vaters, der der Mutter, die Darstellung von Berufen im Fernsehen, Berufe von Bekannten, Verwandten, im Straßenbild und in Institutionen. All das beeinflusst die kognitive Repräsentation von Berufen. Dem Einfluss von Geschlechtstraditionen kann man sich nur schwer entziehen. Er ist evident und ubiquitär, aber auch im Wandel begriffen. Die Darstellung von Berufen im Fernsehen, in den Medien und v.a. in Schulbüchern geschieht zunehmend neutraler. Nach Gottfredsons Theorie ist das die Basis für einen Wandel. Änderung der Präsentationen von Berufen in der Gesellschaft sollten auch die Geschlechtstraditionen aufweichen. Nach Gottfredson gehören Festlegungen von akzeptablem Geschlechtstyp und Berufsprestige zu den vor- oder unbewusst verlaufenden Prozessen. Erst auf der letzten Entwicklungsstufe (ab ca. 14 Jahren), wenn Berufe an individuelle Interessen, Fähigkeiten und Werten gemessen werden, gelangt Berufswahl in die bewusste Wahrnehmung.

Für die Interessenbildung stellen Erfahrungen authentische Selbsterprobungen dar, die kein Testverfahren oder keine Fragebogenergebnis vermitteln kann. Interessenfragebogen können nur Merkmalskonstellationen registrieren, die Erfahrungen hervorgerufen und konsolidiert haben (Gottfredson, 2005, 93). Deshalb ist die Vermittlung praktischer Erfahrungsmöglichkeiten, wie sie im BVJ vermittelt wird, auch nach Gottfredson der optimale Weg der Berufsvorbereitung.

Was die Strukturierung von direkten Berufsvorbereitungsmaßnahmen betrifft, reichen die konkreten Anregungen aus Gottfredsons Theorie nicht aus. Alte Konzepte wie Supers Berufswahlreife oder Konzepte der Ausbildungsreife können im Rahmen der allgemeinen Bemühungen und der Qualitätssicherung eine wichtige praktische Funktion bekommen. Wenn der Erfolg von Maßnahmen wegen fehlender Lehrstellen nicht in erfolgreicher Einmündung in den Arbeitsmarkt besteht, sollten Effekte pädagogischer Bemühungen anhand sinnvoller Indikatoren nachweisbar sein. Entwicklung von Zeitperspektiven, Planungen, Explorationen, Kontrollüberzeugungen können sowohl Inhalte der Pädagogik als auch Dimensionen des Berufswahlindex sein.

## 10.4 Abschlussbemerkung

Die differentielle Validität von Berufswahltheorien für Gruppen mit besonderem Förder- und Beratungsbedarf ist empirisch nachzuweisen, bevor sie Grundlagen für Beratungsinhalte und -prozesse werden können. Dieser Nachweis ist mit der Theorie Gottfredsons tendenziell gelungen. Je niedriger das Bildungsniveau, desto eher lassen sich wichtige Annahmen Gottfredsons bestätigen. Eine direkte empirische Hypothesenüberprüfung an Schülerinnen und Schülern der Berufsvorbereitungsjahre steht noch aus, aber Spezifikationen der allgemeinen Theorieannahmen sind möglich.

Letztlich muss es Ziel angewandter pädagogischer Forschung sein, den z.B. von Savickas beklagten Zustand zu überwinden, dass Praktiker der Berufsberatung ihr

Handlungswissen nicht aus Theorien erwerben, sondern aus persönlichen Erfahrungen, der Arbeit mit Klienten und bestenfalls noch aus Psychotherapieforschung (Savickas, 1995).

Gottfredson hat es bei der Theoriebildung bewenden lassen. Die empirische Bewährung und Überprüfung überlässt sie anderen. Aber „most admirable and influential of all, finally, are the scientists who perform the difficult tasks they encourage others to undertake ... Nothing inspires like good examples. It would be helpful if we had more of them" (Gottfredson, 1983, 211). Die Gründe dafür, dass wir nicht mehr gute Beispiele für empirische Überprüfungen aktueller Berufswahltheorien haben, sind deutlich geworden. Eine Operationalisierung der Theoriekonzepte gelingt nur in Ausnahmefällen so, dass wirklich Kern und Umfang der theoretischen Aussage erfasst und Falsifizierungen der Theorie möglich werden.

Das Ergebnis der Indizienbeweise bestätigt überwiegend die Theorie. Berufswahltheorien, die berufliche Aspirationen und Vorstellung von Jugendlichen mit schlechten beruflichen Startchancen erklären wollen, sind gut beraten, soziologische Konzepte wie Berufsprestige und vor allem Geschlechtstradition von Berufen in ihr System aufzunehmen. Dass beide Konzepte zeitabhängigen (und teilweise angestrebten) Veränderungen unterliegen, ändert – zumindest gegenwärtig – nichts an ihrer Erklärungskraft.

# 11. Literatur

Abele, A. E. (2002). Ein Modell und empirische Befunde zur beruflichen Laufbahnentwicklung unter besonderer Berücksichtigung des Geschlechtsvergleichs. *Psychologische Rundschau, 53*(3), 109-118.

Alfermann, D. (1996). *Geschlechterrollen und geschlechtstypisches Verhalten.* Stuttgart: Kohlhammer.

Allehoff, W. H. (1985). *Berufswahl und berufliche Interessen.* Göttingen: Hogrefe.

Amundson, N., Harris-Bowlsbey, J., & Niles, S. G. (2005). *Essential elements of career counseling. Processes and techniques.* Upper Saddle River, New Jersey: Pearson Merril Prentice Hall.

Anderson, M. Z., Tracey, T. J. G., & Rounds, J. (1997). Examining the invariance of Holland's vocational interest model across gender. *Journal of Vocational Behavior, 50,* 349-364.

Arbuckle, J. L., & Wothke, W. (1999). *Amos 4.0. User's guide.* Chicago, IL: SmallWaters Corporation.

Armstrong, P. I., & Crombie, G. (2000). Compromises in adolescents' occupational aspirations and expectations from grade 8 to 10. *Journal of Vocational Behavior, 56,* 82-98.

Aronson, E., Wilson, T. D., & Akert, R. M. (2004). *Sozialpsychologie.* (4. aktual. Aufl.). München: Pearson.

Assouline, M., & Meir, E. I. (1987). Meta-analysis of the relationship between congruence and well-being measures. *Journal of Vocational Behavior, 31,* 319-332.

Baethge, M., Hantsche, B., Pelull, W., & Voskamp, U. (1988). *Jugend: Arbeit und Identität. Lebensperspektiven und Interessenorientierungen von Jugendlichen.* Opladen: Leske + Budrich.

Bahrenberg, R., Koch, H., & Müller-Kohlenberg, L. (2000). *Praxis der beruflichen Beratung.* (2. neu bearb. Aufl.). Stuttgart: Kohlhammer.

Baltes, P. B. (1990). Entwicklungspsychologie der Lebensspanne: Theoretische Leitsätze. *Psychologische Rundschau, 41*(1), 1-24.

Baltes, P. B. (1997). On the incomplete architecture of human ontogeny: Selection, optimization, and compensation as foundation of developmental theory. *American Psychologist, 52,* 366-380.

Baltes, P. B., & Baltes, M. M. (1989). Optimierung durch Selektion und Kompensation. *Zeitschrift für Pädagogik, 35,* 85-105.

Balz, H.-J. (2005). Berufs- und Laufbahnberatung – Beitrag einer systemischen Perspektive. *Zeitschrift für Berufs- und Wirtschaftspädagogik, 101*(3), 379-395.

Bamberg, E. (1990). Geschlechtstypische berufliche Orientierung im historischen Wandel: Ein Vergleich zwischen 1934, 1946 und 1986. *Psychologie in Erziehung und Unterricht, 37,* 179-190.

Bandura, A. (1979). *Sozial-kognitive Lerntheorie.* Stuttgart: Klett-Cotta.

Bandura, A. (1982). The psychology of chance encounters and life paths. *American Psychologist, 37,* 747-755.

Bandura, A. (1997). *Self-Efficacy. The exercise of control.* New York: Freeman.

Barnett, R. C. (1975). Sex differences and age trends in occupational preference and occupational prestige. *Journal of Counseling Psychology, 22,* 35-38.

Baumert, J., Klieme, E., Neubrand, M., Prenzel, M., Schiefele, U., Schneider, W., Stanat, P., Tillmann, K.-J., & Weiß, M. (Hrsg.). (2001). *PISA 2000. Basiskompetenzen von Schülerinnen und Schülern im internationalen Vergleich.* Opladen: Leske + Budrich.

Beck, K. (1976). *Bedingungsfaktoren der Berufsentscheidung. Eine erziehungswissenschaftliche Untersuchung am Beispiel ungelernter junger Arbeiterinnen und Arbeiter.* Bad Heilbrunn, Obb.: Klinkhardt.

Beck, K. (1983). Lehrerausbildung als „Verbindung" von Theorie und Praxis? Über den Status von Theorien im Kontext der Lehrerrolle. *Pädagogische Rundschau, 37*, 145-169.

Beck, U., & Beck-Gernsheim, E. (Hrsg.). (1994). *Riskante Freiheiten. Individualisierung in der modernen Gesellschaft.* Frankfurt/Main: Suhrkamp.

Beck, U., Brater, M., & Wegener, B. (1979). *Berufswahl und Berufszuweisung. Zur sozialen Verwandtschaft von Ausbildungsberufen.* Frankfurt/Main: Campus.

Beinke, L. (1999). *Berufswahl. Der Weg zur Berufstätigkeit.* Bad Honnef: K. H. Bock.

Bender-Szymanski, D. (1976). *Das Verhalten von Jugendlichen bei der Berufsentscheidung.* Weinheim: Beltz.

Bergmann, C. (1992). Schulisch-berufliche Interessen als Determinanten der Studien- bzw. Berufswahl und -bewältigung. Eine Überprüfung des Modells von Holland. In A. Krapp & M. Prenzel (Hrsg.), *Interesse, Lernen, Leistung. Neue Ansätze der pädagogisch-psychologischen Interessenforschung* (S. 195-220). Münster: Aschendorff.

Bergmann, C. (1993). Differenziertheit der Interessen und berufliche Entwicklung. *Zeitschrift für Differentielle und Diagnostische Psychologie, 14*, 265-297.

Bergmann, C. (2003). Berufliche Interessentests – Wider die Anwendung geschlechtsspezifischer Normen. *Zeitschrift für Personalpsychologie, 2*(2), 66-77.

Bergmann, C. (2004). Berufswahl. In H. Schuler (Hrsg.), *Organisationspsychologie – Grundlagen und Personalpsychologie* (Bd. D/III/3 Enzyklopädie der Psychologie, S. 343-387). Göttingen: Hogrefe.

Bergmann, C., & Eder, F. (1992). *AIST/UST. Allgemeiner Interessen-Struktur-Test. Umwelt-Struktur-Test.* Weinheim: Beltz-Test.

Bergmann, C., & Eder, F. (2000). Geschlechtsspezifische Interessen in der Sekundarstufe II. *Empirische Pädagogik, 14*(3), 255-285.

Betz, N. (2001). Career self-efficacy. In F. T. L. Leong & A. Barak (Hrsg.), *Contemporary models in vocational psychology. A volume in honor of Samuel H. Osipow* (S. 55-77). Mahwah, N. J.: Erlbaum.

Bickle, G. (1995). Zum Zusammenhang zwischen Berufsorientierungen, Motiven und grundlegenden Persönlichkeitsmerkmalen. *Zeitschrift für Arbeits- und Organisationspsychologie, 39*, 29-33.

Blanchard, C. A., & Lichtenberg, J. W. (2003). Compromise in career decision making: A test of Gottfredson's theory. *Journal of Vocational Behavior, 62*, 250-271.

Bojanowski, A., Eckardt, P., & Ratschinski, G. (2004). Forschung in der Benachteiligtenförderung. Sondierungen in einer unübersichtlichen Landschaft. *bwp@ (bwp-online), 6*, 1-27.

Bojanowski, A., Eckardt, P., & Ratschinski, G. (2005). Benachteiligtenforschung. In F. Rauner (Hrsg.), *Handbuch der Berufsbildungsforschung* (S. 396-403). Bielefeld: Bertelsmann.

Bordin, E. S. (1994a). Intrinsic motivation and the active self. In M. L. Savickas & R. W. Lent (Hrsg.), *Convergence in career development theory. Implications for science and practice.* (S. 53-61). Palo Alto, Cal.: CPP Books.

Bordin, E. S. (1994b). Psychodynamisches Modell der Berufswahl und Berufszufriedenheit. In D. Brown & L. Brooks (Hrsg.), *Karriere-Entwicklung* (S. 111-155). Stuttgart: Klett-Cotta.

Borkenau, P., & Ostendorf, F. (1993). *NEO-Fünf-Faktoren Inventar (NEO-FFI) nach Costa und McCrae.* Göttingen: Hogrefe.

Bortz, J., & Döring, N. (1995). *Forschungsmethoden und Evaluation für Sozialwissenschaftler.* (2., vollst. überarb. u. aktual. Aufl.). Berlin: Springer.

Braun, O. L. (Hrsg.). (2000). *Ein Modell aktiver Anpassung. Berufliche Zielklarheit, Organisationsorientierung, Mittelklarheit und Vorsatzbildung/Planung als vorauslaufende Be-*

dingungen von Arbeitszufriedenheit, Wechseltendenz und Leistung. Landau/Pfalz: Verlag Empirische Pädagogik.

Bronfenbrenner, U. (1979). *The ecology of human development. Experiments by nature and design*. Cambridge, Mass.: Harvard University Press.

Brown, D. (1994a). Entscheidungstheoretische Modelle. In D. Brown & L. Brooks (Hrsg.), *Karriere-Entwicklung* (S. 425-454). Stuttgart: Klett-Cotta.

Brown, D. (1994b). Streitfragen und Trends in der Berufsentwicklung: Theorie und Praxis. In D. Brown & L. Brooks (Hrsg.), *Karriere-Entwicklung* (S. 547-559). Stuttgart: Klett-Cotta.

Brown, D. (1996a). Brown's value-based, holistic model of career and life-role choices and satisfaction. In D. Brown & L. Brooks (Hrsg.), *Career choice and development* (3. Aufl., S. 337-372). San Francisco: Jossey-Bass.

Brown, D. (1996b). Status of career development theories. In D. Brown & L. Brooks (Hrsg.), *Career choice and development* (3. Aufl., S. 513-525). San Francisco: Jossey-Bass.

Brown, D. (2002). Introduction to theories of career development and choice. Origins, evolution, and current effords. In D. Brown & Associates (Hrsg.), *Career choice and development* (S. 3-23). San Francisco: Jossey-Bass.

Brown, D., & Associates (Hrsg.). (2002). *Career choice and development* (4 Aufl.). San Francisco: Jossey-Bass.

Brown, D., & Brooks, L. (Hrsg.). (1994). *Karriere-Entwicklung*. Stuttgart: Klett-Cotta.

Brown, M. T., Lum, J. L., & Volyle, K. (1997). Roe revisited: A call for the reappraisal of the theory of personality development and career choice. *Journal of Vocational Behavior, 51*, 283-294.

Brown, S. D., & Lent, R. W. (Hrsg.). (2005). *Career development and counseling. Putting theory and research to work*. Hoboken, N. J.: Wiley.

Bühner, M. (2004). *Einführung in die Test- und Fragebogenkonstruktion*. München: Pearson.

Bund-Länder-Kommission für Bildungsplanung. (1973). *Bildungsgesamtplan. Band 1*. Stuttgart: Klett.

Bundesagentur für Arbeit. (2004). *Berufsvorbereitende Bildungsmaßnahmen (BvB) der Bundesagentur für Arbeit (BA). Neues Förderkonzept vom 12. Januar 2004*. Nürnberg: Bundesagentur für Arbeit (Quelle:http://www.good-practice.de/fachkonzept_bvb4.pdf) (24.10.05).

Bundesanstalt für Arbeit. (1996). *Dienstblatt-Runderlass 42/96. Berufsvorbereitende Bildungsmaßnahmen der Bundesanstalt für Arbeit*. Nürnberg: Bundesanstalt für Arbeit.

Bundesministerium für Bildung und Forschung (BMBF). (1999a). *Berufliche Qualifizierung benachteiligter Jugendlicher*. (3. unveränd. Aufl.). Bonn: BMBF publik.

Bundesministerium für Bildung und Forschung (BMBF) (Hrsg.). (1999b). *Berufsbildungsbericht 1999*. Bonn: Bundesministerium für Bildung und Forschung.

Bundesministerium für Bildung und Forschung (BMBF) (Hrsg.). (2002). *Berufliche Qualifizierung Jugendlicher mit besonderem Förderbedarf – Benachteiligtenförderung -*. Bonn: BMBF publik.

Bußhoff, L. (1989). *Berufswahl. Theorien und ihre Bedeutung für die Praxis der Berufsberatung*. Stuttgart: Kohlhammer.

Bußhoff, L. (1992). *Berufswahl und Identität*. Düsseldorf: Deutscher Verband der Bildungs- und Berufsberatung e.V. (dvb-Skript).

Bußhoff, L. (1998). Berufsberatung als Unterstützung von Übergängen in der beruflichen Entwicklung. In R. Zihlmann (Hrsg.), *Berufswahl in Theorie und Praxis* (S. 9-84). Zürich: sabe.

Byrne, B. M. (2001). *Structural equation modelling with Amos. Basic concepts, applications, and programming*. Mahwah, N. J.: Erlbaum.

Chaberny, A., Parmentier, K., & Stooß, F. (1979). Berufswahlvorbereitung innerhalb der Arbeitslehre – Möglichkeiten und Grenzen einer Zukunftsorientierung. In H. Dederding (Hrsg.), *Lernen für die Arbeitswelt. Praxisnahe Arbeitslehre in der Sekundarstufe II* (S. 118-138). Reinbek bei Hamburg: Rowohlt.

Chasiotis, A., & Voland, E. (1998). Geschlechtliche Selektion und Individualentwicklung. In H. Keller (Hrsg.), *Lehrbuch Entwicklungspsychologie* (S. 563-595). Bern: Huber.

Cohen, B. N. (2003). Applying existential theory and intervention to career decision-making. *Journal of Career Development, 29*(3), 195-209.

Cook, T. D., Church, M. B., Ajanaku, S., Shadish, W. R., Kim, J.-R., & Cohen, R. (1996). The development of occupational aspirations and expectations among inner-city boys. *Child Development, 67*, 3368-3385.

Costa, P. T., Terracciano, A., & McCrae, R. R. (2001). Gender differences in personality traits across cultures: Robust and suprising findings. *Journal of Personality and Social Psychology, 81*(2).

Crites, J. O. (1989). Career development in adolescence: Theory, measurement, and longitudinal findings. In D. Stern & D. Eichorn (Hrsg.), *Adolescence and work. Influences of social structure, labor markets, and culture* (S. 141-156). Hillsdale, N.J.: Erlbaum.

Cronbach, L. J. (1990). *Essentials of psychological testing.* (5. Aufl.). New York: Harper & Row.

Dammer, K.-H. (2002). Die institutionelle Trennung beruflicher und allgemeiner Bildung als historische Bürde der Berufswahlorientierung. In J. Schudy (Hrsg.), *Berufsorientierung in der Schule. Grundlagen und Praxisbeispiele* (S. 33-50). Bad Heilbrunn/Obb.: Klinkhardt.

Dauenheimer, D., Stahlberg, D., Frey, D., & Petersen, L.-E. (2002). Die Theorie des Selbstwertschutzes und der Selbstwerterhöhung. In D. Frey & M. Irle (Hrsg.), *Theorien der Sozialpsychologie. Band III: Motivations-, Selbst- und Informationsverarbeitungstheorien* (2. vollst. überarb. u. erw. Aufl., S. 159-190). Bern: Huber.

Davier, M. v. (2001). *WINMIRA 2001 user maual.* Christian-Albrechts-Universität zu Kiel: Institut für Pädagogik (verfügbar unter http://www.ipn.uni-kiel/abt_ppm/tt0506/winmiramanualmvd.pdf, Zugriff am 03.01.07).

Dawis, R. V. (1994). The theory of work adjustment as convergent theory. In M. L. Savickas & R. W. Lent (Hrsg.), *Convergence in career development theory. Implications for science and practice.* (S. 33-43). Palo Alto, Cal.: CPP Books.

Dawis, R. V. (2002). Person-Environment-Correspondance-Theory. In D. Brown & Associates (Hrsg.), *Career choice and development* (S. 427-464). San Francisco: Jossey-Bass.

Dedering, H. (2002). Die Entwicklung der schulischen Berufsorientierung in der Bundesrepublik Deutschland. In J. Schudy (Hrsg.), *Berufsorientierung in der Schule. Grundlagen und Praxisbeispiele* (S. 17-31). Bad Heilbrunn/Obb.: Klinkhardt.

Deutsche Forschungsgemeinschaft (Hrsg.). (1990). *Berufsbildungsforschung an den Hochschulen der Bundesrepublik Deutschland. Denkschrift.* Weinheim: VCA, Acta Humanoria.

Diamantopoulos, A., & Siguaw, J. A. (2000). *Introducing LISREL.* London: Sage.

Döbert, R., & Nunner-Winkler, G. (1975). *Adoleszenzkrise und Identitätsbildung. Psychische und soziale Aspekte des Jugendalters in modernen Gesellschaften.* Frankfurt/Main: Suhrkamp.

Drummond, R. J., & Ryan, C. W. (1995). *Career counceling: A developmental approach.* Englewood Cliffs, New Jersey: Prentice Hall.

Duncan, O. D. (1966). Path Analysis: Sociological examples. *American Journal of Sociology, 72*, 1-15.

Eder, F. (1988). Die Auswirkungen von Person-Umwelt-Kongruenz bei Schülern: Eine Überprüfung des Modells von J.L. Holland. *Zeitschrift für Pädagogische Psychologie, 2*(4), 259-270.

Eder, F. (1998). Differenziertheit der Interessen und berufliche Entwicklung. In J. Abel & C. Tarnai (Hrsg.), *Pädagogisch-psychologische Interessenforschung in Studium und Beruf* (S. 63-77). Münster: Waxmann.

Egloff, E. (1998). Das Kooperationsmodell der Berufswahlvorbereitung. In R. Zihlmann (Hrsg.), *Berufswahl in Theorie und Praxis* (S. 87-102). Zürich: sabe.

Engelbrech, G. (1996). Die Beharrlichkeit geschlechtsspezifischer beruflicher Segregation: Betriebliche Berufsausbildung und geschlechtsspezifische Einkommensentwicklung beim Berufseinstieg. In S. Liesering & A. Rauch (Hrsg.), *Hürden im Erwachsenenleben. Aspekte beruflicher Segregation nach Geschlecht* (S. 65-103). Nürnberg: Institut für Arbeitsmarkt- und Berufsforschung der Bundesanstalt für Arbeit (IAB).

Epstein, S. (1993). Entwurf einer Integrativen Persönlichkeitstheorie. In S.-H. Filipp (Hrsg.), *Selbstkonzeptforschung. Probleme, Befunde, Perspektiven* (S. 15-45). Stuttgart: Klett-Cotta.

Ernst, C. (1997). *Berufswahl und Ausbildungsbeginn in Ost und Westdeutschland. Eine empirisch-vergleichende Analyse in Bonn und Leipzig.* Bielefeld: Bertelsmann.

Ertelt, B.-J., & Schwarz, W. E. (1997). *Beratung in Bildung und Beruf.* Leonberg: Rosenberger.

Farmer, H., Rotella, S., Anderson, C., & Wardrop, J. (1998). Gender differences in science, math, and technology careers: Prestige level and Holland interest type. *Journal of Vocational Behavior, 53*, 73-96.

Fend, H. (1991). *Identitätsentwicklung in der Adoleszenz. Lebensentwürfe, Selbstfindung und Weltaneignung in beruflichen, familiären und politisch-weltanschaulichen Bereichen. Entwicklungspsychologie der Adoleszenz in der Moderne, Band 2.* Bern: Huber.

Fend, H. (1997). *Der Umgang mit Schule in der Adoleszenz. Entwicklungspsychologie der Adoleszenz in der Moderne, Band 4.* Bern: Huber.

Filipp, S.-H. (1993). Entwurf eines heuristischen Bezugsrahmens für Selbstkonzept-Forschung: Menschliche Informationsverarbeitung und naive Handlungstheorie. In S.-H. Filipp (Hrsg.), *Selbstkonzeptforschung. Probleme, Befunde, Perspektiven* (S. 129-152). Stuttgart: Klett-Cotta.

Filipp, S.-H. (2000). Selbstkonzept-Forschung in der Retrospektive und Prospektive. In W. Greve (Hrsg.), *Psychologie des Selbst* (S. 7-14). Weinheim: Psychologie Verlags Union.

Fischer, A. (1918). *Über Beruf, Berufswahl und Berufsberatung als Erziehungsfragen.* Leipzig: Quelle & Meyer.

Fischer, A., Fritzsche, Y., Fuchs-Heinritz, W., & Münchmeier, R. (2000). Hauptergebnisse. In Jugendwerk der Deutschen Shell (Hrsg.), *Jugend 2000. 13. Shell Jugendstudie* (Bd. 1, S. 11-21). Opladen: Leske + Budrich.

Fobe, K., & Minx, B. (1996). *Berufswahlprozesse im persönlichen Lebenszusammenhang. Jugendliche in Ost und West an der Schwelle von der schulischen in die berufliche Ausbildung.* Nürnberg: Institut für Arbeitsmarkt und Berufsforschung der Bundesanstalt für Arbeit (BeitrAB 196).

Frank, M., & Hetzer, H. (1931). Berufswünsche 3-10jähriger Kinder. In P. F. Lazarsfeld (Hrsg.), *Jugend und Beruf. Kritik und Material* (S. 88-100). Jena: G. Fischer.

Frey, D., Stahlberg, D., & Gollwitzer, P. M. (1993). Einstellung und Verhalten: Die Theorie des überlegten Handelns und die Theorie des geplanten Verhaltens. In D. Frey & M. Irle (Hrsg.), *Theorien der Sozialpsychologie. Band I: Kognitive Theorien* (2. vollst. überarb. u. erw. Aufl., S. 361-398). Bern: Huber.

Fritzsche, Y. (2000). Modernes Leben: Gewandelt, vernetzt und verkabelt. In Jugendwerk der Deutschen Shell (Hrsg.), *Jugend 2000. 13. Shell Jugendstudie* (Bd. 1, S. 181-219). Opladen: Leske + Budrich.

Garrett, C. S., Ein, P. L., & Tremaine, L. (1977). The development of gender stereotyping of adult occupations in elementary school children. *Child Development, 48*, 507-512.

Gati, I., & Asher, I. (2001). The PIC-Model for career decision making: Prescreening, indepth exploration, and choice. In F. T. L. Leong & A. Barak (Hrsg.), *Contemporary models in vocational psychology. A volume in honor of Samuel H. Osipow* (S. 7-47). Mahwah, N. J.: Erlbaum.

Geis, A. S., & Hoffmeyer-Zlotnik, J. H. P. (2000). Stand der Berufsvercodung. *ZUMA-Nachrichten, 24*(47), 102-136.

Geis, A. S., & Hoffmeyer-Zlotnik, J. H. P. (2001). Kompatibilität von ISCO-68, ISC0-88 und KLDB-92. *ZUMA-Nachrichten, 25*(48), 117-138.

Ginzberg, E. (1952). Toward a theory of occupational choice. *Personell and Guidance Journal, 30*, 491-494.

Ginzberg, E. (1984). Career development. In D. Brown & L. Brooks (Hrsg.), *Career choice and development* (S. 169-191). San Francisco: Jossey-Bass.

Glumpler, E., & Schimmel, K. (1991). Die Tierärztin und der Polizist. Lebensplanung und Berufsorientierung – ein Thema der Grundschule. *Grundschule, 23*(9), 18-21.

Gollwitzer, P. M., Bayer, U. C., & Wicklund, R. A. (2002). Das handelnde Selbst: Symbolische Selbstergänzung als zielgerichtete Selbstentwicklung. In D. Frey & M. Irle (Hrsg.), *Theorien der Sozialpsychologie. Band III: Motivations-, Selbst- und Informationsverarbeitungstheorien* (2. vollst. überarb. u. erw. Aufl., S. 191-211). Bern: Huber.

Gottfredson, L. S. (1981). Circumscription and compromise: A developmental theory of occupational aspirations. *Journal of Counseling Psychology Monograph, 28*(6), 545-579.

Gottfredson, L. S. (1983). Creating and criticizing theory. *Journal of Vocational Behavior, 23*, 203-212.

Gottfredson, L. S. (1996). Gottfredson's theory of circumscription and compromise. In D. Brown & L. Brooks (Hrsg.), *Career choice and development* (3. Aufl., S. 179-232). San Francisco: Jossey-Bass.

Gottfredson, L. S. (2002). Gottfredson's theory of circumscription, compromise, and self-creation. In D. Brown & Associates (Hrsg.), *Career choice and development* (S. 85-148). San Francisco: Jossey-Bass.

Gottfredson, L. S. (2005). Applying Gottfredson's theory of circumscription and compromise in career guidance and counseling. In S. D. Brown & R. W. Lent (Hrsg.), *Career development and counseling. Putting theory and research to work* (S. 71-100). New York: Wiley.

Gottfredson, L. S., & Lapan, R. T. (1997). Assessing gender-based circumscription of occupational asprirations. *Journal of Career Assessment, 5*(4), 419-441.

Greenwald, A. G., Banaji, M. R., Rudman, L. A., Farnham, S. D., Nosek, B. A., & Mellott, D. S. (2002). A unified theory of implicit attitudes, stereotypes, self-esteem, and self-concept. *Psychological Review, 109*(1), 3-25.

Grimm, A. (1998). Praxis der Berufswahlvorbereitung in der Schule. In R. Zihlmann (Hrsg.), *Berufswahl in Theorie und Praxis* (S. 164-234). Zürich: sabe.

Hackett, G., & Betz, N. E. (1981). A self-efficacy approach to the career development of woman. *Journal of Vocational Behavior, 18*, 326-339.

Häfeli, K., Kraft, U., & Schallberger, U. (1988). *Berufsausbildung und Persönlichkeitsentwicklung. Eine Längsschnittstudie.* Bern: Huber.

Hakim, C. (1998). The expansion of woman's part-time work in modern societies. A new perspective. *Zeitschrift für Erziehungswissenschaften, 1*(4), 561-576.

Hannover, B. (1997). *Das dynamische Selbst. Die Kontextabhängigkeit selbstbezogenen Wissens*. Bern: Huber.

Hannover, B. (1998). The development of self-concept and interests. In L. Hoffmann, A. Krapp, K. A. Renninger, & J. Baumert (Hrsg.), *Interest and learning. Proceedings of the Seeon conference on interest and gender* (S. 105-125). Kiel: IPN-Schriftenreihe.

Hartung, P. J., Porfeli, E. J., & Vondracek, F. W. (2005). Child vocational development: A review and reconsideration. *Journal of Vocational Behavior, 66*(3), 385-419.

Heckhausen, H. (1989). *Motivation und Handeln*. Berlin: Springer.

Heckhausen, J. (2000). Developmental regulation across the life span: An action-phase model of engagement and disengagement with developmental goals. In J. Heckhausen (Hrsg.), *Motivational psychology of human development* (S. 213-231). Amsterdam: Elesevier.

Heckhausen, J., & Mayr, U. (1998). Entwicklungsregulation und Kontrolle im Erwachsenenalter und Alter: Lebenslaufpsychologische Perspektiven. In H. Keller (Hrsg.), *Lehrbuch Entwicklungspsychologie* (S. 399-422). Bern: Huber.

Heckhausen, J., & Tomasik, M. J. (2002). Get an apprenticeship before school is out: How german adolescents adjust vocational aspirations when getting close to a developmental deadline. *Journal of Vocational Behavior, 60*(2), 199-219.

Heidegger, G. (2002). Zwischen Stabilität und Wandel. Berufsorientierung aus berufspädagogischer Sicht. In J. Schudy (Hrsg.), *Berufsorientierung in der Schule. Grundlagen und Praxisbeispiele* (S. 69-84). Bad Heilbrunn/Obb.: Klinkhardt.

Heinz, W., R. (1984). *Der Übergang von der Schule in den Beruf als Selbstsozialisation*. Universität Bremen: Unveröffentlichtes Manuskript.

Heinz, W. R., Krüger, H., Rettke, U., Wachtveitl, E., & Witzel, A. (1985). *„Hauptsache eine Lehrstelle". Jugendliche vor den Hürden des Arbeitsmarktes*. Weinheim: Beltz.

Helwig, A. A. (2001). A test of Gottfredson's theory using a ten-year longitudinal study. *Journal of Career Development, 28*(2), 77-95.

Helwig, A. A. (2002). Sex and developmental differences by complexity of functions of occupational aspirations of school children across ten years. *Psychological Reports, 90*, 597-605.

Hempel, M. (2000). Zukunftsvorstellungen von Kindern. In A. Kaiser & C. Röhner (Hrsg.), *Kinder im 21. Jahrhundert* (S. 109-121). Münster: Lit.

Henderson, S., Hesketh, B., & Tuffin, K. (1988). A test of Gottfredson's theory of circumscription. *Journal of Vocational Behavior, 32*, 37-48.

Herzog, W., Neuenschwander, M. P., & Wannack, E. (2004). *In engen Bahnen: Berufswahlprozesse bei Jugendlichen*. Bern/Aarau: Schweizerischer Nationalfonds: Nationales Forschungsprogramm Nr. 43 (NFPNR 43).

Hesketh, B., Durant, C., & Pryor, R. (1990). Career compromise: A test of Gottfredson's (1981) theory using a policy-capturing procedure. *Journal of Vocational Behavior, 36*(1), 97-108.

Hesketh, B., Elmsie, S., & Kaldor, W. (1990). Career compromise: An alternative account to Gottfredson's theory. *Journal of Counseling Psychology, 37*(1), 49-56.

Hesketh, B., Prior, R. G. L., & Gleitzman, M. (1989). Fuzzy logic: Toward measuring Godfredson's concept of occupational social space. *Journal of Counseling Psychology, 36*, 103-109.

Hofer, M. (1996). Das Verhältnis von Theorie und Praxis im psychologischen Beratungshandeln. In B.-J. Ertelt & M. Hofer (Hrsg.), *Theorie und Praxis der Beratung. Beratung in Schule, Familie, Beruf und Betrieb* (S. 5-40). Nürnberg: Institut für Arbeitsmarkt- und Berufsforschung der Bundesanstalt für Arbeit (BeitrAB 203).

Hoffmeyer-Zlotnik, J. H. P. (2003). „Stellung im Beruf" als Ersatz für eine Berufsklassifikation zur Ermittlung von sozialem Prestige. *ZUMA-Nachrichten, 53*, 114-127.

Höhn, E. (Hrsg.). (1974). *Ungelernte in der Bundesrepublik. Soziale Situation, Begabungsstruktur und Bildungsmotivation*. (Bd. 13). Kaiserslautern: Georg Michael Pfaff Gedächtnisstiftung.

Holland, J. L. (1994). Separate but unequal is better. In M. L. Savickas & R. W. Lent (Hrsg.), *Convergence in career development theory. Implications for science and practice*. (S. 45-51). Palo Alto, Cal.: CPP Books.

Holland, J. L. (1997). *Making vocational choices: A theory of vocational personalities and work environments*. (3 Aufl.). Odessa, FL: Psychological Assessment Resources.

Holland, J. L. (1999). Why interest inventories are also personality inventories. In M. L. Savickas & A. R. Spokane (Hrsg.), *Vocational interests. Meaning, measurement, and counseling use* (S. 87-101). Palo Alto, Cal.: Davies-Black.

Holling, H., Lüken, K. H., Preckel, F., & Stotz, M. (2000). *Berufliche Entscheidungsfindung*. Nürnberg: Institut für Arbeitsmarkt und Berufsforschung der Bundesanstalt für Arbeit (BeitrAB 236).

Holt, P. A. (1989). Differential effect of status and interest in the process of compromise. *Journal of Counseling Psychology, 36*(1), 42-47.

Hoose, D., & Vorholt, D. (1997). Der Einfluß von Eltern auf das Berufswahlverhalten von Mädchen. *Aus Politik und Zeitgeschichte, 25*, 35-44.

Hotchkiss, L., & Borow, H. (1996). Sociological perspective on work and career development. In D. Brown & L. Brooks (Hrsg.), *Career, choice and development* (S. 281-334). San Francisco: Jossey-Bass.

INBAS (Hrsg.). (2002). *Kompetenzfeststellung. Teil 1: Grundlagen*. Offenbach/Main: Institut für berufliche Bildung Arbeitsmarkt- und Sozialpolitik (INBAS GmbH),.

Institut für Demoskopie Allensbach. (2005). *Ärzte vorn. Allensbacher Berufsprestige-Skala 2005*. Allensbach am Bodensee: allensbacher berichte Nr. 12/2005.

Jaide, W. (1961). *Die Berufswahl. Eine Untersuchung über die Voraussetzungen und Motive der Berufswahl bei Jugendlichen heute*. München: Juventa.

Johnson, M. K., & Mortimer, J. T. (2002). Career choice and development from a sociological perspective. In D. Brown & Associates (Hrsg.), *Career choice and development* (S. 37-81). San Francisco: Jossey-Bass.

Jöreskog, K. G., & Sörbom, D. (1989). *Lisrel 7. User's reference guide*. Mooresville, IN: Scientific Software, Inc.

Jörin Fux, S. (2005). *Persönlichkeit und Berufstätigkeit. Theorie und Instrumente von John Holland im deutschsprachigen Raum, unter Adaptation und Weiterentwicklung von Self-directed Search (SDS) und Position Classification Inventory (PCI)*. Göttingen: Cuvillier.

Jörin, S., Stoll, F., Bergmann, C., & Eder, F. (2003). *Explorix – das Werkzeug zur Berufswahl und Laufbahnplanung*. Bern: Huber.

Kaiser, A. (2002). Berufsorientierung in der Grundschule. In J. Schudy (Hrsg.), *Berufsorientierung in der Schule. Grundlagen und Praxisbeispiele* (S. 157-174). Bad Heilbrunn/Obb.: Klinkhardt.

Kick, K. G. (2002). DIK-2 – diagnostische Kriterien: Katalog berufsbezogener Personenmerkmale, Version 2. In INBAS (Hrsg.), *Kompetenzfeststellung. Teil 1: Grundlagen* (S. 155-164). Offenbach: Institut für berufliche Bildung, Arbeitsmarkt- und Sozialpolitik.

Kirkpatrick, L. A., & Feeney, B. C. (2000). *A simple guide to SPSS for Windows. For Versions 8.0 & 9.0*. (rev. Aufl.). Belmont, CA: Wadsworth/Thomson Learning.

Klein-Allermann, E., & Kracke, B. (1995). Schulische Entwicklung und Berufsorientierung: Der Einfluß von Familie und Schule. In A. Hundsalz, H.-P. Klug, & H. Schilling (Hrsg.), *Beratung für Jugendliche. Lebenswelten, Problemfelder, Beratungskonzepte* (S. 249-266). Weinheim: Juventa.

Klevenow, G.-H. (2000). *Klassifikation von Ausbildungsberufen als Basis für Berufsorientierung.* Nürnberg: Institut für Arbeitsmarkt und Berufsforschung der Bundesanstalt für Arbeit (BeitrAB 235).

Kohlberg, L. (1974). Analyse der Geschlechtsrollenkonzepte und Attitüden bei Kindern unter dem Aspekt der kognitiven Entwicklung. In L. Kohlberg (Hrsg.), *Zur kognitiven Entwicklung des Kindes* (S. 334-471). Frankfurt/Main: Suhrkamp.

Kohli, M. (1973). *Studium und berufliche Laufbahn. Über den Zusammenhang von Berufswahl und beruflicher Sozialisation.* Stuttgart: Enke.

Köller, O., Daniels, Z., Schnabel, K. U., & Baumert, J. (2000). Kurswahl von Mädchen und Jungen im Fach Mathematik: Zur Rolle von fachspezifischem Selbstkonzept und Interesse. *Zeitschrift für Pädagogische Psychologie, 14*(1), 26-37.

Köller, O., Schnabel, K. U., & Baumert, J. (2000). Der Einfluß der Leistungsstärke von Schulen auf das fachspezifische Selbstkonzept der Begabung und das Interesse. *Zeitschrift für Entwicklungspsychologie und Pädagogische Psychologie, 32*(2), 70-80.

Korman, A. K. (1966). Self-esteem variable in vocational choice. *Journal of Applied Psychology, 50*(6), 479-486.

Krumboltz, J. D. (1994). Improving career development theory from a social learning perspective. In M. L. Savickas & R. W. Lent (Hrsg.), *Convergence in career development theory. Implications for science and practice.* (S. 9-31). Palo Alto, Cal.: CPP Books.

Krumboltz, J. D. (1996). A learning theory of career counseling. In M. L. Savickas & W. B. Walsh (Hrsg.), *Handbook of career counseling. Theory and practice* (S. 55-80). Palo Alto, CA: Davis-Black.

Krumboltz, J. D. (2003, 3. – 6. September, 2003). *Creating and capitalizing on happenstance in vocational and educational guidance.* Paper presented at the Congress of the International Association für Education and Vocational Guidance, Berne, Switzerland.

Kuhlmeyer, E., & Blume, O. (1966). *Die Ungelernte, ihre Herkunft, ihre Arbeit. Ergebnisse einer Untersuchung über die wirtschaftliche und soziale Lage Jugendlicher ohne Lehr- und Arbeitsvertrag.* Göttingen: Schwartz.

Lange, E. (1978). *Berufswahl. Eine empirische Untersuchung der Berufswahlsituation von Hauptschülern, Realschülern und Abiturienten.* München: Fink.

Lapan, R. T., & Jingeleski, J. (1992). Circumscribing vocational aspirations in Junior High School. *Journal of Counseling Psychology, 39*(1), 81-90.

Laube, S., & Deller, J. (2006). Explorix. In E. Fay (Hrsg.), *Tests unter der Lupe 5. Aktuelle psychologische Testverfahren – kritisch betrachtet* (S. 22-40). Göttingen: Vandenhoeck & Ruprecht.

Lazarsfeld, P. F. (Hrsg.). (1931). *Jugend und Beruf. Kritik und Material.* Jena: G. Fischer.

Lehr, U. (1970). Berufswünsche 3- bis 10jähriger Kinder. Vergleichsuntersuchung 1926 und 1966. *Zeitschrift für Pädagogik, 16*(2), 227-242.

Lent, R. W. (2005a). *Social cognitive career theory: International research applications.* Paper presented at the Congress of the International Association for Education and Vocational Guidance, Lisbon, Portugal, September 14 - September 16, 2005.

Lent, R. W. (2005b). A social cognitive view of career development and counseling. In S. D. Brown & R. W. Lent (Hrsg.), *Career development and counseling. Putting theory and research to work* (S. 101-127). Hoboken, N. J.: Wiley.

Lent, R. W., Brown, S. D., & Hackett, G. (1994). Toward a unifying social cognitive theory of career and academic interest, choice, and performance. *Journal of Vocational Behavior, 45*(1), 79-122.

Lent, R. W., Brown, S. D., & Hackett, G. (1996). Career development from a social cognitive perspective. In D. Brown & L. Brooks (Hrsg.), *Career choice and development* (3 Aufl., S. 373-421). San Francisco: Jossey-Bass.

Lent, R. W., Brown, S. D., & Hackett, G. (2002). Social cognitive career theory. In D. Brown & Associates (Hrsg.), *Career choice and development* (4 Aufl., S. 255-311). San Francisco: Jossey-Bass.

Leong, F. T. L., & Barak, A. (Hrsg.). (2001). *Contemporary models in vocational psychology: A volume in honor of Samuel H. Osipow.* Mahwah, NJ: Erlbaum.

Lerner, R. M. (1984). Jugendliche als Produzenten ihrer eigenen Entwicklung. In E. Olbricht & E. Todt (Hrsg.), *Probleme des Jugendalters. Neuere Sichtweisen* (S. 69-88). Berlin: Springer.

Leung, S. A. (1993). Circumscription and compromise: A replication study with Asian Americans. *Journal of Counseling Psychology, 40*(2), 188-193.

Leung, S. A., Conoley, C. W., & Scheel, M. J. (1994). The career and educational aspirations of gifted high school students: A retrospective study. *Journal of Counseling & Development, 72*(3), 298-303.

Leung, S. A., & Harmon, L. W. (1990). Individual and sex differences in the zone of acceptable alternatives. *Journal of Counseling Psychology, 37*(2), 153-159.

Leung, S. A., & Plake, B. S. (1990). A choice dilemma approach for examining the relative importance of sex type and prestige preferences in the process of career choice compromise. *Journal of Counseling Psychology, 37*(4), 399-406.

Levinson, D. J. (1986). A conception of adult development. *American Psychologist, 41*(1), 3-13.

Levy, G. D., Sadovsky, A. L., & Troseth, G. L. (2000). Aspects of young children's perception of gender-typed occupations. *Sex Roles, 42*(11/12), 993-1006.

Lex, T. (1997). *Berufswege Jugendlicher zwischen Integration und Ausgrenzung. Arbeitsweltbezogene Jugendsozialarbeit.* München: Verlag Deutsches Jugendinstitut.

Magnuson, C. S., & Starr, M. F. (2000). How early is too early to begin life career planning? The importance of the elementary school years. *Journal of Career Development, 27*(2), 89-101.

Mannhaupt, H.-R. (1994). Produktionsnormen für verbale Reaktionen zu 40 geläufigen Kategorien. In W. Hager & M. Hasselhorn (Hrsg.), *Handbuch deutschsprachiger Wortnormen* (S. 86-92). Göttingen: Hogrefe.

Marcia, J. E. (1980). Identity in adolescence. In E. Adelson (Hrsg.), *Handbook of adolescent psychology* (S. 159-187). New York: Wiley.

Markus, H. (1977). Self-schemata and processing information about the self. *Journal of Personality and Social Psychology, 35*(2), 63-78.

Marty, R. (1998). Berufsbildung, Berufswahlvorbereitung. In R. Zihlmann (Hrsg.), *Berufswahl in Theorie und Praxis* (S. 308-350). Zürich: sabe.

Matthes, Y., & Marx, H. (2000). Evaluation eines Entscheidungstrainings zur Laufbahnwahl in der gymnasialen Oberstufe. *Zeitschrift für Pädagogische Psychologie, 14*(2/3), 137-145.

Mayer, K. U. (1979). Berufliche Tätigkeit, berufliche Stellung und beruflicher Status – empirische Vergleiche zum Klassifikationsproblem. In F. U. Pappi (Hrsg.), *Sozialstrukturanalysen mit Umfragedaten* (S. 79-123). Königstein/Taunus: Athenäum.

McMahon, M., & Watson, M. (2005). Occupational information: What children want to know *Journal of Career Development, 31*(4), 239-249.

Meixner, J. (1996). Traumberuf oder Alptraum Beruf? Von den kindlichen Identifikationsmustern zur Berufswahl Jugendlicher und junger Erwachsener. In K. Schober & M. Gaworek (Hrsg.), *Berufswahl: Sozialisations- und Selektionsprozesse an der ersten Schwelle* (S. 37-46). Nürnberg: Institut für Arbeitsmarkt- und Berufsforschung der Bundesanstalt für Arbeit (BeitrAB 202).

Merz, F. (1979). *Geschlechtsunterschiede und ihre Entwicklung. Ergebnisse und Theorien der Psychologie.* (Bd. 3). Göttingen: Hogrefe.

Miller-Tiedeman, A., & Tiedeman, D. V. (1994). Laufbahn- und Berufsentscheidungen: Eine individualistische Perspektive. In D. Brown & L. Brooks (Hrsg.), *Karriere-Entwicklung* (3. Aufl., S. 329-362). Stuttgart: Klett-Cotta.

Mitchell, L. K., & Krumboltz, J. D. (1994). Die berufliche Entscheidungsfindung als sozialer Lernprozeß. In D. Brown & L. Brooks (Hrsg.), *Karriere-Entwicklung* (S. 157-210). Stuttgart: Klett-Cotta.

Mitchell, L. K., & Krumboltz, J. D. (1996). Krumboltz's learning theory of career choice and counceling. In D. Brown & L. Brooks (Hrsg.), *Career choice and development* (3. Aufl., S. 233-280). San Francisco: Jossey-Bass.

Mitchell, L. K., Levin, A. S., & Krumboltz, J. D. (1999). Planned happenstance: Constructing unexpeted career opportunities. *Journal of Counseling & Development, 77*, 115-124.

Mörth, M., & Söller, I. (2005). *Handbuch für die Berufs- und Laufbahnberatung.* Göttingen: Vandenhoeck & Ruprecht.

Münsterberg, H. (1912). *Psychologie und Wirtschaftsleben. Ein Beitrag zur angewandten Experimental-Psychologie.* (1922: 5. Aufl.). Leipzig: Johann Ambrosius Barth.

Mullis, R. L., Mullis, A. K., & Gerwels, D. (1998). Stability of vocational interests among high school students. *Adolescence, 33*(131), 699-707.

Munro, B. H. (Hrsg.). (2001). *Statistical methods for health care research.* Philadelphia: Lippincott.

Nagy, G., Köller, O., & Heckhausen, J. (2005). Der Übergang von der Schule in die berufliche Erstausbildung. Wer die Sorgen scheut, wir von ihnen ereilt. *Zeitschrift für Entwicklungspsychologie und Pädagogische Psychologie, 37*(3), 156-167.

Neff, W. S. (1985). *Work and human behavior.* (3. Aufl.). New York: Aldine.

Nickolaus, R. (2003). Berufsbildungsforschung in Modellversuchen. Befunde des Projekts „Innovations- und Transfereffekte in Modellversuchen in der beruflichen Bildung". *Zeitschrift für Berufs- und Wirtschaftspädagogik, 99*(2), 222-231.

Niedersächsisches Kultusministerium. (1991). *Berufsbildungsbericht 1991 der Niedersächsischen Landesregierung.* Hannover: Niedersächsisches Kultusministerium.

Niedersächsisches Landesinstitut für Lehrerfortbildung. (1994). *Benachteiligte Jugendliche in berufsbildenden Schulen. Innovative Ansätze, Konzepte und Modelle für Fördermaßnahmen in Niedersachsen. Reader „Handlungskompetenz im Berufsvorbereitungsjahr".* Hildesheim: Niedersächsisches Landesinstitut für Lehrerfortbildung. Lehrerweiterbildung und Unterrichtsforschung [NLI].

Nissen, U., Keddi, B., & Pfeil, P. (2000). *Berufsfindungsprozesse von Mädchen und jungen Frauen: Empirische Befunde und theoretische Erklärungsansätze. Expertise.* München: Deutsches Jugendinstitut.

Nunner-Winkler, G. (2000). Identität aus soziologischer Sicht. In W. Greve (Hrsg.), *Psychologie des Selbst* (S. 302-306). Weinheim: Psychologie Verlags Union.

Occupational and Career Information Branch. (1986). *Holland Codes for C.C.D.O.* Ottawa: Minister of Supply and Services Canada.

Organisation for Economic Co-Operation and Development (OECD). (2002). OECD-Gutachten zur Berufsberatung – Deutschland. Länderbericht. Besuch: Juni 2002, Entwurf: Juni 2002. *informationen für Berufsberatung und Vermittlungsdienste (ibv), 38*, 2679-2698.

Osipow, S. H. (1990). Convergence in theories of career choice and development: Review and prospect. *Journal of Vocational Behavior, 36*, 122-131.

Osipow, S. H. (1994). Career development. In V. S. Ramachandran (Hrsg.), *Encyclopedia of human behavior* (Bd. 1, S. 497-504). San Diego, Cal.: Academic Press.

Pace, F., & Lo Presti, A. (2005). *Professional stereotyping in childhood and adolescence. A recognition experimental design.* Paper presented at the Congress of the International

Association for Education and Vocational Guidance, Lisbon, Portugal, September 14 - September 16, 2005.

Parsons, F. (1909). *Choosing a vocation*. Boston: Houghton Mifflin.

Patton, W., & Lokan, J. (2001). Perspectives on Donald Super's construct of career maturity. *International Journal of Educational and Vocational Guidance, 1*(1), 31-48.

Patton, W., & McMahon, M. (1999). *Career development and system theory. A new relationship*. Pacific Grove: Brooks/Cole.

Peterson, G. W. (1994). Vocational choice. In V. S. Ramachandran (Hrsg.), *Encyclopedia of human behavior* (Bd. 4, S. 513-525). San Diego, Cal.: Academic Press.

Peterson, G. W., Sampson, J. P., Reardon, R. C., & Lenz, J. G. (1996). A cognitive information processing appraoch to career problem solving and decision making. In D. Brown & L. Brooks (Hrsg.), *Career, choice and development* (3. Aufl., S. 423-475). San Francisco: Jossey-Bass.

Piaget, J., & Inhelder, B. (1972). *Die Psychologie des Kindes*. Olten: Walter.

Pollmann, T. A. (1993). *Beruf oder Berufung. Zum Berufswahlverhalten von Pflichtschulabgängern*. Frankfurt/Main: Peter Lang.

Potocnik, R. (1990). *Entscheidungstraining zur Berufs- und Studienwahl. Theorie, Konzeption, Evaluierung, Trainingsmaterial*. Bern: Huber.

Pryor, R. G. L., & Bright, J. E. H. (2003). Order and chaos: A twenty-first century formulation of careers. *Australian Journal of Psychology, 55*(2), 121-128.

Ratschinski, G. (2005). Viele Daten – (zu) wenig Erkenntnis? Zum Wert der empirischen Benachteiligtenforschung für die Pädagogik. In A. Bojanowski, G. Ratschinski, & P. Straßer (Hrsg.), *Diesseits vom Abseits – Studien zur beruflichen Benachteiligtenförderung* (S. 41-71). Bielefeld: W. Bertelsmann.

Rauch, A., & Schober, K. (1996). Geschlechtsspezifisches Rekrutierungsverhalten westdeutscher Betriebe bei der Ausbildung und Beschäftigung von Auszubildenden und Fachkräften in anerkannten Ausbildungsberufen. In S. Liesering & A. Rauch (Hrsg.), *Hürden im Erwachsenenleben. Aspekte beruflicher Segregation nach Geschlecht* (S. 17-45). Nürnberg: Institut für Arbeitsmarkt- und Berufsforschung der Bundesanstalt für Arbeit (BeitrAB 198).

Rekus, J., Hintz, D., & Ladenthin, V. (1998). *Die Hauptschule. Alltag, Reform, Geschichte, Theorie*. Weinheim: Juventa.

Ries, H. (1970). *Berufswahl in der modernen Industriegesellschaft*. Bern: Huber.

Roe, A. (1956). *The psychology of occupations*. New York: Wiley.

Roe, A. (1957). Early determinants of vocational choice. *Journal of Counseling Psychology, 4*(3), 212-217.

Roe, A., & Lunneberg, P. W. (1994). Persönlichkeitsentwicklung und Berufswahl. In D. Brown & L. Brooks (Hrsg.), *Karriere-Entwicklung* (S. 75-110). Stuttgart: Klett-Cotta.

Roebers, C. M., Weese, H., Bechler, L., & Schneider, W. (1997). Aussiedlerkinder in Eingliederungsklassen und in Regelklassen: Belege für den Bezugsgruppeneffekt. *Zeitschrift für Entwicklungspsychologie und Pädagogische Psychologie, 26*(3), 197-211.

Roisman, G. I., Bahadur, M. A., & Oster, H. (2000). Infant attachment security as a discriminant predictor of career development in alte adolescence. *Journal of Adolescent Research, 15*(5), 531-545.

Rojewski, J. W., & Kim, H. (2003). Career choice pattern and behavior of work-bound youth during early adolescence. *Journal of Career Development, 30*(2), 89-108.

Rolfs, H. (2001). *Berufliche Interessen. Die Passung zwischen Person und Umwelt in Beruf und Studium*. Göttingen: Hogrefe.

Rolfs, H., & Schuler, H. (2002a). Berufliche Interessenkongruenz und das Erleben im Studium. *Zeitschrift für Arbeits- und Organisationspsychologie, 46*(3), 137-149.

Rolfs, H., & Schuler, H. (2002b). Lernstrategien im Studium als Korrelat beruflicher Interessenkongruenz. *Psychologie in Erziehung und Unterricht, 49*, 250-262.

Rudolf, M., & Müller, J. (2004). *Multivariate Verfahren. Eine praxisorientierte Einführung mit Anwendungsbeispielen in SPSS.* Göttingen: Hogrefe.

Rützel, J. (1995). Randgruppen in der beruflichen Bildung. In A. Arnold & A. Lipsmeier (Hrsg.), *Handbuch der Berufsbildung* (S. 109-120). Opladen: Leske + Budrich.

Sastre, M. T. M., & Mullet, E. (1992). Occupational preferences of Spanish adolescents in relation to Gottfredson's theory. *Journal of Vocational Behavior, 40*, 306-317.

Saterdag, H., & Stegmann, H. (1980). *Jugendliche beim Übergang vom Bildungs- in das Beschäftigungssystem. Ergebnisse der Basiserhebung einer Längsschnitt-Untersuchung.* Nürnberg: Institut für Arbeitsmarkt und Berufsforschung der Bundesanstalt für Arbeit (BeitrAB 41).

Savickas, M. L. (1995). Current theoretical issues in vocational psychology: Convergence, divergence and schism. In B. W. Walsh & S. H. Osipow (Hrsg.), *Handbook of Vocational Psychology. Theory, research, and practice* (S. 1-34). Mahwah, New Jersey: Erlbaum.

Savickas, M. L. (2000). Renovating the psychology of careers for the twenty-fist century. In A. Collin & R. A. Young (Hrsg.), *The future of career* (S. 53-68). Cambridge, UK: Cambridge University Press.

Savickas, M. L. (2001). Toward a comprehensive theory of career development: Dispositions, concerns, and narratives. In F. T. L. Leong & A. Barak (Hrsg.), *Contemporary models in vocational psychology. A volume in honor of Samuel H. Osipow* (S. 295-320). Mahwah, N. J.: Erlbaum.

Savickas, M. L. (2002). Career construction: A developmental theory of vacational behavior. In D. Brown & Associates (Hrsg.), *Career choice and development* (S. 149-205). San Francisco: Jossey-Bass.

Savickas, M. L. (2005). The theory and practice of career construction. In S. D. Brown & R. W. Lent (Hrsg.), *Career development and counseling. Putting theory and research to work* (S. 42-70). New York: Wiley.

Savickas, M. L., & Lent, R. W. (Hrsg.). (1994). *Convergence in career development theories. Implications for science and practice.* Palo Alto, Cal.: CPP Books.

Scheller, R. (1976). *Psychologie der Berufswahl und der beruflichen Entwicklung.* Stuttgart: Kohlhammer.

Scheller, R. (1980). Theorien beruflichen Verhaltens in der Sackgasse? *Psychologie und Praxis, 24*, 41-48.

Scheller, R. (1986). Die Bedeutung zufälliger Ereignisse für die Laufbahnentwicklung und Laufbahnberatung. *Zeitschrift für Berufs- und Wirtschaftspädagogik, 46*(4), 291-298.

Schmidbauer, W. (1977). *Die hilflosen Helfer. Über die seelische Problematik der helfenden Berufe.* Reinbek bei Hamburg: Rowohlt.

Schmidt, F. L., & Hunter, J. E. (1998). The validity and utility of selection methods in personnell psychology: Practical and theoretical implications of 85 years of research findings *Psychological Bulletin, 124*(2), 262-274.

Schmitt-Rodermund, E., & Christmas-Best, V. E. (1999). Kranführer oder Krankenschwester – Berufliche Vorstellungen Jugendlicher aus Ost und West. In R. Silbereisen, K. & J. Zinnecker (Hrsg.), *Entwicklung im sozialen Wandel* (S. 169-186). Weinheim: Psychologie Verlags Union.

Schmude, C. (2005). *Entwicklung von Berufspräferenzen im Schulalter. Analysen zur Entwicklung von Berufswünschen im Kindes- und Jugendalter.* Humboldt-Universität Berlin: Unpublished Paper (Bericht an die DFG).

Schnabel, K. U., Alfeld, C., Eccles, J. S., Köller, O., & Baumert, J. (2002). Parental influence on student's educational choices in the United States and Germany: Different ramifications – same effect? *Journal of Vocational Behavior, 60*(2), 178-198.

Schober, K., & Gaworek, M. (Hrsg.). (1996). *Berufswahl: Sozialisations- und Selektionsprozesse an der ersten Schwelle*. Nürnberg: Institut für Arbeitsmarkt und Berufsforschung (BeitrAB 202).

Schönbohm-Wilke, W. (2005). Stärken und Schwächen der schulischen Berufsorientierung aus der Sicht von A/W-Fachlehrern. Pilotstudie der Universität Oldenburg gibt Aufschluss über Probleme beim Übergang Schule-Beruf. In K. Henseler & W. Schönbohm-Wilke (Hrsg.), *Und nach der Schule? Beiträge zum „Übergang Schule-Beruf" aus Theorie und Praxis. ITB-Arbeitspapiere Nr. 53* (S. 22-29). Universität Bremen: Institut für Technik und Bildung.

Schopf, P. (1998). Lernschwäche, Lernbeeinträchtigung, Lernbehinderung – Aspekte zur Klärung. Eine Arbeitshilfe für eine differenzierte Betrachtungsweise und ein besseres Verständnis, aber auch eine Anregung für die Weiterentwicklung. *Informationen für Berufsberatung und Vermittlungsdienste (ibv), 38*(6), 340-450.

Schröder, H. (1996). Der Nutzen der beruflichen Beratung aus der Sicht der Berufswähler. Anmerkungen zu einem Forschungsdesiderat. In K. Schober & M. Gaworek (Hrsg.), *Berufswahl: Sozialisations- und Selektionsprozesse an der ersten Schwelle* (S. 287-308). Nürnberg: Institut für Arbeitsmarkt- und Berufsforschung der Bundesanstalt für Arbeit (BeitrAB 202).

Schulte, B., & Ulrich, J. G. (2004). Das Image von Berufen. Ergebnisse einer Schulabsolventenbefragung. In A. Krewerth, T. Tschöpe, J. G. Ulrich, & A. Witzki (Hrsg.), *Berufsbezeichnungen und ihr Einfluss auf die Berufswahl von Jugendlichen. Theoretische Überlegungen und empirische Ergebnisse* (S. 54-74). Bonn: Bundesinstitut für Berufsbildung.

Schweikert, K. (1979). *Fehlstart ins Berufsleben. Jungarbeiter, Arbeitslose, unversorgte Bewerber um Ausbildungsstellen. Ergebnisse einer bundesweiten Repräsentativerhebung von Jugendlichen ohne Berufsausbildungsvertrag*. Hannover: Schroedel.

Schweikert, K., Grieger, D., Waninger, W., Seifert, H., Mönikes, W., & Schmidt-Hackenberg, D. (1975). *Jugendliche ohne Berufsausbildung – ihre Herkunft, Ihre Zukunft. Analytische und konzeptionelle Ansätze*. Hannover: Schroedel.

Seibert, S. E., & Kraimer, M. L. (2001). The Five-Factor Model of Personality and career success. *Journal of Vocational Behavior, 58*(1), 1-21.

Seifert, K. H. (1977). Theorien der Berufswahl und der beruflichen Entwicklung. In K. H. Seifert, H.-H. Eckhardt, & W. Jaide (Hrsg.), *Handbuch der Berufspsychologie* (S. 173-279). Göttingen: Hogrefe.

Seifert, K. H., Eckhardt, H.-H., & Jaide, W. (Hrsg.). (1977). *Handbuch der Berufspsychologie*. Göttingen: Hogrefe.

Sharf, R. S. (2002). *Applying career development theory to counceling*. (3. Aufl.). Pacific Grove, CA: Brooks/Cole.

Shavelson, R. J., Hubner, J. J., & Stanton, G. C. (1976). Self-concept: Validation of construct interpretations. *Review of Educational Research, 46*, 407-441.

Sheu, H.-B. (2005). *Empirical status of the choice model of social cognitive career theory: a narrative review*. Paper presented at the Congress of the International Association for Education and Vocational Guidance, Lisbon, Portugal, September 14 – September 16, 2005.

Silbereisen, R. K., Vondracek, F. W., & Berg, L. A. (1997). Differential timing of initial vocational choice: the influence of early childhood family relocation and parental support behavior in two cultures. *Journal of Vocational Behavior, 50*, 41-59.

Simon, H. A. (1955). A behavioral model of rational choice. *Quarterly Journal of Economics, 69*(1), 99-118.

Spokane, A. R. (1996). Holland's theory. In D. Brown & L. Brooks (Hrsg.), *Career choice and development* (3 Aufl., S. 33-74). San Francisco: Jossey-Bass.

Spokane, A. R., & Cruza-Guet, M. C. (2005). Holland's theory of vocational personalities in work environments. In S. D. Brown & R. W. Lent (Hrsg.), *Career development and counseling. Putting theory and research to work* (S. 24-41). New York: Wiley.

Stecher, L. (2001). Schreiben über Strukturgleichungsmodelle. *Zeitschrift für Sozialisationsforschung und Erziehungssoziologie, 21*(4), 438-445.

Steinberg, L. (1993). *Adolescence.* (3 Aufl.). New York: McGraw-Hill.

Stephan, F. (1996). Berufswahlvorbereitung an der Schule. In Raabe-Verlag (Hrsg.), *Lehrer – Schüler – Unterricht. Handbuch für den Schulalltag* (Bd. 2, S. 18.1.1-18.1.32). Stuttgart: Raabe.

Stockard, J., & McGee, J. (1990). Children's occupational preference: The influence of sex and perceptions of occupational characteristics. *Journal of Vocational Behavior, 36*, 287-303.

Strijewski, C. (2002). Berufsorientierung in der Zusammenarbeit von Schule und Berufsberatung. In J. Schudy (Hrsg.), *Berufsorientierung in der Schule. Grundlagen und Praxisbeispiele* (S. 85-106). Bad Heilbrunn/Obb.: Klinkhardt.

Super, D. E. (1953). A theory of vocational development. *American Psychologist, 8*, 185-190.

Super, D. E. (1968). Selfconcepts of vocational development. In D. G. Zytowski (Hrsg.), *Vocational behavior. Readings in theory and research* (S. 194-207). New York: Holt, Rinehart & Winston.

Super, D. E. (1994). Der Lebenszeit-. Lebensraumansatz der Laufbahnentwicklung. In D. Brown & L. Brooks (Hrsg.), *Karriere-Entwicklung* (S. 211-280). Stuttgart: Klett-Cotta.

Super, D. E., Savickas, M. L., & Super, C. M. (1996). The life-span, life-space approach to careers. In D. Brown & L. Brooks (Hrsg.), *Career choice and development* (3 Aufl., S. 121-178). San Francisco: Jossey-Bass.

Syntegral gGmbH (Hrsg.). (2003). *DIK-2: Katalog berufsbezogener Personenmerkmale, Version 2* (2. erw. und überarb. Aufl.). Abensberg: Syntegral gGbmH.

Taylor, N. B., & Pryor, R. G. L. (1985). Exploring the process of compromise in career decision making. *Journal of Vocational Behavior, 27*, 171-190.

Tiedeman, D. V., & O'Hara, R. P. (1963). *Career development: Choice and adjustment. Differentiation and integration in career development.* New York: College Entrance Examination Board.

Todt, E. (1985). Die Bedeutung der Schule für die Entwicklung der Interessen von Kindern und Jugendlichen. *Unterrichtswissenschaft, 13*, 362-376.

Todt, E. (1990). Entwicklung des Interesses. In H. Hetzer, E. Todt, I. Seiffge-Krenke, & R. Arbinger (Hrsg.), *Angewandte Entwicklungspsychologie* (2., überarb. u. erg. Aufl., S. 213-264). Wiesbaden: Quelle & Meyer.

Todt, E. (2000). Geschlechtsspezifische Interessen – Entwicklung und Möglichkeiten der Modifikation. *Empirische Pädagogik, 14*(3), 215-254.

Todt, E., & Schreiber, S. (1998). Development of interests. In L. Hoffmann, A. Krapp, K. A. Renninger, & J. Baumert (Hrsg.), *Interest and learning. Proceedings of the Seeon conference on interest and gender* (S. 25-40). Kiel: IPN-Schriftenreihe.

Tracey, T. J. G., Robbins, S. B., & Hofsess, C. D. (2005). Stability and change in interests: A longitudinal study of adolescents from grade 8 through 12. *Journal of Vocational Behavior, 66*(1), 1-25.

Tracey, T. J. G., & Rounds, J. (1993). Evaluating Holland's and Gati's vocational models: A structural meta-analysis. *Psychological Bulletin, 113*(2), 229-246.

Tranberg, M., Slane, S., & Ekeberg, S. E. (1993). The relationship between interest congruence and satisfaction: A meta-analysis. *Journal of Vocational Behavior, 42*, 253-264.

Treiman, D. J. (1977). *Occupational prestige in comparative perspective.* New York: Academic Press.

Treiman, D. J. (1979). Begriff und Messung des Berufsprestiges in der international vergleichenden Mobilitätsforschung. In F. U. Pappi (Hrsg.), *Sozialstrukturanalysen mit Umfragedaten* (S. 124-167). Königstein/Taunus: Athenäum.

Treiman, D. J. (1994). Occupational prestige in comparative perspective. In D. B. Grusky (Hrsg.), *Social stratification. Class, race, and gender in sociological perspective* (S. 208-212). Boulder: Westview Press.

Trice, A. D. (2000). Italian, Bulgarian, and U.S.children's perceptions of gender-appropriateness of occupations. *The Journal of Social Psychology, 140*(5), 661-663.

Trice, A. D., Hughes, M. A., Odom, C., Woods, K., & McClellan, N. C. (1995). The origins of children's career aspirations: IV. Testing hypothesis from four theories. *The Career Development Quarterly, 43*, 307-322.

Trice, A. D., & Rush, K. (1995). Sex-stereotyping in four-year-olds' occupational aspirations. *Perceptual and Motor Skills, 81*, 701-702.

Troltsch, K., László, A., Bardeleben, R. v., & Ulrich, J. G. (1999). *Jugendliche ohne Berufsausbildung – Eine BIBB/EMNID Untersuchung.* Bonn: Bundesministerium für Bildung und Forschung. .

Tschöpe, T., & Witzki, A. (2004). Der Einfluss der Berufsbezeichnung auf die Berufswahl aus psychologischer Perspektive. In A. Krewerth, T. Tschöpe, J. G. Ulrich, & A. Witzki (Hrsg.), *Berufsbezeichnungen und ihr Einfluss auf die Berufswahl von Jugendlichen. Theoretische Überlegungen und empirische Ergebnisse* (S. 35-53). Bonn: Bundesinstitut für Berufsbildung.

Ulrich, J. G., & Krewerth, A. (2004). Beeinflussen die bloßen Bezeichnungen von Berufen die Ausbildungswahl? – Einige einleitende Bemerkungen. In A. Krewerth, T. Tschöpe, J. G. Ulrich, & A. Witzki (Hrsg.), *Berufsbezeichnungen und ihr Einfluss auf die Berufswahl von Jugendlichen. Theoretische Überlegungen und empirische Ergebnisse* (S. 7-15). Bonn: Bundesinstitut für Berufsbildung.

Vandiver, B. J., & Bowman, S. L. (1996). A schematic reconceptualisation and application of Gottfredson's model. In M. l. Savickas & W. B. Walsh (Hrsg.), *Handbook of career counseling. Theory and practice* (S. 155-168). Palo Alto, CA: Davies-Black.

Vondracek, F. W., Lerner, R. M., & Schulenberg, J. E. (1983). The concept of development in vocational theory and intervention. *Journal of Vocational Behavior, 23*, 179-202.

Vondracek, F. W., Lerner, R. M., & Schulenberg, J. E. (1986). *Career development: A life-span developmental approach.* Hillsdale, New Jersey: Erlbaum.

Vondracek, F. W., & Reitzle, M. (1998). The viability of Career Maturity Theory: A developmental-contextual perspective. *The Career Development Quarterly, 47*(Sept.), 6-15.

Walls, R. T. (2000). Vocational cognition: Accuracy of 3rd-, 6th, 9th-, and 12th-grade students. *Journal of Vocational Behavior, 56*, 137-144.

Weinrach, S. G., & Srebalus, D. J. (1994). Die Berufswahltheorie von Holland. In D. Brown & L. Brooks (Hrsg.), *Karriere-Entwicklung* (S. 43-74). Stuttgart: Klett-Cotta.

Wensierski, H. J. v., Schützler, C., & Schütt, S. (2005). *Berufsorientierte Jugendbildung. Grundlagen, empirische Befunde, Konzepte.* Weinheim: Juventa.

Westermann, R. (2000). *Lehrbuch der Psychologischen Methodenlehre und Wissenschaftstheorie.* Göttingen: Hogrefe.

Wettstein, E. (2001). Geschlechtsspezifische Berufswahl. Kleine Schritte vorwärts. *bbaktuell, 57*(3. September 2001), 3-8.

Wiese, B. S. (2000). *Berufliche und familiäre Zielstrukturen*. (Bd. 19). Münster: Waxmann.

Wiese, B. S., Freund, A. M., & Baltes, P. B. (2000). Selection, optimization and compensation: An action related approach to work and partnership. *Journal of Vocational Behavior, 57*, 273-300.

Wiese, B. S., Freund, A. M., & Baltes, P. B. (2001). Subjective career success and emotional well-being: Longitudinal predictive power of selection, optimization, and compensation. *Journal of Vocational Behavior, 58*, 273-300.

Winer, B. J. (1971). *Statistical principles in experimental design*. (2 Aufl.). Tokyo: McGraw-Hill Kogakusha.

Wolf, C. (1995). Sozio-ökonomischer Status und berufliches Prestige. Ein kleines Kompendium sozialwissenschaftlicher Skalen auf der Basis der beruflichen Stellung und Tätigkeit. *ZUMA-Nachrichten, 19*(37), 102-136.

Wright, S. (1934). The method of path coefficents. *The Annals of Mathematical Statistics, 5*, 161-215.

Young, R. A., Valach, L., & Collin, A. (1996). A contextual explanation of career. In D. Brown & L. Brooks (Hrsg.), *Career choice and development* (3. Aufl., S. 477-512). San Francisco: Jossey-Bass.

Ziegler, A., Dresel, M., & Schober, B. (2000). Prädiktoren des Selbstvertrauens von Mädchen und Jungen vor dem erstmaligen Chemieunterricht an Gymnasien. *Psychologie in Erziehung und Unterricht, 47*, 66-75.

Zimmer, G. (1993). Berufspsychologie. In A. Schorr (Hrsg.), *Handwörterbuch der Angewandten Psychologie. Die Angewandte Psychologie in Schlüsselbegriffen* (S. 81-88). Bonn: Deutscher Psychologen Verlag.

Zinnecker, J., & Stecher, L. (1996). Zwischen Lernarbeit und Erwerbsarbeit. Wandel und soziale Differenzierung im Bildungsmoratorium. In R. K. Silbereisen, L. A. Vaskovics, & J. Zinnecker (Hrsg.), *Jungsein in Deutschland. Jugendliche und junge Erwachsene 1991 und 1996* (S. 165-183). Opladen: Leske + Budrich.

Zunker, V. D. (1998). *Career counceling. Applied concepts of life planning*. (5 Aufl.). Pacific Croves, CA: Brooks/Cole.

# A. Anhang

## A1. Berufseinschätzungen von Studenten

Aufgelistet sind die Mittelwerte und Standardabweichungen der Einschätzungen von 162 Berufen durch 60 Studenten der Berufspädagogik nach Geschlechtstyp und Prestige. Die Codes von Holland und das Berufniveau (level) sind aus Bergmann & Eder (1992) entnommen. Der Frauenanteil bezieht sich auf 43 der insgesamt 92 Ausbildungsberufe, die von der Deutschschweizer Bildungsämterkonferenz (DBK) veröffentlicht wurden (Wettstein, 2001), die sich der Holland-Code-Liste zuordnen ließen.

| Nummer | | | | | | | Sextype | | Prestige | | Frauenanteil | |
|---|---|---|---|---|---|---|---|---|---|---|---|---|
| neu | alt | Berufe | CODE | | | level | M | SD | M | SD | 2000 | 1995 |
| 1 | 1 | Animateur/-in | s | a | e | 1 | 5,3 | 1,0 | 3,7 | 1,4 | | |
| 2 | 2 | Antiquitätenhändler/-in | c | a | e | 1 | 6,4 | 1,4 | 5,8 | 1,5 | | |
| 3 | 3 | Apotheker/-in | i | e | s | 3 | 5,4 | 1,3 | 7,4 | 1,3 | | |
| 4 | 4 | Archäologe/-in | s | a | c | 3 | 6,6 | 1,1 | 7,1 | 1,5 | | |
| 5 | 5 | Architekt/-in | i | a | r | 3 | 6,4 | 1,1 | 8,1 | 1,1 | | |
| 6 | 6 | Arzt/Ärztin | s | i | a | 3 | 5,7 | 1,0 | 8,7 | 0,6 | | |
| 7 | 8 | Bäcker/-in | r | s | c | 1 | 7,1 | 1,3 | 4,2 | 1,3 | 45,6 | 44 |
| 8 | 9 | Bankkaufmann/-frau | c | e | s | 1 | 5,1 | 0,9 | 6,3 | 1,0 | | |
| 9 | 10 | Bauingenieur/-in | r | i | e | 3 | 7,6 | 1,0 | 7,5 | 1,0 | | |
| 10 | 11 | Bautechniker/-in | c | r | e | 1 | 7,3 | 1,4 | 6,3 | 1,0 | | |
| 11 | 12 | Behindertenbetreuer/-in | s | a | r | 2 | 3,7 | 1,5 | 4,8 | 1,3 | | |
| 12 | 13 | Berufsberater/-in | s | a | e | 2 | 5,2 | 1,2 | 4,5 | 1,6 | | |
| 13 | 14 | Berufssoldat/-in | r | c | s | 3 | 8,8 | 0,5 | 3,7 | 1,6 | | |
| 14 | 15 | Berufsschullehrer/-in | a | r | s | 3 | 5,8 | 1,1 | 5,9 | 1,7 | | |
| 15 | 17 | Betriebswirt/-in | e | c | i | 3 | 6,2 | 1,1 | 6,3 | 1,4 | | |
| 16 | 18 | Bewährungshelfer/-in | s | a | r | 1 | 6,7 | 1,3 | 3,9 | 1,4 | | |
| 17 | 19 | Bibliothekar/-in | s | a | c | 2 | 3,9 | 1,4 | 5,2 | 1,6 | | |
| 18 | 20 | Biologe/-in | i | s | a | 3 | 4,8 | 1,2 | 6,6 | 1,5 | | |
| 19 | 21 | Börsenmakler/-in | e | c | i | 2 | 7,8 | 1,0 | 7,3 | 1,5 | | |
| 20 | 22 | Botaniker/-in | i | s | r | 3 | 4,8 | 1,3 | 5,8 | 1,6 | | |
| 21 | 23 | Briefträger/-in | c | r | s | 1 | 5,7 | 1,2 | 3,3 | 1,3 | 35 | 22,2 |
| 22 | 24 | Buchbinder/-in | r | a | c | 1 | 6,1 | 1,3 | 4,1 | 1,2 | | |
| 23 | 25 | Buchhalter/-in | c | e | i | 2 | 6,1 | 1,4 | 5,1 | 1,4 | | |
| 24 | 26 | Buchhändler/-in | e | c | a | 1 | 4,7 | 1,1 | 5,2 | 1,1 | 69,1 | 84,7 |
| 25 | 27 | Bühnenbildner/-in | a | r | s | 2 | 4,8 | 1,8 | 5,3 | 1,5 | | |
| 26 | 28 | Bürokaufmann/-frau | c | e | s | 2 | 3,7 | 1,5 | 4,8 | 1,2 | 79,5 | 79,6 |
| 27 | 29 | Chemiker/-in | i | r | s | 3 | 6,4 | 1,4 | 7,0 | 1,3 | | |
| 28 | 30 | Chemielaborant/-in | i | r | c | 1 | 4,6 | 1,3 | 5,3 | 1,0 | 42,2 | 35,1 |
| 29 | 31 | Computertechniker/-in | i | r | c | 2 | 7,5 | 1,0 | 7,1 | 1,1 | | |
| 30 | 32 | Dekorateur/-in | a | r | s | 1 | 3,7 | 1,3 | 4,6 | 1,3 | 79,7 | 72,4 |
| 31 | 33 | Designer/-in | a | r | e | 2 | 4,9 | 1,4 | 7,1 | 1,6 | | |
| 32 | 34 | Diätassistent/-in | s | e | c | 2 | 2,8 | 1,4 | 4,8 | 1,6 | | |
| 33 | 35 | Diplomat/-in | c | e | s | 3 | 7,6 | 1,2 | 8,4 | 0,8 | | |
| 34 | 36 | Dolmetscher/-in | a | e | s | 3 | 3,8 | 1,3 | 7,1 | 1,2 | | |
| 35 | 38 | Drechsler/-in | r | e | c | 1 | 7,5 | 0,8 | 4,2 | 1,4 | | |
| 36 | 39 | Drogist/-in | e | s | c | 1 | 3,9 | 1,3 | 4,4 | 1,4 | 94 | 88,5 |
| 37 | 40 | Einzelhandelskaufmann/-frau | e | s | c | 1 | 4,2 | 1,6 | 4,1 | 1,4 | 59,1 | 58,3 |
| 38 | 41 | Elektriker/-in | r | i | c | 1 | 7,7 | 1,0 | 4,6 | 1,6 | 1 | 0,8 |

| | | | | | | | | | | | | |
|---|---|---|---|---|---|---|---|---|---|---|---|---|
| 39 | 42 | Elektroingenieur/-in | r | i | e | 2 | **7,9** | 1,0 | **7,0** | 1,3 | | |
| 40 | 43 | Elektrotechniker/-in | i | r | e | 3 | **7,9** | 1,1 | **5,9** | 1,4 | | |
| 41 | 44 | Entwicklungshelfer/-in | s | r | e | 1 | **5,4** | 1,1 | **5,9** | 1,7 | | |
| 42 | 45 | Erzieher/-in | s | e | a | 2 | **2,7** | 1,2 | **4,9** | 1,5 | 97,8 | 96,4 |
| 43 | 46 | Exportkaufmann/-frau | e | c | a | 2 | **6,0** | 1,2 | **5,3** | 1,2 | | |
| 44 | 47 | Fahrlehrer/-in | s | r | c | 1 | **7,5** | 1,3 | **4,4** | 1,3 | | |
| 45 | 48 | Feinmechaniker/-in | r | c | i | 1 | **7,0** | 1,6 | **4,8** | 1,4 | | |
| 46 | 49 | Fernmeldetechniker/-in | r | c | i | 1 | **7,6** | 1,2 | **4,7** | 1,2 | | |
| 47 | 51 | Fleischer/-in | c | r | e | 1 | **7,8** | 1,4 | **3,0** | 1,3 | 10,6 | 7,5 |
| 48 | 52 | Fliesenleger/-in | r | c | a | 1 | **8,1** | 0,9 | **3,7** | 1,6 | 5 | 4,2 |
| 49 | 53 | Florist/-in | a | r | s | 1 | **2,5** | 1,4 | **4,0** | 1,3 | 96,9 | 97,4 |
| 50 | 54 | Fluglotse/-in | r | c | i | 2 | **7,6** | 1,3 | **5,9** | 1,9 | | |
| 51 | 55 | Forstwirt/-in | r | c | e | 1 | **8,1** | 0,8 | **3,8** | 1,4 | 1,3 | 1 |
| 52 | 56 | Förster/-in | r | i | s | 2 | **8,0** | 1,0 | **5,9** | 1,8 | | |
| 53 | 57 | Fotograf/-in | a | s | c | 1 | **5,2** | 0,9 | **5,8** | 1,4 | | |
| 54 | 58 | Fotolaborant/-in | r | a | c | 1 | **4,5** | 1,1 | **4,3** | 1,2 | 85 | 68,3 |
| 55 | 59 | Fremdsprachenkorrespondent/-in | c | a | e | 2 | **3,6** | 1,5 | **6,3** | 1,2 | | |
| 56 | 60 | Friseur/-in | s | e | c | 1 | **2,5** | 1,3 | **3,1** | 1,5 | 94,6 | 92,3 |
| 57 | 61 | Gärtner/-in | r | s | a | 1 | **5,7** | 1,1 | **3,7** | 1,4 | 31 | 38,4 |
| 58 | 62 | Geograph/-in | s | i | r | 3 | **6,4** | 1,2 | **6,1** | 1,6 | | |
| 59 | 63 | Geolog(e)/-in | r | i | e | 3 | **6,7** | 1,3 | **6,4** | 1,5 | | |
| 60 | 64 | Geodät/-in (Landvermesser/-in) | c | r | i | 2 | **7,1** | 1,3 | **5,5** | 1,5 | | |
| 61 | 65 | Glaser/-in | r | c | i | 1 | **7,0** | 1,3 | **4,1** | 1,1 | | |
| 62 | 66 | Goldschmied/-in | r | a | c | 1 | **4,8** | 1,8 | **6,1** | 1,5 | | |
| 63 | 67 | Graphikdesigner/-in | a | c | s | 1 | **5,1** | 1,3 | **6,6** | 1,1 | | |
| 64 | 68 | Großhandelskaufmann/-frau | c | e | s | 1 | **5,3** | 1,4 | **4,9** | 1,3 | | |
| 65 | 69 | Grund- und Hauptschullehrer/-in | s | a | c | 3 | **3,6** | 1,4 | **5,6** | 1,7 | | |
| 66 | 70 | Handelsvertreter/-in | e | c | s | 1 | **6,7** | 1,2 | **3,9** | 1,6 | | |
| 67 | 71 | Hebamme (m/w) | s | a | e | 2 | **1,4** | 0,7 | **5,4** | 1,5 | 100 | 100 |
| 68 | 72 | Heilpraktiker/-in | s | a | i | 3 | **3,2** | 1,4 | **5,3** | 1,2 | | |
| 69 | 73 | Heizungsbauer/-in | r | c | i | 2 | **7,7** | 1,1 | **4,4** | 1,2 | 0,4 | 0,2 |
| 70 | 74 | Historiker/-in | s | a | c | 3 | **6,2** | 1,4 | **6,4** | 1,6 | | |
| 71 | 76 | Hotelfachmann/-frau | e | a | c | 1 | **3,9** | 1,2 | **4,6** | 1,1 | 97,5 | 99,3 |
| 72 | 77 | Industriekaufmann/-frau | c | s | e | 1 | **5,0** | 1,3 | **4,9** | 1,0 | | |
| 73 | 78 | Informatiker/-in | i | r | e | 3 | **7,6** | 1,1 | **7,1** | 1,2 | 5 | 0 |
| 74 | 79 | Innenarchitekt/-in | a | e | r | 2 | **5,2** | 1,6 | **7,4** | 1,1 | | |
| 75 | 81 | Journalist/-in | a | s | e | 2 | **5,3** | 0,9 | **6,8** | 1,5 | | |
| 76 | 82 | Jurist/-in | c | e | s | 3 | **6,0** | 1,0 | **8,4** | 0,8 | | |
| 77 | 83 | Karosseriebauer/-in | r | c | e | 1 | **7,9** | 1,0 | **3,9** | 1,4 | | |
| 78 | 84 | Kaufmann/-frau | s | e | c | 1 | **6,0** | 1,3 | **6,3** | 1,4 | 65,6 | 62,5 |
| 79 | 85 | Kellner/-in | e | c | s | 1 | **4,4** | 1,5 | **2,8** | 1,1 | | |
| 80 | 86 | Keramiker/-in | r | a | c | 1 | **5,1** | 1,8 | **4,0** | 1,3 | | |
| 81 | 87 | KFZ-Mechaniker/-in | r | i | c | 1 | **8,0** | 0,9 | **3,8** | 1,3 | 2,6 | 1,6 |
| 82 | 88 | Kindergärtner/-in | s | a | e | 2 | **1,8** | 0,9 | **4,4** | 1,2 | | |
| 83 | 89 | Klempner/Installateur/-in | r | c | e | 1 | **8,1** | 0,8 | **3,5** | 1,3 | 0,5 | 0,5 |
| 84 | 90 | Koch/Köchin | e | c | s | 1 | **6,3** | 1,3 | **4,6** | 1,5 | 34 | 32,4 |
| 85 | 91 | Konditor/-in | r | s | c | 1 | **5,9** | 1,4 | **4,5** | 1,2 | 62,6 | 63,9 |
| 86 | 92 | Kosmetiker/-in | s | a | e | 1 | **1,8** | 0,9 | **4,0** | 1,4 | 99,6 | 100 |
| 87 | 93 | Kraftfahrer/-in | r | c | e | 1 | **8,3** | 0,8 | **2,6** | 1,2 | 9,7 | 10,9 |
| 88 | 94 | Krankenpfleger/-schwester | s | a | i | 1 | **3,1** | 1,3 | **4,7** | 1,3 | 89,8 | 88,2 |
| 89 | 96 | Kunsthistoriker/-in | a | s | i | 3 | **5,7** | 1,2 | **6,4** | 1,6 | | |
| 90 | 97 | Kunststofftechniker/-in | r | i | c | 2 | **7,1** | 1,2 | **4,7** | 1,2 | | |
| 91 | 98 | Landmaschinenbauer/-in | r | i | c | 1 | **8,1** | 1,0 | **4,1** | 1,2 | 0,5 | 0 |
| 92 | 99 | Landschaftsplaner/-in | r | i | c | 3 | **5,9** | 1,4 | **5,8** | 1,4 | | |
| 93 | 100 | Landwirt/-in | r | s | e | 1 | **7,9** | 1,0 | **3,6** | 1,5 | 7,4 | 5,4 |

| 94 | 101 | Logopäde/-in (Sprachförderung) | s | a | e | 2 | **3,5** | 1,5 | **5,8** | 1,3 | | |
|---|---|---|---|---|---|---|---|---|---|---|---|---|
| 95 | 102 | Lokführer/-in | r | i | c | 1 | **8,0** | 1,1 | **3,8** | 1,6 | | |
| 96 | 103 | Maler und Lackierer/-in | r | c | a | 1 | **7,3** | 1,3 | **3,2** | 1,4 | 26,9 | 29,7 |
| 97 | 104 | Manager/-in | e | c | a | 2 | **7,0** | 1,2 | **7,8** | 1,1 | | |
| 98 | 105 | Maschinenbauingenieur/-in | r | i | c | 3 | **7,8** | 0,9 | **7,2** | 1,2 | | |
| 99 | 106 | Maschinenschlosser/-in | r | c | i | 1 | **8,0** | 1,0 | **4,3** | 1,2 | | |
| 100 | 107 | Maschinentechniker/-in | r | e | c | 2 | **7,9** | 1,1 | **5,0** | 1,3 | | |
| 101 | 108 | Masseur/-in | s | e | a | 1 | **5,2** | 1,4 | **4,2** | 1,3 | 72,2 | |
| 102 | 109 | Mathematiker/-in | i | r | c | 3 | **7,3** | 1,4 | **7,3** | 1,3 | | |
| 103 | 110 | Maurer/-in | r | c | e | 1 | **8,4** | 0,8 | **3,2** | 1,4 | 1,3 | 0,5 |
| 104 | 111 | Medizinisch-technische(r) Assistent/-in | i | c | s | 3 | **3,7** | 1,7 | **5,1** | 1,2 | 99,7 | |
| 105 | 112 | Mess- und Regeltechniker/-in | r | i | c | 1 | **7,2** | 1,2 | **5,3** | 1,2 | | |
| 106 | 113 | Meteorologe/-in | i | r | c | 3 | **6,2** | 1,5 | **6,4** | 1,5 | | |
| 107 | 114 | Musiklehrer/-in | a | s | i | 3 | **4,4** | 1,4 | **5,4** | 1,6 | | |
| 108 | 115 | Nachrichtentechniker/-in | i | r | e | 3 | **7,0** | 1,3 | **5,7** | 1,4 | | |
| 109 | 116 | Notar/-in | c | e | a | 3 | **6,7** | 1,3 | **7,8** | 1,2 | | |
| 110 | 117 | Ofensetzer/-in | r | c | e | 1 | **8,0** | 1,0 | **3,6** | 1,5 | | |
| 111 | 119 | Offsetdrucker/-in | r | e | i | 1 | **6,5** | 1,4 | **4,7** | 1,3 | | |
| 112 | 120 | Operationsschwester/-pfleger | s | a | r | 2 | **2,2** | 1,4 | **5,2** | 1,4 | | |
| 113 | 121 | Optiker/-in | r | i | s | 1 | **5,5** | 1,1 | **6,1** | 1,2 | 68,7 | 55,3 |
| 114 | 123 | Philologe/-in (Studienrat/-rätin) | a | s | e | 3 | **6,5** | 1,4 | **6,7** | 1,8 | | |
| 115 | 124 | Physiker/-in | i | r | c | 3 | **7,7** | 0,9 | **7,6** | 1,1 | | |
| 116 | 125 | Physiotherapeut/-in | s | a | r | 3 | **4,4** | 1,2 | **5,8** | 1,0 | | |
| 117 | 126 | Pilot/-in | i | r | c | 3 | **7,7** | 1,3 | **8,1** | 1,1 | | |
| 118 | 127 | Politologe/-in | s | e | i | 3 | **6,6** | 1,2 | **6,4** | 1,7 | | |
| 119 | 128 | Polizist/-in | c | s | e | 1 | **6,4** | 1,1 | **5,6** | 1,7 | | |
| 120 | 129 | Programmierer/-in | r | i | c | 2 | **7,5** | 1,1 | **6,7** | 1,3 | | |
| 121 | 130 | Psychiater/-in | s | i | a | 3 | **5,7** | 1,4 | **6,8** | 1,6 | | |
| 122 | 131 | Psychologe/-in | s | a | i | 3 | **5,4** | 1,3 | **7,0** | 1,4 | | |
| 123 | 133 | Rechtsanwalt/-anwältin | e | c | a | 3 | **6,2** | 1,1 | **8,1** | 0,9 | | |
| 124 | 134 | Redakteur/-in | a | s | e | 2 | **5,9** | 1,0 | **7,0** | 1,2 | | |
| 125 | 135 | Regisseur/-in | a | e | s | 2 | **6,7** | 1,1 | **7,2** | 1,4 | | |
| 126 | 136 | Reiseverkehrskaufmann/-frau | c | s | e | 1 | **3,5** | 1,1 | **4,7** | 1,0 | | |
| 127 | 137 | Reporter/-in | a | e | s | 1 | **5,6** | 0,8 | **5,9** | 1,3 | | |
| 128 | 138 | Richter/-in | c | e | s | 3 | **7,2** | 1,1 | **8,4** | 0,9 | | |
| 129 | 139 | Röntgenassistent/-in | i | s | r | 3 | **3,5** | 1,5 | **4,7** | 1,5 | | |
| 130 | 140 | Säuglings-/Kinderkranken-schwester/-pfleger | s | a | i | 1 | **1,5** | 0,8 | **4,8** | 1,6 | | |
| 131 | 141 | Schauspieler/-in | a | s | e | 2 | **5,0** | 0,4 | **6,3** | 1,9 | | |
| 132 | 142 | Schlosser/-in | r | c | i | 1 | **7,9** | 1,2 | **3,8** | 1,1 | | |
| 133 | 143 | Schmied/-in | r | e | c | 1 | **8,2** | 1,2 | **3,7** | 1,4 | | |
| 134 | 144 | Schneider/-in | s | r | c | 1 | **3,8** | 1,6 | **3,7** | 1,5 | 95,9 | 96,2 |
| 135 | 145 | Schornsteinfeger/-in | r | c | e | 1 | **7,8** | 1,1 | **3,9** | 1,6 | | |
| 136 | 146 | Schweißer/-in | r | e | c | 1 | **8,1** | 1,0 | **3,3** | 1,3 | | |
| 137 | 147 | Sekretär/-in | c | s | a | 1 | **2,2** | 1,1 | **4,0** | 1,3 | | |
| 138 | 148 | Sonderschullehrer/-in | s | a | c | 3 | **4,1** | 1,4 | **5,3** | 1,7 | | |
| 139 | 149 | Sozialpädagog(e)/Sozial-arbeiter/-in | s | a | i | 3 | **4,4** | 1,1 | **4,8** | 1,5 | | |
| 140 | 150 | Sozialwirt/-in | s | e | c | 3 | **5,2** | 0,7 | **5,0** | 1,3 | | |
| 141 | 151 | Soziologe/-in | s | i | a | 3 | **5,4** | 1,0 | **5,7** | 1,6 | | |
| 142 | 152 | Spediteur/-in (Speditionskaufmann/-frau) | e | c | r | 1 | **7,1** | 1,1 | **4,6** | 1,3 | | |
| 143 | 154 | Statistiker/-in | i | c | a | 3 | **6,7** | 1,2 | **5,4** | 1,5 | | |
| 144 | 155 | Steuerberater/-in | c | e | s | 3 | **6,5** | 1,3 | **6,6** | 1,6 | | |
| 145 | 156 | Steward(ess) | e | s | a | 2 | **2,2** | 1,0 | **5,2** | 1,5 | | |

| 146 | 157 | Technische(r) Zeichner/-in | r | i | e | 1 | **5,4** | 1,5 | **5,4** | 1,3 | 16,1 | 12,9 |
| 147 | 158 | Theaterwissenschaftler/-in | a | s | i | 3 | **5,2** | 1,2 | **5,5** | 1,6 | | |
| 148 | 159 | Tierarzt/-ärztin | i | s | c | 3 | **5,1** | 1,4 | **7,9** | 0,9 | | |
| 149 | 160 | Tierpfleger/-in | r | s | e | 1 | **4,7** | 1,4 | **4,7** | 1,5 | 100 | 98,4 |
| 150 | 161 | Tischler/Schreiner/-in | r | c | e | 1 | **7,3** | 1,1 | **4,6** | 1,5 | 6 | 6,4 |
| 151 | 162 | Trainer/-in (Sport) | s | r | e | 2 | **6,8** | 1,4 | **5,2** | 1,5 | | |
| 152 | 163 | Uhrmacher/-in | r | c | i | 1 | **6,7** | 1,2 | **5,0** | 1,3 | | |
| 153 | 164 | Versicherungskaufmann/-frau | e | c | s | 1 | **5,4** | 1,2 | **4,6** | 1,5 | | |
| 154 | 165 | Volkswirt/-in | c | i | e | 3 | **6,4** | 1,2 | **6,4** | 1,3 | | |
| 155 | 166 | Werbefachmann/-frau | e | a | c | 2 | **5,1** | 0,8 | **5,9** | 1,5 | | |
| 156 | 167 | Werbegrafiker/-in | a | e | c | 1 | **5,4** | 1,0 | **6,3** | 1,5 | 48,7 | 47,3 |
| 157 | 168 | Werkzeugmacher/-in | r | c | i | 1 | **7,8** | 0,9 | **4,1** | 1,2 | | |
| 158 | 169 | Wirtschaftsinformatiker/-in | i | e | c | 3 | **7,3** | 1,2 | **6,9** | 1,4 | | |
| 159 | 171 | Zahnarzt/-ärztin | s | i | r | 3 | **5,7** | 1,1 | **8,4** | 0,8 | | |
| 160 | 172 | Zahntechniker/-in | r | i | a | 1 | **5,3** | 1,5 | **5,9** | 1,2 | 54,5 | 45,9 |
| 161 | 173 | Zimmermann/-frau | r | c | e | 1 | **7,9** | 0,8 | **4,3** | 1,3 | 0,5 | 0,8 |
| 162 | 174 | Zollbeamte(r) | c | e | r | 1 | **7,1** | 1,3 | **4,2** | 1,6 | | |

# A2.   Vergleichslisten

Instruktion: Wenn du dich jeweils zwischen zwei Berufen entscheiden müsstest, welchen würdest du wählen? Mach bitte in jeder Zeile ein Kreuz durch den entsprechenden Kreis.

## A2.1   Version für Mädchen

| **Berufe** | CODE | | | level | **SM** | **PM** | **Berufe** | CODE | | | level | **SM** | **PM** |
|---|---|---|---|---|---|---|---|---|---|---|---|---|---|
| A1-F Kellnerin | e | c | s | 1 | **4,4** | **2,8** | Landmaschinenbauerin | R | i | c | 1 | **8,1** | **4,1** |
| Friseurin | s | e | c | 1 | **2,5** | **3,1** | Zollbeamte | C | e | r | 1 | **7,1** | **4,2** |
| Schneiderin | s | r | c | 1 | **3,8** | **3,7** | Bäckerin | R | s | c | 1 | **7,1** | **4,2** |
| B1-F Bürokauffrau | c | e | s | 2 | **3,7** | **4,8** | Programmiererin | R | i | c | 2 | **7,5** | **6,7** |
| Behindertenbetreuerin | s | a | r | 2 | **3,7** | **4,8** | Wirtschafts-informatikerin | I | e | c | 3 | **7,3** | **6,9** |
| Hotelfachfrau | e | a | c | 1 | **3,9** | **4,6** | Elektroingenieurin | R | i | e | 2 | **7,9** | **7,0** |
| C1-F Einzelhandelskauffrau | e | s | c | 1 | **4,2** | **4,1** | Computertechnikerin | I | r | c | 2 | **7,5** | **7,1** |
| Floristin | a | r | s | 1 | **2,5** | **4,0** | Informatikerin | I | r | e | 3 | **7,6** | **7,1** |
| Sekretärin | c | s | a | 1 | **2,2** | **4,0** | Maschinenbau-ingenieurin | R | i | c | 3 | **7,8** | **7,2** |
| Kosmetikerin | s | a | e | 1 | **1,8** | **4,0** | Börsenmaklerin | E | c | i | 2 | **7,8** | **7,3** |
| A2-F Keramikerin | r | a | c | 1 | **5,1** | **4,0** | Buchhalterin | C | e | i | 2 | **6,1** | **5,1** |
| Kindergärtnerin | s | a | e | 2 | **1,8** | **4,4** | Polizistin | C | s | e | 1 | **6,4** | **5,6** |
| Fotolaborantin | r | a | c | 1 | **4,5** | **4,3** | Mess- und Regeltechnikerin | R | i | c | 1 | **7,2** | **5,3** |
| B2-F Tierpflegerin | r | s | e | 1 | **4,7** | **4,7** | Betriebswirtin | E | c | i | 3 | **6,2** | **6,3** |
| Diätassistentin | s | e | c | 2 | **2,8** | **4,8** | Historikerin | S | a | c | 3 | **6,2** | **6,4** |
| Dekorateurin | a | r | s | 1 | **3,7** | **4,6** | Biologin | I | s | a | 3 | **4,8** | **6,6** |
| C2-F Drogistin | e | s | c | 1 | **3,9** | **4,4** | Graphikdesignerin | A | c | s | 1 | **5,1** | **6,6** |
| Erzieherin | s | e | a | 2 | **2,7** | **4,9** | Steuerberaterin (Steuerfachangestellte) | C | e | s | 3 | **6,5** | **6,6** |

| Beruf | CODE | level | SM | PM Beruf | CODE | level | SM | PM |
|---|---|---|---|---|---|---|---|---|
| Säuglings-/Kinderkrankenschwester | s a i | 1 | **1,5** | **4,8** Psychiaterin | S i a | 3 | **5,7** | **6,8** |
| Krankenschwester | s a i | 1 | **3,1** | **4,7** Journalistin | A s e | 2 | **5,3** | **6,8** |
| **A3-F** Briefträgerin | c r s | 1 | **5,7** | **3,3** Drechslerin | R e c | 1 | **7,5** | **4,2** |
| Gärtnerin | r s a | 1 | **5,7** | **3,7** Fahrlehrerin | s r c | 1 | **7,5** | **4,4** |
| Bewährungshelferin | s a r | 1 | **6,7** | **3,9** Zimmerfrau | r c e | 1 | **7,9** | **4,3** |
| **B3-F** Sportwissenschaftlerin | s r e | 3 | **5,9** | **5,4** Mathematikerin | i r c | 3 | **7,3** | **7,3** |
| Exportkauffrau | e c a | 2 | **6,0** | **5,3** Physikerin | i r c | 3 | **7,7** | **7,6** |
| Technische Zeichnerin | r i e | 1 | **5,4** | **5,4** Bauingenieurin | r i e | 3 | **7,6** | **7,5** |
| **C3-F** Animateurin | s a e | 1 | **5,3** | **3,7** Managerin | e c a | 2 | **7,0** | **7,8** |
| Handelsvertreterin | e c s | 1 | **6,7** | **3,9** Pilotin | i r c | 3 | **7,7** | **8,1** |
| Buchbinderin | r a c | 1 | **6,1** | **4,1** Richterin | c e s | 3 | **7,2** | **8,4** |
| Glaserin | r c i | 1 | **7,0** | **4,1** Diplomatin | c e s | 3 | **7,6** | **8,4** |

## A2.2    Version für Jungen

| Berufe | CODE | level | SM | PM Berufe | CODE | level | SM | PM |
|---|---|---|---|---|---|---|---|---|
| **A1-M** Kraftfahrer | r c e | 1 | **8,3** | **2,6** Sozialpädagoge | s a i | 3 | **4,4** | **4,8** |
| Fleischer | c r e | 1 | **7,8** | **3,0** Reiseverkehrskaufmann | c s e | 1 | **3,5** | **4,7** |
| Maurer | r c e | 1 | **8,4** | **3,2** Röntgenassistent (MTA Radiologie) | i s r | 3 | **3,5** | **4,7** |
| **B1-M** Maschinenschlosser | r c i | 1 | **8,9** | **4,3** Bühnenbildner | a r s | 2 | **4,8** | **5,3** |
| Heizungstechniker | r c e | 1 | **7,7** | **4,0** Musiklehrer | a s i | 3 | **4,4** | **5,4** |
| Tischler/Schreiner | r c e | 1 | **7,3** | **4,6** Chemielaborant | i r c | 1 | **4,6** | **5,3** |
| **C1-M** Maler und Lackierer | r c a | 1 | **7,3** | **3,2** Sonderschullehrer | s a c | 3 | **4,1** | **5,3** |
| Schweißer | r e c | 1 | **8,1** | **3,3** Designer | a r e | 2 | **4,9** | **7,1** |
| Klempner/Installateur | r c e | 1 | **8,1** | **3,5** Grund- und Hauptschullehrer | s a c | 3 | **3,6** | **5,6** |
| Ofensetzer | r c e | 1 | **8,0** | **3,6** Buchhändler | e c a | 1 | **4,7** | **5,2** |
| **A2-M** Landwirt | r s e | 1 | **7,9** | **3,6** Statistiker | i c a | 3 | **6,7** | **5,4** |
| Fliesenleger | r c a | 1 | **8,1** | **3,7** Soziologe | s i a | 3 | **5,4** | **5,7** |
| Lokführer | r i c | 1 | **8,0** | **3,8** Fotograf | a s c | 1 | **5,2** | **5,8** |
| **B2-M** Elektriker | r i c | 1 | **7,7** | **4,6** Redakteur | a s e | 2 | **5,9** | **7,0** |
| Fernmeldetechniker | r c i | 1 | **7,6** | **4,7** Psychologe | s a i | 3 | **5,4** | **7,0** |
| Spediteur | e c r | 1 | **7,1** | **4,6** Regisseur | a e s | 2 | **6,7** | **7,2** |
| **C2-M** Schmied | r e c | 1 | **8,2** | **3,7** Archäologe | s a c | 3 | **6,6** | **7,1** |
| Schlosser | r c i | 1 | **7,9** | **3,8** Chemiker | i r s | 3 | **6,4** | **7,0** |
| Forstwirt | r c e | 1 | **8,1** | **3,8** Innenarchitekt | a e r | 2 | **5,2** | **7,4** |
| Berufssoldat | r c s | 3 | **8,8** | **3,7** Apotheker | i e s | 3 | **5,4** | **7,4** |
| **A3-M** Masseur | s e a | 1 | **5,2** | **4,2** Beschäftigungstherapeut | i r c | 1 | **4,0** | **5,1** |
| Koch | e c s | 1 | **6,3** | **4,6** Operationspfleger | s a r | 2 | **2,2** | **5,2** |
| Konditor | r s c | 1 | **5,9** | **4,5** Medizinisch-technischer Assistent | i c s | 3 | **3,7** | **5,1** |

| B3-M | Theaterwissenschaftler | a | s | i | 3 | **5,2** | **5,5** Physiotherapeut | s | a | r | 3 | **4,4** | **5,8** |
|------|------------------------|---|---|---|---|---------|-------------------------|---|---|---|---|---------|---------|
|      | Entwicklungshelfer | s | r | e | 1 | **5,4** | **5,9** Logopäde (Sprachförderung) | s | a | e | 2 | **3,5** | **5,8** |
|      | Landvermesser | c | r | i | 2 | **7,1** | **5,5** Werbefachmann | e | a | c | 2 | **5,1** | **5,9** |
| C3-M | Versicherungs-kaufmann | e | c | s | 1 | **5,4** | **4,6** Botaniker | i | s | r | 3 | **4,8** | **5,8** |
|      | Offsetdrucker | r | e | i | 1 | **6,5** | **4,7** Goldschmied | r | a | c | 1 | **4,8** | **6,1** |
|      | Kunststofftechniker | r | i | c | 2 | **7,1** | **4,7** Fremdsprachen-korrespondent | c | a | e | 2 | **3,6** | **6,3** |
|      | Großhandelskaufmann | c | e | s | 1 | **5,3** | **4,9** Dolmetscher | a | e | s | 3 | **3,8** | **7,1** |

## A3.  Berufseinschätzungen von 556 Schülern

| Nr | Beruf | Sextype | | Prestige | |
|----|-------|---------|---|---------|---|
|    |       | M | SD | M | SD |
| 1 | Animateur/-in | 5,28 | 1,69 | 4,29 | 2,03 |
| 2 | Antiquitätenhändler/-in | 5,69 | 1,84 | 3,85 | 2,04 |
| 3 | Apotheker/-in | 3,6 | 1,79 | 5,71 | 2,23 |
| 4 | Archäologe/-in | 6,01 | 1,73 | 6,16 | 2,15 |
| 5 | Architekt/-in | 6,52 | 1,68 | 6,82 | 2 |
| 6 | Arzt/Ärztin | 5,19 | 1,35 | 7,93 | 1,75 |
| 7 | Bäcker/-in | 5,18 | 2,22 | 4,35 | 2,17 |
| 8 | Bankkaufmann/-frau | 5,76 | 1,71 | 6,58 | 1,9 |
| 9 | Bauingenieur/-in | 7,29 | 1,55 | 6,03 | 2,06 |
| 10 | Bautechniker/-in | 7,36 | 1,55 | 5,78 | 2,2 |
| 11 | Behindertenbetreuer/-in | 3,78 | 1,85 | 4,4 | 2,46 |
| 12 | Berufsberater/-in | 4,96 | 1,76 | 5,02 | 2,01 |
| 13 | Berufssoldat/-in | 8,15 | 1,37 | 4,62 | 2,37 |
| 14 | Berufsschullehrer/-in | 5,07 | 1,5 | 5,36 | 2,17 |
| 15 | Betriebswirt/-in | 6,05 | 1,67 | 4,62 | 1,98 |
| 16 | Bewährungshelfer/-in | 5,94 | 1,94 | 4,38 | 2,19 |
| 17 | Bibliothekar/-in | 3,77 | 1,92 | 4,18 | 2,12 |
| 18 | Biologe/-in | 5,05 | 1,64 | 5,46 | 2,21 |
| 19 | Börsenmakler/-in | 7 | 1,73 | 6,12 | 2,17 |
| 20 | Botaniker/-in | 4,85 | 1,87 | 4,21 | 2,09 |
| 21 | Briefträger/-in | 6,14 | 1,74 | 3,47 | 2,18 |
| 22 | Buchbinder/-in | 5,02 | 1,75 | 3,32 | 2,02 |
| 23 | Buchhalter/-in | 5,2 | 1,72 | 4,3 | 2,14 |
| 24 | Buchhändler/-in | 4,93 | 1,67 | 4,08 | 1,92 |
| 25 | Bühnenbildner/-in | 4,62 | 1,89 | 4,44 | 2,06 |
| 26 | Bürokaufmann/-frau | 5,4 | 1,83 | 6,24 | 2,17 |
| 27 | Chemiker/-in | 6,21 | 1,71 | 5,8 | 2,3 |
| 28 | Chemielaborant/-in | 5,72 | 1,79 | 5,58 | 2,21 |
| 29 | Computertechniker/-in | 7,03 | 1,74 | 6,91 | 2,01 |
| 30 | Dekorateur/-in | 3,82 | 1,98 | 4,56 | 2,08 |
| 31 | Designer/-in | 4,13 | 2,03 | 6,17 | 2,2 |
| 32 | Diätassistent/-in | 3,51 | 1,81 | 3,86 | 2,08 |
| 33 | Diplomat/-in | 6,01 | 1,75 | 5,68 | 2,35 |
| 34 | Dolmetscher/-in | 4,97 | 1,83 | 5,89 | 2,2 |
| 35 | Drechsler/-in | 6,57 | 1,84 | 3,89 | 1,97 |
| 36 | Drogist/-in | 4,28 | 1,98 | 4,22 | 2,08 |
| 37 | Einzelhandelskaufmann/-frau | 5,39 | 1,62 | 5,26 | 2,09 |
| 38 | Elektriker/-in | 7,61 | 1,42 | 5,03 | 2,22 |
| 39 | Elektroingenieur/-in | 7,57 | 1,44 | 5,31 | 2,13 |

| | | | | |
|---|---|---|---|---|
| 40 | Elektrotechniker/-in | 7,63 | 1,41 | 5,23 | 2,79 |
| 41 | Entwicklungshelfer/-in | 4,98 | 1,79 | 4,82 | 2,16 |
| 42 | Erzieher/-in | 2,93 | 1,82 | 4,69 | 2,33 |
| 43 | Exportkaufmann/-frau | 6,2 | 1,76 | 5,26 | 2,06 |
| 44 | Fahrlehrer/-in | 6,86 | 1,74 | 4,94 | 2,14 |
| 45 | Feinmechaniker/-in | 7,08 | 1,7 | 4,76 | 1,99 |
| 46 | Fernmeldetechniker/-in | 7,06 | 1,63 | 4,62 | 1,96 |
| 47 | Fleischer/-in | 7,16 | 1,78 | 3,68 | 2,14 |
| 48 | Fliesenleger/-in | 7,48 | 1,65 | 3,79 | 2,2 |
| 49 | Florist/-in | 3,89 | 2,32 | 3,94 | 2,05 |
| 50 | Fluglotse/-in | 6,47 | 1,97 | 4,58 | 2,21 |
| 51 | Forstwirt/-in | 7,17 | 1,71 | 3,83 | 1,93 |
| 52 | Förster/-in | 7,23 | 1,82 | 3,95 | 2,09 |
| 53 | Fotograf/-in | 5,03 | 1,91 | 5,19 | 2,02 |
| 54 | Fotolaborant/-in | 4,84 | 1,82 | 4,63 | 1,95 |
| 55 | Fremdsprachenkorrespondent/-in | 4,76 | 1,75 | 5,58 | 2,14 |
| 56 | Friseur/-in | 2,96 | 1,81 | 4,1 | 2,4 |
| 57 | Gärtner/-in | 5,38 | 2,08 | 3,4 | 1,95 |
| 58 | Geograph/-in | 6,04 | 1,63 | 4,91 | 2,02 |
| 59 | Geologe/-in | 6,17 | 1,62 | 5,07 | 1,99 |
| 60 | Geometer/Geodät/-in | 6,58 | 1,71 | 4,37 | 2,08 |
| 61 | Glaser/-in | 6,66 | 1,77 | 4,04 | 2,06 |
| 62 | Goldschmied/-in | 6,87 | 1,81 | 4,97 | 2,34 |
| 63 | Graphikdesigner/-in | 5,39 | 1,9 | 5,47 | 2,1 |
| 64 | Großhandelskaufmann/-frau | 5,68 | 1,81 | 5,81 | 2,1 |
| 65 | Grund- und Hauptschullehrer/-in | 4,35 | 1,76 | 4,79 | 2,5 |
| 66 | Handelsvertreter/-in | 5,86 | 1,79 | 4,63 | 1,98 |
| 67 | Hebamme (m/w) | 2,62 | 2,23 | 4,43 | 2,41 |
| 68 | Heilpraktiker/-in | 4,15 | 2,03 | 4,46 | 2,09 |
| 69 | Heizungsbauer/-in | 7,32 | 1,71 | 4,29 | 3,03 |
| 70 | Historiker/-in | 6 | 1,71 | 5,02 | 2,2 |
| 71 | Hotelfachmann/-frau | 5,07 | 1,96 | 5,64 | 2,2 |
| 72 | Industriekaufmann/-frau | 6,04 | 1,8 | 5,5 | 2,12 |
| 73 | Informatiker/-in | 6,05 | 1,81 | 5,52 | 2,1 |
| 74 | Innenarchitekt/-in | 6,03 | 1,84 | 6,07 | 2,15 |
| 75 | Journalist/-in | 5,04 | 1,82 | 5,96 | 2,26 |
| 76 | Jurist/-in | 5,44 | 1,7 | 6,38 | 2,42 |
| 77 | Karosseriebauer/-in | 7,27 | 1,6 | 4,07 | 2,07 |
| 78 | Kaufmann/-frau | 5,66 | 1,65 | 5,64 | 2,12 |
| 79 | Kellner/-in | 4,63 | 1,97 | 3,94 | 2,09 |
| 80 | Keramiker/-in | 5,48 | 1,98 | 3,99 | 1,95 |
| 81 | KFZ-Mechaniker/-in | 7,58 | 1,77 | 4,76 | 2,38 |
| 82 | Kindergärtner/-in | 2,71 | 2,03 | 4,47 | 2,31 |
| 83 | Klempner/Installateur/-in | 7,21 | 1,78 | 4,2 | 2,16 |
| 84 | Koch/Köchin | 5,41 | 1,92 | 4,86 | 2,17 |
| 85 | Konditor/-in | 5,13 | 1,95 | 4,45 | 2,09 |
| 86 | Kosmetiker/-in | 2,64 | 2,09 | 4,59 | 2,22 |
| 87 | Kraftfahrer/-in | 7,64 | 1,79 | 4,23 | 2,35 |
| 88 | Krankenpfleger/-schwester | 3,71 | 1,94 | 4,88 | 2,3 |
| 89 | Kunsthistoriker/-in | 5,56 | 1,68 | 4,92 | 2,12 |
| 90 | Kunststofftechniker/-in | 6,22 | 1,78 | 4,28 | 2 |
| 91 | Landmaschinenbauer/-in | 7,31 | 1,65 | 3,98 | 2,05 |
| 92 | Landschaftsplaner/-in | 6,57 | 1,76 | 4,17 | 2,05 |
| 93 | Landwirt/-in | 6,9 | 1,73 | 3,9 | 2,07 |
| 94 | Logopäde/-in (Sprachförderung) | 5,18 | 1,9 | 4,76 | 2,11 |
| 95 | Lokführer/-in | 7,42 | 1,67 | 3,88 | 2,25 |

| | | | | | |
|---|---|---|---|---|---|
| 96 | Maler und Lackierer/-in | 6,69 | 1,81 | 4,28 | 2,19 |
| 97 | Manager/-in | 6,46 | 1,81 | 6,51 | 2,18 |
| 98 | Maschinenbauingenieur/-in | 7,3 | 1,65 | 5,31 | 3,08 |
| 99 | Maschinenschlosser/-in | 7,49 | 1,48 | 4,55 | 2,04 |
| 100 | Maschinentechniker/-in | 7,35 | 1,63 | 4,73 | 2,1 |
| 101 | Masseur/-in | 4,86 | 2,13 | 4,57 | 2,18 |
| 102 | Mathematiker/-in | 6,25 | 1,82 | 5,9 | 2,38 |
| 103 | Maurer/-in | 7,51 | 1,6 | 4,16 | 2,25 |
| 104 | Medizinisch-technische(r) Assistent/-in | 5,36 | 1,87 | 5,08 | 2,16 |
| 105 | Mess- und Regeltechniker/-in | 6,43 | 1,66 | 4,51 | 1,99 |
| 106 | Meteorologe/-in | 6,2 | 1,72 | 5,34 | 2,17 |
| 107 | Musiklehrer/-in | 4,96 | 1,84 | 4,51 | 2,26 |
| 108 | Nachrichtentechniker/-in | 5,98 | 1,73 | 5,01 | 2,08 |
| 109 | Notar/-in | 5,94 | 1,77 | 5,37 | 2,25 |
| 110 | Ofensetzer/-in | 6,61 | 1,77 | 3,6 | 1,92 |
| 111 | Offsetdrucker/-in | 6,24 | 1,72 | 3,99 | 1,88 |
| 112 | Operationsschwester/-pfleger | 3,71 | 1,94 | 5,29 | 2,29 |
| 113 | Optiker/-in | 5,31 | 1,79 | 5,13 | 2,09 |
| 114 | Philologe/-in (Studienrat/-rätin) | 6,11 | 1,7 | 5,31 | 2,31 |
| 115 | Physiker/-in | 6,5 | 1,63 | 5,7 | 2,29 |
| 116 | Physiotherapeut/-in | 5,48 | 1,88 | 5,48 | 2,19 |
| 117 | Pilot/-in | 7,39 | 1,64 | 6,09 | 2,38 |
| 118 | Politologe/-in | 6,4 | 1,63 | 5,29 | 2,22 |
| 119 | Polizist/-in | 6,38 | 1,59 | 5,91 | 2,41 |
| 120 | Programmierer/-in | 6,69 | 1,72 | 5,67 | 2,25 |
| 121 | Psychiater/-in | 5,74 | 1,84 | 5,81 | 2,3 |
| 122 | Psychologe/-in | 5,79 | 1,79 | 5,85 | 2,34 |
| 123 | Rechtsanwalt/-anwältin | 5,83 | 1,66 | 6,95 | 2,26 |
| 124 | Redakteur/-in | 5,73 | 1,66 | 5,86 | 2,07 |
| 125 | Regisseur/-in | 6,45 | 1,75 | 6,41 | 2,13 |
| 126 | Reiseverkehrskaufmann/-frau | 5 | 1,8 | 5,47 | 1,96 |
| 127 | Reporter/-in | 5,39 | 1,66 | 5,83 | 2,07 |
| 128 | Richter/-in | 6,44 | 1,81 | 6,94 | 2,22 |
| 129 | Röntgenassistent/-in (MTA Radiologie) | 4,91 | 1,79 | 4,65 | 2,06 |
| 130 | Säuglings-/Kinderkrankenschwester/-pfleger | 2,49 | 1,73 | 4,94 | 2,35 |
| 131 | Schauspieler/-in | 5,11 | 1,39 | 6,46 | 2,26 |
| 132 | Schlosser/-in | 7,01 | 1,65 | 4,14 | 2,09 |
| 133 | Schmied/-in | 7,14 | 1,74 | 3,99 | 2,09 |
| 134 | Schneider/-in | 4,75 | 2,24 | 4,06 | 2,1 |
| 135 | Schornsteinfeger/-in | 7,33 | 1,81 | 3,63 | 2,18 |
| 136 | Schweißer/-in | 7,3 | 1,75 | 3,88 | 2,21 |
| 137 | Sekretär/-in | 3,38 | 2,05 | 4,82 | 2,21 |
| 138 | Sonderschullehrer/-in | 5,06 | 1,78 | 4,06 | 2,27 |
| 139 | Sozialpädagog(e)/Sozialarbeiter/-in | 5,31 | 1,59 | 4,92 | 2,11 |
| 140 | Sozialwirt/-in | 5,75 | 1,61 | 4,68 | 1,97 |
| 141 | Soziolog(e)/-in | 5,66 | 1,54 | 4,85 | 1,95 |
| 142 | Spediteur/-in | 6,36 | 1,58 | 4,49 | 1,96 |
| 143 | Statistiker/-in | 5,94 | 1,58 | 4,88 | 1,93 |
| 144 | Steuerberater/-in | 6,04 | 1,84 | 5,65 | 3,07 |
| 145 | Steward(ess) | 3,37 | 2,3 | 5,16 | 2,3 |
| 146 | Technische(r) Zeichner/-in | 5,97 | 1,83 | 5,21 | 2,02 |
| 147 | Theaterwissenschaftler/-in | 5,28 | 1,7 | 4,8 | 2,03 |
| 148 | Tierarzt/-ärztin | 4,34 | 1,78 | 6 | 2,27 |
| 149 | Tierpfleger/-in | 4,56 | 1,79 | 5,21 | 2,16 |
| 150 | Tischler/Schreiner/-in | 7,12 | 1,67 | 4,38 | 2,2 |
| 151 | Trainer/-in (Sport) | 6,94 | 1,79 | 5,43 | 3,9 |

| | | | | | |
|---|---|---|---|---|---|
| 152 | Uhrmacher/-in | 6,8 | 1,63 | 4,4 | 3,4 |
| 153 | Versicherungskaufmann/-frau | 6,07 | 1,78 | 5,57 | 2,14 |
| 154 | Volkswirt/-in | 6,23 | 1,65 | 4,55 | 2,02 |
| 155 | Werbefachmann/-frau | 5,86 | 1,69 | 5,15 | 2,06 |
| 156 | Werbegrafiker/-in | 5,93 | 1,69 | 5,26 | 2,04 |
| 157 | Werkzeugmacher/-in | 7,13 | 1,62 | 4,29 | 2,14 |
| 158 | Wirtschaftsinformatiker/-in | 6,28 | 1,66 | 5,12 | 2,11 |
| 159 | Zahnarzt/-ärztin | 5,28 | 1,82 | 6,44 | 2,37 |
| 160 | Zahntechniker/-in | 5,76 | 1,8 | 5,93 | 2,21 |
| 161 | Zimmermann/-frau | 6,88 | 1,87 | 4,31 | 2,16 |
| 162 | Zollbeamte(r) | 6,96 | 1,71 | 4,54 | 2,29 |

# Pädagogische Psychologie
# und Entwicklungspsychologie

HERAUSGEGEBEN
VON DETLEF H. ROST

BAND 46

Britta Kohler
**REZEPTION INTERNATIONALER SCHULLEISTUNGSSTUDIEN**
Wie gehen Lehrkräfte, Eltern und die Schulaufsicht mit Ergebnissen schulischer Evaluationsstudien um?
2005, 377 S., 25,50 €, ISBN 978-3-8309-1466-2

BAND 47

Cornelia S. Große
**LERNEN MIT MULTIPLEN LÖSUNGSWEGEN**
2005, 200 S., 25,50 €, ISBN 978-3-8309-1467-9

BAND 48

Anne Levin
**LERNEN DURCH FRAGEN**
Wirkung von strukturierenden Hilfen auf das Generieren von Studierendenfragen als begleitende Lernstrategie
2005, 228 S., 25,50 €, ISBN 978-3-8309-1473-0

BAND 49

Britta Pohlmann
**KONSEQUENZEN DIMENSIONALER VERGLEICHE**
2005, 188 S., 25,50 €, ISBN 978-3-8309-1441-9

BAND 50

Christiane Pruisken
**INTERESSEN UND HOBBYS HOCHBEGABTER GRUNDSCHULKINDER**
Formeln statt Fußball?
2005, 248 S., 25,50 €, ISBN 978-3-8309-1472-3

BAND 51

Mareike Kunter
**MULTIPLE ZIELE IM MATHEMATIKUNTERRICHT**
2005, 296 S., 25,50 €, ISBN 978-3-8309-1559-1

BAND 52

Dietmar Grube
**ENTWICKLUNG DES RECHNENS IM GRUNDSCHULALTER**
Basale Fertigkeiten, Wissensabruf und Arbeitsgedächtniseinflüsse
2005, 188 S., 25,50 €, ISBN 978-3-8309-1572-0

BAND 53

Oliver Lüdtke
**PERSÖNLICHE ZIELE JUNGER ERWACHSENER**
2006, 298 S., 25,50 €, ISBN 978-3-8309-1610-9

BAND 54

Thiemo Müller-Kalthoff
**VORWISSEN UND NAVIGATIONSHILFEN BEIM HYPERTEXTLERNEN**
2006, 182 S., 25,50 €, ISBN 978-3-8309-1583-6

BAND 55

Jörn R. Sparfeldt
**BERUFSINTERESSEN HOCHBEGABTER JUGENDLICHER**
2006, 282 S., 25,50 €, ISBN 978-3-8309-1672-7

BAND 56

Susanne Narciss
**INFORMATIVES TUTORIELLES FEEDBACK**
Entwicklungs- und Evaluationsprinzipien auf der Basis instruktions psychologischer Erkenntnisse
2006, 304 S., 25,50 €, ISBN 978-3-8309-1641-3

BAND 57

Andrea Lenzner
**WOMEN IN MATHEMATICS**
A Cross-Cultural Comparison
2006, 216 S., 25,50 €, ISBN 978-3-8309-1642-0

BAND 58

Silvio Herzog
**BEANSPRUCHUNG UND BEWÄLTIGUNG IM LEHRERBERUF**
Eine salutogenetische und biografische Untersuchung im Kontext unterschiedlicher - Karriereverläufe
2007, 448 S., 29,90 €, ISBN 978-3-8309-1770-0

BAND 59

Andrea Heiß
**DESORIENTIERUNG BEIM LERNEN MIT HYPERMEDIEN**
Förderung struktureller und konzeptioneller Orientierung
2007, 256 S., 25,50 €, ISBN 978-3-8309-1826-4

Waxmann
Münster / New York
München / Berlin
*www.waxmann.com*